공자개제고【四】

孔子改制考

공자개제고【四】 孔子改制考

An Annotated Translation of "Confucius as a Reformer"

캉유웨이 저

김 동 민 역주

세창출판사

공자개제고 【四】 孔子改制考

1판 1쇄 인쇄 2013년 12월 16일
1판 1쇄 발행 2013년 12월 26일

저 자 | 캉유웨이(康有爲)
역주자 | 김동민(金東敏)
발행인 | 이방원
발행처 | 세창출판사
주소 | 서울 서대문구 경기대로 88 (냉천빌딩 4층)
신고번호 | 제300-1990-63호
전화 | (02) 723-8660 팩스 | (02) 720-4579
http://www.sechangpub.co.kr
e-mail: sc1992@empal.com

ISBN 978-89-8411-448-7 94150
978-89-8411-444-9 (세트)

잘못된 책은 구입하신 서점에서 바꾸어 드립니다.
책값은 뒤표지에 있습니다.

이 도서의 국립중앙도서관 출판시도서목록(CIP)은 서지정보유통지원시스템 홈페이지(http://seoji.nl.go.kr)와 국가자료공동목록시스템(http://www.nl.go.kr/kolisnet)에서 이용하실 수 있습니다.(CIP제어번호: CIP2013026789)

역주자 서문

孔子改制考

캉유웨이가 활동했던 시대는 역사상의 변화가 가장 심했던 격동의 시대였다. 수천 년 동안 지속되었던 전통 왕조의 붕괴, 그리고 근대로의 이행이라는 거스를 수 없는 세계사적 흐름, 이처럼 전통과 근대가 교차하는 시대에 당대의 지식인들은 많은 혼란과 고민을 겪었을 것이다. 근대와 전통 단절, 혹은 전통의 연속으로서의 근대, 어느 쪽을 선택하는가에 따라 중국이 나아가야 할 미래의 모습은 확연히 달라질 수 있기 때문이다. 당대의 많은 학자들이 다양한 형태의 중국 근대 설계도를 제시했는데, 그중에서도 가장 파격적인 모델을 제시한 인물이 바로 캉유웨이라고 할 수 있다. 그는 전통과의 연속이라는 밑그림 위에, 개혁과 변혁을 통한 근대로의 이행을 선포했다. 전통에 근거한 근대적 개혁이 마치 언어 모순처럼 보이지만, 그는 전통에 대한 재해석을 통해 가장 중국적인 근대를 만들 수 있다고 확신했다. 이런 점에서 캉유웨이의 철학 사상이 "형식면에서 중국 고대철학의 연속이자 고전 전통의 근대적 종결"(『中國近代思想史論』)이라고 한 리쩌허우(李澤厚)의 평가는 매우 적절한 것처럼 보인다.

그런데 사실 캉유웨이의 설계도는 자신의 독창적인 작품이 아니다. 그것은 예전에 이미 존재했던 원형의 모델을 단지 벤치마킹했다고 할 수 있다. 중국 고대에 새로운 시대를 위한 개혁의 설계도를 그린 대표적인 인물은 바로 공자이며, 그 설계도에 의해 탄생한 결과물이 바로 유교이다. 그러한 공자와 유교의 역사를 체계화시켜 하나의 정형화된 도식으로 만든 작품이 『공자개제고』이다. 그렇다면 그는 왜 공자와 유교를 벤치마킹의 대상으로 삼았을까? 공자가 탁고(託古)라는 형식을 통해 개제(改制)를 시도했듯이, 자신도 공자를 탁고의 대상으로 삼아 개혁을 추진했다고 할 수 있다. 유교를 통한 공자의 개제를 자신이 추진하는 개혁과 동일시함으로써 개혁의 이론적 토대와 정당성을 동시에 확보하려는 의도였다. 결과적으로 태평(太平)의 정치와 대동(大同)의 복지를 누리고 싶다던 캉유웨이의 꿈은 공허한 외침으로 끝이 났지만, 그의 근대적 담론의 원천은 『공자개제고』 속에 여전히 남아 있다.

캉유웨이의 연보를 살펴보면, 이 책은 10년이 넘는 오랜 기간에 걸쳐 완성되었다. 아마도 개혁과 변법을 위한 이론적 근거로 활용할 책이었기 때문에 상당히 심혈을 기울였을 것으로 짐작할 수 있다. 책 전체의 목차만 살펴보더라도 공자와 유교의 역사를 한눈에 파악할 수 있다. 유교의 창립, 공자와 유교의 관계, 유교와 제자백가의 투쟁, 유교의 전파와 사상 통일 등 유교의 성립과 전개에 관한 일련의 과정은 물론, 그 과정에서 상호 관계를 맺었던 제자백가의 양상까지도 체계적으로 정리되어 있다. 따라서 이 책은 캉유웨이와 관련을 짓지 않더라도, 춘추전국시대부터 한대까지 전개된 중국 고대 사상의 전모를 파악할 수 있는 중요한 자료로서의 가치도 지니고 있다. 특히 당시에 활동했던 거의 모든 제자백가의 성립과 활동 등에 관한 핵심 원전 텍스트가 망라되어 있기 때문에 그들 사이의 상호 대립과 투쟁, 조화와 융합의 과정을 매우 생생하게 살펴볼 수 있다. 지금처럼 DB화된 원전 자료가 없던 시대에 이처럼 방대한 자료를 주제별로 발췌하여 인용했다는 것이 놀라울 따름이다.

명저 번역을 신청하기 위해 준비하던 단계부터 출판을 앞둔 현 시점까지 거의 4년의 시간이 흘렀다. '명저'라는 타이틀이 주는 중압감 때문에 번역 과정에서의 고민과 시간 투자가 그 어떤 책보다 많았던 것 같다. 그렇지만 역시 고전 번역자로서의 능력이나 노력 부족 등으로 오역이나 오탈자 등 많은 문제가 드러날 수밖에 없을 것이다. 이 점에 대해서는 향후 연구자들의 따끔한 질타를 겸허하게 기다리겠다. 한편 번역과 교열의 과정에서 큰 도움을 주신 임옥균 선생님과 길훈섭・정병섭 동학께 깊은 감사를 드린다. 아울러 세창출판사의 임길남 상무님과 교정 및 편집을 맡은 분들의 노고에 감사드린다.

마지막으로 고전 번역 사업의 추진이 쉽지 않은 환경 속에서, 한국연구재단의 '명저 번역' 지원 사업 덕분에 이 책이 세상에 나올 수 있게 되었다. 향후 이 사업이 더욱 활성화되어 학술적으로 중요하고 가치 있는 고전들이 체계적으로 번역 출판될 수 있기를 기대해본다.

2013년 12월

와룡산 자락에서

김 동 민

일러두기

孔子改制考

1. 본 역주서의 저본은 1958년 中華書局에서 발행된 『孔子改制考』이다. 번역 과정에서 참조한 대교본은 세 종류이다. 1922년 萬木草堂叢書本 『孔子改制考』(『民國叢書』 第四編 3, 上海書店, 1989) / 中國人民大學出版社 출판본 『孔子改制考』(姜義華/張榮華 編校, 『康有爲全集』 제3집, 2007) / 中國人民大學出版社 출판본 『孔子改制考』(國學基本文庫, 2010)이다.
2. 번역문의 표점은 저본의 표점을 따르되, 다른 판본의 표점도 참조하였다. 단 최종적으로는 한글 번역문에 맞추어 구두나 문장 부호를 다는 것으로 표점의 원칙을 삼았다.
3. 『공자개제고』 속의 원문 중에 인용된 제자백가와 역사 관련 서적들은 그 책의 현행본 원전의 글자와 비교하여 오탈자를 교감했다. 오탈자가 있을 경우에는 현행본의 원문에 따라 수정하고, 교감과 관련된 사항을 주석으로 처리했다.
4. 『공자개제고』의 원문은 크게 세 가지 형식으로 구성되어 있다. ① 각 권의 대의를 설명한 내용, ② 원전 자료를 인용한 내용, ③ 캉유웨이의 해설이나 주장이다. ①은 각 장별 서론에 해당되며. 캉유웨이가 그 장을 기술하게 된 배경과 필요성을 기술한 부분이다. ②는 그 장의 문제 제기를 뒷받침하거나 주장의 근거로 인용한 원전 자료이다. ③은 캉유웨이가 논거 자료에 대해 부가 해설을 하거나, 문제 제기와 논거 자료를 바탕으로 자신의 주장을 펼친 것이다.

5. 『공자개제고』 저본에는 권수 이외에는 세부 항목별 번호나 기호가 붙어 있지 않다. 번역문의 전체 차례나 번역 내용 속에 포함된 분류 번호나 기호, 숫자 등은 모두 역주자가 임의로 붙인 것이다. 먼저 앞의 ①에 해당되는 부분은 〈제1권 머리글〉, 〈제2권 머리글〉 등으로 표시했다. 그리고 원전 자료를 인용한 ②에서, 먼저 세부 절이 없는 제1권과 제11권의 경우, 제1권의 첫 번째 원전 자료는 〈1-1〉, 두 번째 원전 자료는 〈1-2〉, 제11권의 첫 번째 원전 자료는 〈11-1〉, 두 번째 원전 자료는 〈11-2〉 등으로 표시했다. 나머지 19개 권은 세부 절까지 함께 표시했다. 예를 들어 제2권 제1절의 첫 번째 원전 자료는 〈2-1-1〉, 제2권 제2절의 두 번째 원전 자료는 〈2-2-2〉, 제21권 제1절의 세 번째 원전 자료는 〈21-1-3〉 등으로 표시했다. 마지막으로 캉유웨이의 해설이나 주장에 해당되는 ③의 경우, 세부 절은 표시하지 않고 권수와 차례만 표시했다. 예를 들어 제1권의 첫 번째 캉유웨이 글은 〈康1-1〉, 제10권의 두 번째 캉유웨이 글은 〈康10-2〉 등으로 표시했다.
6. 원문의 번역은 되도록 직역을 원칙으로 했다. 다만 직역의 의미 전달이 불명확한 경우에는 의역하여 가독성을 높였다. 그리고 원문에는 없지만 앞뒤의 문맥 연결이나 의미 이해를 위해 보충 번역한 경우에는 [ ] 표시를 해서 구분했다. 원전 자료 중에서 중복되어 인용된 것은 첫 번째 인용문에만 주석을 달았고, 뒷부분은 주석을 모두 빼고 해석만을 넣었다.
7. 역자주는 크게 세 가지 부분으로 구성되어 있다. 첫째, 난해한 어휘와 문장의 보충 해설, 인명과 지명에 대한 해설. 둘째, 철학적 의미나 사상사적인 의의 등에 관한 보충 설명. 셋째, 원전 자료의 대표적 주석서의 비교이다. 인용된 원전 자료 중에 주석서에 따라 번역의 차이가 큰 경우에는 주요 주석서들을 상호 비교하고, 본 역주서에서 근거한 주석의 내용을 밝혔다.

총 목 차

孔子改制考

孔子改制考【一】

孔子改制考【二】

목 차

孔子改制考

孔子改制考【四】

제13권 | 공자가 제도를 개혁하자 제자와 당시 사람들이 옛 제도에 근거하여 질문하다

孔子改制弟子時人據舊制問難考

An Annotated Translation of "Confucius as a Reformer"

제13권 머리글

공자는 일반 백성의 신분으로 주나라의 제도를 개혁했는데, 천륜(天倫)에 근본하고, 인정(人情)에 따르며, 시대의 변화에 순응하여, 성인의 마음으로 결단하니, 비록 자유(子游)와 자하(子夏)라고 하더라도 한 마디 말도 거들 수가 없었다.[1] 그러나 인정은 대부분 옛날의 습관에 안주하여 함께 새로운 시작을 도모하기가 어렵고, 갑자기 변혁을 주면 놀라거나 의심하지 않는 경우가 드물다. 비록 제왕의 힘을 가지고 있더라도 변법을 시행하는 시초에는 본래부터 입을 함구한 채 놀라서 위축되지 않는 사람이 없는데,[2] 하물며 선비 한 사람의 힘으로 옛날 선왕에 의탁하여 신법(新法)을 새롭게 세우는 사람은 어떻겠는가? 후세에는 공자의 제도를 높여서 사용하면서 본래부터 그러하다고 생각한다. 내가 그 당시를 고찰해보니, 비록 뛰어난 제자라고 하더라도 여전히 혼란스러워 하면서 의심의 말을 하는데, 하물며 당시 사람들은 어떻겠는가? 이제 당시의 관련 사실들을 대략적으로 고찰하여 제도 개혁의 어려움을 드러내었다.

孔子以布衣改周之制, 本天論, 因人情, 順時變, 裁自聖心, 雖游・夏不能贊一辭. 然人情多安舊習, 難與圖始, 驟予更革, 鮮不驚疑. 雖以帝王之力, 變法之初, 固莫不銜撅驚蹙者, 況以一士之力, 依託古先, 創立新法者哉? 後世尊用孔子之制, 視爲固然. 吾考其時, 雖高弟子猶徬徨有惑言, 況時人耶? 今略考當時事實, 以著改制之難焉.

1_ 『사기』「공자세가」에 "『춘추』를 짓는 데 이르러서는 기록할 것은 기록하고, 삭제할 것은 삭제하니, 자하와 같은 제자도 한 마디 말도 거들 수가 없었다[至於爲『春秋』, 筆則筆, 削則削, 子夏之徒不能贊一辭.]"라는 말이 보인다.

2_ 함궐(銜撅)은 함궐(銜橛)의 오자인 듯하다. 함궐(銜橛)은 말의 입에 물리는 재갈로, 여기에서는 입을 다물고 함부로 말을 하지 못한다는 의미이다. 경축(驚蹙)은 놀라서 위축되는 것이다.

1. 공자가 제도를 개혁하자 제자들이 옛 제도에 근거하여 질문하다 [孔子改制, 弟子據舊制問難]

13-1-1[3]

재아(宰我)가 물었다. "삼년상은 기한이 너무 깁니다. 군자가 3년 동안 예법을 실행하지 않으면 예법이 반드시 붕괴되고, 3년 동안 음악을 하지 않으면 음악이 반드시 무너질 것입니다. [1년이 지나면] 묵은 곡식이 이미 다 없어지고 새로운 곡식이 벌써 나오며, 계절에 맞는 나무를 뚫어서 불씨를 얻으니, 1년이면 복상을 그만두어도 괜찮을 것입니다." 공자가 "쌀밥을 먹고 비단옷을 입는 것이 너에게 편안하냐?"라고 물으니, [재아가] "편안합니다"라고 대답했다. 공자가 말했다. "네가 편안하면 그렇게 해라. 군자가 거상할 때에는 맛있는 음식을 먹어도 달콤하지 않고, 음악을 들어도 즐겁지 않으며, 거처가 편안하지 않기 때문에 그렇게 하지 않는 것이다. 지금 네가 편안하다면 그렇게 해라." 재아가 나가자, 공자가 말했다. "재아의 어질지 못함이여! 자식이 태어나서 3년이 지난 이후에야 부모의 품을 벗어난다. 삼년상은 천하의 공통된 상례이니, 재아는 자기 부모에게 3년의 사랑을 받은 일이 있는가!"(『논어』「양화」)

宰我問, "三年之喪, 期已久矣. 君子三年不爲禮, 禮必壞, 三年不爲樂, 樂必崩. 舊穀旣沒, 新穀旣升, 鑽燧改火, 期可已矣." 子曰, "食夫稻, 衣夫錦, 于女安乎?" 曰, "安." "女安, 則爲之. 夫君子之居喪, 食旨不甘, 聞樂不樂, 居處不安, 故不爲也. 今女安, 則爲之." 宰我出, 子

3_ 이하에서 인용한 『논어』「양화」편의 내용은 이 책의 제9권 제8절〈9-8-1〉에서 이미 인용했다. 자세한 주석은 앞의 내용을 참조 바람.

曰, "予之不仁也! 子生三年, 然後免于父母之懷. 夫三年之喪, 天下之通喪也, 予也, 有三年之愛于其父母乎!"(『論語』「陽貨」)

康13-1

『논어』는 과거시험의 교과서로서[4] 1천여 년 동안 아동들이 익혔지만, 이 장의 커다란 의문에 대해서 결론을 내린 사람이 없다. 삼년상이 만약 대주통례(大周通禮)의 제도라면 어찌 공자 문하의 뛰어난 제자이자 대현(大賢)이면서 이와 같이 못되고 각박한 사람이 있을 수 있으며, 또한 감히 성스러운 스승의 앞에서 공격하면서 질문할 수 있겠는가? 근세에 비록 불초한 자식이 있더라도, 가령 부모의 상이라는 큰 변고가 있으면 여전히 감히 공개적으로 1년상으로 단축하지 못하고, 의관은 그대로 [3년 동안] 남빛으로 가선을 두른 옷을 입는데, 어찌 뛰어난 제자이자 대현이 날마다 성인의 가르침을 익히면서 그토록 이치에 어긋나고 잘못될 수 있겠는가? 만약 재아가 고의로 이러한 논의를 진술하여 성인의 가르침을 기다렸다고 여긴다면, 다른 일은 그래도 괜찮지만, 어찌 확실하게 명교(名教)를 위배함이 있는데도 못되고 각박하다는 아름답지 못한 오명을 무릅쓰고 이러한 짓을 하겠는가? 삼년상은 공자가 새롭게 개정한 제도이고, 1년상은 옛날의 풍속이니, 재아는 의도적으로 옛날 제도에 근거하여 공자와 논의한 것이다. 지금 서양의 로마(Roma)를 비롯한 각 나라와 일본에서 1년을 복상하니, 재아의 이론을 사용하고 있다. 『예기』에서 "지친(至親)[의 복상 기간]은 1년으로 끊는다"[5]라고 했으니, 삼년상은 거기에 더해서 융성하게 하는 것일 뿐이다. 이미 1년상이 옛날 풍속이라는 것을 알 수 있으니, 삼년상은 공자가

4_ 공령(功令)은 배우는 사람의 성적을 고과하고 학관을 선발하는 학사(學事)에 관한 규칙, 즉 학령(學令)을 말하는데, 여기에서는 과거시험의 교과서라는 의미이다.

5_ 『예기』「삼년문(三年問)」편에 보인다.

더해서 융성하게 한 것이다. 삼년상은 옛날부터 실제로 규정된 제도가 없었다는 것을 고찰할 수 있다.

『論語』爲天下功令之書, 童習之千年, 而此章滋疑, 無有能斷者. 三年之喪若是大周通禮之制, 豈有聖門高弟大賢而惡薄若是, 且敢攻難于聖師之前乎? 近世雖有不肖子, 假有大故, 猶不敢公然短爲期喪, 衣冠猶緣飾藍白, 豈有高弟大賢, 日漸聖訓, 而悖謬過之? 若以宰我故陳此論以待聖誨, 他事猶可, 安有顯犯名敎, 冒不韙惡薄之名, 而爲此哉? 蓋三年喪爲孔子新改定之制, 期喪蓋是舊俗, 宰我故據舊制與孔子論之. 今泰西自羅馬外各國及日本服期, 用宰我之說也. 『記』云"至親以期斷", 三年之喪加隆焉爾. 已可知期是舊俗, 三年是孔子加隆. 考三年之喪, 自古實無定制.

13-1-2[6]

자장(子張)이 물었다. "『서』에서 '고종(高宗)이 3년 동안 말하지 않았는데, 말을 하면 [신하들이] 기뻐했다'라고 했는데, 그런 일이 있습니까?" 공자가 말했다. "어찌 그렇게 하지 않았겠는가? 옛날에는 천자가 죽으면 왕세자는 총재(冢宰)에게 3년 동안 명령을 들었다."(『예기』「단궁 하」)

子張問曰, "『書』云, '高宗三年不言, 言乃歡.' 有諸?" 仲尼曰, "胡爲其不然也? 古者天子崩, 王世子聽于冢宰三年."(『禮記』「檀弓 下」)

13-1-3[7]

자장(子張)이 물었다. "『서』에서 '고종(高宗)이 양암(諒闇)에서 3년 동안 말

6_ 이하에서 인용한 『예기』「단궁 하」편의 내용은 이 책의 제11권〈11-25〉에서 이미 인용했다. 자세한 주석은 앞의 내용을 참조 바람.

7_ 이하에서 인용한 『논어』「헌문」편의 내용은 이 책의 제10권 제3절〈10-3-4〉 및 제11권〈11-24〉에서 이미 인용했다. 자세한 주석은 앞의 내용을 참조 바람.

하지 않았다'라고 하는데, 무슨 말입니까?" 공자가 말했다. "어찌 반드시 고종뿐이겠는가? 옛날 사람들은 모두 그러했다. 군주가 죽으면 모든 관료들은 자기의 직책을 총괄하여 총재(冢宰)에게 3년 동안 명령을 들었다."(『논어』「헌문」)

子張問曰, "『書』云, '高宗諒闇, 三年不言.' 何謂也?" 子曰, "何必高宗? 古之人皆然. 君薨, 百官總己, 以聽于塚宰三年."(『論語』「憲問」)

康13-2

고종과 같이 3년을 복상한 것은 예를 들어 후세의 진(晋)나라 무제(武帝)와 주(周)나라 무제(武帝), 송(宋)나라 효종(孝宗) 및 청나라가 있을 뿐이다. 자장은 박학다식한데, 어찌 믿지 않고 그런 일이 있는지 물었겠는가? 공자는 "옛날 사람은 모두 그러했다"라고 말하고는 또한 별도로 들려준 말이 없으니, 대체로 공자가 옛날에 가탁한 것이다.

高宗服三年喪, 如後世晋武帝·周武帝·宋孝宗及國朝耳. 子張通博, 夫何不信而問其有諸? 孔子云"古之人皆然", 而又別無所聞, 蓋孔子所託也.

13-1-4

자장(子張)이 물었다. "여자는 반드시 20세가 된 이후에야 시집을 가는 것은 무엇 때문입니까?" 공자가 대답했다. "15세에 혼인을 허락한 이후에 남편을 따르니, 이것은 양(陽)이 움직여서 음(陰)이 호응하고, 남자가 선창하고 여자가 따르는 의리이다. 수를 놓거나 길쌈과 바느질을 하거나 베를 짜는 것[8]은 여자가 하는 일이며, 무늬를 수놓아서 색깔별

8_ 괴(繢)는 수를 놓는 것, 조(組)는 길쌈, 순(紃)은 바느질, 직임(織紝)은 베를 짜는 것을 말한다.

로 물을 들이는 보(黼) · 불(黻) · 문(文) · 장(章)[9]의 의미는 부인에게 큰 공적이 있는 것으로 여겨진다. 반드시 15세에 시집을 가서, 20세가 된 이후에야 이러한 일을 해낼 수 있으며, 이러한 일을 해낼 수 있은 이후에야 위로는 시부모에게 효도하고, 아래로는 남편을 섬기고 자식을 부양할 수 있다."(『공총자』「가언」)

子張曰, "女子必漸乎二十而後嫁, 何也?" 孔子曰, "十五許嫁而後從夫, 是陽動而陰應, 男唱而女隨之義也. 以爲績組紃織紝者, 女子之所有事也, 黼黻文章之義, 婦人之所有大功也. 必十五以往, 漸乎二十, 然後可以通乎此事, 通乎此事, 然後乃能上以孝于舅姑, 下以事夫養子也."(『孔叢子』「嘉言」)

康13-3

공자의 도는 그 단서가 부부로부터 시작된다.[10] 『시』에 「갈담(葛覃)」과 「도요(桃夭)」가 남아 있으니,[11] 결혼을 허가할 수 있음을 말한 것이다. 혼인을 제때에 하는 것은 정욕의 감흥에 신중하게 대처하기 위해서이다. 만약 옛날 제도처럼 남자를 높이고 여자를 억누르면 제때가 지나

9_ 『예기』「월령(月令)」편에 "이 달[季夏之月]에 부관(婦官)에게 명하여 비단을 물들이게 하되, 보불문장(黼黻文章)은 반드시 옛날의 법식대로 물들이게 했다[是月也, 命婦官, 染采, 黼黻文章, 必以法.]"라는 말이 보인다. 『예기정의』 공영달의 소에서 "백색과 흑색을 보(黼)라고 하고, 흑색과 청색을 불(黻)이라고 하며, 청색과 적색을 문(文)이라고 하고, 적색과 백색을 장(章)이라고 한다"라고 했다.

10_ 『중용』 제12장에서 "君子之道, 造端乎夫婦."라는 말이 보인다.

11_ 「갈담」(葛覃)」과 「도요(桃夭)」는 모두 『시』「주남(周南)」편에 보인다. 「모서(毛序)」에서 「갈담」은 "후비(后妃)의 근본을 읊은 것이다. 후비가 친정집에 있을 때에 그 뜻이 여공(女工)에 있어, 몸소 검소하고 아껴서 빤 옷을 입고 여스승을 존경하면 돌아가서 친정 부모에게 문안을 올려 부인의 도로써 천하를 교화할 수 있다"라고 했다. 그리고 「도요」는 "후비의 덕으로 이룬 것을 읊은 것이다. 후비가 질투하지 않으면 남녀가 올바르게 되고, 혼인을 제때에 하여 나라에 홀아비 백성이 없어지게 된다"라고 했다.

서 결혼을 하는 경우도 있고, 제때에 미치지 않아서 결혼하는 경우도 있게 된다. 수를 놓거나 길쌈과 바느질을 하거나 베를 짜는 것과 무늬를 수놓아서 색깔별로 물을 들이는 보(黼)·불(黻)·문(文)·장(章)은 20세가 된 이후에야 해낼 수 있으니, 공자가 제도를 개혁하여 여성의 배움을 중시한 것이 이와 같다.

孔子之道, 造端夫婦. 『詩』存「葛覃」·「桃夭」, 言可許嫁. 蓋婚姻以時所, 以愼乎情欲之感也. 若舊制尊男抑女, 則有過時不及時者矣. 組紃織紝, 黼黻文章, 二十然後可通, 孔子改制而重女學如此.

13-1-5

공자가 남자(南子)를 만났는데,[12] 자로(子路)가 유쾌하지 않게 여겼다. 공자가 맹세하면서 "내가 잘못된 것이 있다면 하늘이 나를 싫어할 것이다! 하늘이 나를 싫어할 것이다!"라고 했다.(『논어』「옹야」)

子見南子, 子路不說. 夫子矢之曰, "予所否者, 天厭之! 天厭之!"(『論語』「雍也」)

康13-4

공자는 남녀를 멀리 구별하는 제도를 세워서 육경에 기록하고, 제자들과 함께 자세하게 강론했는데, 남자(南子)를 만났다. 자로는 강직한 자로, 공자가 언행이 일치하지 않는다고 의심했기 때문에 공자는 하늘에 외치면서 그것을 증명했다. 당시의 옛 제도에서는 임금을 만나면 반

12_ 『논어집주』에 의하면, 남자(南子)는 위(衛)나라 영공(靈公)의 부인으로, 음란하기로 소문이 나 있었다. 그녀가 공자를 만나기를 요청했는데, 공자는 사절하다가 부득이하게 만났다. 옛날에는 그 나라에서 벼슬하면 그 임금의 부인을 만나는 예법이 있었다고 한다.

드시 그 부인까지 만났는데, 마치 지금 서양의 여러 나라에서 모두 그러한 것과 같다. 공자가 비록 그것을 고쳤지만, 처음에는 갑자기 시행하지 못한 것이다.

孔子立男女遠別之制, 著于六經, 與門人講論熟矣, 而見南子. 子路剛者, 疑夫子言行之不合也, 故夫子呼天以明之. 蓋當時舊制, 見國君必及其夫人, 如今泰西諸國皆然. 夫子雖改之, 初猶未能遽行也.

13-1-6[13]

자로(子路)가 물었다. "위(衛)나라 임금이 선생님을 모시고 정치를 하려고 하는데, 선생님은 장차 무엇을 가장 먼저 하시겠습니까?" 공자가 대답했다. "반드시 명분을 바로잡을 것이다." 자로가 말했다. "이것뿐입니까! 선생님은 현실에 어둡군요. 어떻게 바로잡는단 말입니까?" 공자가 말했다. "천박하구나, 자로야! 군자는 자기가 알지 못하는 것에 대해서는 가만히 입을 다물고 있는 것이다. 명분이 바르지 않으면 말이 순리에 맞지 않고, 말이 순리에 맞지 않으면 일이 이루어지지 않으며, 일이 이루어지지 않으면 예악(禮樂)이 일어나지 않고, 예악이 일어나지 않으면 형벌이 알맞게 시행되지 않으며, 형벌이 알맞게 시행되지 않으면 백성들이 수족을 둘 곳이 없게 된다. 따라서 군자가 명분을 두게 되면 반드시 말할 만한 것이며, 말할 만한 것이면 반드시 실행할 만한 것이니, 군자는 자신의 말에 대해 구차스러운 것이 없을 뿐이다."(『논어』「자로」)

子路曰, "衛君待子而爲政, 子將奚先?" 子曰, "必也正名乎." 子路曰, "有是哉! 子之迂也. 奚其正?" 子曰, "野哉, 由也! 君子於其所不知, 蓋闕如也. 名不正, 則言不順, 言不順, 則事不成, 事不成, 則禮樂不興,

---

13_ 이하에서 인용한 『논어』「자로」편의 내용은 이 책의 제9권 제2절〈9-2-3〉에서 이미 인용했다. 자세한 주석은 앞의 내용을 참조 바람.

禮樂不興, 則刑罰不中, 刑罰不中, 則民無所錯手足. 故君子名之必可言也, 言之必可行也. 君子於其言, 無所苟而已矣."(『論語』「子路」)

康13-5

주나라 말기 제자백가들이 함께 출현하여 교설을 창립한 것을 고찰해 보면,[14] 말을 쪼개고 원래의 뜻을 파괴하여 이름과 실질이 뒤죽박죽 뒤섞여 버렸다. 공자는 그것이 도를 해치는 것을 싫어했기 때문에 제도의 개혁에서 자주 명분을 바로잡는 것을 가장 급선무로 삼았다. 『춘추』에서 명분을 바로잡은 것과 [『예기』] 「왕제(王制)」편에서 혼란스러운 제도 제정을 없앤 것은 모두 이러한 취지를 드러낸 것이다. 이에 순자의 「정명(正名)」편과 동중서의 [『춘추번로』] 「심찰명호(深察名號)」편에서 모두 공자의 대의를 드러내 밝혔으니, 혜시(惠施)와 공손룡(公孫龍)의 무리들이 애초부터 어긋나거나 거짓되게 변론하는 말[15]로 천하를 미혹되게 하거나 혼란스럽게 할 수가 없었다. 대체로 2천년 동안의 정치는 모두 공자의 명학(名學)에 의해 다스려졌는데, 자로는 잘 알지 못했기 때문에 잘못하여 서로 힐난한 것일 뿐이다.

考周末諸子幷起創敎, 析言破律, 名實混淆. 孔子惡其害道, 改制亟以正名爲先. 『春秋』正名分, 「王制」誅亂作, 咸著斯旨. 于是, 荀子『正名』, 董子「深察名號」, 皆發明孔子大義, 而惠施·公孫龍輩始不得以倍譎詭辨之言惑亂天下. 蓋二千年之治, 皆孔子名學治之也, 子路不知, 故謬相詰難耳.

14_ 자세한 내용은 이 책의 제2권 「주나라 말기에 제자백가가 함께 일어나 교설을 창립하다[周末諸子幷起創敎考]」에 보인다.

15_ 배휼(倍譎)은 서로 어긋나고 갈라지는 것이고, 궤변(詭辨)은 거짓되게 변론하는 것이다.

13-1-7

자로(子路)가 말했다. "환공(桓公)이 공자(公子) 규(糾)를 죽이자, 소홀(召忽)은 따라서 죽었는데, 관중은 죽지 않았으니, 어질지 못하다고 할 수 있겠습니까?" 공자가 말했다. "환공이 제후들을 규합할 때 무력을 사용하지 않은 것은 관중의 능력이니, [누가] 그의 어짊만 하겠는가? [누가] 그의 어짊만 하겠는가?"[16](『논어』「헌문」)

子路曰, "桓公殺公子糾, 召忽死之, 管仲不死, 曰未仁乎?" 子曰, "桓公九合諸侯, 不以兵車, 管仲之力也, 如其仁? 如其仁?"(『論語』「憲問」)

13-1-8

자공(子貢)이 말했다. "관중은 어진 사람이 아니겠죠? 환공이 공자 규를 죽였는데, 함께 죽지 못하고, 또 환공을 도와주었습니다." 공자가 말했다. "관중이 환공을 도와서 제후들의 패자가 되어 천하를 한 번 바로잡으니, 백성들이 지금까지 그 혜택을 받고 있다. 관중이 아니면 우리는 머리를 풀어헤치고 옷깃을 왼쪽을 여미는 오랑캐가 되었을 것이다."[17](『논어』「헌문」)

子貢曰, "管仲非仁者與? 桓公殺公子糾, 不能死, 又相之." 子曰, "管仲相桓公, 覇諸侯, 一匡天下, 民到于今, 受其賜. 微管仲, 吾其被髮左衽矣."(『論語』「憲問」)

16_ 『좌씨전』「장공」 8년과 「희공」 26년에 이와 관련된 자세한 내용이 보인다. 구(九)는 『좌씨전』「희공」 26년에는 '규(糾)'로 되어 있다.

17_ 피발좌임(被髮左衽)은 머리를 풀어헤치고 옷깃을 왼쪽으로 여미는 오랑캐의 풍습이다.

康13-6

[인물을 평가할 때] 옛 제도에서는 사람을 평가하기 때문에 당연히 후세의 유학자들은 위징(魏徵, 580~643)[18]이 당(唐) 태종(太宗)에 대해, 그리고 조빈(曹彬, 931~999)[19]이 예조(藝祖), 즉 송(宋) 태조(太祖)에 대해, 덕이 부족하고 공적이 없다고 책망하는 것과 같이 평가한다. 그러나 성인은 일을 평가하기 때문에 공적을 중시하고 덕을 중시하지 않으며, 세상을 구제하고 백성을 온전하게 보살핀 자가 있으면 인정해준다. 『춘추』에서 제나라 환공이 망해버린 나라를 보존해주고 끊어져버린 세대를 이어준[20] 공적을 찬미하고, 관중에 대해 비난하는 말이 없는데, 두 사람이 의문을 제기한 근거는 무엇인가?

舊制論人, 當如後世儒者責魏徵之于太宗, 曹彬之于藝祖, 薄其德而沒其功. 而聖人論事, 重功不重德, 有能救世全民者則與之. 『春秋』美齊桓存亡繼絶之功, 而于管仲無貶辭, 二子所由疑問歟?

13-1-9[21]

공의중자(公儀仲子)의 상(喪)에 단궁(檀弓)이 흰 천으로 머리를 묶는 형식

18_ 위징(魏徵)은 당(唐)나라 초기의 공신이자 재상을 지낸 인물이다. 뛰어난 인격과 강직한 직간으로 유명하며, 당 태종(太宗)에게 발탁되어 간의대부(諫議大夫) 등의 요직을 거쳐 재상으로 중용되었다

19_ 조빈(曹彬)은 송나라 때 태조(太祖)를 도와 천하를 평정한 인물이다. 그 후 노국공(魯國公)에 봉해지고, 장상(將相)을 겸하는 지위에까지 올랐다.

20_ 『사기』 「태사공자서」에 "『춘추』는 … 이미 망해버린 나라를 보존해주며, 이미 끊어져버린 세대를 이어주며, 헐어진 것을 보충하고 폐기된 것은 일으켜 세우니, 이것은 왕도(王道)의 매우 중요한 일이다[夫『春秋』, … 存亡國, 繼絶世, 補敝起廢, 王道之大者也.]"라는 말이 보인다.

21_ 이하에서 인용한 『예기』 「단궁 상」편의 내용은 이 책의 제9권 제7절 〈9-7-1〉에서 이미 인용했다. 자세한 주석은 앞의 내용을 참조 바람.

의 상복[免]을 입고 조문했다. 공의중자가 그의 적손을 놓아두고 아들을 세우니, 단궁이 "어찌된 것인가? 나는 이전에 들어보지 못했다"라고 말하고, 빠른 걸음으로 문 오른쪽에 있는 자복백자(子服伯子)에게 가서 물었다. "공의중자가 그의 적손을 놓아두고 아들을 세운 것은 무슨 까닭입니까?" 자복백자가 말했다. "공의중자도 여전히 옛날의 도를 실행한 것이다. 옛날에 문왕(文王)은 [아들인] 백읍고(伯邑考)를 놓아두고 [동생인] 무왕(武王)을 세웠으며, 미자(微子)는 그의 손자인 돈(腯)을 놓아두고 동생인 연(衍)을 세웠다. 공의중자도 여전히 옛날의 도를 실행한 것이다." 자유(子游)가 그것에 대해 공자에게 물으니, 공자가 "아니다. 적손을 세워야 한다"라고 대답했다.(『예기』「단궁 상」)

公儀仲子之喪, 檀弓免焉. 仲子舍其孫而立其子, 檀弓曰, "何居? 我未之前聞也." 趨而就子服伯子于門右曰, "仲子舍其孫而立其子, 何也?" 伯子曰, "仲子亦猶行古之道也. 昔者, 文王舍伯邑考而立武王, 微子舍其孫腯而立衍也. 夫仲子亦猶行古之道也." 子游問諸孔子, 孔子曰, "否. 立孫."(『禮記』「檀弓 上」)

13-1-10

자공(子貢)이 말했다. "면류관을 쓰고 직접 부인을 맞이하는 것은 너무 심하지 않습니까?"[22] 공자가 말했다. "두 성(姓)의 우호를 맺음으로써 만세의 뒤를 잇는 것인데, 어찌 너무 심하다고 말하겠는가?"(『곡량전』「환공」 3년)

子貢曰, "冕而親迎, 不已重乎?" 孔子曰, "合二姓之好, 以繼萬世之後,

22_『춘추』「환공」 3년에 "부인 강씨(姜氏)가 제(齊)나라로부터 이르렀다[夫人姜氏至自齊.]"라는 기사가 있다. 당시에 노나라의 공자(公子) 휘(翬)가 환공(桓公)의 부인인 제(齊)나라 공주를 맞이하기 위해서 제나라로 갔는데, 환공이 제나라 임금과 환(讙) 땅에서 회합을 하면서 그 부인을 만났다. 그러자 환공은 자신이 직접 부인을 맞이해서 노나라로 돌아왔는데, 자공이 이 사건을 두고 말한 것이다.

何謂已重乎?”(『穀梁傳』「桓公」三年)

康13-7

자공이 여전히 부인을 직접 맞이하는 예법이 너무 심하다고 여기니, 바로 재아가 삼년상이 너무 길다고 의심하는 것과 꼭 같은 것으로, 두 사람 모두 옛 제도를 들어서 공자의 새로운 제도를 힐난한 것이다.

子貢尙以親迎爲已重, 與宰我疑三年喪爲已久正同, 蓋皆擧舊制以詰難孔子之新制者.

13-1-11[23]

증자가 경전의 차이점을 가려 뽑아서 물었다. “『효경』은 경전의 문장입니까? 내용이 뒤섞여서 [경전과] 같지 않은 것은 무엇 때문입니까?” 공자가 대답했다. “내가 『효경』을 지은 것은 소왕으로서 관작이나 봉록으로 상을 주거나 형벌로 주살할 수 있는 [권한이] 없기 때문에 현명한 왕자의 도[에 가탁하여] 말한 것이다.” 증자가 자리에서 약간 벗어났다가 다시 제자리에 앉았다. 공자가 말했다. “앉거라. 내가 너에게 말해주겠다. [『효경』은] 순종하고 겸손함으로써 재앙을 피하니, 선왕에게 권도를 주어 가탁했다.”(『효경위 · 구명결』)

曾子撰斯, 問曰, “『孝』文乎? 駁不同何?” 子曰, “吾作『孝經』, 以素王無爵祿之賞, 斧鉞之誅. 故稱明王之道.” 曾子辟席復坐. 子曰, “居. 吾語女. 順遜以避禍災, 與先王以託權.(『孝經緯 · 鉤命訣』)

23_ 이하에서 인용한 『효경위 · 구명결』의 내용은 이 책의 제8권 제3절 〈8-3-8〉에서 이미 인용했다. 자세한 주석은 앞의 내용을 참조 바람.

康13-8

공자가 제도를 개혁할 때, 선왕을 가탁하고 소왕(素王)을 말한 것은 이 조목이 가장 분명하다. 그런데 옛 제도를 갑자기 개혁하면, 자연스럽게 문장이 뒤섞여서 [경전과] 같지 않게 된다. 증자는 그것을 직접 보았기 때문에 이와 같이 의심한 것이다.

孔子改制, 託先王稱素王, 此條最明. 然驟改舊制, 自然文駁不同. 曾子親見之, 故訝之如此.

<이상 공자가 제도를 개혁하자 제자들이 옛 제도에 근거하여 질문하다: 右孔子改制, 弟子據舊制問難>

2. 공자가 제도를 개혁하자 당시 사람들이 옛 제도에 근거하여 질문하다 [孔子改制, 時人據舊制問難]

13-2-1[24]

애공(哀公)이 말했다. "과인은 하고 싶은 말이 있는데, 예복을 입고 직접 부인을 맞이하는 것은 너무 지나치지 않습니까?" 공자는 걱정스럽게 낯빛을 바꾸면서 대답했다. "두 성(姓)의 우호를 맺음으로써 앞선 성인의 뒤를 잇고, 천지와 종묘, 사직의 주인이 되는 것인데, 임금께서는 어찌 너무 지나치다고 하십니까?"(『대대례기』「애공문어공자」[25])

24_ 이하에서 인용한 『대대례기』「애공문어공자」편의 내용은 이 책의 제9권 제6절 〈9-6-3〉에서 이미 인용했다. 자세한 주석은 앞의 내용을 참조 바람.

25_ 『공자개제고』에는 출전이 『대대례기』「애공문(哀公問)」으로 잘못 기록되어 있

公曰, "寡人願有言, 然冕而親迎, 不已重乎?" 孔子愀然作色而對曰, "合二姓之好, 以繼先聖之後, 以爲天地·宗廟·社稷之主, 君何謂已重乎?"(『大戴禮記』「哀公問於孔子」)

康13-9

친영(親迎)의 예법은 묵자의 「비유(非儒)」편에서 "장가를 들 때 신랑이 직접 신부를 맞이하는데, 검은색의 예복을 입고[26] 마부가 된다"라고 공격했으니,[27] 공자가 유교를 창립하면서 개정한 제도이다. [신부를] 마루에서 기다리고 뜰에서 기다리는 것은 실제로 옛 풍속인데, 지금까지도 여전히 행해지고 있다. 공자가 『춘추』를 지어서 "기(紀)나라의 이수(履緰)가 노나라에 와서 노나라 공주를 맞이해 갔다"라는 기사에서,[28] 남자가 여자에게 낮추는 대의를 드러내 밝히고, 친영(親迎)을 하지 않은 것을 비판했는데,[29] 이것을 공자가 개정한 것으로 여겼기 때문에 애

어서 바로잡았다.

26_ 지(祇)는 왕염손의 교정에서는 현(袨)자의 잘못이며, 현단(袨褍)은 곧 현단(玄端)이라고 했다. 현단(玄端)은 검은색의 예복을 말한다. 한편 필원은 지(祇)를 공경[敬]의 의미로, 단(褍)을 단정[端]의 의미로 보아, '공손하고 단정하게 마부가 된다'라고 해석하기도 했다.

27_ 『묵자』「비유」편에서 "장가를 들 때 신랑이 직접 신부를 맞이하는데, 검은색의 예복을 입고 마부가 된다. 말고삐를 잡고서 수레의 손잡이 끈을 [신부에게] 주니, 마치 부모를 태우는 것과 같다. 그리고 혼례의 엄격한 의식은 마치 제사를 받드는 것과 같다[取妻身迎, 祇褍爲僕. 秉轡授綏, 如仰嚴親. 昏禮威儀, 如承祭祀.]"라고 비판했다.

28_ 『춘추』「은공」 2년에 보인다. 이수(履緰)는 『좌씨전』에는 열수(裂繻)로 되어 있다. 여(女)는 노나라의 백희(伯姬)로, 혜공(惠公)의 장녀이자 은공의 누이동생이다.

29_ 『좌씨전』에서는 "경(卿)이 임금을 위해 맞이해 갔다[卿爲君逆也.]"라고 했고, 『공양전』에서는 "외국에서 노나라 공주를 맞이해 갈 경우에 맞이해 가는 사람을 기록하지 않는데, 여기에서는 무엇 때문에 기록했는가? 비판한 것이다. 무엇 때문에 비판했는가? 처음으로 친영(親迎)을 하지 않은 것을 비판한 것이다[外逆女不書, 此何以書? 譏. 何譏爾? 譏始不親迎也.]"라고 했다.

공이 친영은 너무 심한 것이라고 의문을 제기한 것이다. 만약 주나라의 옛 제도라면 평소대로 복종하여 시행하면서 익숙하게 편안히 여기고, [신부를] 마루에서 기다리는 것도 비판하지 않았을 것이니, 너무 심하다는 의문이 어찌 있을 수 있겠는가?

親迎之禮, 墨子「非儒」攻爲"娶妻親迎, 祇褍若[30]僕", 蓋孔子創儒所改定之制也. 俟堂俟著, 實是舊俗, 至今猶行之. 孔子作『春秋』, 于"紀履緰來逆女", 發明男下女之大義, 譏不親迎, 以爲孔子所改定, 故哀公疑其已重也. 若大周舊制, 服行有素, 習而安之, 俟堂無譏, 何有已重之疑乎?

13-2-2[31]

노(魯)나라 애공(哀公)이 공자에게 "선생님의 복장이 유학자의 복장입니까?"라고 물었다. 공자가 대답했다. "저는 어려서는 노나라에 살면서 넓은 소매의 옷을 입었고, 자라서는 송(宋)나라에 살면서 장보관(章甫冠)을 썼습니다. 제가 듣건대, 군자의 학문은 박학해야 하고, 군자의 복장은 자기 고향의 복장을 입는다고 하는데, 저는 [이러한 복장이] 유학자의 옷인지는 잘 모르겠습니다."(『예기』「유행」)

魯哀公問于孔子曰, "夫子之服, 其儒服與?" 孔子對曰, "丘少居魯, 衣縫掖之衣, 長居宋, 冠章甫之冠. 丘聞之也, 君子之學也博, 其服也鄉, 丘不知儒服."(『禮記』「儒行」)

康13-10

유학자의 복장은 공자가 제도를 개혁한 것이다. 따라서 애공이 보고

30_ 약(若)이 『묵자』에는 위(爲)자로 되어 있다.

31_ 이하에서 인용한 『예기』「유행」편의 내용은 이 책의 제7권 제2절〈7-2-1〉에서 이미 인용했다. 자세한 주석은 앞의 내용을 참조 바람.

서 의문을 제기했는데, 공자가 공손한 말로 대답했다. 그런데 장보관과 넓은 소매의 옷은 실제로 유교에 종사하는 자가 입는 것이다.〈원주: 「공자창유편(孔子創儒篇)」에 보인다.〉[32] 마치 승려가 가사(袈裟)의 승려복[33]을 입는 것과 같다. 따라서 그것을 유관(儒冠)·유복(儒服)이라고 한다.

儒服是孔子改制. 故哀公見而疑問, 孔子遜詞答之. 然章甫·縫掖, 實爲從儒教者所服.〈見「孔子創儒篇」.〉 如僧之著僧伽梨然. 故謂之儒冠·儒服也

<이상 공자가 제도를 개혁하자 당시 사람들이 옛 제도에 근거하여 질문하다: 右孔子改制, 時人據舊制問難>

3. 제자들이 옛 제도를 그대로 따르자 공자가 개혁한 제도로 바로잡아주다 [弟子仍舊制, 孔子以所改之制定之]

13-3-1

자로(子路)가 손윗누이의 상이 있었는데, 상복을 벗어야 할 때가 되었는데도 벗지 않았다. 공자가 "무엇 때문에 상복을 벗지 않는가?"라고 물으니, 자로가 "저는 형제가 적기 때문에 차마 상복을 벗지 못하겠습니다"라고 대답했다. 공자가 말했다. "선왕이 제정한 예법은 도를 행하는 사람이라면 모두 차마 하지 못하는 것이 있다."[34] 자로가 그것을 듣

32_ 『공자개제고』 제9권의 「유복은 공자가 만든 제도이다[儒服爲孔子創制]」 조목에 보인다.

33_ 가리(伽犁)는 가리(伽梨)와 같은 말로, 승려들이 입는 가사(袈裟)를 말한다.

34_ 행도(行道)는 『예기정의』 정현의 주에서 "인의(仁義)를 행하는 것과 같다"라고 했

고, 마침내 상복을 벗었다.(『예기』「단궁 상」)

子路有姊之喪, 可以除之矣, 而弗除也. 孔子曰, "何弗除也?" 子路曰, "吾寡兄弟而弗忍也." 孔子曰, "先王制禮, 行道之人皆弗忍也." 子路聞之, 遂除之.(『禮記』「檀弓 上」)

康13-11

공자는 자매가 출가했을 때에는 9개월의 상복[大功][35]으로 예법을 낮추었다. 자로는 차마 상복을 벗지 못하고, 형제와 똑같이 복상하려고 했다. 당시 공자는 처음으로 제도를 개혁했기 때문에 문인들은 자기의 뜻이 하고자 하는 대로 따른 것이 이와 같았다.

孔子定姊妹出嫁, 降服大功. 子路不忍, 欲同之昆弟也. 當時孔子初改制, 故門人隨其意之所欲如此.

13-3-2

백어(伯魚)[36]의 어머니가 죽은 후, 1년이 되었는데도 [백어가] 여전히 곡을 했다. 공자가 그 소식을 듣고, "누가 곡을 하고 있는가?"라고 묻자, 문인이 "백어입니다"라고 대답하니, 공자가 "아! 백어가 심하구나"라고 했다. 백어가 그 말을 듣고, 마침내 상복을 벗었다.[37](『예기』「단궁 상」)

다. 인의(仁義)의 도를 행하는 사람이라면 누구나 자로처럼 인정상 차마 하지 못하는 것이 있다. 그러나 모두가 그 감정을 누르고 선왕의 예법에 따른다는 의미이다.

35_ 대공(大功)은 오복(五服)의 하나로, 9개월의 상복이다. 『예기』「상복(喪服)」편에 의하면, 고모와 자매는 미혼일 경우에는 1년의 상복을 입고, 시집을 갔을 경우에는 9개월의 상복을 입는다. 이외에 생질과 외삼촌 등은 3개월의 상복을 입는다.

36_ 백어(伯魚)는 공자의 아들인 리(鯉)이다.

37_ 『예기정의』 공영달의 소에서 다음과 말했다. "당시 백어의 어머니는 이혼한 상태였는데, 아버지가 살아 있으면 이혼한 어머니를 위해서도 마땅히 13개월의 대상(大祥) 제사와 15개월의 담(禫) 제사를 지내야 한다. '1년이 지났는데도 여전히

伯魚之母死, 期而猶哭. 夫子聞之曰, “誰與哭者?” 門人曰, “鯉也.” 夫子曰, “嘻! 其甚也.” 伯魚聞之, 遂除之.(『禮記』「檀弓 上」)

康13-12

공자는 어머니의 복상 기간을 1년으로 정했는데, 백어가 아버지와 똑같이 3년 복상을 하려고 했다. 당시에 처음으로 제도를 개혁했기 때문에 이와 같았다.

孔子定母喪期, 伯魚欲同之父. 當時初改制, 故如此.

<이상 제자들이 옛 제도를 그대로 따르자 공자가 개혁한 제도로 바로잡아 주다: 右弟子仍舊制, 孔子以所改之制定之>

4. 당시 사람들이 옛 제도를 그대로 따르자 제자들이 공자가 개혁한 제도로 알려주다 [時人仍舊制, 弟子以孔子所改之制告之]

13-4-1

애공(哀公)이 유약(有若)에게 물었다. “올해 흉년이 들어서 재용이 부족

곡을 했다'는 것은 바로 대상 제사를 지내고 담 제사를 지내기 전이다. 대상 제사에는 밖에서 곡하지 않는데, 이때 백어는 밖에서 곡을 했기 때문에 공자가 괴이하게 여기고, 너무 심하다고 한탄한 것이다. 혹자는 '이혼한 어머니에 대해서는 담 제사가 없고, 1년이 지난 후에는 전혀 곡을 하지 않는다'라고 했다.” 부모의 상을 당한 지 한 돌 만에 지내는 제사를 소상(小祥)이라고 하고, 두 돌 만에 지내는 제사를 대상(大祥)이라고 한다. 담(禫)은 대상을 지낸 두 달 후에 지내는 제사로, 상복을 벗는 제사이다.

한데, 어떻게 해야 하는가?" 유약이 대답했다. "어찌 10분의 1의 조세법[徹法][38]을 사용하지 않습니까?" 애공이 말했다. "10분의 2의 조세법도 나는 오히려 부족한데, 어떻게 10분의 1의 조세법을 사용하겠는가?"(『논어』「안연」)

哀公問于有若曰, "年饑用不足, 如之何?" 有若對曰, "盍徹乎?" 曰, "二, 吾猶不足, 如之何其徹也?"(『論語』「顔淵」)

康13-13

철법(徹法)은 공자가 개정한 제도인데, 실제로는 모두 10분의 1의 조세법이다. 노나라의 옛 제도는 10분의 2의 조세법이기 때문에 애공이 철법을 시행할 수 없다고 의문을 제기한 것이다.

徹是孔子改定之制, 實皆什一. 魯舊制什而取二, 故哀公疑其不可行.

<이상 당시 사람들이 옛 제도를 그대로 따르자 제자들이 공자가 개혁한 제도로 알려주다: 右時人仍舊制, 弟子以孔子所改之制告之>

38_ 철법(徹法)은 매년 수확의 10분의 1을 징수하는 십일(什一)의 정전법을 말한다. 『논어집주』에 의하면, 노나라는 선공(宣公) 때부터 이랑[畝]에 대한 조세를 내게 하고, 또 각 이랑마다 10분 1을 거두어들였기 때문에 10분의 2의 조세법을 시행했다. 따라서 유약이 철법만을 시행해야 한다고 한 것은 임금이 재용을 절약하여 백성들을 후하게 대해 주고자 한 것이다.

5. 공자가 제도를 개혁한 후 제자들이 그것을 따르고 옛 제도를 버리다 [孔子改制後, 弟子從之而舍舊制]

13-5-1

증자(曾子)가 자사(子思)에게 말했다. "급(伋)아! 내가 어버이 상을 거행할 때, 마실 것[39]을 입에 넣지 않은 것이 7일이었다."[40] 자사가 말했다. "선왕이 제정한 예법에 대해서는 [정성이] 지나친 자는 굽혀서 [예법에 맞추어] 나아가고, 미치지 못하는 자는 노력해서 [예법에 맞추어] 따라가야 합니다. 따라서 군자가 부모의 상을 거행할 때는 마실 것을 입에 넣지 않는 것이 3일이며,[41] 지팡이를 짚은 이후에야 일어설 수 있습니다."[42](『예기』「단궁 상」)

曾子謂子思曰, "伋! 吾執親之喪也, 水漿不入于口者七日." 子思曰, "先王之制禮也, 過之者, 俯而就之, 不至焉者, 跂而及之. 故君子之執親之喪也, 水漿不入于口者三日, 杖而後能起."(『禮記』「檀弓 上」)

39_ 수장(水漿)은 물과 국물 등의 마실 것을 말한다.

40_ 『예기정의』 정현의 주에서 "당시의 예법이 자기만 같지 못한 것을 미워한 것이다"라고 했다.

41_ 『예기』「간전(閒傳)」편에 "斬衰, 三日不食."이라고 했는데, 『효경』「전 14장」에서는 "3일이 지나서 음식을 먹는 것은 백성들에게 죽은 사람 때문에 산 사람을 상하게 하지 않고, 수척하게 변하더라도 목숨을 잃지 않도록 가르친 것이니, 이것이 성인의 정치이다[三日而食, 教民無以死傷生, 毁不滅性, 此聖人之政也.]"라고 했다.

42_ 『예기정의』 공영달의 소에서 "이 구절은 증자가 당시의 거상이 예법대로 거행되지 못한 것을 미워하자, 자사가 올바른 예법으로 그를 억제시킨 일을 논한 것이다"라고 했다.

康13-14

공자가 제정한 예법은 부모의 상에 마실 것을 입에 넣지 않는 것이 3일이다. 증자는 지나쳤기 때문에 자사가 바로잡은 것이다.

孔子定制, 親喪, 水漿不入口者三日. 曾子過之, 故子思正之.

13-5-2

자사(子思)의 어머니가 위(衛)나라에서 죽어서 자사에게 부고가 왔는데,[43] 자사가 자신의 사당에서 곡을 했다. 문인이 다가와서 "서씨(庶氏)에게 재가한 어머니가 죽었는데, 어찌 공씨(孔氏)의 사당에서 곡을 합니까?"라고 했다.[44] 자사가 "내가 잘못했구나, 내가 잘못했구나"라고 하고, 마침내 다른 방에서 곡을 했다.[45](『예기』「단궁 下」)

子思之母死于衛, 赴于子思, 哭于廟. 門人至曰, "庶氏之母死, 何爲哭于孔氏之廟乎?" 子思曰, "吾過矣, 吾過矣." 遂哭于他室.(『禮記』「檀弓下」)

13-5-3

자상(子上)이 어머니[46]가 죽었는데도 복상을 하지 않자, 문인이 자사(子

43_『예기정의』 정현의 주에서 "재가한 어머니이니, 남편의 성이 서씨(庶氏)이다"라고 했다. 당시 자사의 어머니는 남편인 백어(伯魚)가 죽자, 위(衛)나라 서씨(庶氏)에게 재가한 상태였다.

44_『예기정의』 정현의 주에서 "재가한 어머니는 사당과는 친족의 관계를 단절한다"라고 했다.

45_『예기』「단궁 상」편에도 다음과 같은 내용이 보인다. "자사의 어머니가 위나라에서 죽자, 유약(柳若)이 자사에게 말했다. '선생님은 성인의 후손입니다. 사방에서 선생님이 장례를 치르는 예법을 지켜볼 것이니, 선생님은 어찌 신중하지 않을 수 있겠습니까?'"

思)에게 "옛날에 선생님의 부친은 이혼한 어머니를 위해 복상했습니까?"라고 묻자, "그렇다"라고 대답했다.[47] "그렇다면 선생님이 자상으로 하여금 상례를 지내지 못하도록 한 것은 무엇 때문입니까?" 자사가 말했다. "옛날에 나의 부친은 도를 잃은 적이 없었으니, 예법[道]을 높여야 할 경우가 있으면 따라서 높이고, 예법을 낮추어야 할 경우가 있으면 따라서 낮추었다.[48] 그러나 나는 어찌 그렇게 할 수 있겠는가? 나의 아내가 되는 자는 자상의 어머니가 되고, 나의 아내가 되지 않는 자는 자상의 어머니가 될 수 없다." 따라서 공씨(孔氏) 집안에서 이혼한 어머니를 위해 복상하지 않는 것은 자사로부터 시작되었다.(『예기』「단궁 상」)

子上之母死而不喪, 門人問諸子思曰, "昔者, 子之先君子喪出母乎?" 曰, "然." "子之不使白也喪之, 何也?" 子思曰, "昔者, 吾先君子無所失道, 道隆則從而隆, 道汚則從而汚. 伋則安能? 爲伋也妻者, 是爲白也母, 不爲伋也妻者, 是不爲白也母." 故孔氏之不喪出母, 自子思始也. (『禮記』「檀弓 上」)

46_ 자상(子上)은 자사의 아들이자 공자의 증손자로, 이름이 백(白)이다. 자상의 어머니는 자사와 이혼한 부인을 말한다.

47_『예기정의』 정현의 주에서 "예법에 이혼한 어머니를 위해서 1년복을 입는다. 아버지가 돌아가셨으면 아버지의 후계자는 복상을 하지 않는다"라고 했다.『예기』「상복(喪服)」편에서 "아버지의 후계자가 된 자는 이혼한 어머니를 위해서 상복을 입지 않는다[爲父後者, 爲出母無服.]"라고 했다. 즉 후계자를 제외한 자식은 1년복을 입는다.

48_ 도(道)는『예기정의』공영달의 소에서 예(禮)와 같다고 했다. 즉 "아버지가 살아계시면 이혼한 어머니를 위해서 마땅히 예법을 올려서 복상을 한다. 그러나 아버지가 돌아가셨으면 자식은 아버지의 후계자가 되어, 위로 지극히 존귀한 자를 계승했기 때문에 감히 사사로이 이혼한 어머니를 위해서 예법을 거행하지 않는다. 당연히 예법을 낮추어서 복상을 하지 않는다." 오(汚)는『예기정의』정현의 주에서 "쇄(殺)와 같다. 예법을 높일 때도 있고 예법을 낮출 때도 있으니, 그 진퇴를 예법대로 했다"라고 했다.

康13-15

이혼한 어머니를 위한 복상은 옛 제도이기 때문에 공씨(孔氏) 집안의 선대에는 그것을 시행했다. 공자가 제도를 개혁하여 이혼한 어머니를 위해서 복상을 하지 않았다.

喪出母, 是舊制, 故孔氏先世行之. 孔子改制, 不喪出母.

<이상 공자가 제도를 개혁한 후 제자들이 그것을 따르고 옛 제도를 버리다: 右孔子改制後,弟子從之而舍舊制>

6. 공자가 제도를 개혁한 후 당시 사람들이 그것을 따르고 옛 제도를 버리다 [孔子改制後, 時人從之而舍舊制]

13-6-1

노(魯)나라 사람 중에 아침에 대상(大祥) 제사를 지내고, 그날 저녁에 노래를 부른 자가 있었는데, 자로가 그를 비웃었다.[49] 공자가 말했다. "자로야, 네가 다른 사람의 잘못을 책망하는 것이 너무 지나친 듯하구나! 삼년상을 치른 것도 아주 오랜 시간이 아니겠느냐!"[50] 자로가 나가자,

49_ 상(祥)은 대상(大祥)을 말하고, 모가(莫歌)는 모가(暮歌)와 같은 말이다. 『예기정의』 정현의 주에서 "그가 음악을 한 것이 너무 이른 것을 비웃은 것이다"라고 했고, 공영달의 소에서는 "상(祥)은 25개월의 대상(大祥)을 말하니, 노래와 곡을 같은 날에 하지 않기 때문에 자로가 비웃은 것이다. 그런데 대상 제사를 지낸 날에 장식을 하지 않은 거문고를 칠 수는 있다"라고 했다.

50_ 『예기정의』 정현의 주에서 "당시에 이와 같이 삼년상을 실행한 사람이 드물었기 때문에 자로를 억제시킴으로써 그 사람을 좋게 여긴 것이다"라고 했다.

공자가 말했다. "[그 사람이 노래를 부를 수 있는 시기까지] 또한 많은 시간이 필요하겠는가! 한 달만 넘겼으면 좋았을 것이다."(『예기』「단궁 상」)

魯人有朝祥而莫歌者, 子路笑之. 夫子曰, "由, 爾責于人, 終無已夫! 三年之喪, 亦已久矣夫!" 子路出, 夫子曰, "又多乎哉! 逾月則其善也."(『禮記』「檀弓 上」)

康13-16

아침에 대상(大祥) 제사를 지내고 그날 저녁에 노래를 부른 것은 의리상 사실 좋지 못하다. 다만 제도가 새롭게 만들어져서 노나라 사람 중에 가르침을 따르는 자를 찾기가 너무나 어려웠다. 따라서 공자가 다시 그를 책망하지 않은 것이다.

朝祥暮歌, 義實未善. 但制爲新創, 魯人能從教已極難得. 故孔子不復責之.

<이상 공자가 제도를 개혁한 후 당시 사람들이 그것을 따르고 옛 제도를 버리다: 右孔子改制後, 時人從之而舍舊制>

7. 당시 사람들이 옛 제도에 의혹을 품자 후학들이 공자가 개혁한 제도로 그 의혹을 풀어주다 [時人惑舊制, 後學以孔子所改之制闢之]

13-7-1

등정공(滕定公)이 죽자, 세자(世子)가 연우(然友)에게 말했다. "예전에 맹자가 송(宋)나라에서 나에게 말한 적이 있는데, 내 마음에서 끝내 잊을 수가 없다. 지금 불행하게도 큰일을 당했으니, 내가 그대를 시켜 맹자에게 물어본 뒤에 장례식을 거행하고자 한다." 연우가 추(鄒) 땅으로 가서 맹자에게 물었는데, 맹자가 말했다. "또한 좋지 않겠는가! 부모의 상은 진실로 최선을 다해야 한다. 증자(曾子)가 '살아 계실 때 예로써 섬기고, 돌아가셨을 때 예로써 장례를 지내며, 예로써 제사를 지내면 효도라고 할 수 있다'라고 했으니, 제후의 예법은 내가 아직 배우지 않았지만, 비록 그렇다고 하더라도 내가 들어본 적은 있다. 삼년상에 거친 삼베로 만든 상복을 입고, 죽을 먹는 것은 천자로부터 일반 백성에 이르기까지 삼대가 공통으로 시행했다." 연우가 되돌아와서 보고하여 삼년상으로 결정하자, 부형(父兄)과 백관(百官)이 모두 하고자 하지 않으면서, "우리의 종주국인 노(魯)나라 선군도 이것을 행하지 않았고, 우리 선군도 이것을 행하지 않았으니, 그대의 몸에 이르러서 그것을 뒤집는 것은 안 됩니다. 또 전해지는 기록에 '장례와 제사는 선조를 따른다'라고 했으니, 우리에게도 전수받은 예법이 있습니다"라고 했다.[51] [세자가] 연우에게 말했다. "내가 다른 날에 학문을 한 적이 없고, 말달리기와 칼쓰기를 좋아했는데, 지금 부형과 백관이 나를 만족스럽게 여기지 않으니,[52] 큰일에 [예법을] 다하지 못할까 걱정된다. 그대는 나를 위하여 맹자에게 물어보아라." 연우가 다시 추(鄒) 땅으로 가서 맹자에게 물었는데, 맹자가 말했다. "그렇다. 다른 것으로 찾아서는 안 된다."[53](『맹자』

51_ 이상에서 인용한 『맹자』「등문공 상」편의 내용은 이 책의 제10권 제3절〈10-3-7〉에서 이미 인용했다. 자세한 주석은 앞의 내용을 참조 바람.

52_ 불아족(不我足)은 『맹자집주』에서 "내가 하는 일을 그들의 뜻에 만족스럽게 여기지 않는다"라고 풀이했다.

53_ 『맹자집주』에서 "연(然)은 나를 만족스럽게 여기지 않는다는 말이 옳다는 것이다. 다른 것으로 찾아서는 안 된다는 것은 마땅히 자기 자신에게 책임을 물어야 한다는 것이다. 즉 단지 세자 스스로가 그 슬픔을 다함에 달려 있을 뿐이라고 말한 것이다"라고 풀이했다.

「등문공 상」)

滕定公薨, 世子謂然友曰, "昔者, 孟子嘗與我言于宋, 于心終不忘. 今也不幸至于大故, 吾欲使子問于孟子, 然後行事." 然友之鄒問于孟子, 孟子曰, "不亦善乎! 親喪, 固所自盡也. 曾子曰, '生事之以禮, 死葬之以禮, 祭之以禮, 可謂孝矣.' 諸侯之禮, 吾未之學也, 雖然, 吾嘗聞之矣. 三年之喪, 齊疏之服, 飦粥之食, 自天子達于庶人, 三代共之." 然友反命, 定爲三年之喪, 父兄百官皆不欲曰, "吾宗國魯先君莫之行, 吾先君亦莫之行也, 至于子之身而反之, 不可. 且志曰, '喪祭從先祖.' 曰吾有所受之也." 謂然友曰, "吾他日未嘗學問, 好馳馬試劍, 今也父兄百官不我足也, 恐其不能盡于大事. 子爲我問孟子." 然友復之鄒問孟子, 孟子曰, "然. 不可以他求者也."(『孟子』「滕文公 上」)

康13-17

삼년상이 만약 대주통례(大周通禮)라면 노나라는 지금의 연주(兗州)의 지부(知府)와 같고, 등나라는 지금의 등현(滕縣) 지현(知縣)과 같은데, 어찌 [노나라의] 백금(伯禽)으로부터 도공(悼公)에 이르기까지, [등나라의] 숙수(叔繡)로부터 문공(文公)에 이르기까지 삼년상을 시행하지 않을 리가 있겠는가? 이현(李賢, ?~1466)[54]과 장거정(張居正, 1525~1582)[55]이 탈정(奪情)[56]한 하나의 일에 대해서도, 나륜(羅倫) · 조용현(趙用賢) · 오중행(吳中行) 등의

54_ 이현(李賢)은 명나라 하남(河南) 등주(鄧州) 사람으로, 자는 후덕(厚德)이고, 시호는 문달(文達)이다. 이부시랑(吏部侍郎), 이부상서(吏部尙書), 문연각대학사(文淵閣大學士) 등을 역임했다.

55_ 장거정(張居正)은 명나라 강릉(江陵) 사람이며, 호는 태악(太岳)이다. 대학사(大學士)를 역임했고, 저서로는 『장태악집(張太岳集)』과 『태악잡록(太岳雜錄)』 등이 있다.

56_ 탈정(奪情)은 부모의 복상 기간이 끝나기도 전에 관직에 복직하는 것을 말한다. 탈복(奪服)이나 기복(起復)과 같은 말이다.

무리들이 분분하게 탄핵을 했는데,[57] 어찌 노나라가 주공(周公)의 나라이면서 예법을 지키는 국가인데, 교화가 미치지 않는 것이 이와 같을 수 있겠는가? 심지어는 부형과 백관이 삼년상을 하고자 하지 않았으니, 또한 친왕(親王)과 군왕(郡王)[58]으로부터 종실(宗室)·구경(九卿)·과도관(科道官)[59]에 이르는 사람들의 회의에서 그렇게 해야 한다고 여긴 사람이 없었던 것이다. 만약 삼년상이 주나라의 제도라면 어찌 조정 전체가 이치에 어긋나고 잘못되어, 큰 예법을 쟁론하여 이와 같이 상례 기간을 단축하는 지경에까지 이르겠는가? '전해지는 기록에서 말했다[志曰]'라는 것을 인용한 경우는 또한 전장제도를 기록한 문헌의 본문을 끌어들인 것이며, 선조에게 전수받았다고 말한 것은 또한 선조가 만들어놓은 예법을 충실하게 지킨 것이니, 이처럼 놀라서 의심하고 거슬려서 반박하는 것을 통해서 결코 주나라의 제도가 아니라는 것을 알 수 있다. 재아의 상례 기간 단축과 함께 고찰해보면, [삼년상은] 공자가 개혁한 제도이며, 맹자가 교설을 전수받았다는 것은 너무나 분명하다.

57_ 이현(李賢)을 탄핵한 사건은 『명사』 권179 「나륜열전(羅倫列傳)」에 보인다. 명나라 헌종(憲宗) 성화(成化) 2년(1466) 2월에, 대학사(大學士)인 이현(李賢)이 부친의 상을 당했는데, 아직 탈상이 끝나기 전에 관직에 복귀하도록 조칙이 내려졌다. 이때 한림수찬(翰林修撰) 나륜(羅倫)이 상소를 올려 간언했으나, 헌종이 듣지 않고 이현을 복직시켰다. 그리고 장거정(張居正)을 탄핵한 사건은 『명사』 권20 「신종본기(神宗本紀)」에 보인다. 명나라 신종(神宗) 만력(萬曆) 5년(1755) 10월 10일에 대학사(大學士) 장거정(張居正)의 부친이 죽어서 집에서 부고가 왔는데, 장거정이 급히 달려가 복상을 할 뜻을 보이지 않았다. 이때 그의 무리였던 공부상서(工部尙書) 이유자(李幼孜)가 장거정의 탈정(奪情)에 대한 토론을 제창했다. 그리고 한림원 편수 오중행(吳中行), 검토관 조용현(趙用賢), 형부원외랑 애목(艾穆)과 주사 심사효(沈思孝) 등이 상소를 올려 장거정을 강하게 비판했다.

58_ 친왕(親王)은 청대의 최상급의 작위로, 황제의 백부와 숙부, 형제와 아들이 여기에 속한다. 군왕(郡王)은 친왕 다음의 작위로, 종실의 봉작 제3급인 다라군왕(多羅郡王)의 약칭이다.

59_ 과도관(科道官)은 명나라와 청나라 때 이(吏)·호(戶)·예(禮)·병(兵)·형(刑)·공(工), 육과(六科)의 급사중(給事中)과 각 도의 감찰어사(監察御史)의 통칭이다.

三年喪若是大周通禮, 則魯如今兗州知府, 滕如今滕縣知縣, 安有自伯禽至悼公, 自叔綉至文公未行之理? 李賢・張居正奪情一事, 羅倫・趙用賢・吳中行[60]之流紛紛彈劾, 豈有魯爲周公之國, 秉禮之邦, 而化外若是乎? 至于父兄百官不欲, 則又自親・郡王至宗室・九卿・科道會議無以爲然者. 如三年喪爲周制, 何至盈廷悖謬, 爭議大禮, 至于短喪如此? 至于引'志曰', 則又援據典文律例, 云受之先祖, 則又篤守祖宗成法, 驚疑違駁如此, 必非周制可知. 合宰我短喪考之, 蓋爲孔子改制而孟子傳敎, 至易明矣.

13-7-2[61]

제(齊)나라 선왕(宣王)이 상례의 기간을 단축하려고 했는데, 공손추(公孫丑)가 "1년을 복상하는 것이 그만두는 것보다는 낫지 않겠습니까?"라고 말했다. 맹자가 말했다. "이것은 어떤 사람이 자기 형의 팔을 비트는데, 자네가 그에게 '우선 천천히 비틀어라'라고 말하는 것과 같다. 또한 그에게 효도와 공경을 가르칠 뿐이다." 왕자 중에 자기 어머니가 죽은 자가 있었는데, 왕자의 사부가 그를 위하여 수개월의 복상을 요청했다. 공손추가 "이와 같이 하는 것은 어떻습니까?"라고 물었다. [맹자가] 말했다. "이것은 상례의 기간을 마치고자 하여도 [예의 규정상] 그렇게 할 수 없는 상황이니, 비록 하루의 기간을 더하더라도 그만두는 것보다는 낫다. [앞에서 말한 상황은] 금지하는 규정이 없는데도 하지 않는 경우를 말한 것이다."(『맹자』「진심 상」)

齊宣王欲短喪, 公孫丑曰, "爲朞之喪, 猶愈于已乎?" 孟子曰, "是猶或

60_ 오중행(吳中行)이 『공자개제고』에는 애중행(艾中行)으로 되어 있는데, 『명사』 원문에 따라 고쳤다. 캉유웨이가 오중행(吳中行)과 애목(艾穆)을 착각한 듯하다.

61_ 이하에서 인용한 『맹자』「진심 상」편의 내용은 이 책의 제9권 제8절〈9-8-5〉에서 이미 인용했다. 자세한 주석은 앞의 내용을 참조 바람.

袗其兄之臂，子謂之'姑徐徐'云爾，亦教之孝弟而已矣." 王子有其母死者，其傅爲之請數月之喪. 公孫丑曰，"若此者，何如也?" 曰，"是欲終之而不可得也，雖加一日，愈于已. 謂夫莫之禁而弗爲者也."(『孟子』「盡心 上」)

康13-18

공손추의 말과 같다면 선왕은 1년의 복상을 했으니, 재아가 상례 기간을 1년으로 단축할 것을 요청한 것과 합치한다. 공자가 이미 3년으로 예법을 더해서 융성하게 했기 때문에 [선왕은] 스스로 1년상을 상례 기간 단축으로 여긴 것이다. 그런데 당시에는 본래부터 정해진 제도가 없었으니, 한대 사람들과 마찬가지이다. 왕수(王修)는 6년 동안 복상했고,[62] 조선(趙宣)은 26년 동안 복상했으며,[63] 적방진(翟方進)은 36일 동안 복상했으니,[64] 지금의 서양도 그러하다. 그러나 서양에는 비록 정해진 제도가 없어서 장례식의 성대함이나 간소함은 다른 사람을 따라서 하지만, 1년의 복상이 많다. 따라서 공손추는 그것을 [그만두는 것보다는] 낫다고 여긴 것이다.

如公孫丑言，宣王蓋服期，與宰我所請短爲期喪合. 蓋孔子旣加隆爲三年，自以期爲短喪矣. 然當時自無定制，與漢人同. 王修服喪六年，趙宣二十六年，翟方進三十六日，今泰西亦然. 然泰西雖無定制，厚薄

62_ 왕수(王修)는 『공자개제고』 권10에는 왕순(王恂)으로 되어 있다. 두 이름 모두 이순(李恂)의 오자인 듯하다. 『동관한기(東觀漢記)』 「이순열전(李恂列傳)」에 "李恂遭父母喪，六年躬自負土樹柏，常在冢下."라는 기록이 보인다.

63_ 『후한서』 「진번열전(陳蕃列傳)」에 "民有趙宣，葬親而不閉埏隧，因居其中行服二十餘年，鄕邑稱孝."라는 기록이 보인다. 즉 조선(趙宣)이라는 사람이 부모의 장례를 치르고 나서, 그 무덤으로 통하는 지하도를 막지 않고, 그 속에서 20여 년을 복상했다고 한다.

64_ 『후한서』 「순숙열전(荀淑列傳)」에 "昔翟方進以自備宰相，而不敢踰制，至遭母憂，三十六日而除."라는 기록이 보인다.

聽人, 然服期爲多. 故公孫丑以爲愈也.

13-7-3[65]

제(齊)나라 선왕(宣王)이 전과(田過)[66]에게 물었다. "내가 들으니, 유학자들은 부모에게 삼년상을 한다고 하는데, 임금과 부모 중에 누가 더 중요한가?" 전과가 대답했다. "아마 [임금은] 부모처럼 중요하지는 않을 것입니다." 선왕이 크게 화를 내면서 "그렇다면 어째서 선비는 부모를 떠나서 임금을 섬기는가?"라고 말했다. 전과가 대답했다. "임금의 땅이 아니면 나의 부모가 거처할 방법이 없고, 임금의 봉록이 아니면 나의 부모를 봉양할 방법이 없으며, 임금의 작위가 아니면 나의 부모를 존귀하게 하고 현달시킬 방법이 없기 때문입니다. 임금에게 받아서 부모에게 드리는 것이니, 임금을 섬기는 것은 부모를 위한 것입니다." 선왕이 말문이 막혀 버렸다.(『한시외전』)[67]

齊宣王謂田過曰, "吾聞儒者親喪三年, 君與父孰重?" 田過對曰, "殆不如父重." 王忿然曰, "曷爲士去親而事君?" 對曰, "非君之土地, 無以處吾親, 非君之祿, 無以養吾親, 非君之爵, 無以尊顯吾親. 受之于君, 致之于親, 凡事君以爲親也." 宣王悒然.(『韓詩外傳』)

康13-19

공자가 개혁한 제도에서는 오직 부모에게만 3년을 복상했는데, 유학

65_ 이하에서 인용한 『한시외전』은 『설원(說苑)』 「수문(修文)」편과 그 내용이 거의 일치한다. 자세한 내용은 이 책의 제9권 제8절〈9-8-16〉에서 인용한 『설원』 「수문」편 참조.

66_ 전과(田過)는 전국시대 제나라 사람이다. 이 기록 이외에 구체적인 사적이 보이지 않는다.

67_ 『한시외전』 권7에 보인다.

자들이 그것을 시행했다. 따라서 선왕이 괴이하게 여겨서 질문한 것이다.

孔子改制, 惟親喪三年, 儒者行之. 故宣王怪而問之.

13-7-4

대영지(戴盈之)[68]가 말했다. "10분의 1의 조세법 및 관문과 시장의 세금 징수를 없애는 것[69]을 금년에는 시행할 수 없으니, 청컨대 세금을 경감하여 내년을 기다린 이후에 [세금 징수를] 그만두고자 하는데, 어떻습니까?" 맹자가 대답했다. "지금 어떤 사람 중에 날마다 이웃집의 닭을 훔치는 자가 있는데, 혹자가 그에게 '이것은 군자의 도리가 아니다'라고 하자, '청컨대 훔치는 숫자를 줄여서 한 달에 닭 한 마리씩 훔치다가, 내년을 기다린 이후에 [훔치는 것을] 그만두겠습니다'라고 했다. 만약 그것이 의리가 아니라는 것을 안다면, 이에 빨리 그만두어야 하니, 어찌 내년을 기다리겠는가?"(『맹자』「등문공 하」)

戴盈之曰, "什一, 去關市之征, 今茲未能, 請輕之, 以待來年然後已, 何如?" 孟子曰, "今有人日攘其鄰之鷄者, 或告之曰, '是非君子之道.' 曰, '請損之, 月攘一鷄, 以待來年然後已.' 如知其非義, 斯速已矣, 何待來年?"(『孟子』「滕文公 下」)

康13-20

10분의 1의 조세법은 공자가 개정한 제도인데, 당시에는 사실 시행되

68_ 대영지(戴盈之)는 『맹자집주』에 의하면, 송나라의 대부이다.

69_ 『맹자』「양혜왕 하」편에도 "문왕이 기 땅을 다스릴 때, … 관문과 시장은 순찰만 하지 세금을 징수하지 않았다[文王之治岐也, … 關市譏而不征.]"라는 내용이 보인다. 『맹자집주』에서 "관문과 시장의 관리들은 이상한 복장과 이상한 말을 하는 사람들을 살피기만 하고, 상가의 세금은 징수하지 않는 것이다"라고 했다.

지 못했다. 맹자는 가르침을 전수받아 그것을 드러내 밝히니, 대영지가 이 제도를 시행하고자 했지만 잘 되지 않았다. 따라서 먼저 세금을 조금 경감하고, 내년을 기다려서야 그것을 시행하고자 한 것이다.

什一是孔子改定之制, 當時實未能行. 孟子傳敎發明之, 戴盈之欲行此制而未能. 故先稍輕, 待來年乃行之也.

13-7-5

만장(萬章)이 물었다. "『시』에서 '장가를 가려면 어떻게 해야 하는가? 반드시 부모님께 말씀드려야 한다'라고 했으니, 진실로 이 말과 같다면 당연히 순임금과 같이 장가를 가서는 안 될 것입니다. 순임금이 부모에게 말씀드리지 않고 장가를 간 것은 무엇 때문입니까?" 맹자가 대답했다. "부모에게 말씀드렸다면 장가를 갈 수 없었을 것이다. 남녀가 가정을 이루는 것은 사람의 큰 윤리이니, 만약 [순임금이] 부모에게 말씀드렸다면, 사람의 큰 윤리를 폐기하여 부모를 원망했을 것이다. 이 때문에 말씀드리지 않았던 것이다."[70] 만장이 말했다. "순임금이 말씀드리지 않고 장가를 간 것은 제가 이미 가르침을 들었지만, 요임금이 순임금에게 딸을 시집보내면서 [순임금의 부모에게] 말하지 않은 것은 무엇 때문입니까?" 맹자가 대답했다. "요임금 또한 그들에게 말하면 딸을 시집보낼 수 없다는 것을 알았기 때문이다."(『맹자』「만장 상」)

萬章問曰, "『詩』云, '娶妻如之何? 必告父母.' 信斯言也, 宜莫如舜. 舜之不告而娶, 何也?" 孟子曰, "告則不得娶. 男女居室, 人之大倫也, 如告則廢人之大倫, 以懟父母. 是以不告也." 萬章曰, "舜之不告而娶,

70_ 『맹자집주』에서 "순임금의 아버지는 거칠고 악했고, 어머니는 간악하여 항상 순임금을 해치고자 했다. 따라서 부모에게 말씀드렸으면 장가가는 것을 허락하지 않았을 것이다. 이것은 인간의 큰 윤리를 폐기하여 부모를 원망하게 되는 것이다"라고 했다.

則吾旣得聞命矣, 帝之妻舜而不告, 何也?" 曰, "帝亦知告焉則不得娶也."(『孟子』「萬章 上」)

康13-21

노(魯)나라 계희(季姬)는 증(鄫)나라 자작을 방(防) 땅에서 만나서, 증나라 자작으로 하여금 노나라에 와서 자신에게 장가들 것을 요청하도록 시켰으니,[71] 옛날에는 장가를 들 때 중매가 없었고, 부모에게 고할 필요가 없었다는 것을 알 수 있다. 공자는 이러한 제도를 개정하여 『시』에 가탁했기 때문에 만장이 의문을 제기한 것이다.

魯季姬遇鄫子于防, 使鄫子來請己, 可知古娶妻無媒, 不待告父母. 孔子改定此制, 託之于『詩』, 故萬章疑之.

13-7-6

임(任)나라 사람이 옥려자(屋廬子)에게 물었다.[72] "예법과 음식 중에 어느 것이 더 중요합니까?" "예법이 더 중요하다"라고 대답했다. "색(色)과 예법 중에 어느 것이 더 중요합니까?" "예법이 더 중요하다"라고 대답했다. "예법대로 음식을 먹으면 굶어서 죽고, 예법대로 음식을 먹지 않으

71_ 『춘추』 「희공(僖公)」 14년에 "계희(季姬)가 증(鄫)나라 자작과 방(防) 땅에서 만나서, 증나라 자작에게 노나라에 와서 조회하도록 했다[季姬及鄫子遇于防, 使鄫子來朝.]"라는 기록이 있다. 이 사건에 대해 『공양전』에 다음과 같이 기록되어 있다. "증나라 자작은 무엇 때문에 계희에게 [자신이] 노나라에 와서 조회하게 만들도록 시켰는가? 노나라 국내의 일과 관련된 말이다. 노나라에 와서 조회하도록 시킨 것이 아니라, 노나라에 와서 [계희] 자신에게 장가들 것을 요청하도록 시킨 것이다[鄫子曷爲使乎季姬來朝? 內辭也. 非使來朝, 使來請已也.]" 계희(季姬)는 노나라 희공의 딸이다. 당시 증나라 자작과 방 땅에서 개인적으로 만나서, 증나라 자작에게 노나라에 와서 자신과의 결혼을 희공에게 요청하도록 시켰다고 한다.

72_ 『맹자집주』에 의하면, 옥려자(屋廬子)는 이름이 연(連)이고, 맹자의 제자이다.

면 음식을 먹을 수 있는데, 반드시 예법대로 해야 합니까? 친영(親迎)을 하면 아내를 얻지 못하고, 친영을 하지 않으면 아내를 얻을 수 있는데, 반드시 친영을 해야 합니까?" 옥려자가 대답을 하지 못하고, 다음날 추(鄒)나라에 가서 그것을 맹자에게 고했는데, 맹자가 말했다. "그 질문에 답하는 데에 무슨 어려움이 있겠는가? 그 근본을 헤아리지 않고 그 말단만을 같이 놓고 비교하면 매우 작은 나무를 높은 누대보다 더 높게 만들 수 있다.[73] 쇠가 깃털보다 무겁다는 것이 어찌 조그마한 쇠갈고리 하나와 수레 하나에 가득한 깃털을 비교한 말이겠는가?[74] 음식 중에 중요한 것과 예법 중에 가벼운 것을 가져다가 비교한다면 어찌 단지 음식이 중요하다는 정도에만 그칠 것이며, 색(色) 중에 중요한 것과 예법 중에 가벼운 것을 가져다가 비교한다면 어찌 단지 색이 중요하다는 정도에만 그치겠는가?[75] 가서 다음과 같이 대답해 주어라. '형의 팔을 비틀어서 그 음식을 빼앗으면 먹을 수 있고, 팔을 비틀지 않으면 먹을 수 없다고 한다면 장차 팔을 비틀겠는가? 동쪽 집의 담장을 뛰어넘어서 처자를 끌어오면 아내를 얻을 수 있고, 끌어오지 않으면 아내를 얻을 수 없다고 한다면 장차 처자를 끌어오겠는가?'"(『맹자』「고자 하」)

任人有問屋廬子曰, "禮與食孰重?" 曰, "禮重." "色與禮孰重?" 曰, "禮重." 曰, "以禮食, 則饑而死, 不以禮食, 則得食, 必以禮乎? 親迎, 則不

73_ 방촌지목(方寸之木)은 키가 매우 작은 나무이고, 잠루(岑樓)는 산과 같이 높은 누대이다. 『맹자집주』에 의하면, 작은 나무는 식색(食色)을 비유한 것이고, 높은 누대는 예법을 비유한 것으로, 만약 아래의 평평한 곳을 기준으로 삼지 않고, 작은 나무를 높은 누대 위에 올려놓는다면 작은 나무가 도리어 높아지고, 높은 누대는 도리어 낮아진다는 의미이다.

74_ 구(鉤)는 띠에 달려 있는 조그마한 쇠갈고리이다. 『맹자집주』에서 "쇠는 본래 무겁지만 띠의 쇠갈고리는 작아서 가벼우니, 예법이 식색보다 가벼운 경우가 있다는 것을 비유한 것이다. 그리고 깃털은 본래 가볍지만 수레 하나에 가득한 깃털은 많아서 무거우니, 식색이 예법보다 중요한 경우도 있다는 것을 비유한 것이다"라고 했다.

75_ 해시(奚翅)는 하단(何但)과 같은 말로, 단지 그러한 차이에 그치지 않고, 더 큰 차이가 난다는 의미이다.

得妻, 不親迎, 則得妻, 必親迎乎?" 屋廬子不能對, 明日之鄒以告孟子, 孟子曰, "於答是也, 何有? 不揣其本, 而齊其末, 方寸之木可使高于岑樓. 金重于羽者, 豈謂一鉤金與一輿羽之謂哉? 取食之重者與禮之輕者而比之, 奚翅食重, 取色之重者與禮之輕者而比之, 奚翅色重? 往應之曰, '紾兄之臂而奪之食, 則得食, 不紾, 則不得食, 則將紾之乎? 踰東家牆而摟其處子, 則得妻, 不摟, 則不得妻, 則將摟之乎?'"(『孟子』「告子 下」)

康13-22

유교는 전국시대에 이르러 이미 크게 유행했지만, 당시 사람들 중에 여전히 옛 제도에 근거하여 공자의 제도를 공격하는 자가 많았다. 삼년상과 친영(親迎)은 특히 자주 보이니, 제도 개혁의 어려움을 알 수 있다.

儒教至戰國旣大行, 而時人猶多據舊制以攻孔子之制者. 三年喪·親迎, 尤爲數見, 可見改制之難.

13-7-7

제(齊)나라 선왕(宣王)이 물었다. "문왕의 동산은 사방 70리라고 하는데, 그런 사실이 있습니까?" 맹자가 대답했다. "전하는 기록에 그러한 것이 있습니다." "그와 같이 큽니까?" "백성들은 오히려 작다고 여겼습니다." "과인의 동산은 사방 40리인데, 백성들은 오히려 크다고 여기는 것은 무엇 때문입니까?" 대답했다. "문왕의 동산은 사방 70리였는데, 꼴을 베고 나무를 하는 사람들[76]이 거기에 들어갈 수 있었고, 꿩과 토

76_ 추요(芻蕘)는 꼴이나 나무를 베는 사람을 말한다.

끼를 잡는 사람들이 거기에 들어갈 수 있어서, 백성들과 함께 그곳을 공유했으니, 백성들이 그곳을 작다고 여기는 것이 또한 당연하지 않겠습니까? 신이 처음 [제나라의] 국경 지역에 이르렀을 때, 나라에서 크게 금지하는 것을 물어본 이후에야 감히 들어왔습니다. 신이 들으니, 교외의 관문 안에 동산 40리가 있는데, 그 동산의 사슴을 죽이는 자는 사람을 죽이는 죄와 같다고 하니, 이것은 사방 40리로 나라 가운데에 함정을 파놓은 것입니다. 백성들이 크다고 여기는 것이 또한 당연하지 않습니까?"(『맹자』「양혜왕 하」)

齊宣王問曰, "文王之囿方七十里, 有諸?" 孟子對曰, "于傳有之." 曰, "若是其大乎?" 曰, "民猶以爲小也." 曰, "寡人之囿方四十里, 民猶以爲大, 何也?" 曰, "文王之囿方七十里, 芻蕘者往焉, 雉兔者往焉, 與民同之民. 以爲小, 不亦宜乎? 臣始至于境, 問國之大禁, 然後敢入. 臣聞郊關之內有囿方四十里, 殺其麋鹿者如殺人之罪, 則是方四十里爲阱于國中. 民以爲大, 不亦宜乎?"(『孟子』「梁惠王 下」)

康13-23

공자가 백성의 공공 동산을 개정했는데, 맹자가 교설을 전수받아 드러내 밝혔다. 따라서 제나라 선왕이 의문을 제기한 것이다.

孔子所定民之公囿, 孟子傳敎發明之. 故齊宣王疑之.

13-7-8

제(齊)나라 선왕(宣王)이 물었다. "탕왕이 걸왕(桀王)을 추방하고, 무왕이 주왕(紂王)을 정벌했다고 하는데, 그런 사실이 있습니까?" 맹자가 대답했다. "전하는 기록에 그러한 것이 있습니다." "신하가 자신의 임금을 시해하는 것이 괜찮습니까?" 대답했다. "인(仁)을 해치는 자를 잔인한

자[賊]라고 하고, 의(義)를 해치는 자를 포악한 자[殘]라고 하며, 포악하고 잔인한 자를 한 명의 남자[一夫]라고 합니다. 한 명의 남자인 주(紂)를 죽였다는 말은 들었지만, 임금을 시해했다는 말은 듣지 못했습니다."(『맹자』「양혜왕 하」)

齊宣王問曰, "湯放桀, 武王伐紂, 有諸?" 孟子對曰, "于傳有之." 曰, "臣弑其君, 可乎?" 曰, "賊仁者謂之賊, 賊義者謂之殘, 殘賊之人謂之一夫. 聞誅一夫紂矣, 未聞弑君也.(『孟子』「梁惠王 下」)

康13-24

탕왕과 무왕의 혁명은 하늘에 따르고 백성들에 호응한 것이다. 성인은 위로는 하늘을 받들고, 아래로는 백성을 사랑하니, 어찌 한 사람으로 하여금 백성들 위에서 제멋대로 행동하게 하겠는가? 『춘추』의 의리는 백성을 상실하면 임금 노릇을 하지 못한다. 맹자는 그 대의를 서술했기 때문에 잔악한 자와 포악한 자를 죽였다고 여겼다. 제나라 선왕은 이러한 색다른 의리에 놀랐기 때문에 의문을 제기한 것이다.

湯·武革命, 順天應人. 聖人上奉天, 下愛民, 豈其使一人肆于民上, 『春秋』義, 失民則不君. 孟子述其大義, 故以爲誅殘·賊. 齊宣王駭此異義, 故疑問之.

<이상 당시 사람들이 옛 제도에 의혹을 품자 후학들이 공자가 개혁한 제도로 그 의혹을 풀어주다: 時人惑舊制, 後學以孔子所改之制闢之>

8. 당시 사람들이 새로운 제도를 별도로 만들자 후학들이 공자가 개혁한 제도로 절충하다
[時人別創新制, 後學以孔子所改之制折之]

13-8-1[77]

백규(白圭)가 "나는 20분의 1[의 조세]를 시행하고자 하는데, 어떻습니까?"라고 물으니, 맹자가 "그대의 방법은 맥국(貉國) 오랑캐의 방법이다. 1만 가구가 있는 국가에서 한 사람이 질그릇을 생산하면 [모든 집이] 사용할 수 있는가?"라고 묻자, "사용할 수 없습니다. 그릇이 사용하기에 부족합니다"라고 대답했다. 맹자가 말했다. "저 맥국 오랑캐는 오곡이 자라지 않고, 오직 기장만이 생산되니, 성곽(城郭)과 궁실(宮室), 종묘(宗廟)와 제사(祭祀)의 예법이 없고, 제후들과 예물을 주고받고 음식으로 대접하는 예법이 없으며, 관료 조직[百官]이나 담당 관리[有司]가 없다. 따라서 20분의 1[의 조세]만 시행하여도 충분하다. 지금 중국에 살면서 인륜(人倫)을 버리고, 관료[君子]가 없다면 어떻게 가능하겠는가? 질그릇[의 생산]이 적다는 이유만으로도 나라를 다스릴 수 없는데, 하물며 관료[君子]가 없다면 가능하겠는가? [세금을] 요순의 도보다 가볍게 하려는 것은 큰 맥국 오랑캐[에 대비하여] 작은 맥국 오랑캐이며, 요순의 도보다 무겁게 하려는 것은 걸왕(桀王)[에 비하면] 작은 걸왕이다." (『맹자』「고자 하」)

白圭曰, "吾欲二十而取一, 何如?" 孟子曰, "子之道, 貉道也. 萬室之國, 一人陶, 則可乎?" 曰, "不可. 器不足用也." 曰, "夫貉, 五穀不生,

77_ 이하에서 인용한 『맹자』「고자 하」편의 내용은 이 책의 제3권 제9절〈3-9-1〉에서 이미 인용했다. 자세한 주석은 앞의 내용을 참조 바람.

惟黍生之, 無城郭·宮室·宗廟·祭祀之禮, 無諸侯幣帛·饔飧, 無百官·有司. 故二十取一而足也. 今居中國, 去人倫, 無君子, 如之何其可也? 陶以寡, 且不可以爲國, 況無君子乎? 欲輕之于堯舜之道者, 大貉, 小貉也, 欲重之于堯舜之道者, 大桀, 小桀也."(『孟子』「告子 下」)

康13-25

10분의 1의 조세법은 공자가 개정한 제도로, 공자가 그것을 요임금과 순임금에게 가탁한 것인데, 백규는 다시 거기에 더해서 20분의 1의 조세법을 시행하고자 한 것이다.

什一是孔子改定之制, 孔子託之堯·舜者, 白圭更欲加而上之.

<당시 사람들이 새로운 제도를 별도로 만들자 후학들이 공자가 개혁한 제도로 절충하다: 時人別創新制, 後學以孔子所改之制折之>

제14권 | 제자백가가 유교를 공격하다

諸子攻儒考

An Annotated Translation of "Confucius as a Reformer"

제14권 머리글

[흉노족] 묵돌선우(冒頓單于, ?~B.C.174)[1]가 한(漢)나라를 침략하고, [거란족] 야율아보기(耶律阿保機, 872~926)[2]가 송(宋)나라를 침입하여, 모두 중국 왕조의 통일에 방해로 작용했다. 무력을 동원하여 함께 일어나 싸운 경우,[3] 예를 들어 형양(滎陽)과 성고(成皐)의 전쟁,[4] 한단(邯鄲)으로의 진격,[5] 파양호(鄱陽湖)의 공격[6]은 전한의 고조(高祖) 유방(劉邦, B.C.247?~B.C.195)과 후한의 광무제(光武帝) 유수(劉秀, B.C.6~A.D.57), 명나라 태조 주원장(朱元璋, 1328~1398)이 본래 그렇게 함께 일어나 싸울 만한 상황이었다. 전국시대에도 공자의 도가 아직 사상을 하나로 통일하지 않은 상태에서, 제자백가들이 함께 일어나 싸우면서, 자기의 덕이나 역량은 헤아리지 않고 모두 힘으로 통일하려고 했으니, 그중에서 묵가와 노자 두 학파는 얼마나 극성이었던가![7] 항우(項羽, B.C.232~B.C.202)와 왕랑(王朗, ?~A.D.228), 진우량(陳友諒, 1316~1363)이 [유방·광무제·주원장을] 공격한 것이 언제나 그토록 강력하지 않았던가! 『역』에서 "용이 들에서 싸우니, 그 피가 검고 누렇다"라고 하니,[8] 음(陰)이 양(陽)에게 의심을 품으면 반드시 싸우

1_ 묵돌선우(冒頓單于)는 기원전 3세기 말의 흉노의 선우(재위 B.C.209~B.C.174)로, 묵돌이라는 이름은 투르크어의 바야투르(Bayatur, 용감한 자)에서 음역했다. 동방의 동호(東胡)와 서방의 월지(月氏)를 정복하고, 남으로 한나라와 대치한 유목 국가를 건설한 사람이다.

2_ 야율아보기(耶律阿保機)는 요(遼)나라를 세운 제1대 황제인 태조(太祖, 재위 916~926)이다. 당나라 말기에 거란족의 여러 부족을 통일하고, 외몽골에서 동투르키스탄에 이르는 지역을 지배했다. 그 후 발해를 멸망시키고 동단국(東丹國)을 세웠다.

3_ 칭과(稱戈)는 창을 든다는 말로, 무력을 동원한다는 뜻이다.

4_ 한나라 유방이 초나라 항우와 오랫동안 서로 대치하면서 싸웠던 전쟁을 말한다.

5_ 후한의 광무제(光武帝)가 한단(邯鄲)의 왕랑(王朗)을 공격하여 함락시킨 전쟁을 말한다.

6_ 명나라의 태조 주원장(朱元璋)이 1363년 파양호(鄱陽湖)를 공격하여 진우량(陳友諒)을 물리친 전쟁을 말한다.

7_ 침침(駸駸)은 매우 성대하고 큰 모양이다.

게 된다. 제자백가들은 자기의 교설을 스스로 과장하여 양(陽)에게 의심을 품은 음(陰)이다. 그런데 성인의 도는 지극히 올바르기 때문에 사람들이 귀의하여 돌아가는 대상이니, 편파적이고 가려진 도는 거기로 들어가서 사라져 버린다. 이제 제자백가들이 [유가를] 공격한 내용을 빌어서 공자는 비난할 수 있는 대상이 아님을 밝혔다.[9] 이를 통해 유교는 공자가 창립한 것이지, 선왕이 전한 것이 아니라는 점이 더욱 분명하게 밝혀질 것이다.

冒頓之寇漢, 耶律之入宋, 皆于大朝一統犯之. 若夫稱戈幷起, 滎陽·成皐之戰, 邯鄲之走, 鄱陽之攻, 高·光·明祖所固然. 當戰國時, 孔道未一, 諸子幷起, 不揣德量力, 咸欲簒統, 其墨·老二家, 駸駸乎! 項羽·王郞·陳友諒, 故相攻尤力哉! 『易』曰, "龍戰于野, 其血玄黃", 陰疑于陽, 必戰. 諸子自張其敎, 陰疑于陽者也. 然聖道至中, 人所歸往, 偏蔽之道, 入焉而敗. 今藉諸子之相攻, 明仲尼之不可毁也. 然而儒爲孔子所創, 非先王所傳益明矣.

1. 춘추시대의 제자백가가 유교를 공격하다 [春秋時諸子攻儒]

14-1-1

공자가 태묘(大廟)[10]에 들어가서 일마다 물어보니, 혹자가 말했다. "누

8_ 『역』「곤괘(坤卦)」 '상육(上六)'의 효사이다. 정이의 『역전(易傳)』에서 "음은 양을 따르는 자인데, 성함이 지극하면 항거하여 다툰다. 이미 양과 대적하면 반드시 음과 양이 모두 상하게 되니, 그 피가 검고 누른 것이다"라고 풀이했다.

9_ 『논어』「자장(子張)」편의 기록에 의하면, 숙손무숙(叔孫武叔)이 공자를 비난하자 자공(子貢)이 "그런 짓을 하지 말라. 공자는 비난할 수 없다[無以爲也, 仲尼不可毁也.]"라고 한 내용이 보인다.

가 추(鄹) 땅 사람의 아들[11]이 예를 안다고 말했는가? 태묘에 들어가 일마다 물어보는구나!" 공자가 그 말을 듣고 "이것이 바로 예이다"라고 했다.(『논어』「팔일」)

子入大廟,[12] 每事問. 或曰, "孰謂鄹人之子知禮乎? 入大廟, 每事問!" 子聞之曰, "是禮也."(『論語』「八佾」)

康 14-1

공자는 널리 배워서 예를 안다고 소문이 났는데, 당시 사람들이 이미 오랫동안 그를 질투하여 허점을 찾고 잘못을 들추어내며, 항상 공격하고 비난하니, 혹자의 말이 이처럼 비난과 조소를 띤 것이다.

孔子以博學知禮聞, 時人已久忌之, 尋隙摘瑕, 時時攻難, 或之語帶譏嘲如此.

14-1-2

숙손무숙(叔孫武叔)이 공자를 비난했는데, 자공(子貢)이 말했다. "그런 짓을 하지 말라. 공자는 비난할 수 없다. 다른 사람 중에서 현명한 자는 낮은 구릉과 같아서 그래도 넘을 수 있지만, 공자는 해와 달과 같아서 넘을 수가 없다. 사람들이 비록 스스로 [해와 달과] 관계를 끊어버리고자 하더라도 그것이 해와 달에게 무슨 해가 되겠는가? 다만[13] 자기의 역량을 알지 못한 것만 드러낼 뿐이다."(『논어』「자장」)

10_ 태묘(大廟)는 노나라의 시조인 주공(周公)의 사당이다.

11_ 추(鄹)는 노나라의 읍의 이름인데, 『논어집주』에 의하면, 공자의 아버지 숙양흘(叔梁紇)이 이 읍의 대부였다고 한다.

12_ 태묘(大廟)가 『공자개제고』에는 태묘(太廟)로 되어 있는데, 『논어』 원문에 따라 고쳤다. 뒤에 나오는 태묘(大廟)도 마찬가지이다.

13_ 다(多)는 『논어집주』에서 지(祇)와 같으며, '다만[適]'의 의미라고 했다.

叔孫武叔毁仲尼, 子貢曰, "無以爲也. 仲尼不可毁也. 他人之賢者, 丘陵也, 猶可踰也, 仲尼, 日月也, 無得而踰焉. 人雖欲自絶, 其何傷于日月乎? 多見其不知量也."(『論語』「子張」)

康 14-2

숙손무숙이 자공 앞에서 공공연히 공자를 비난하니, 거칠게 비난하는 것이 더욱 심한 자이다. 비난하는 말이 비록 어떠했는지는 모르지만, 당시의 귀인들이 서로를 용납하기 어려웠다는 점을 볼 수 있다.

叔孫武叔公然毁孔子于子貢之前, 尤其悍然相詆者. 毁辭雖不知其如何, 然可見當時貴人之難相容矣.

14-1-3

미생무(微生畝)[14]가 공자에게 말했다. "그대는 어찌하여 그렇게도 끈질기게 물고 늘어지는가?[15] 말재주를 부리는 것이 아닌가?" 공자가 말했다. "감히 말재주를 부리는 것이 아니라, 고집부리는 것을 미워하는 것이다."(『논어』「헌문」)

微生畝謂孔子曰, "丘何爲是栖栖者與? 無乃爲佞乎?" 孔子曰, "非敢爲佞也, 疾固也."(『論語』「憲問」)

康 14-3

공자는 세상을 두루 돌아다녀서 앉은 자리가 따뜻해질 겨를이 없었

14_ 미생무(微生畝)는 누구인지 알 수 없는데, 『논어집주』에서는 "미생(微生)은 성이고 무(畝)는 이름이다. 그가 공자의 이름을 부르면서 말투가 매우 거만하니, 아마 나이와 덕이 있으면서 은둔한 자일 것이다"라고 했다.

15_ 서서(栖栖)는 한 곳에 지나치게 물고 늘어지면서 연연해하는 모습이다.

다. 미생무는 공자가 말재주를 부린다고 비난했는데, 공자는 고집부리는 것을 미워한다고 대답했으니, 또한 당시 사람들의 [유가에 대한] 비난과 비판을 볼 수 있다. 비록 성인이라고 하더라도 날카롭게 서로 대치하는 것을 피할 수 없었던 것이다.

孔子周流, 席不暇暖. 微生畝譏其爲佞, 而孔子答以疾固, 亦可見時人諷刺. 雖聖人亦不免針鋒相對者.

14-1-4

공자가 위(衛)나라에서 경쇠를 쳤는데, 삼태기를 등에 메고[16] 공자집의 문 앞을 지나가던 사람이 말했다. "[천하에] 마음을 두고 있구나. 경쇠를 침이여!" 얼마 후에 다시 말했다. "천박하구나. 땅땅하는 소리여![17] 자기를 알아주지 않으면 이에 그만둘 뿐이니, 물이 깊으면 옷을 벗고 건너가고, 물이 얕으면 하의를 걷어 올리고 건너가야 한다."[18](『논어』「헌문」)

子擊磬于衛, 有荷蕢而過孔氏之門者曰, "有心哉. 擊磬乎!" 旣而曰, "鄙哉. 硜硜乎! 莫己知也, 斯己而已矣, 深則厲, 淺則揭."(『論語』「憲問」)

14-1-5

초(楚)나라의 광인(狂人) 접여(接輿)[19]가 노래를 부르면서 공자 앞을 지나

16_ 하궤(荷蕢)는 짚으로 만든 삼태기를 등에 메는 것으로, 은둔자를 의미한다.

17_ 경경(硜硜)은 돌을 쳐서 나는 소리로, 하나만 고집하여 융통성이 없는 모양이다.

18_ '深則厲, 淺則揭'는 『시』「위풍(衛風) · 포유고엽(匏有苦葉)」편의 한 구절이다. 『시경집전』에서 "옷을 벗고서 건너가는 것을 려(厲)라고 하고, 하의(下衣)를 걷어 올리고서 건너가는 것을 게(揭)라고 한다"라고 했다.

19_ 접여(接輿)는 초나라의 현인으로, 거짓으로 미친 체하면서 은둔생활을 했다고 한다. 성이 접(接)이고 이름이 여(輿)라는 주장도 있고, 공자의 수레에 접촉했기

갔다. "봉황새여, 봉황새여! 어찌 덕이 그리도 쇠퇴했는가? 지나간 일은 따져 물을 수 없지만, 다가올 일은 그래도 아직 늦지 않았으니, 그만두게나, 그만두게나! 오늘날 정치하는 자들은 위태롭다네!"(『논어』「미자」)

楚狂接輿歌而過孔子曰, "鳳兮, 鳳兮! 何德之衰? 往者不可諫, 來者猶可追, 已而, 已而! 今之從政者殆而."(『論語』「微子」)

14-1-6

장저(長沮)와 걸익(桀溺)[20]이 나란히 밭을 가는데, 공자가 그곳을 지나가다가 자로에게 나루터를 묻게 했다. 장저가 "저기 수레의 고삐를 잡고 있는 자가 누구인가?"라고 묻자,[21] 자로가 "공구(孔丘)입니다"라고 대답했다. "바로 그 노나라의 공구인가?"라고 묻자, "그렇습니다"라고 대답하니, "그 사람은 나루터를 알 것이다"라고 했다. 걸익에게 물었는데, 걸익이 "그대는 누구인가?"라고 묻자, "중유(仲由)입니다"라고 대답했다. "그대가 바로 노나라 공구의 제자인가?"라고 묻자, "그렇습니다"라고 대답하니, 그가 말했다. "도도하게 물결이 흘러가듯이 천하가 모두 이러하니, 누구와 함께 그것을 바꾼단 말인가? 또한 그대는 사람을 피해서 돌아다니는 선비를 따르기보다는 차라리 세상을 피해서 은둔한 선비를 따르는 것이 더 낫지 않겠는가?" 그리고는 흙으로 씨앗을 덮는 일[22]을 멈추지 않았다.(『논어』「미자」)

長沮 · 桀溺耦而耕, 孔子過之, 使子路問津焉. 長沮曰, "夫執輿者爲

때문에 접여(接輿)라고 했다는 주장도 있다.

20_ 장저(長沮)와 걸익(桀溺)은 당시의 은둔자로, 자세한 사적은 보이지 않는다.

21_ 집여(執輿)는 수레의 고삐를 잡고 있는 것이다. 『논어집주』에서 "자로가 수레를 몰면서 고삐를 잡았는데, 지금 내려와서 나루터를 묻고 있기 때문에 공자가 대신 잡은 것이다"라고 했다.

22_ 우(耰)는 흙으로 씨앗을 덮는 것이다.

誰?" 子路曰, "爲孔丘." 曰, "是魯孔丘與?" 曰, "是也." 曰, "是知津矣." 問于桀溺, 桀溺曰, "子爲誰?" 曰, "爲仲由." 曰, "是魯孔丘之徒與?" 對曰, "然." 曰, "滔滔者天下皆是也, 而誰以易之? 且而與其從辟人之士也, 豈若從辟世之士哉?" 耰而不輟.(『論語』「微子」)

14-1-7

자로가 [공자를] 따라가다가 뒤에 처졌는데, 지팡이를 짚고 삼태기를 멘[23] 노인을 만났다. 자로가 "그대는 우리 선생님을 보았습니까?"라고 묻자, 노인이 "온몸을 부지런히 놀려 일하지 않고, 오곡을 분간하지 못하는데, 누가 선생님이란 말인가?"라고 말하고, 그 지팡이를 땅에 꽂아 두고 김을 매었다.(『논어』「미자」)

子路從而後, 遇丈人以杖荷蓧. 子路問曰, "子見夫子乎?" 丈人曰, "四體不勤, 五穀不分, 孰爲夫子?" 植其杖而芸.(『論語』「微子」)

14-1-8

공백료(公伯寮)[24]가 계손(季孫)에게 자로를 비방했는데, 자복경백(子服景伯)[25]이 그 사실을 아뢰면서 말했다. "계손이 확실히 공백료의 말에 [자로에 대한] 뜻이 흔들리고 있으니, 제 능력이 그래도 공백료의 시체를 공공장소에 늘어놓을 정도는 됩니다."[26](『논어』「헌문」)

23_ 하조(荷蓧)는 대나무로 만든 삼태기를 멘 것이다.

24_ 공백료(公伯寮)는 노나라 사람으로, 성이 공백(公伯)이고, 이름이 료(寮)이며, 자는 자주(子周)이다.

25_ 자복경백(子服景伯)은 노나라의 대부로, 자복(子服)은 성이고, 경(景)은 시호, 백(伯)은 자이다. 이름은 하(何)이다.

26_ 사(肆)는 시체를 늘어놓는 것이다. 시조(市朝)는 시장이나 조정과 같이 사람이 많이 모이는 장소를 말한다.

公伯寮愬路于季孫, 子服景伯以告曰, "夫子固有惑志于公伯寮, 吾力猶能肆諸市朝."(『論語』「憲問」)

14-1-9

경공(景公)이 노침(路寢)에 갔다가 곡소리를 듣고서 물었다. "내가 곡소리를 들은 것 같은데, 무엇을 하는 자인가?" 양구거(梁丘據)가 대답했다. "노나라의 공자의 무리인 국어(鞠語)라는 자입니다. 예악에 밝고, 복상에 대해 깊이 압니다. 자신의 어머니가 죽자 장례식을 매우 성대하게 하고, 삼년상을 치르고 있기 때문에 곡하면서 우는 것이 매우 슬픈 것입니다." 경공이 "[삼년상이] 어찌 옳지 않겠는가?"라고 말하면서 기뻐하는 얼굴 표정을 짓자, 안자(晏子)가 대답했다. "옛날 성인이 계단을 오르내리는 예법을 성대하게 만들거나, 법도에 맞는 절도를 제정하거나, 표준이 되는 도리를 실행함으로써 백성들을 교화할 줄 모른 것이 아니라, 사람들을 번거롭게 만들고 시간만 헛되이 소비한다고 여겼기 때문에 예법을 제정할 때 일을 편리하게 하도록 하는 것 이외에는 추구하지 않았습니다. 방패와 도끼를 들고 추는 춤과 종과 북, 비파와 피리 연주를 드날림으로써 백성들을 권면할 줄 모른 것이 아니라, 재물을 낭비하고 노동력만 헛되이 소비한다고 여겼기 때문에 음악을 제정할 때 백성들을 조화시키는 것 이외에는 추구하지 않았습니다. 그리고 여러 대에 걸쳐서 국력을 다하여 죽은 이를 받들고, 울면서 눈물을 흘리고 슬픔에 처하여 오랫동안 [그 마음을] 유지할 줄 모른 것이 아니지만, 그렇게 하지 않은 것은 그것이 죽은 자에게는 보탬이 되지 않고, 산 사람에게는 깊이 해를 끼친다는 것을 알았기 때문에 그로써 백성들을 이끌지 않았습니다."[27]

27_ 이상에서 인용한 『안자춘추』「외편」의 내용은 이 책의 제10권 제3절 〈10-3-9〉에서 이미 인용했다. 자세한 주석은 앞의 내용을 참조 바람.

景公上路寢, 聞哭聲曰, "吾若聞哭聲, 何爲者也?" 梁丘據對曰, "魯孔丘之徒鞠語者也. 明于禮樂, 審于服喪. 其母死, 葬埋甚厚, 服喪三年, 哭泣甚疾." 公曰, "豈不可哉?" 而色說之, 晏子曰, "古者, 聖人非不知能繁登降之禮, 制規矩之節, 行表綴之數, 以敎民, 以爲煩人留日, 故制禮不羨于便事. 非不知能揚干戚·鐘鼓·竽瑟, 以勸衆也, 以爲費財留工, 故制樂不羨于和民. 非不知能累世殫國以奉死, 哭泣處哀以持久也, 而不爲者, 知其無補死者, 而深害生者, 故不以導民.

그런데 지금 많은 사람들이[28] 예법을 꾸며서 일을 번거롭게 만들고, 음악을 추구하여 백성을 타락시키며, 죽은 사람을 숭상하여 산 사람에게 해를 끼치니, 이 세 가지는 선왕이 금지시킨 것입니다. 현명한 사람들이 등용되지 않고, 덕이 무너지고 풍속이 타락했기 때문에 이 세 가지 사악함이 세상에 유행하게 되었습니다. 옳고 그름, 현명함과 어리석음이 뒤섞여 있고, 윗사람은 사악한 것을 제멋대로 말하기 때문에 [윗사람의] 호오(好惡)가 대중을 인도하기에는 부족합니다. 이 세 가지는 세상에서의 정치를 무너뜨리고, 일에서의 가르침을 병들게 합니다.[29] 임금께서는 어째서 잘 살펴보지도 않고, 그 소리만 듣고 기뻐하는 얼굴 표정을 지으십니까?"(『안자춘추』「외편」)

28_ 품인(品人)은 많은 사람들을 말한다. 『잠부론(潛夫論)』「무본(務本)」편에 "지금 학문을 하는 선비들은 공허한 일을 말하기 좋아하고, 경쟁적으로 화려한 문장을 저술하여, 세상에 특이하게 보이기를 추구하는데, 많은 사람들은 그것을 아는 사람이 드물기 때문에 따라서 그들을 숭상한다[今學問之士, 好語虛無之士, 爭著彫麗之文, 以求見異於世, 品人鮮食, 從而高之.]"라는 내용이 보인다. 『잠부론전교정(潛夫論箋校正)』의 왕계배(汪繼培)의 전(箋)에서 "품인(品人)은 중인(衆人)과 같다"라고 했다. 『설문해자』에서 "품(品)은 중서(衆庶)이다"라고 했다.

29_ 『안자춘추집석』에서 왕인지는 이 문장을 "이 세 가지는 이로써 정치를 하면 세상은 반드시 무너지고, 이로써 가르치면 일은 반드시 병통이 있게 된다"라고 해석했다. 즉 로(路)와 로(露)는 옛 글자에서 통용되며, 패(敗)의 의미라고 했다. 그리고 단(單)은 단(癉)과 같으며, 병(病)의 의미라고 했다. 한편 홍이훤(洪頤煊)도 노세(路世)는 쇠세(衰世)와 같다고 했다.

今品人飾禮煩事, 羨樂淫民, 崇死以害生, 三者, 聖王之所禁也. 賢人不用, 德毁俗流, 故三邪得行于世. 是非賢不肖雜, 上妄說邪, 故好惡不足以導衆. 此三者, 路世之政, 單事之教也. 公曷爲不察, 聲受而色悅之."(『晏子春秋』「外篇」)

康14-4

묵자가 이 내용을 인용했는데,[30] 『안자춘추』의 원문인지의 여부는 알 수가 없다. 그런데 안자는 [제사에 올린] 돼지의 어깨가 제기를 덮어 가리지 못할 [정도로 크기가 작았고], 여러 번 세탁한 옷을 입고 조회에 나갔으니,[31] 성대한 예악을 주장하는 공자의 종지와는 자연스럽게 같지 않다. 니계(尼谿)[의 봉지 수여를] 저지한 것은 반드시 사실일 것이다.[32] 안자가 유가를 공격한 것은 또한 유가의 예악과 성대한 장례식, 삼년상, 천명을 따르는 것[立命][33]을 공격한 것이다. 이 몇 가지가 당연히 제도

30_ 『묵자』「일문(佚文)」편에 "景公祭路寢, 聞哭聲, 問梁丘據. 對曰, '魯孔子之徒也. 其母死, 服喪三年, 哭泣甚哀.' 公曰, '豈不可哉?' 晏子曰, '古聖人非不能也, 而不爲者, 知其無補于死者, 而深害生事故也.'"라는 기록이 보인다.

31_ 『예기』「예기(禮器)」편에 "안평중(晏平仲)이 자기 선조를 제사지내면서, [올린] 돼지의 어깨가 제기를 덮어 가리지 못할 [정도로 크기가 작았고], 여러 번 세탁한 옷과 관을 입고 조회에 나가니, 군자가 그를 비루하다고 여겼다[晏平仲祀其先人, 豚肩不揜豆, 浣衣濯冠以朝, 君子以爲隘矣.]"라는 기록이 보인다. 두(豆)는 굽이 달린 나무 그릇으로, 제기로 사용된다. 제기를 덮어 가리지 못한다는 것은 올린 고기가 제기 속에 다 들어갈 정도로 작다는 말로, 지나치게 절약했다는 의미이다. 『예기정의』 공영달의 소에 의하면, 이것은 안평중의 절약이 예법에 맞지 않다는 것을 논한 것이다. 즉 대부는 제사에 소뢰(少牢) 즉 양과 돼지를 사용하고, 사(士)는 돼지[特豚]를 사용하는데, 안평중은 대부이면서도 지금 돼지를 사용했고, 거기다가 돼지가 또한 너무 작아서 돼지의 양 어깨를 다 합쳐도 제기를 덮어 가리지 못한 것이다. 완가탁관(浣衣濯冠)은 여러 번 세탁한 옷과 관을 말하는데, 지나치게 검소하고 절약하는 모습을 말한다.

32_ 『안자춘추』「외편(外篇)」에 보인다. 아래 〈14-1-12〉에 인용되어 있다.

33_ 입명(立命)은 천명이라는 개념을 세워서 따른다는 말이다. 『맹자』「진심 상」편

개혁의 대의이기 때문에 사람들이 모두 알고서 그것을 공격한 것이다.

墨子引之, 不知爲『晏子』原文與否. 然晏子豚肩不掩豆, 浣衣以朝, 與孔子盛禮樂宗旨自不同. 尼溪之沮, 必是實事. 晏攻儒, 亦攻儒之禮樂·厚葬·久喪·立命. 數者當是改制大義, 故人皆得知而攻之.

14-1-10

처음에 나는 유가를 바라보고서 그들을 귀중하게 여겼는데, 지금은 유가를 바라보고서 그들을 의심한다.[34](『안자춘추』「외편」)

始吾望儒而貴之, 今吾望儒而疑之.(『晏子春秋』「外篇」)

康14-5

회남자는 안자가 공자의 후학이라고 말했다. 따라서 [안자는] 유가를 바라보고서 그들을 귀중하게 여겼다. 그 후에 교설을 배반하고 자립했으니, 그들을 의심한 것이다.

淮南子謂, 晏子爲孔子後學. 故望儒而貴之. 其後叛敎自立, 則疑之也.

14-1-11

안자가 대답했다. "이것이 바로 공자가 순임금에게 미치지 못하는 이

에서 "殀壽不貳, 脩身以俟之, 所以立命也."라고 했는데, 『맹자집주』에서 "입명(立命)은 하늘이 부여한 것을 온전히 하여 인위(人爲)로 그것을 해치지 않는 것이다"라고 풀이했다.

34_ 안자는 사마환퇴(司馬桓魋)가 공자를 죽이려고 한 사건과 진(陳)나라와 채(蔡)나라 사이에서 곤란을 겪은 일을 예로 들어서, 공자가 스스로 욕되게 여기지도 않고, 스스로 가난하고 고생스럽다고 여기지도 않으면서, 다른 사람을 비방만 하지 그 원인의 소재를 파악하지 못한다고 비판했다.

유입니다. 공자는 한 가지 절개만을 실행하는 자입니다."[35](『안자춘추』「외편」)

晏子對曰, "是迺孔子之所以不逮舜. 孔子行一節者也."(『晏子春秋』「外篇」)

康14-6

공자 문하의 후학들은 모두 공자가 요임금이나 순임금보다 현명하다고 말하고, 또 백성이 있은 이래로 아직까지 존재한 적이 없었던 사람으로 추대했다.[36] 소왕(素王)이 제도를 개혁함으로써 고금을 포괄하니, 수많은 왕들이 그것을 받아들여 정치를 했다. 안자의 말을 살펴보면 당시의 [유가에 대한] 비난과 규탄을 알 수 있으니, 성인 문하의 후학들과 날카롭게 서로 대치하지 않는 자가 없었던 것이다.

孔門後學皆謂孔子賢于堯·舜, 且推爲生民未有. 蓋素王改制, 以範圍古今, 百王受治也. 觀晏子之言, 可知當時譏彈, 無不與聖門針鋒相對者.

35_ 경공(景公)이 사냥을 나갔다가 안자에게 "이 많은 사람들 중에 공자가 섞여 있다면 금방 찾아낼 수 있는가?"라고 물었다. 공자는 금방 찾을 수 있지만, 순임금은 찾아내기 힘들다고 안자가 대답했다. 경공은 공자가 순임금에 미치지 못하는데, 그 이유가 무엇인지를 물었다. 안자의 대답은 다음과 같았다. 공자는 한 가지 절개만을 실행하면서 자신의 지식을 지나치게 과장하기 때문에 무리 속에서 금방 표시가 난다. 그러나 순임금은 스스로 다른 선비와 같이 행동하고, 군자들의 무리 속에서 그들과 보조를 맞추기 때문에 드러나지 않는다고 했다.

36_『맹자』「공손추 상(公孫丑 上)」편에 "자공이 말했다. 그 [군주의] 예법을 보면 그 정치를 알 수 있고, 음악을 들으면 그 덕을 알 수 있으니, 100세대가 지난 이후에 100세대의 왕들[의 수준]을 등급매기더라도 거부할 수 있는 사람이 없을 것이다. 백성이 있은 이래로 선생님 같은 분은 있지 않았다[子貢曰, 見其禮而知其政, 聞其樂而知其德, 由百世之後, 等百世之王, 莫之能違也. 自生民以來, 未有夫子也.]"라는 말이 보인다.

14-1-12

중니(仲尼)가 제(齊)나라에 가서 경공(景公)을 만났는데, 경공이 기뻐하여 그에게 이계(爾稽) 땅을 봉해주고자 안자(晏子)에게 고했다. 안자가 대답했다. "안 됩니다. 저들은 거만하게 굴면서 자기 하고 싶은 대로 행동하니, 아랫사람을 가르칠 수가 없습니다. 음악을 좋아하여 백성들에게 태만하니, 직접 다스리게 할 수 없습니다. 운명론을 세워서 일을 게을리하니, 직책을 맡길 수가 없습니다. 장례를 성대하게 치러서 백성들을 파산하게 하고 나라를 가난하게 하며, 오랫동안 장례를 치르고 슬픔이 그치지 않으니, 백성들에게 자애롭게 대하도록 할 수가 없습니다. 실행하기 어려운 것을 속에 가지고 있으면서 유학자들은 밖을 화려하게 꾸밉니다. 따라서 복장을 특이하게 입고 용모에만 신경을 쓰기 때문에 대중을 이끌어서 백성들을 가르치도록 할 수가 없습니다. 훌륭한 현자들이 사라지고 주나라 왕실이 쇠퇴하자, 예의의 형식이 많아졌지만 백성들의 행동은 더욱더 천박해졌고, 음악 소리가 넘쳐흘렀지만 세상의 덕은 더욱더 쇠퇴했습니다. 지금 공자는 음악을 성대하게 연주하여 세상을 사치스럽게 만들고, 노래와 춤으로 꾸며서 무리를 모으며, 계단을 오르내리는 예법과 걸음걸이의 절도를 성대하게 만들어 대중에게 보여주고 있습니다. 널리 배웠어도 세상의 모범이 되지 못하고, 수고롭게 고민해도 백성들을 돕지 못합니다. 수명을 두 배로 늘린다고 해도 그 가르침을 다 배울 수가 없고, 성년이 되어도 그 예법을 다 연구할 수가 없으며, 재물을 쌓아도 그 음악을 충족할 수가 없습니다. 사악한 술수를 번잡하게 꾸며서 세상의 임금들을 현혹시키고, 음악을 성대하게 연주하여 그 백성들을 타락시키고 우매하게 만듭니다."[37]

37_ 이상에서 인용한 『안자춘추』「외편」의 내용은 이 책의 제10권 제4절〈10-4-17〉에서 이미 인용했다. 자세한 주석은 앞의 내용을 참조 바람.

仲尼之齊見景公, 景公說之, 欲封之以爾稽, 以告晏子. 晏子對曰, "不可. 彼浩裾自順, 不可以教下. 好樂緩于民, 不可使親治. 立命而建事, 不可守職. 厚葬破民貧國, 久喪道哀費日, 不可使子民. 行之難者在內, 而傳者無其外. 故異于服, 勉于容, 不可以道衆而馴百姓. 自大賢之滅, 周室之卑也, 威儀加多而民行滋薄, 聲樂繁充而世德滋衰. 今孔丘盛聲樂以侈世, 飾弦歌鼓舞以聚徒, 繁登降之禮・趨翔之節以觀衆. 博學不可以儀世, 勞思不可以補民. 兼壽不能殫其教, 當年不能究其禮, 積財不能贍其樂. 繁飾邪術以營世君, 盛爲聲樂以淫愚其民."

그들의 도는 세상에 베풀어질 수 없고, 그들의 가르침은 백성을 교도할 수가 없습니다. 지금 그에게 땅을 봉해주어 제나라의 풍속을 바꾸고자 한다면, 그것은 민중을 교도하고 백성을 보존하는 방법이 아닙니다." 경공이 "좋다"라고 말했다. 이에 그 예를 후하게 대접하되 그 봉지는 보류시키고, 자주[38] 만났는데도 그 도를 물어보지 않았으니, 공자가 이에 떠나갔다.(『안자춘추』「외편」)

其道也, 不可以示世, 其教也, 不可以導民. 今欲封之, 以移齊國之俗, 非所以導衆存民也." 公曰, "善." 于是, 厚其禮而留其封, 敬見不問其道, 仲尼乃行.(『晏子春秋』「外篇」)

14-1-13

안자가 대답했다.[39] "임금께서는 근심하지 마십시오. 저 노나라의 임금은 나약한 군주이고, 공자는 성스러운 재상입니다. 임금께서는 공자를 남몰래 중시하여 제나라의 재상 자리를 마련해두는 것이 최상의

38_ 경(敬)은 유월이 기(亟)와 통한다고 했다.

39_ 당시에 공자가 노나라의 재상이 되었는데, 경공이 두려워하자 안자가 대답한 말이다.

방법입니다. 공자가 강력하게 간언을 했는데도 [노나라 임금이] 들어 주지 않으면 반드시 노나라를 억지로 바로잡으려다가 [실패하고] 제나라로 올 것이니,[40] [그때] 임금께서는 받아들이지 마십시오. 노나라도 절교하고, 제나라에서도 모실 군주가 없으니, 공자는 곤란한 처지에 빠지게 될 것입니다." 1년이 지난 뒤, 공자는 노나라를 떠나서 제나라로 갔는데, 경공이 받아들이지 않았다. 따라서 진(陳)나라와 채(蔡)나라 사이에서 곤란을 겪었다.[41](『안자춘추』「외편」)

晏子對曰, "君其勿憂. 彼[42]魯君, 弱主也, 孔子, 聖相也. 君不如陰重孔子, 設以相齊. 孔子强諫而不聽, 必驕魯而有齊, 君勿納也. 夫絶于魯, 無主于齊, 孔子困矣." 居期年, 孔子去魯之齊, 景公不納. 故困于陳·蔡之間.(『晏子春秋』「外篇」)

14-1-14

제 경공(景公)이 기뻐하여[43] 장차 니계(尼溪)[44]의 토지를 공자에게 봉해주

40_ 우창이 "교(驕)는 교불(撟拂), 즉 '억지로 바로잡다'는 뜻이고, 유(有)는 『공총자(孔叢子)』「힐묵(詰墨)」편에는 '적(適)'으로 되어 있다. '공자가 반드시 또 노나라를 억지로 바로잡으려고 하다가 제나라로 갈 것이다'라는 의미이다"라고 했다.

41_ 『사기』「공자세가」에 의하면, 공자가 진(陳)나라와 채(蔡)나라 사이에 살고 있을 때, 초나라가 공자를 초빙했다. 이때 진나라와 채나라의 대부들이 초나라로 가는 공자 일행을 포위하여 보내주지 않았다. 공자 일행은 포위를 당한 채, 식량이 떨어지고, 제자들 중에 병이 들어서 일어나지도 못하는 자도 있었다고 한다. 그 후 초나라에서 군대를 보내와서 공자를 맞이해 감으로써 비로소 진나라와 채나라 사이에서의 곤란에서 벗어날 수 있었다. 이와 관련된 이야기는 『묵자』「비유 하(非儒下)」편에도 보인다.

42_ 피(彼)가 『공자개제고』에는 빠져 있는데, 『안자춘추』 원문에 따라 보충했다.

43_ 당시 제 경공이 공자에게 정치에 대해 물었는데, 공자는 "임금은 임금다워야 하고, 신하는 신하다워야 하며, 부모는 부모다워야 하고, 자식은 자식다워야 한다[君君臣臣父父子子.]"라고 대답하고, 또 "정치는 재화를 절약하는 데 달려있다[政在節財.]"라고 대답했다. 이에 경공이 기뻐하여 니계의 토지를 주려고 한 것이다.

44_ 니계(尼谿)는 『안자춘추』「외편」에는 이계(爾稽)로 되어 있다.

고자 했는데, 안영(晏嬰)이 나아가서 말했다. "저 유학자들은 세상 형편에 대충 맞추어 살면서[45] 법도를 따르지 않고, 거만하게 굴면서 자기 하고 싶은 대로 행동하니,[46] 아랫사람을 다스릴 수가 없습니다.[47] 상례를 성대하게 치르고 슬픔이 그치지 않으며,[48] 성대한 장례식으로 파산하게 만드니, 풍습으로 삼을 수가 없습니다. 유세를 다니면서 관직을 줄 것을 요구하니, 국가를 다스릴 수가 없습니다. 훌륭한 현자들이 사라지고 주나라 왕실이 이미 쇠퇴하자, 예악도 무너져서 틈이 생겼습니다. 지금 공자는 용모를 성대하게 꾸미고, 계단을 오르내리는 예법과 걸음걸이의 절도[49]를 성대하게 만드니, 수명을 두 배로 늘린다고 해도 그 가르침을 다 배울 수가 없고, 성년이 되어도 그 예법을 다 연구할 수가 없습니다. 임금께서 그를 등용하여 제나라의 풍속을 바꾸고자 하니, 백성들을 이끄는 방법이 아닙니다."(『사기』「공자세가」)

景公說, 將欲以尼溪田封孔子, 晏嬰進曰, "夫儒者, 滑稽而不可軌法, 倨傲自順, 不可以爲下. 崇喪遂哀, 破産厚葬, 不可以爲俗. 游說乞貸, 不可以爲國. 自大賢之息, 周室旣衰, 禮樂缺有間. 今孔子盛容飾, 繁登降之禮・趨詳之節, 累世不能殫其學, 當年不能究其禮. 君欲用之以易齊俗, 非所以先細民也."(『史記』「孔子世家」)

45_ 골계(滑稽)는 본래 사람들의 웃음을 자아내는 익살스러운 말이나 행동을 말하는데, 세상 형편에 대충 맞추어 살아간다는 의미도 있다.

46_ 거오(倨傲)는 『안자춘추』와 『묵자』에는 호거(浩裾)로 되어 있는데, 거만하게 구는 것이다.

47_ 위하(爲下)는 『안자춘추』와 『묵자』에는 교하(敎下)로 되어 있어서, 여기에서는 '아랫사람을 다스린다'고 해석했다.

48_ 숭상(崇喪)은 상례를 성대하게 치르는 것이고, 수애(遂哀)는 슬픔을 그치지 않는 것이다.

49_ 추상(趨詳)은 『안자춘추』와 『묵자』에는 추상(趨翔)으로 되어 있는데, 걸음걸이가 절도에 맞는 것을 말한다.

14-1-15

[초(楚)나라] 소공(昭王)이 서사(書社)의 땅 7백 리를 공자에게 봉해주려고 하니,[50] 초나라의 영윤(令尹) 자서(子西)[51]가 말했다. "왕의 사신 중에 제후들에게 사신을 보낼 때 자공(子貢)만한 인물이 있습니까?" "없습니다." "왕의 보좌관 중에 안회(顏回)만한 인물이 있습니까?" "없습니다." "왕의 장수 중에 자로(子路)만한 인물이 있습니까?" "없습니다." "왕의 장관 중에 재여(宰予)만한 인물이 있습니까?" "없습니다." "또한 초나라의 조상은 주나라에게 봉해졌을 때, 자남(子男)의 작위로 불렸고, 땅은 사방 50리였습니다. 지금 공자는 삼왕(三王)의 정치 방법을 조술하고, 주공(周公)과 소공(召公)의 사업에 밝으니, 왕이 만약 그를 등용한다면 초나라가 어떻게 사방 수천 리의 땅을 대대로 당당하게 다스릴 수 있겠습니까? 문왕은 풍(豐) 땅에 도읍하고, 무왕은 호(鎬) 땅에 도읍했는데, 사방 1백 리를 다스리는 임금이 마침내 천하의 왕노릇을 했습니다. 지금 공자가 토지를 근거지로 삼고, 현명한 제자들이 보좌할 수 있게 된다면 초나라에게는 좋은 일이 못될 것입니다."(『사기』「공자세가」)

昭王將以書社地七百里封孔子, 楚令尹子西曰, "王之使使諸侯, 有如子貢者乎?" 曰, "無有." "王之輔相有如顏回者乎?" 曰, "無有." "王之將率有如子路者乎?" 曰, "無有." "王之官尹有如宰予者乎?" 曰, "無有." "且楚之祖封于周, 號爲子男, 五十里. 今孔丘述三王之法, 明周召之業, 王若用之, 則楚安得世世堂堂方數千里者乎? 夫文王在豐, 武王在鎬, 百里之君卒王天下. 今孔丘得據土壤, 賢弟子爲佐, 非楚之福也." (『史記』「孔子世家」)

50_ 서사(書社)는 주나라 때의 25가(家)에 관한 문서를 보관하던 곳이다. 『사기색은』에 의하면, 옛날에 25가를 1리(里)로 삼고, 리에는 각각 사(社)를 세웠는데, 서사(書社)는 그 사(社)에 있는 사람들의 인명과 호구, 밭의 면적 등을 장부에 기록한 것이다. 700리의 서사(書社)의 사람을 공자에게 봉해주려고 한 것이다.

51_ 자서(子西)는 초나라 평왕(平王)의 서제(庶弟)인 공자(公子) 신(申)이다.

14-1-16[52]

공자가 자상백자(子桑伯子)를 만났는데, 자상백자는 의관도 제대로 갖추지 않고 거처하고 있었다. 제자들이 "선생님께서는 어찌하여 이런 사람을 만납니까?"라고 말하자, 공자는 "그는 바탕은 아름답지만 겉의 형식을 꾸미지 않으니, 나는 그를 설득해서 겉의 형식을 꾸미도록 하고자 한다"라고 대답했다. 공자가 떠나자, 자상백자의 문인들도 불쾌하게 여기면서, "어찌하여 공자와 같은 사람을 만납니까?"라고 말하자, 자상백자는 "그는 바탕이 아름다우면서 겉의 형식도 화려하다. 나는 그를 설득해서 겉의 형식을 없애도록 하고자 한다"라고 대답했다.(『설원』「수문」)

孔子見子桑伯子, 伯子不衣冠而處. 弟子曰, "夫子何爲見此人乎?" 曰, "其質美而無文, 吾欲說而文之." 孔子去, 子桑伯子門人不說曰, "何爲見孔子乎?" 曰, "其質美而文繁, 吾欲說而去其文."(『說苑』「修文」)

14-1-17[53]

소정묘(少正卯)는 노(魯)나라에서 공자와 어깨를 나란히 할 정도로 명망이 있었으니, 공자의 문하에는 제자들이 가득 차기도 하고, 또 [소정묘에게 가 버려서] 텅 비기도 하는 일이 여러 번 반복되었다.(『논형』「강서」)

少正卯在魯, 與孔子幷, 孔子之門, 三盈三虛.(『論衡』「講瑞」)

52_ 이하에서 인용한 『설원』「수문」편의 내용은 이 책의 제2권 제2절〈2-2-2〉에서 이미 인용했다. 자세한 주석은 앞의 내용을 참조 바람.

53_ 이하에서 인용한 『논형』「강서」편의 내용은 이 책의 제2권 제7절〈2-7-2〉에서 이미 인용했다. 자세한 주석은 앞의 내용을 참조 바람.

康14-7

소정묘는 공자의 시대에 한 나라의 큰 스승으로, 공자와 교설을 다툴 수 있었으니, 그의 재능을 상상할 수 있다.

少正卯在孔子時爲一國大師, 能與孔子爭敎, 其才可想.

<이상 춘추시대의 제자백가가 유교를 공격하다: 右春秋時諸子攻儒>

2. 전국시대의 제자백가가 유교를 공격하다 [戰國時諸子攻儒]

14-2-1[54]

공자가 제(齊)나라에 가서 경공(景公)을 만났는데, 경공이 기뻐하여 그에게 니계(尼溪) 땅을 봉해주고자 안자(晏子)에게 고했다. 안자가 대답했다. "안 됩니다. 대체로 유학자들은 거만하게 굴면서 자기 하고 싶은 대로 행동하니, 아랫사람을 가르칠 수가 없습니다. 음악을 좋아하여 사람들의 마음을 어지럽히니, 직접 다스리게 할 수가 없습니다. 운명론을 세워서 일을 게을리하니, 직책을 맡길 수가 없습니다. 상례를 성대하게 치르고 슬픔을 그치지 않으니, 백성들에게 자애롭게 대하도록 할 수가 없습니다. 높은 관을 쓰고 고개를 숙이고 있으니, 대중을 이끌도록 할 수가 없습니다. 공자는 용모를 성대하게 가꾸고 겉모습을 꾸며서 세상을 미혹시키고, 노래를 부르고 춤을 추어서 무리들을 모으며, 계단을 오르내리는 예법을 성대하게 만들어 모범을 보여주고, 걸

54_ 이하에서 인용한 『묵자』 「비유 하」편의 내용은 이 책의 제7권 제4절 〈7-4-1〉에서 이미 인용했다. 자세한 주석은 앞의 내용을 참조 바람.

음걸이의 절도에 힘써서 대중에게 보여줍니다. 유학은 세상의 모범이 되지 못하고, 수고롭게 고민해도 백성들을 돕지 못합니다. 수명을 두 배로 늘린다고 해도 그 가르침을 다 배울 수가 없고, 성년이 되어도 그 예법을 다 실행할 수가 없으며, 재물을 쌓아도 그 음악을 충족할 수가 없습니다. 사악한 술수를 번잡하게 꾸며서 세상의 임금들을 현혹시키고, 음악을 성대하게 연주하여 그 백성들을 타락시키고 우매하게 만듭니다. 그들의 도는 세상을 가르칠 수 없고, 그들의 학문은 백성을 교도할 수 없습니다. 지금 임금이 그에게 땅을 봉해주어 제나라의 풍속을 이롭게 하고자 한다면 그것은 국가를 이끌고 백성을 선도하는 방법이 아닙니다."(『묵자』「비유 하」)

孔某之齊見景公, 景公說, 欲封之以尼溪, 以告晏子. 晏子曰, "不可. 夫儒浩居而自順者也, 不可以教下. 好樂而淫人, 不可使親治. 立命而怠事, 不可使守職. 宗喪循哀, 不可使慈民. 機服勉容, 不可使導衆. 孔某盛容修飾以蠱世, 弦歌鼓舞以聚徒, 繁登降之禮以示儀, 務趨翔之節以勸衆. 儒學不可使議世, 勞思不可以補民. 累壽不能盡其學, 當年不能行其禮, 積財不能贍其樂. 繁飾邪術以營世君, 盛爲聲樂以淫遇民. 其道不可以期世, 其學不可以導衆. 今君封之以利齊俗, 非所以導國先衆."(『墨子』「非儒 下」)

14-2-2[55]

또한 예악(禮樂)을 번잡하게 꾸며서 사람들의 마음을 어지럽히고, 삼년상에 슬픔을 거짓으로 꾸며서 부모를 속인다. 운명론을 세워서 가난에 게으르게 대처하면서도 고상하고 거만하게 굴며, 근본을 등지고 일을 버려두고서도 편안히 여기면서 태만하게 군다. 그리고 술을 마시

55_ 이하에서 인용한 『묵자』「비유 하」편의 내용은 이 책의 제7권 제4절〈7-4-1〉에서 이미 인용했다. 자세한 주석은 앞의 내용을 참조 바람.

는 것에만 욕심을 부리고 일하는 데에는 게을리하니, 배고픔과 추위에 빠져서 얼어 죽거나 굶어 죽을 위험에 처해 있으면서도 그것을 피할 방법이 없다. 이것은 마치 거지와도 같아서, 두더지처럼 음식을 저장하고 숫양처럼 음식을 찾으며, 돼지처럼 음식을 보면 벌떡 일어선다. 군자가 그런 모습을 보고 비웃으면, 화를 내면서 "무식한 사람이 어찌 훌륭한 유학자를 알겠는가?"라고 말한다. 여름에는 보리와 벼를 구걸하다가 모든 곡식이 이미 수확되면 큰 상갓집을 좇아다니는데, 자식과 손자들이 모두 따라가서 음식을 실컷 먹는다. 몇 집이 초상을 치르게 되면 살아가기에 충분한 정도에 이른다. 남의 집에 의지하여 자신의 살을 찌우고, 남의 들[의 곡식]에 의지에서 스스로를 높인다. 부잣집에 초상이 나면 크게 기뻐하면서, "이것이 바로 입고 먹는 단초이다"라고 말한다.(『묵자』「비유 하」)

且夫繁飾禮樂以淫人, 久喪僞哀以謾親. 立命緩貧而高浩居, 倍本棄事而安怠傲. 貪于飮酒, 惰于作務, 陷于饑寒, 危于凍餒, 無以違之. 是若人氣, 鼸鼠藏, 而羝羊視, 賁彘起. 君子笑之, 怒曰, "散人焉知良儒?" 夫夏乞麥禾, 五穀旣收, 大喪是隨, 子姓皆從, 得厭飮食. 畢治數喪, 足以至矣. 因人之家翠以爲, 恃人之野以爲尊. 富人有喪, 乃大說喜曰, "此衣食之端也."(『墨子』「非儒 下」)

康14-8

혼인과 관례, 상례와 제례에서 예식을 도와서 거행하는 사람은 반드시 유학자를 이용하니, 불교에서 재단을 만들어 부처에게 기도하는 일[56]과 같다. 대체로 예(禮)는 공자의 예이며, 공자 문하를 제외하고는 그 예에 대해 무지한 자들이니, 또한 많은 유학자들이 도를 시행할 때의

56_ 재초(齋醮)는 승려나 도사를 청하여 재단(齋壇)을 만들어 신불(神佛)에게 기도하는 것을 말한다.

고심을 엿볼 수 있다. 후세에는 관례와 혼례, 상례의 일을 하나같이 무당이 주관하고, 유학자는 또한 예법의 절차조차 모르니, 공자의 교설이 날로 쇠퇴한 것을 이상하게 생각할 필요가 없다.

婚冠喪祭, 相禮必以儒者, 如佛之齋醮故事. 蓋禮爲孔禮, 舍孔門外無知之者也, 亦可見諸儒行道之苦心矣. 後世冠婚喪事, 一以巫祝主之, 而儒者又不知禮節, 無怪孔敎之日衰也.

14-2-3[57]

공자의 무리와 제자들은 모두 공자를 본받았으니, 자공과 계로(季路)는 공리(孔悝)를 도와서 위(衛)나라에서 난을 일으켰고, 양화(陽貨)는 제(齊)나라에서 난을 일으켰으며, 필힐(佛肹)은 중모(中牟) 땅을 근거지로 삼아 반란을 일으켰고, 칠조개(漆雕開)는 사형을 당했으니, 무엇이 이보다 더 잘못된 행동이겠는가? 제자는 그 스승을 [본받으면], 반드시 그 말을 배워서 닦고, 그 행동을 본받으며, 힘이 부족하고 지혜가 미치지 못한 이후에야 그만둔다. 지금 공자의 행동이 이와 같으니, 유사(儒士)들은 어떠한지 추측할 수 있을 것이다.(『묵자』「비유 하」)

其徒屬弟子皆效孔某, 子貢·季路輔孔悝亂乎衛, 陽貨亂乎齊, 佛肹以中牟叛, 漆雕刑殘, 莫大焉? 夫爲弟子後生, 其師, 必修其言, 法其行, 不足知弗及而後已. 今孔某之行如此, 儒士則可以疑矣.(『墨子』「非儒 下」)

康14-9

여러 현자들이 도의 실행에 절실했던 것이 마치 제사용 그릇[禮器][58]과

57_ 이하에서 인용한 『묵자』「비유 하」편의 내용은 이 책의 제7권 제4절〈7-4-1〉에서 이미 인용했다. 자세한 주석은 앞의 내용을 참조 바람.

『시』·『서』를 짊어지고 진섭(陳涉, ?~B.C.208)[59]을 만나러 간 것과 같은 종류일 뿐이다.[60] 묵자는 의도적으로 유가를 공격했기 때문에 그 말을 매우 심하게 했다.[61]

諸賢急于行道, 如負禮器·『詩』·『書』見陳涉之類耳. 墨子有意攻之, 故深文其言.

14-2-4

공자가 [제(齊)나라] 경공(景公)을 만났는데, [경공이 말했다.] "선생은 평소에 안자(晏子)를 만나지 않습니까?"[62] [공자가] 대답했다. "안자는 세

58_ 예기(禮器)는 제사용 그릇인데, 당시 공자 집안의 사람들이 제사를 지낼 때 사용하던 제기(祭器)를 말한다.

59_ 진섭(陳涉)은 진(秦)나라 양성(陽城) 사람으로, 이름이 승(勝)이고 섭(涉)은 자이다. 진나라 말기에 중국 역사 최초로 농민 반란을 일으켜서 왕이 된 인물이다. 『사기』「진섭세가(陳涉世家)」에 의하면, 진나라 2세 황제 원년에 900여 명의 빈민들에게 국경지역으로 옮겨가도록 명령했다. 그 무리들이 대택향(大澤鄕)에 주둔하고 있을 때, 큰비가 내려 도로가 끊기는 바람에 기한 내에 도착하기가 어렵게 되었다. 그 기한을 어기면 당시의 법률에 의하면 참수형을 당했는데, 당시 하급 군관이었던 진승은 오광과 함께 반란을 일으켜서 자신이 왕이 되고, 국호를 장초(張楚)라고 했다. 장초는 초나라를 다시 부흥시킨다는 의미로, 진승은 스스로 초왕(楚王)이 되고, 호를 대초(大楚)라고 했다.

60_ 『사기』「유림열전(儒林列傳)」에 의하면, 진섭(陳涉)이 왕위에 오르자, 노나라의 모든 유생들이 공자의 예기(禮器)를 가지고 가서 그에게 귀의했고, 또 공자의 8세 손인 공갑(孔甲)은 진섭의 박사가 되어, 그와 일생을 함께했다고 한다.[陳涉之王也, 而魯諸儒持孔氏之禮器往歸陳王. 於是孔甲爲陳涉博士, 卒與涉俱死.] 한편 『염철론』「포현(褒賢)」편에도 "제(齊)와 노(魯) 지역에서 홀(笏)을 허리띠에 꽂은 유가와 묵가의 무리들은 길이가 긴 옷을 입었는데, 길이가 긴 옷은 관리들이 입는 옷이다. 그들은 공자 집안의 제사용 그릇[禮器]과 『시(詩)』·『서(書)』를 짊어지고 가서 예물을 바치고 신하가 되었다. 그리고 공갑(孔甲)은 진섭의 박사가 되어 끝내 진섭과 함께 죽어서 천하의 웃음거리가 되었다"라는 기록이 보인다.

61_ 심문(深文)은 원래 매우 가혹한 법률을 말하는데, 여기에서는 말을 매우 심하게 했다는 의미이다.

62_ 『안자춘추』「외편(外篇)」에는 이 말을 한 사람이 자공(子貢)으로 되어 있다.

임금을 섬기면서도 순조롭게 일을 수행했습니다. 이것은 세 가지 마음을 가진 것이기 때문에 만나지 않는 것입니다." 경공이 안자에게 고해주자, 안자가 말했다. "세 명의 임금이 모두 자기 나라를 안정시키고자 하니, 이 때문에 저는 순조롭게 일을 수행할 수 있었습니다. 듣자하니, 군자는 홀로 서 있을 때 자기 그림자에게도 부끄럽지 않아야 한다고 했는데, 지금 공자는 [송나라의 사마환퇴(司馬桓魋)가] 나무를 뽑아서 그를 죽이려 했고,[63] [위(衛)나라에서는] 정착하지 못하고 쫓겨났는데도,[64] 스스로 욕되게 여기지 않았습니다. 그리고 진(陳)나라와 채(蔡)나라 사이에서 곤궁에 처했는데도, 스스로 가난하고 고생스럽다고 여기지 않았습니다. 처음에 나는 유가를 바라보고서 그들을 귀중하게 여겼는데, 지금은 그들을 의심합니다."[65]

63_ 『사기』「공자세가」에 다음과 같이 기록되어 있다. "공자가 조나라를 떠나 송나라로 가서, 제자들과 함께 큰 나무 밑에서 예에 대해서 강론했다. 송나라의 사마 환퇴(桓魋)가 공자를 죽이려고 하여 그 나무를 뽑아 버렸다. 공자가 송나라를 떠났다. 제자들이 '빨리 떠나는 것이 좋겠습니다'라고 하자, 공자는 '하늘이 나에게 덕을 부여했는데, 환퇴가 나를 어찌 하겠는가?'라고 했다.[孔子去曹適宋, 與弟子習禮大樹下. 宋司馬桓魋欲殺孔子, 拔其樹. 孔子去. 弟子曰, '可以速矣.' 孔子曰, '天生德於予, 桓魋其如予何?']" 이때가 B.C.492년, 공자 나이 52세 때이다. 이 내용은 『논어』「술이(述而)」편에도 보이며, 『맹자』「만장 상(萬章 上)」편에도 "孔子不悅於魯衛, 遭宋桓司馬將要而殺之, 微服而過宋."이라는 기록이 보인다.

64_ 공자가 위나라에 잠시 머물렀는데, 참소에 의해 위(衛)나라 영공(靈公)의 의심을 받아서 10개월 만에 떠난 것을 말한다. 『사기』「공자세가」에 의하며, 위나라에서 진(陳)나라로 가면서 위나라의 광(匡)이라는 땅에서 양호(陽虎)라는 사람으로 오인을 받아 5일 동안 포위를 당했다. 이때 제자들은 모두 두려워했지만, 공자는 "문왕이 이미 죽었으니, [주나라의] 문화 제도가 여기 나에게 있지 않겠는가? 하늘이 장차 이 문화 제도를 없애버리려고 했다면 [문왕보다] 뒤에 죽는 내가 이 문화 제도에 동참할 수 없었겠지만, 하늘이 이 문화 제도를 아직 없애지 않았으니, 광 땅 사람들이 나를 어떻게 하겠는가?"라고 말했다고 한다. 『논어』「자한(子罕)」편에도 "子畏於匡, 曰, '文王旣沒, 文不在玆乎? 天之將喪斯文也, 後死者不得與於斯文也, 天之未喪斯文也, 匡人其如予何?'"라는 기록이 보인다. 그 이후에도 여러 번 위나라에 가서 영공 밑에서 벼슬할 기회가 있었지만, 결국은 정착하지 못하고 떠났다.

65_ 『안자춘추』「외편」에 의하면, 안자는 공자가 그러한 사건들을 겪었으면서도 스스로 반성할 줄 모를 뿐만 아니라, 오히려 다른 사람을 비방하고, 그 원인의 소재

孔子見景公, 曰, "先生素不見晏子乎?" 對曰, "晏子事三君, 而得順焉. 是有三心, 所以不見也." 公告晏子, 晏子曰, "三君皆欲其國安, 是以嬰得順也. 聞君子獨立, 不慚于影, 今孔子伐樹削迹, 不自以爲辱. 身窮陳·蔡, 不自以爲約. 始吾望儒貴之, 今則疑之.

경공이 노침(路寢)에서 제사를 지내고 있었는데, 곡소리가 들려 양구거(梁丘據)에게 물었다. [양구거가] 대답했다. "노나라 공자의 무리입니다. 그 어머니가 죽어서 삼년상을 치르고 있기 때문에 곡하면서 우는 것이 매우 슬픈 것입니다." 경공이 "[삼년상이] 어찌 옳지 않겠는가?"라고 말하자, 안자(晏子)가 대답했다. "옛날 성인이 [삼년상을] 할 수 없는 것이 아닌데도 하지 않은 것은 그것이 죽은 자에게는 보탬이 없고, 산 사람의 일에 깊이 해를 끼친다는 것을 알았기 때문입니다."[66](『묵자』「일문」)

景公祭路寢, 聞哭聲, 問梁丘據. 對曰, "魯孔子之徒也. 其母死, 服喪三年, 哭泣甚哀." 公曰, "豈不可哉?" 晏子曰, "古聖人非不能也, 而不爲者, 知其無補于死者, 而深害生事故也."(『墨子』「佚文」)

康14-10

묵가의 유가에 대한 공격은 삼년상과 성대한 장례식을 첫 번째 목표로 삼았기 때문에 안자에게 가탁하여 그것들을 공격한 것이다.

墨子攻儒, 以久喪·厚葬爲第一義, 故託晏子以攻之.

14-2-5

악기를 타면서 노래를 부르거나 북을 치면서 춤을 추는 것으로써 음악

를 파악하지 못한다고 비판했다.

66_ 이상에서 인용한 『묵자』「일문」편의 내용은 이 책의 제9권 제8절〈9-8-4〉에서 이미 인용했다. 자세한 주석은 앞의 내용을 참조 바람.

을 삼고, 규칙에 따라 나아가고 물러나거나 읍을 하고 겸양하는 것[67]으로써 예법을 닦고, 장례를 성대하게 치르고 상례를 오랫동안 치르는 것으로써 죽은 자를 보내는 것은 공자가 세운 주장인데, 묵자는 그것을 비난했다.(『회남자』「범론훈」)

夫弦歌鼓舞以爲樂, 盤旋揖讓以修禮, 厚葬久喪以送死, 孔子之所立也, 而墨子非之.(『淮南子』「泛論訓」)

14-2-6

노(魯)나라 평공(平公)이 장차 외출하려고 할 때, 총애하는 사람인 장창(臧倉)이라는 자가 요청했다. "다른 날에는 임금께서 외출하시면 반드시 담당 관리에게 갈 곳을 명령하셨는데, 지금은 수레에 이미 멍에를 올렸는데도 담당 관리가 갈 곳을 알지 못하니, 감히 그 이유를 청해 묻겠습니다." 평공이 "장차 맹자를 보려고 한다"라고 하자, 그가 말했다. "무엇 때문입니까? 임금께서 몸을 가볍게 움직여서 필부에게 먼저 예의를 차리는 것은 그를 현명하다고 생각했기 때문입니까? 예의는 현명한 자를 통해서 나오는데, 맹자는 뒤에 치른 상례가 앞에 치른 상례보다 예법이 지나쳤으니,[68] 임금께서는 만나지 마십시오." 평공이 말했다. "알겠다." 악정자(樂正子)[69]가 들어가 평공을 만나서 말했다. "임금께서는 어째서 맹자를 만나보지 않으셨습니까?" 평공이 말했다. "어떤 사람이 과인에게 '맹자가 뒤에 치른 상례가 앞에 치른 상례보다 예법이 지나쳤다'라고 했기 때문에 가서 만나보지 않았다." 악정자가 말했

67_ 반선(盤旋)은 의식을 거행할 때 일정한 방식으로 빙빙 돌며 나아갔다 물러났다 하는 행동이다. 읍양(揖讓)은 손님과 주인이 서로 만나는 예의로, 공수의 예를 행하고 겸양하는 태도이다. 모두 예법과 관련된 행동이다.

68_『맹자집주』에 의하면, 맹자는 아버지를 먼저 잃고 어머니를 뒤에 잃었는데, 어머니의 장례를 아버지보다 더 후하게 치렀다고 한다.

69_ 악정자(樂正子)는 맹자의 제자로, 노나라에서 벼슬했다.

다. "무엇 때문입니까? 임금께서 지나쳤다고 말하는 것이 앞의 상례에서는 사(士)의 신분으로 했고, 뒤의 상례에서는 대부의 신분으로 했으며, 앞의 상례에서는 삼정(三鼎)을 사용하고, 뒤의 상례에서는 오정(五鼎)을 사용한 것입니까?"[70] 평공이 말했다. "아니다. 내관과 외관, 수의와 홑이불[71]의 아름다움을 말한 것이다." 악정자가 말했다. "그것은 지나쳤다고 말할 것이 아닙니다. 빈부가 같지 않았기 때문입니다." 악정자가 맹자를 만나서 말했다. "제가 임금에게 고하니, 임금께서 찾아와서 만나려고 했습니다. 그런데 총애하는 사람 중에 장창이라는 자가 임금을 막았습니다. 임금은 결국은 오지 않을 것입니다." 맹자가 말했다. "길을 가는 것은 혹 누군가가 그렇게 하도록 할 수 있고, 멈추어 서는 것은 혹 누군가가 막을 수 있다. 그런데 가는 것과 멈추는 것 자체는 다른 사람이 할 수 있는 것이 아니다. 내가 노나라 임금을 만날 수 없는 것은 하늘에 달려 있는 것이니, 장씨(臧氏)의 아들이 어찌 나로 하여금 만나지 못하게 할 수 있겠는가?"(『맹자』「양혜왕 하」)

魯平公將出, 嬖人臧倉者請曰, "他日君出, 則必命有司所之, 今乘輿已駕矣, 有司未知所之, 敢請." 公曰, "將見孟子." 曰, "何哉? 君所爲輕身以先于匹夫者, 以爲賢乎? 禮義由賢者出, 而孟子之後喪逾前喪, 君無見焉." 公曰, "諾." 樂正子入見曰, "君奚爲不見孟軻也?" 曰, "或告寡人曰, '孟子之後喪逾前喪.' 是以不往見也." 曰, "何哉? 君所謂逾者, 前以士, 後以大夫, 前以三鼎, 而後以五鼎與?" 曰, "否. 謂棺槨衣衾之美也." 曰, "非所謂逾也, 貧富不同也." 樂正子見孟子曰, "克告于

70_ 정(鼎)은 제사의 제물을 담는 그릇이다. 그 크기에 따라서 여러 가지 종류가 있는데, 신분에 따라서 사용하는 숫자가 다르다. 『예기정의』「교특생(郊特牲)」편의 공영달 주에 의하면, 삼정(三鼎)은 소, 물고기, 육포이고, 오정(五鼎)은 양, 돼지, 저민 고기, 물고기, 육포이다. 그리고 『공양전』「환공」 2년의 하휴 주에 의하면, 제사의 예법에서 천자는 구정(九鼎), 제후는 칠정(七鼎), 경대부는 오정(五鼎), 원사(元士)는 삼정(三鼎)을 사용한다고 했다.

71_ 의금(衣衾)은 죽은 사람의 수의와 홑이불을 말한다.

君, 君爲來見也. 嬖人有臧倉者沮君. 君是以不果來也." 曰, "行, 或使之, 止, 或尼之. 行止, 非人所能也. 吾之不遇魯侯, 天也, 臧氏之子, 焉能使予不遇哉?"(『孟子』「梁惠王 下」)

康14-11

맹자가 장차 도를 시행하려고 할 때, 장창(臧倉)의 방해와 윤사(尹士)의 비난[72]이 있었다. 정자(程子)는 공문중(孔文仲, 1033~1088)의 탄핵이 있었고,[73] 주자는 임률(林栗) · 호굉(胡宏, 1106~1162) · 심계조(沈繼祖)의 탄핵이 있었다.[74] 심지어는 채식을 하면서 악마를 섬기고, 두 명의 비구니를 끼

72_ 맹자가 제(齊)나라 왕을 만나러 왔다가 뜻이 맞지 않아서 떠나기 전에 주(晝)라는 땅에서 유숙했는데, 제나라 사람인 윤사(尹士)가 다음과 같이 비판했다. "제나라 왕이 탕왕이나 무왕과 같은 성군이 될 수 없다는 것을 모르고서 만나러 왔다면 지혜가 밝지 못한 것이요, 불가능함을 알고서도 왔다면 그것은 은택을 요구한 것이다. 천리 길을 왕을 만나보러 왔다가 뜻이 맞지 않아서 떠나가면서 사흘을 유숙한 뒤에 주 땅을 출발하니, 어찌 그리도 오랫동안 체류한단 말인가? 나는 그것을 좋게 여기지 않는다." 이에 대한 자세한 내용은 『맹자』「공손추 하」 제11장과 제12장 참조.

73_ 공문중(孔文仲)은 송나라 임강(臨江) 신감(新淦) 사람으로, 자는 경보(經父)이고, 공연(孔延)의 아들이다. 동생인 공무중(孔武仲) · 공평중(孔平仲)과 함께 강서(江西) 일대에서 문장으로 명성이 높아서 삼공(三孔)이라고 불렸다. 정이천(程伊川)이 숭정전설서(崇政殿說書)를 맡고 난 뒤, 그 의론의 포폄(褒貶)이 거침이 없어서 당시 많은 학자들로부터 질시를 받았는데, 심지어 군주에게 병이 있으면 대신은 그것을 알지 않으면 안 된다고 하는 등의 말을 함부로 함으로써 결국 간의대부(諫議大夫)였던 공문중에게 탄핵을 받게 된 사건이다. 그 탄핵의 구체적인 내용은 주자가 편집한 『이정외서(二程外書)』 권11 「전물잡기(傳聞雜記)」 속에 포함된 '공문중소핵(孔文仲所劾)' 조목에 보인다. 그 외에도 좌사간(左司諫) 진공보(陳公輔)가 정이천의 학문이 괴상한 말과 비천한 논의라는 이유로 금지시켜야 한다는 상소문을 올렸고, 우정언(右正言) 하약(何若)은 정이천의 학문과 같은 곡학(曲學)을 추출해야 한다고 상소를 올려서 황제의 승인을 받기도 했다.

74_ 임률(林栗)은 송나라 복주(福州) 복청(福淸) 사람으로, 자는 황중(黃中)이며 시호는 간숙(簡肅)이다. 저서로는 『주역경전집해(周易經典集解)』가 있다. 주자가 병부낭관(兵部郎官)으로 있을 때, 임률이 『주역』과 『서명(西銘)』에 관해서 주자와

고 다니면서 첩으로 삼았으며, 공자의 목상(木象)을 질질 끌고 다니고, 그 자식은 소도둑이라고까지 말했다. 옛날부터 이미 그러했는데, 하물며 공자와 같은 성인도 오히려 송(宋)나라에서는 [사마환퇴(司馬桓魋)가] 나무를 뽑아서 죽이려 했고, 위(衛)나라에서는 정착하지 못하고 쫓겨났으며,[75] 미복(微服) 차림으로 송(宋)나라를 지나갔고,[76] 7일 동안이나

논쟁을 벌였는데, 의견의 일치를 보지 못하자, 주자가 본래 학술도 없으면서 망령되이 스스로를 대단하게 생각한다고 상소하여 탄핵한 사건이다. 그러나 당시 태상박사였던 섭적(葉適, 1150~1223)이 주자를 변호하고, 시어사(侍御史) 호진신(胡晉臣)이 오히려 임률을 탄핵하여, 예천(泉州)과 명주(明州) 등지로 파직되었다.

호굉(胡宏)은 송나라 건녕(建寧) 숭안(崇安) 사람으로, 자는 인중(仁仲)이고, 호는 오봉(五峰)이다. 호안국(胡安國)의 아들로, 어려서 양시(楊時)와 후중량(侯仲良) 등에게 배웠으며, 남송 호상(湖湘)학파의 개창자이다. 주자 문하의 반역자로도 이름이 높으며, 주자의 탄핵문을 직접 쓰기도 한 인물이다. 저서로는 『지언(知言)』·『황왕대기(皇王大紀)』·『오봉집(五峰集)』 등이 있다.

호굉과 심계조의 탄핵은 경원(慶元) 연간(1195~1200)에 발생한 당금(黨禁)과 관련된 사건이다. 이 사건은 '위학(僞學)의 금(禁)'이라고도 하는데, 당시 한탁주(韓侂胄)와 조여우(趙汝愚)가 권력 다툼을 하는 과정에서, 조여우를 지지했던 주자 등의 도학자들을 위인(僞人)이라고 하고, 도학을 위학(僞學)이라 불렀다. 그 후 조여우 이하 59명을 모두 파직시키고, 주자의 학문에 찬성하는 사인들을 등용하지 않았는데, 그 후 20여 년이 지난 가정(嘉靖) 13년(1220)에 당금이 해제되었다. 먼저 경원 원년(1195) 11월에 감찰어사 호굉이 조여우가 위도(僞徒)를 지휘하여 국가의 전복을 꾀하고 있다고 상소하여 그를 영주(永州)로 추방했다. 그리고 경원 2년(1196)에는 간의대부(諫議大夫) 유덕수(劉德秀)가 유정(留正)이 위학(僞學)으로 조정을 위태롭게 한다고 탄핵했고, 경원 2년 12월에는 호굉이 감찰어사 심계조를 통해 10가지 죄상을 들어 주자를 죽이라고 탄핵했다. 탄핵의 내용 중에는 주자가 끽채사마(喫菜事魔)의 요술로 후학들을 속였다는 말이 보인다. 끽채사마는 서방에서 전래된 마니교의 일파인데, 채식을 하면서 악마를 섬기는 교파이다. 북송 말 절강성에서 반란을 일으킨 방납(方臘)은 마왕(魔王)이라고 불린 이 교단의 수령이었다. 그리고 주자가 비구니 두 명을 유혹하여 첩으로 삼고, 지방관으로 갈 때마다 데리고 갔다고 하면서, 그래서야 어떻게 수신(修身)과 같은 것을 이야기할 수 있겠는가라고 비난한 내용도 보인다.

75_ 『공자개제고』에는 위(衛)가 아니라 진(陳)으로 되어 있는데, 내용상 위(衛)나라에서 정착하지 못하고 쫓겨난 일을 가리킨다. 진(陳)나라와 채(蔡)나라 사이에서 곤경에 처한 사건과 혼동이 된 듯하다.

76_ 『맹자』「만장 상(萬章 上)」편에 "孔子不悅於魯衛, 遭宋桓司馬將要而殺之, 微服而

굶은 적도 있으니,[77] 어찌 자질구레한 비난에 신경을 쓸 필요가 있겠는가?

孟子將行道而有臧倉之沮·尹士之譏. 程子則有孔文仲之劾, 朱子則有林栗·胡宏·沈繼祖之劾. 至謂吃菜事魔, 挾二尼爲妾, 拽孔子之木象, 其子盜牛. 從古已然, 況以孔子之聖, 猶伐樹于宋, 削迹于陳, 微服避禍, 餓至七日, 奚有于區區之譏乎?

14-2-7[78]

[등(滕)나라] 연우(然友)가 되돌아와서 [세자에게] 보고하여 삼년상으로 결정하자, 부형(父兄)과 백관(百官)이 모두 하고자 하지 않으면서, "우리의 종주국인 노(魯)나라 선군도 이것을 행하지 않았고, 우리 선군도 또한 이것을 행하지 않았으니, 그대의 몸에 이르러서 그것을 뒤집는 것은 안 됩니다. 또 전해지는 기록에 '장례와 제사는 선조를 따른다'고 했으니, 우리에게도 전수받은 예법이 있습니다"라고 했다. [세자가] 연우에게 말했다. "내가 다른 날에 학문을 한 적이 없고, 말달리기와 칼쓰기를 좋아했는데, 지금 부형과 백관이 나를 만족스럽게 여기지 않으니, 큰일에 [예법을] 다하지 못할까 걱정된다. 그대는 나를 위하여 맹자에게 물어보아라."(『맹자』「등문공 상」)

然友反命, 定爲三年之喪, 父兄百官皆不欲曰, "吾宗國魯先君莫之行,

過宋."이라는 기록이 보인다.

77_ 『장자』「산목(山木)」편에 "孔子圍于陳·蔡之間, 七日不火食."이라는 기록이 보인다.

78_ 이하에서 인용한 『맹자』「등문공 상」편의 내용은 이 책의 제10권 제3절〈10-3-7〉과 제13권 제7절〈13-7-1〉에서 이미 인용했다. 자세한 주석은 앞의 내용을 참조 바람. 등나라 정공(定公)이 죽자, 세자가 연우(然友)를 맹자에게 보내 장례의 절차에 대해 물어보았는데, 맹자가 삼년상이 천자로부터 일반 백성에 이르기까지 삼대가 공통으로 시행하던 예법이라고 했다. 연우가 그것을 세자에게 보고한 것이다.

吾先君亦莫之行也, 至于子之身而反之, 不可. 且志曰, '喪祭從先祖.' 曰吾有所受之也." 謂然友曰, "吾他日未嘗學問, 好馳馬試劍, 今也父兄百官不我足也, 恐其不能盡于大事. 子爲我問孟子."(『孟子』「滕文公上」)

康14-12

유학자가 새롭게 만든 교설은 선왕의 옛 법도가 아니다. 따라서 등나라의 부형과 백관이 옛날의 전해지는 기록을 조사하여, [삼년상을] 따르려고 하지 않은 것이다.

儒者創敎, 非先王之舊法. 故滕父兄百官考于舊志, 不肯相從.

14-2-8[79]

신농씨(神農氏)의 말을 주장하는 허행(許行)이 초(楚)나라로부터 등(滕)나라로 갔는데, 문공(文公)을 방문하여 고하기를, "먼 지방에 있던 제가 군주께서 어진 정치를 행한다는 소문을 들었는데, 살 터전을 받아서 [등나라의] 백성이 되기를 원합니다"라고 했다. 문공이 그에게 거처를 주니, 그의 무리 수십 명이 모두 베로 만든 거친 옷을 입고, 짚신을 두드려서 만들고 깔자리를 짜서 그것을 팔아 양식을 공급했다. 진량(陳良)의 학생인 진상(陳相)이 자신의 아우인 진신(陳辛)과 함께 쟁기를 지고 송(宋)나라로부터 등나라로 가서, "군주께서 성인의 정치를 행한다는 소문을 들었는데, 이 또한 성인이시니, 성인의 백성이 되기를 원합니다"라고 말했다. 진상이 허행을 보고 크게 기뻐하여 자신이 배운 것을 다 버리고 그에게 배웠는데, 진상이 맹자를 보고 허행이 한 말을 다음

79_ 이하에서 인용한 『맹자』 「등문공 상」편의 내용은 이 책의 제2권 제8절 〈2-8-1〉에서 이미 인용했다. 자세한 주석은 앞의 내용을 참조 바람.

과 같이 전했다. “등나라 군주는 진실로 어진 군주인데, 비록 그렇기는 하지만 아직 [성인의] 도에 대해서는 듣지 못했습니다. 어진 자는 백성들과 함께 밭을 갈아서 식량을 공급하고, 직접 밥을 지어 먹으면서 정치를 하는데, 지금 등나라에는 [군주의] 곡식 창고와 물건 창고가 있으니, 이것은 백성들을 괴롭혀서 그로써 스스로 배를 불리는 것입니다. 어찌 어질 수 있겠습니까?”(『맹자』「등문공 상」)

有爲神農之言者許行, 自楚之滕, 踵門而告文公曰, “遠方之人, 聞君行仁政, 願受一廛而爲氓.” 文公與之處, 其徒數十人, 皆衣褐, 捆屨織席, 以爲食. 陳良之徒陳相, 與其弟辛, 負耒耜而自宋之滕曰, “聞君行聖人之政, 是亦聖人也, 願爲聖人氓.” 陳相見許行, 而大悅盡棄其學而學焉, 陳相見孟子, 道許行之言曰, “滕君則誠賢君也, 雖然, 未聞道也. 賢者, 與民幷耕而食, 饔飧而治, 今也, 滕有倉廩府庫, 則是厲民而以自養也. 惡得賢?”(『孟子』「滕文公 上」)

康14-13

[허행의] 도라는 것은 [백성들과] 함께 밭을 가는 도이다. 곡식 창고와 물건 창고는 유학자의 도이다. 등나라 문공이 유가의 학술을 가장 존중했고, 허행은 자신의 도로써 천하를 바꾸고자 했기 때문에 먼저 유학을 공격한 것이다.

道者, 幷耕之道. 倉廩府庫, 儒者之道. 滕文公首尊儒術, 許行欲以其道易天下, 故先攻儒.

14-2-9

만장(萬章)이 물었다. “어떤 사람이 ‘공자가 위(衛)나라에서는 종기를 치료하는 의원인 옹저(癰疽)의 집에서 묵었고, 제(齊)나라에서는 내시인

척환(瘠環)의 집에서 묵었다'라고 하는데,[80] 그런 일이 있습니까?" 맹자가 대답했다. "아니다. 그렇지 않다. 일을 만들기 좋아하는 자들이 지어낸 말이다."(『맹자』「만장 상」)

萬章問曰, "或謂, '孔子于衛, 主癰疽, 于齊, 主侍人瘠環.' 有諸乎?" 孟子曰, "否. 不然也. 好事者爲之也."(『孟子』「萬章 上」)

康14-14

당시에 제자백가가 모두 유행했는데, 유가의 도가 가장 드러났기 때문에 당시 사람들이 질투하여 무고한 것이다.

當時諸子幷行, 而儒道至顯, 故時人妒而誣之.

14-2-10

순우곤(淳于髡)[81]이 말했다. "명성과 실적[82]을 먼저 앞세우는 자는 백성[을 구제하기] 위한 것이고, 명성과 실적을 뒤로 두는 자는 자기 스스로를 위하는 것입니다. 선생님은 삼경(三卿)의 지위에 있었는데도 명성과 실적이 군주와 백성에게 베풀어지지 못한 채 떠나버렸으니, 인자(仁者)도 본래 이와 같습니까?"(『맹자』「고자 하」)

淳于髡曰, "先名實者, 爲人也, 後名實者, 自爲也. 夫子在三卿之中, 名實未加于上下而去之, 仁者固如此乎?"(『孟子』「告子 下」)

80_ 옹저(癰疽)는 종기를 치료하는 의원의 이름이고, 척환(瘠環)은 군주의 내시이다. 『맹자집주』에 의하면, 두 사람은 모두 당시 군주들이 가까이 하고 친하게 대하던 사람들이다.

81_ 순우곤(淳于髡)은 성이 순우(淳于)이고, 이름이 곤(髡)으로, 제(齊)나라의 변론가이다.

82_ 명실(名實)은 『맹자집주』에서 명(名)은 명성과 명예이고, 실(實)은 일의 공적[事功]이라고 했다.

14-2-11

[순우곤이] 말했다. "노(魯)나라 목공(繆公)의 시대에는 공의자(公儀子)가 정치를 담당했고, 자류(子柳)와 자사(子思)가 신하가 되었는데도[83] 노나라의 쇠퇴함이 더욱 심했으니, 이처럼 현자는 나라에 무익합니다."[84] (『맹자』「고자 하」)

曰, "魯繆公之時, 公儀子爲政, 子柳 · 子思爲臣, 魯之削也滋甚, 若是乎賢者之無益于國也."(『孟子』「告子 下」)

14-2-12

[순우곤이] 말했다. "옛날에 왕표(王豹)[85]가 기수(淇水) 근처에 거처하자 하서(河西) 지방 사람들이 동요를 잘 불렀고, 면구(綿駒)가 고당(高唐)에 거처하자[86] 제(齊)나라 서쪽 지방 사람들이 노래를 잘 불렀으며, 화주(華周)와 기양(杞梁)[87]의 아내가 그 남편[의 초상에] 곡을 잘하자 나라의 풍

83_ 공의자(公儀子)는 『사기』「순리열전(循吏列傳)」에 의하면, 이름은 휴(休)이고, 노나라의 박사로, 뛰어난 재능과 덕망으로 노나라의 재상이 되었다고 한다. 자류(子柳)는 세류(泄柳)라는 인물로, 구체적인 사적은 보이지 않는다. 『염철론』「상자(相刺)」편에도 "昔魯繆公之時, 公儀爲相, 子思 · 子柳爲之卿."이라는 기록이 보인다.

84_ 공의자와 자류, 자사 등 유학자들의 무능함에 빗대어 맹자를 비난한 것이다. 『맹자집주』에서는 "순우곤은 맹자가 노나라를 떠나지 않더라도 결코 훌륭한 일을 하지 못했을 것이라고 비난한 것이다"라고 했다.

85_ 왕표(王豹)는 조기(趙岐)의 주에서 위(衛)나라에서 동요를 잘 부르던 사람이라고 했다.

86_ 『맹자집주』에서 면구(綿駒)는 제나라 사람으로, 노래를 잘 불렀다고 했고, 고당(高唐)은 제나라의 서쪽에 있는 읍이라고 했다. 한편 조기 주에서는 『한시외전』의 "淳于髡曰, 昔者, 揖封生高商, 齊人好歌."라는 기록에 근거하여, 고상(高商)이 곧 고당(高唐)이고, 읍봉(揖封)이 곧 면구(綿駒)라고 했다.

87_ 화주(華周)와 기양(杞梁)은 『맹자집주』에 의하면, 두 사람 모두 제나라의 신하였는데, 거(莒) 땅에서 전사했다고 한다. 조기 주에서는 화주(華周)는 화선(華旋)이

속을 변화시켰습니다. 내면에 가지고 있는 것은 반드시 밖으로 드러나니, 어떤 일을 하면서 공적이 없는 자를 저는 본 적이 없습니다. 이 때문에 [지금은] 현자가 없으니, 만약 있다면 제가 반드시 알 것입니다."[88](『맹자』「고자 하」)

曰, "昔者, 王豹處于淇, 而河西善謳, 綿駒處于高唐, 而齊右善歌, 華周·杞梁之妻善哭其夫, 而變國俗. 有諸內, 必形諸外, 爲其事而無其功者, 髡未嘗睹之也. 是故無賢者也, 有則髡必識之."(『孟子』「告子 下」)

康14-15

순우곤은 혜시(惠施)와 같은 부류이니, 아마도 명가 학파일 것이다. 명가는 묵자의 후학이기 때문에 또한 유가를 공격했다.

淳于髡與惠施同派, 殆名家者流也. 名家爲墨氏之後學, 故亦攻儒.

14-2-13

숙산무지(叔山無趾)[89]가 노담(老聃)에게 말했다. "공구(孔丘)는 지인(至人)[90]의 경지에는 아직 이르지 못한 것이 아닙니까? 저 사람은 무엇 때문에 자꾸만[91] 선생님에게 배우려고 합니까? 저 사람은 또한 기이한 명성

고, 기양(杞梁)은 기식(杞殖)이라고 했다. 이들에 대한 이야기는 『좌씨전』「양공(襄公)」 23년과 『설원(說苑)』「선설(善說)」편에도 보인다.

88_ 『맹자집주』에서 "맹자가 제나라에서 벼슬을 했는데도 공적이 없었기 때문에 현자라고 할 수 없다고 비난한 것이다"라고 했다.

89_ 무지(無趾)는 숙산무지(叔山無趾)를 말한다. 『장자금주금역』에서 천구잉이 "숙산(叔山)은 자이며, 발이 잘리는 형벌을 당했기 때문에 무지(無趾)라고 했다. 가공의 인물이다"라고 했다.

90_ 『장자』「천하(天下)」편에서 "도의 진실함에서 벗어나지 않는 사람을 지인(至人)이라고 한다[不離於眞, 謂之至人.]"라고 했다.

91_ 빈빈(賓賓)은 유월이 빈빈(頻頻)과 같다고 했고, 『경전석문』에서 사마표(司馬彪)

[이 세상에 전해지기]를 바라고 있는데,[92] 지인은 그것을 자기를 속박하는 질곡(桎梏)[93]으로 여긴다는 것을 모르는 것이 아니겠습니까?"(『장자』「덕충부」)

無趾語老聃曰, "孔丘之于至人, 其未邪? 彼何賓賓以學子爲? 彼且蘄以諔詭幻怪之名聞, 不知至人之以是爲己桎梏邪?"(『莊子』「德充符」)

康14-16

공자의 도에서는 명성을 숭상하고, 노자의 학문에서는 명성을 숭상하지 않는다. 따라서 장자가 [노자에게] 가탁하여 공격한 것이다.

孔子之道尙名, 老學不尙名. 故莊子假託而攻之.

14-2-14

[노자가 말했다.][94] 명성이라는 것은 천하의 공동 소유이기 때문에 [한 사람이] 너무 많이 가져가서는 안 되며,[95] 인의(仁義)는 옛 선왕이 임시로 머물렀던 여관[96]이기 때문에 단지 하루 정도는 묵을 수 있지만, 오랫동안 거처해서는 안 된다.(『장자』「천운」)

는 공경스러운 모습이라고 했다. 여기에서는 유월의 주장에 따라 '끊임없이', '자꾸만'이라는 의미로 풀이했다.

92_ 숙궤(諔詭)와 환괴(幻怪)는 모두 기이하다는 뜻이다. 안병주는 유월의 주장에 근거하여, 숙궤(諔詭)는 수수께기, 환괴(幻怪)는 속임수로 번역했다. 기(蘄)는 빌고 바라는 것이다.

93_ 질곡(桎梏)은 사지를 속박하는 형벌 도구로, 차꼬와 수갑을 찬 죄수들을 말한다.

94_ 이 내용은 공자가 참다운 도에 대해 듣기 위해 노자를 찾아갔을 때, 노자가 공자에게 한 말이다.

95_ 공기(公器)는 온 세상이 공통으로 사용하는 도구라는 것으로, 모든 사람의 공동 소유라는 의미이다. 따라서 한 사람이 혼자서 너무 많이 가져가서는 안 된다는 것이다. 임희일은 "유학자들이 명성을 좋아하는 것을 비웃은 것이다"라고 했다.

96_ 거려(蘧廬)는 임시로 머무는 여관이다. 임희일은 초가집이라고 했다.

名, 公器也, 不可多取, 仁義, 先王之蘧廬也, 止可以一宿而不可以久處.(『莊子』「天運」)

康14-17

이것도 장자가 노자의 말을 서술하여 공자를 공격한 것이다.

此亦莊子述老子之言以攻孔子.

14-2-15

의이자(意而子)[97]가 허유(許由)를 만났는데, 허유가 말했다. "요(堯)가 무엇을 자네에게 가르쳐 주었는가?"[98] 의이자가 말했다. "요는 저에게 '너는 반드시 인의(仁義)를 몸소 실천하고, 옳고 그름을 분명하게 말해라'라고 했습니다." 허유가 말했다. "자네는 어째서 나에게 왔는가?[99] 저 요라는 사람이 이미 인의(仁義)를 가지고 너의 이마에 새겨 넣었고, 시비(是非)를 가지고 너의 코를 베어 버렸으니,[100] 네가 장차 어떻게 이리저리 떠돌면서 자유롭게 행동하고 끊임없이 변화하는 저 도의 세계에서 노닐 수 있겠는가?"[101] 의이자가 말했다. "비록 그렇기는 하지만, 저는 그

97_ 의이자(意而子)는 가공의 인물이다. 성현영은 "의이(意而)는 옛날의 현인이다"라고 했다.

98_ 자(資)는 돕다는 의미인데, 천구잉은 가르쳐준다는 뜻이라고 했다.

99_ 지(軹)는 천구잉이 지(只)와 같은 어조사라고 했다.

100_ 경(黥)은 고대의 오형(五刑) 중의 하나인 묵형(墨刑)과 같은 것으로, 이마에 글씨를 새기는 것이다. 의(劓)는 코를 베를 형벌이다. 『장자금주금역』에서 진계천(陳啓天)은 "자연을 파괴한다는 뜻을 차용한 것이다"라고 했고, 안병주는 "인의와 시비라는 인위적인 편견으로 인해 자득(自得)의 경지에 노닐 수 없게 되었다는 뜻이다"라고 했다.

101_ 요탕(遙蕩)은 정처 없이 떠도는 것이고, 자휴(恣睢)는 구속받지 않고 자유롭게 행동하는 것이며, 전사(轉徙)는 끊임없이 변화하는 것이다. 도(塗)는 도(道)와 같다.

도의 울타리 근처에서라도 노닐기를 원합니다." 허유가 말했다. "그렇지 않다. 대체로 장님은 눈썹과 눈, 얼굴색의 아름다움을 감상할 방법이 없고, 또 장님은 청색과 황색, 수놓은 무늬[102]의 볼거리를 감상할 방법이 없다."[103] 의이자가 말했다. "무장(無莊)이 그 아름다움을 잊어버린 것과 거양(據梁)이 그 힘을 잊어버린 것과 황제(黃帝)가 그 지혜를 잊어버린 것은 모두 도에 의한 단련에 달려 있었을 뿐입니다."[104](『장자』「대종사」)

意而子見許由, 許由曰, "堯何以資汝?" 意而子曰, "堯謂我, '汝必躬服仁義, 而明言是非.'" 許由曰, "而奚來爲軹? 夫堯既已黥汝以仁義, 而劓汝以是非矣, 汝將何以游夫遙蕩恣睢轉徙之塗乎?" 意而子曰, "雖然, 吾願游于其藩." 許由曰, "不然. 夫盲者, 無以與乎眉目顏色之好, 瞽者, 無以與乎靑黃黼黻之觀." 意而子曰, "夫無莊之失其美, 據梁之失其力, 黃帝之亡其知, 皆在鑪捶之間耳."(『莊子』「大宗師」)

14-2-16[105]

인(仁)을 쓸데없이 주장하는 자는 타고난 본래의 덕성을 제거하고 자연

102_ 보불(黼黻)은 예복에 흑색과 백색을 섞어 수를 놓은 것으로, 도끼 모양의 무늬이다.

103_ 맹자(盲者)와 고자(瞽者)는 모두 앞을 보지 못하는 장님을 말한다. 안병주는 맹자(盲者)를 눈이 어두운 사람으로, 고자(瞽者)를 눈이 보이지 않는 사람으로 해석했다. 여(與)는 참여한다는 말인데, 여기에서는 감상한다는 뜻으로 풀이했다.

104_ 무장(無莊)과 거양(據梁)은 모두 가공의 인물이다. 천구잉은 "무장은 고대의 미인으로, 장식을 하지 않았다는 의미이고, 거양은 고대의 역사(力士)로, 강하고 힘이 세다는 의미이다"라고 했다. 한편 성현영은 두 사람이 모두 도를 들었기 때문에 무장은 자신의 아름다움을 잊어버렸고, 거양은 유약함을 지켜서 힘을 부리지 않았다고 했다. 한편 노추(鑪捶)는 화로와 망치로 물건을 단련하여 제조하는 것으로, 도에 의해 단련되는 것을 말한다. 그리고 조물자의 조화를 비유하기도 한다.

105_ 이하에서 인용한 『장자』「변무」편의 내용은 이 책의 제2권 제1절 〈2-1-10〉에서 이미 인용했다. 자세한 주석은 앞의 내용을 참조 바람.

적인 본성을 막아 버림으로써 명성(名聲)을 얻으려고 하여 천하 사람들에게 정신없이 떠들면서 [그들의 능력으로는] 미칠 수 없는 법도를 받들게 하니, [그렇지] 않는가? 증삼(曾參)과 사추(史鰌)가 바로 그런 사람이다. 변론에 쓸데없이 지나친 자는 기왓장을 겹겹이 쌓고 새끼의 매듭을 만들 듯이 [쓸데없는 말을 더하고] 문장을 제멋대로 천착하여, 견백(堅白)이나 동이(同異)와 같은 변론에 푹 빠져 눈앞의 일시적인 명예와 쓸데없는 말에 정신이 피폐해지니, [그렇지] 않는가? 양주(楊朱)와 묵적(墨翟)이 바로 그런 사람이다.(『장자』「변무」)

枝于仁者, 擢德塞性, 以收名聲, 使天下簧鼓以奉不及之法, 非乎? 而曾・史是已. 駢于辯者, 纍瓦結繩竄句, 游心于堅白・同異之間, 而敝跬譽無用之言, 非乎? 而楊・墨是已.(『莊子』「駢拇」)

14-2-17[106]

우씨(虞氏), 즉 순(舜)이 인의(仁義)를 내걸어 천하를 어지럽힌 이후부터, 천하 사람들 중에 인의를 실천하기 위해 바쁘게 뛰어다니지 않는 사람이 없으니,[107] 이것이 인의 때문에 그 본성을 바꾼 것이 아니겠는가?[108] 따라서 시험삼아 논해본다면, 삼대 이후로 천하 사람들 중에 외부 사물 때문에 자기 본성을 바꾸지 않은 사람이 없다. 소인은 이익 때문에 자기 몸을 바쳤고,[109] 선비는 명예 때문에 자기 몸을 바쳤으며, 대부는

106_ 이 내용의 앞에서 장자는 "어떤 것에 작게 미혹되는 것은 방향을 바꿀 뿐이지만, 크게 미혹되는 것은 본성까지 바꿔버린다[夫小惑易方, 大惑易性.]"라고 주장했는데, 이 내용은 그 근거로 내세운 것이다.

107_ 분명(奔命)은 왕명을 신속하게 받들어 수행한다는 뜻인데, 인의를 실천하기 위해 바쁘게 뛰어다닌다는 말이다.

108_ 장자가 말하는 인위는 인간의 생명이나 본성을 해치는 작위적인 행위로 여겨지기 때문에 유가에서 말하는 인위와는 그 의미가 다르다. 안병주는 이 문장 속에 "인의를 자신의 생명과 맞바꾼 것과 다를 바 없다"는 의미가 내포되어 있다고 했다.

집안 때문에 자기 몸을 바쳤고, 성인은 천하 때문에 자기 몸을 바쳤다.(『장자』「변무」)

自虞氏招仁義以撓天下也, 天下莫不奔命于仁義, 是非以仁義易其性與? 故嘗試論之, 自三代以下者, 天下莫不以物易其性矣. 小人則以身殉利, 士則以身殉名, 大夫則以身殉家, 聖人則以身殉天下.(『莊子』「騈拇」)

14-2-18[110]

성인의 시대에 이르러, 애써 인(仁)을 행하고 힘써 의(義)를 행하자, 천하가 미혹되기 시작했다.[111] 제멋대로 음악을 연주하고 번잡하게 예법을 만들자 천하가 분열되기 시작했다.[112] 자연 그대로의 원목을 해치지 않고 누가 술그릇을 만들 수 있고,[113] 자연 그대로의 백옥을 훼손하

109_ 순(殉)은 어떤 것을 따라서 죽는다는 뜻이다. 이신순리(以身殉利)는 온몸을 다해 이익을 추구했다는 의미인데, 이 내용이 외부 사물의 영향을 강조하고 있기 때문에 '이익 때문에 자기 몸을 바쳤다'로 풀이했다. 이하의 해석도 마찬가지이다.

110_ 이 내용의 앞에서 장자는 지덕(至德)의 시대에 대해 설명했다. 이 시대에는 백성들이 짐승들과 무리지어 만물 속에서 함께 살았기 때문에 군자와 소인의 차별이 없었고, 무지(無知)하고 무욕(無欲)한 소박(素樸)의 상태였다고 한다. 이러한 소박함을 지키면 사람의 본성이 그대로 유지되는데, 성인이 인의와 예악을 시행하면서 그것을 훼손했다는 것이 장자의 주장이다.

111_ 별설(蹩躠)은 있는 힘을 다하는 모습이고, 지지(踶跂)도 힘써 행하는 모습으로, 두 가지 모두 실천하기 위해 애쓰는 모습을 형용한 것이다. 시의(始疑)는 지덕(至德)의 시대에는 무지(無知)하고 무욕(無欲)한 소박(素樸)의 상태였는데, 인의(仁義)를 시행하면서 천하 사람들이 거기에 미혹되어 혼란스럽게 되었다는 뜻이다.

112_ 단만(澶漫)은 방종하여 제멋대로 하는 모습이고, 적벽(摘僻)은 몸을 구부린 모양으로, 자기 스스로를 구속하는 모습이다. 분(分)은 예악이 시행됨으로써 천하가 각 계층이나 계급별로 분열되었다는 뜻으로, 앞 문장에서 천하가 미혹되어 혼란스럽게 되었다는 말과 같은 의미이다. 안병주가 인용한 장지순(張之純)도 "분(紛)의 가차자로, 어지럽고 말썽이 일어나는 것"이라고 풀이했다. 한편 안병주는 천하가 상하의 계급으로 나누어졌다고 풀이했고, 안동림은 예악에 의해 구별이 생겼다고 풀이했다.

지 않고 누가 홀을 만들 수 있으며,[114] 도덕(道德)을 폐지하지 않고 어떻게 인의(仁義)를 취할 수 있고,[115] 타고난 성정(性情)을 떠나지 않고 어떻게 예악(禮樂)을 사용할 수 있으며, 오색(五色)을 어지럽히지 않고 누가 화려한 채색을 만들 수 있고, 오성(五聲)을 어지럽히지 않고 누가 육률(六律)에 맞추어 연주할 수 있겠는가? 원목을 해쳐서 그릇을 만든 것은 목수의 죄이며, 도덕을 훼손하여 인의를 만든 것은 성인의 잘못이다. (『장자』「마제」)

> 及至聖人, 蹩躠爲仁, 踶跂爲義, 而天下始疑矣. 澶漫爲樂, 摘僻爲禮, 而天下始分矣. 故純樸不殘, 孰爲犧樽, 白玉不毁, 孰爲珪璋, 道德不廢, 安取仁義, 性情不離, 安用禮樂, 五色不亂, 孰爲文采, 五聲不亂, 孰應六律? 夫殘樸以爲器, 工匠之罪也, 毁道德以爲仁義, 聖人之過也.(『莊子』「馬蹄」)

14-2-19[116]

따라서 도척(盜跖)의 무리 중 한 사람이 도척에게 물었다. "도둑질에도 도가 있습니까?" 도척이 대답했다. "어디에 가든 도가 없겠느냐? 방 속에 감추어진 것을 추측하여 아는 것[117]이 성(聖)이고, 도둑질할 때 가장

113_ 순박(純樸)은 베어서 다듬지 않은 자연 그대로의 원목을 말한다. 성현영은 "온전한 나무[全木]"라고 했다. 사준(犧樽)은 술그릇인데, 소의 모양으로 만들거나 소의 그림을 조각한 것을 말한다.

114_ 백옥(白玉)은 자연 그대로의 옥이고, 규장(珪璋)은 조회나 빙문, 제사 때 몸에 지니는 옥으로 만든 홀이다.

115_ 『노자』 제18장에도 "大道廢, 有仁義."라는 말이 보인다.

116_ 이 부분에서 장자는 세속에서 말하는 최고의 지혜[至知]라는 것은 큰 도둑을 도와주는 것이고, 최고의 성인[至聖]이라는 것은 큰 도둑을 위해 지켜주는 자라고 주장하면서 그 사례를 들어 논증하고 있다.

117_ 망의(妄意)는 천구잉이 '추측한다'는 뜻이라고 했다. 안병주는 망(妄)을 망(望)자의 의미로 보고, '멀리서 바라보는 것만으로 짐작하여 알아맞힘'이라고 번역했다. 이외에도 '대강 짐작으로 알아맞히는 것'이라는 해석도 있다.

앞에 들어가는 것이 용(勇)이며, 가장 뒤에 나오는 것이 의(義)이고, 도둑질할 수 있을지의 여부를 미리 아는 것이 지(知)이며, 도둑질한 물건을 균등하게 나누는 것이 인(仁)이다. 이 다섯 가지가 갖추어지지 않고서 큰 도둑이 된 자는 천하에 아직 없었다." 이것을 통해서 살펴보면, 착한 사람도 성인의 도를 얻지 못하면 선을 확립할 수 없듯이, 도척도 성인의 도를 얻지 못하면 도둑질을 행하지 못한다. 그런데 천하에는 착한 사람이 적고 착하지 않은 사람이 많으니, 성인이 천하를 이롭게 하는 것은 적고 천하를 해롭게 하는 것은 많다. 따라서 "입술이 없으면 이가 시리고,[118] 노(魯)나라의 술이 맛이 없어서 [조(趙)나라의] 한단(邯鄲)이 포위되었다"라고 하니,[119] 성인이 생겨나면 큰 도둑이 일어나는 것이다. 그러므로 성인을 배격하고 도둑들을 내버려 두어야[120] 천하가 비로소 다스려진다. 골짜기가 비면 냇물이 말라 버리고,[121] 언덕이 무

118_ 『좌씨전』 「희공」 5년에 "광대뼈와 잇몸은 서로 의지하고, 입술이 없으면 이가 시리다[輔車相依, 脣亡齒寒.]"라는 말이 보인다. 한편 손이양은 『전국책』의 기록에 따라서 게(揭), 즉 '입술을 들어올리다'로 해석해야 한다고 했는데, 의미상으로는 통한다.

119_ 천구잉에 의하면, 조나라의 한단을 포위한 사건에 대해서는 두 가지 견해가 있다. 첫째는 양(梁)나라가 한단을 포위했다는 주장이다. 초나라 선왕(宣王)이 노나라의 공공(恭公)이 조공으로 올린 술이 맛이 없다고 하자, 노나라 공공이 인사도 하지 않고 돌아가 버렸다. 그러자 초나라 선왕이 화가 나서 제나라와 연합하여 노나라를 공격했다. 그 틈을 타서 양(梁)나라 혜왕(惠王)이 조(趙)나라의 수도인 한단을 침략하여 포위했다고 한다. 둘째는 초(楚)나라가 포위했다는 주장이다. 초나라가 제후들과 회맹할 때 노나라와 조나라가 함께 술을 진상했는데, 노나라의 술은 맛이 없고 조나라의 술은 맛이 좋았다고 한다. 그 후 초나라의 관리가 조나라에 술을 요구했는데, 조나라가 주지 않자 그 관리가 두 나라의 술을 바꾸어서 올렸다. 초왕은 조나라의 술이 형편없다고 여겨서 한단을 포위했다고 한다. 두 가지 일이 별개의 사건이지만, 서로 연관되어 인과관계를 맺는다는 것을 비유했다.

120_ 종사(縱舍)는 풀어서 내버려둔다는 뜻이다.

121_ 천구잉은 이면(李勉)의 주장에 따라 이 문장을 '谷虛而川竭'로 풀이했다. 그래야만 그 다음 문장인 '丘夷而淵實'과도 대구가 되고, 또 냇물이 여러 골짜기로부터 나오는 것이 의미상으로도 맞기 때문이라고 했다. 여기에서도 천구잉의 주장에 따라 해석했다.

너지면 연못이 흙으로 메워져 버린다. 성인이 죽고 나면 큰 도둑이 일어나지 않고, 천하가 잘 다스려져 아무 일이 없을 것이다.

故跖之徒問于跖曰, "盜亦有道乎?" 跖曰, "何適而無有道邪? 夫妄意室中之藏, 聖也, 入先, 勇也, 出後, 義也, 知可否, 知也, 分均, 仁也. 五者不備, 而能成大盜者, 天下未之有也." 由是觀之, 善人不得聖人之道不立, 跖不得聖人之道不行. 天下之善人少而不善人多, 則聖人之利天下也少而害天下也多. 故曰, "唇竭則齒寒, 魯酒薄而邯鄲圍", 聖人生而大盜起. 掊擊聖人, 縱舍盜賊, 而天下始治矣. 夫川竭而谷虛, 丘夷而淵實, 聖人已死, 則大盜不起, 天下平而無故矣.

성인이 죽지 않으면 큰 도둑이 그치지 않는다. 비록 성인을 존중하여 천하를 다스린다 해도 그것은 도척에게 이익을 더해줄 뿐이다.[122] [성인이] 됫박[123]을 만들어 용량을 재면 [도둑은] 됫박까지 함께 훔쳐가 버리고, 저울을 만들어 무게를 재면 저울까지 함께 훔쳐가 버리며, 도장[124]을 만들어 신표를 삼으면 도장까지 함께 훔쳐가 버리고, 인의(仁義)를 만들어 바로잡으려고 하면 인의까지 함께 훔쳐가 버린다. 어떻게 그렇다는 것을 알 수 있는가? 저 조그마한 쇠갈고리[125]를 훔친 자는 죽임을 당하고, 나라를 훔친 자는 제후가 된다. 그러한 제후의 문 안에 인의가 존재하니, 이것은 인의(仁義)와 성인의 지혜[聖知]까지도 훔친 것이 아니겠는가? 따라서 큰 도둑[의 길]을 좇아가서 제후[라는 이름]을

122_ 앞의 중(重)은 존중한다는 뜻이다. 천구잉은 "성인의 힘을 빌리다"라고 해석했고, 안병주는 "성인이 거듭 나타난다"라고 풀이했다. 뒤의 중(重)은 천구잉의 해석에 따라서 증익(增益)의 의미로 풀었다.

123_ 두곡(斗斛)은 용량을 재는 도구인 됫박을 말하는데, 두(斗)는 10되, 곡(斛)은 10말의 용량이다.

124_ 부새(符璽)는 도장을 말한다. 부(符)는 부절이고, 새(璽)는 도장으로, 모두 계약을 확인하는 신표로 사용된다. 한편 안동림은 어음과 같은 계약 증서라고 풀이했다.

125_ 구(鉤)는 띠에 달려 있는 조그마한 쇠갈고리로, 매우 하찮은 물건을 의미한다.

높이 내걸고서,[126] 인의(仁義)뿐만 아니라 됫박과 저울, 도장의 이로움까지 훔치는 자들은 비록 높고 고귀한 벼슬로 상을 주더라도 선을 권면할 수 없고, 사형으로 위협을 하더라도 악을 막을 수 없다.[127] 이것은 도척에게 이익을 더해주면서도 막을 수 없도록 만드는 것이니, 이것이 바로 성인의 잘못이다.

聖人不死, 大盜不止. 雖重聖人而治天下, 則是重利盜跖也. 爲之斗斛以量之, 則幷與斗斛而竊之, 爲之權衡以稱之, 則幷與權衡而竊之, 爲之符璽以信之, 則幷與符璽而竊之, 爲之仁義以矯之, 則幷與仁義而竊之. 何以知其然邪? 彼竊鉤者誅, 竊國者爲諸侯. 諸侯之門, 而仁義存焉, 則是非竊仁義聖知邪? 故逐于大盜, 揭諸侯, 竊仁義幷斗斛權衡符璽之利者, 雖有軒冕之賞弗能勸, 斧鉞之威弗能禁. 此重利盜跖而使不可禁者, 是乃聖人之過.

따라서 "물고기는 연못을 벗어나서는 안 되며, 나라의 이로운 물건은 사람들에게 보여 주어서는 안 된다"라고 말한다.[128] 저 성인[129]이라는 자는 천하의 이로운 물건이기 때문에 천하에 드러내 보일 것이 아니다. 그러므로 성(聖)을 끊어버리고 지(知)를 버려야만 큰 도둑이 이에 그치며,[130] 옥을 던져버리고[131] 구슬을 부숴버려야만 작은 도둑이 발생하

126_ 축(逐)은 성현영과 천구잉 등이 따라서 좇아간다는 의미라고 했다. 한편 안병주는 "큰 도둑이라는 오명을 떨쳐 버리고 제후라는 이름을 내세운다"라고 해석하기도 했다. 게(揭)는 높이 게시하여 표시한다는 뜻이다.

127_ 헌면(軒冕)은 경대부 이상의 고관들이 타는 수레와 면복을 말하는데, 높고 고귀한 벼슬을 의미한다. 부월(斧鉞)은 사형에 사용하는 도끼를 말한다.

128_ 『노자』 제36장에 보인다.

129_ 성인(聖人)은 성지(聖知)가 되어야 한다는 주석도 있지만, 여기에서는 그대로 해석했다.

130_ 『노자』 제19장에 "성(聖)을 끊어버리고 지(智)를 버리면 백성들의 이익이 백 배가 되며, 인(仁)을 끊어버리고 의(義)를 버리면 백성들이 효도와 자애를 회복하게 되며, 교묘한 기술을 끊어버리고 이익을 버리면 도적이 없어질 것이다[有絶聖棄智, 民利百倍, 絶民棄義, 民復孝慈, 絶巧棄利, 盜賊無有.]"라는 말이 보인다.

지 않으며, 부절을 불태우고 도장을 부숴버려야만 백성들이 소박해지며, 됫박을 깨뜨리고 저울을 꺾어버려야만 백성들이 다투지 않으며, 천하에서 성인의 법을 모두 없애버려야만 백성들이 비로소 함께 의론을 펼칠 수 있게 된다. 육률(六律)을 뒤섞어버리고, 악기를 태워서 없애버리며,[132] 장님 사광(師曠)[133]의 귀를 막아 버려야만 천하에서 비로소 사람들이 밝은 귀를 간직할 수 있게 된다. 화려한 무늬를 없애버리고, 다섯 가지 채색을 흩어버리며, 이주(離朱)[134]의 눈을 아교로 붙여버려야만 천하에서 비로소 사람들이 밝은 눈을 간직할 수 있게 된다. 그림쇠와 먹줄을 끊어버리고 그림쇠와 곱자를 버리며, 공수(工倕)[135]의 손가락을 꺾어 버려야만 천하에서 비로소 사람들이 기술을 가질 수 있게 된다. 따라서 "큰 기술은 마치 서투른 것 같다"라고 말한다.[136] 증삼(曾參)과 사추(史鰌)의 행위를 깎아내고, 양주(楊朱)와 묵적(墨翟)의 입을 틀어막으며, 인의(仁義)를 물리쳐서 버리면 천하의 덕이 비로소 오묘하게 같아질 것이다.[137] 저 천하 사람들이 그 본래의 밝은 눈을 간직하게 되면

131_ 척(擿)은 내던지다는 뜻으로, 척(擲)과 같은 의미이다. 『사기』「자객열전」에 "乃引其匕首以擿秦王."이라는 말이 보인다.

132_ 탁(擢)은 마서륜이 교(攪)의 가차자라고 했다. 교란(攪亂)은 뒤흔들어서 어지럽게 하는 것이다. 삭절(鑠絶)은 태워서 없애버리는 것이다.

133_ 사광은 춘추시대 진(晉)나라 평공(平公) 때의 악사(樂師)인데, 태어날 때부터 눈이 멀었는데, 소리를 잘 분별했다고 한다. 『맹자』「이루 상((離婁 上)」편에 "師曠之聰, 不以六律, 不能正五音."이라는 구절이 보인다.

134_ 이주(離朱)는 이루(離婁)라고도 하는데, 황제 시대의 눈이 밝은 사람으로, 100보의 거리에서도 털끝을 볼 수 있었다고 한다. 『맹자』「이루 상」편에 "孟子曰, 離婁之明, 公輸子之巧, 不以規矩, 不能成方員."이라는 구절이 보인다.

135_ 공수(工倕)는 뛰어난 목수의 이름이다. 송나라 고승(高承)의 『사물기원(事物紀原)』 권7「거무직국부(庫務職局部)·규구(規矩)」에서 『시자(尸子)』의 "古者, 倕爲規矩準繩, 使天下倣焉."을 인용하고, "수(倕)는 황제(黃帝) 때의 솜씨가 뛰어난 사람이다"라고 했다. 려(攦)는 꺾어버린다는 뜻이다.

136_ 『노자』 제45장에 보인다.

137_ 『노자』 제56장에도 "塞其兌, 閉其門, 挫其銳, 解其忿, 和其光, 同其塵, 是謂玄同."이라는 말이 보인다.

천하가 현혹당하지 않고,[138] 천하 사람들이 그 본래의 밝은 귀를 간직하게 되면 천하가 얽매이지 않으며, 천하 사람들이 그 본래의 지혜를 간직하게 되면 천하가 미혹되지 않고, 천하 사람들이 그 본래의 덕을 간직하게 되면 천하가 치우치지 않는다. 저 증삼과 사추, 양주와 묵적, 사광과 공수, 그리고 이주 등은 모두 자신의 덕을 외부에 세워서 천하를 혼란하게 만든 자들이니, 올바른 법으로는 아무런 쓸모가 없다.(『장자』「거협」)

故曰, "魚不可脫於淵, 國之利器. 不可以示人." 彼聖人者, 天下之利器也, 非所以明天下也. 故絶聖棄知, 大盜乃止, 擿玉毁珠, 小盜不起, 焚符破璽, 而民樸鄙, 掊斗折衡, 而民不爭, 殫殘天下之聖法, 而民始可與論議. 擢亂六律, 鑠絶竽瑟, 塞瞽曠之耳, 而天下始人含其聰矣. 滅文章, 散五采, 膠離朱之目, 而天下始人含其明矣. 毁絶鉤繩, 而棄規矩, 攦工倕之指, 而天下始人有其巧矣. 故曰, "大巧若拙." 削曾·史之行, 鉗楊·墨之口, 攘棄仁義, 而天下之德始玄同矣. 彼人含其明, 則天下不鑠矣, 人含其聰, 則天下不累矣, 人含其知, 則天下不惑矣, 人含其德, 則天下不僻矣. 彼曾·史·楊·墨·師曠·工倕·離朱者, 皆外立其德, 而以爚亂天下者也, 法之所無用也.(『莊子』「胠篋」)

14-2-20

그런데도 오히려 눈이 밝은 것을 좋아하는가?[139] 그것은 아름다운 색깔을 탐닉하는 것이다. 귀가 밝은 것을 좋아하는가? 그것은 좋은 소리를 탐닉하는 것이다. 인(仁)을 좋아하는가? 그것은 덕(德)을 혼란스럽게

138_ 불삭(不鑠)은 이면(李勉)이 현혹당하지 않는다는 의미라고 했다.

139_ 이 내용의 앞에서 장자는 삼대 이후의 군주들이 시끄럽게 상벌(賞罰)을 일삼았기 때문에 그들은 성명(性命)의 자연스러운 상태에 편하게 머물 수가 없었다고 주장했다. 차(且)는 안동림이 유(猶)와 같다고 했고, 열(說)은 천구잉이 열(悅)과 같다고 했다.

하는 것이다. 의(義)를 좋아하는가? 그것은 이치를 어기는 것이다. 예(禮)를 좋아하는가? 그것은 기교를 조장하는 것이다.[140] 악(樂)을 좋아하는가? 그것은 탐닉을 조장하는 것이다. 성인을 좋아하는가? 그것은 기예를 조장하는 것이다. 지혜를 좋아하는가? 그것은 남의 결점을 찾는 것을 조장하는 것이다.[141] 천하 사람들이 장차 타고난 성명(性命)의 상태 그대로 편안히 누린다면, 이 여덟 가지는 있어도 되고 없어도 된다. 그러나 천하 사람들이 장차 타고난 성명의 상태 그대로 누리지 못한다면, 이 여덟 가지가 곧 사람들을 꽉 붙잡아 어지럽게 하여[142] 천하를 혼란스럽게 만들기 시작하고, 천하 사람들은 그것을 존중하고 애석하게 여기기 시작하니, 천하 사람들의 미혹됨이 너무나 심하구나! 어찌 다만 지나가면서 떠나가 버릴 수 있겠는가? 이에 재계한 채 그것을 말하고 꿇어앉은 채 그것을 바치며, 연주하면서 노래를 부르고 춤을 추면서 그것을 찬양하니,[143] 내가 이런 행동을 어떻게 하겠는가?(『장자』「재유」)

而且說明邪? 是淫于色也. 說聰邪? 是淫于聲也. 說仁邪? 是亂于德也. 說義邪? 是悖于理也. 說禮邪? 是相于技也. 說樂邪? 是相于淫也. 說聖邪? 是相于藝也. 說知邪? 是相于疵也. 天下將安其性命之情, 之八者, 存可也, 亡可也. 天下將不安其性命之情, 之八者, 乃始臠卷獊囊而亂天下也. 而天下乃始尊之惜之, 甚矣, 天下之惑也! 豈直過也而去之邪? 乃齊戒以言之, 跪坐以進之, 鼓歌以儛之, 吾若是何哉?(『莊子』「在宥」)

140_ 상(相)은 『경전석문』에서 조(助)와 같다고 했다. 즉 기교에 도움을 주는 것이다. 안병주는 이에 근거하여 '기교를 조장하는 것'이라고 해석했다.

141_ 자(疵)는 천구잉이 '남의 결점을 찾는 것'이라고 했고, 안병주는 '헐뜯음'이라고 해석했다.

142_ 연권(臠卷)은 사마표가 '펴지지 않는 모양'이라고 했고, 임희일은 '구속된 모양'이라고 했다. 창낭(獊囊)은 어지러운 모양인데, 임희일은 '일이 많은 모양'이라고 했다.

143_ 무(儛)는 마서륜이 무(舞)의 속자라고 했다. 안병주는 춤을 추면서 찬양한다는 의미라고 했다.

14-2-21

밭에서 일하던 사람이 말했다. "당신은 무슨 일을 하는 사람인가?" [자공이] 대답했다. "공자의 제자입니다." 밭에서 일하던 사람이 말했다. "당신은 박학함으로 성인을 흉내내고, 과장하고 허풍을 떨어서 대중을 어지럽게 만들어 놓은 채,[144] 혼자서는 거문고를 타면서 슬프게 노래를 불러서 천하에 명성을 파는 자가 아닌가? 당신은 장차 당신의 정신의 기운을 잊어버리고, 당신의 육체를 내버려야만 거의 도에 가까워질 것이다![145] 당신의 몸을 다스릴 수 없는데, 어느 겨를에 천하를 다스리겠는가! 당신은 가시오. 나의 일을 막고서 방해하지 마시오."[146](『장자』「천지」)

爲圃者曰, "子奚爲者邪?" 曰, "孔丘之徒也." 爲圃者曰, "子非夫博學以擬聖, 於于以蓋衆, 獨弦哀歌以賣名聲于天下者乎? 汝方將忘汝神氣, 墮[147]汝形骸, 而庶幾乎! 而身之不能治, 何暇治天下乎! 子往矣. 無乏吾事."(『莊子』「天地」)

14-2-22

공자가 서쪽으로 가서 주나라 왕실에 [자기의] 서적을 소장시키려고 하자, 자로(子路)가 다음과 같이 상의했다. "제가 들으니, 주나라의 서고

144_ 어우(於于)는 뽐내면서 함부로 행동하는 모양이다. 『장자금주금역』에서 인용한 사마표는 과장하고 허풍떠는 모습이라고 했고, 이면은 우우(于喁)와 같은 말로, 세속에 맞추어 영합하는 것이라고 했다. 여기에서는 사마표의 주장에 따랐다. 개(蓋)는 안동림이 인용한 마서륜의 『장자의증(莊子義證)』에서는 고(蠱)자의 오자라고 했다. 고(蠱)는 마음을 어지럽게 하는 것이다.

145_ 기(幾)는 성현영이 '도에 가깝다[近於道]'는 의미로 풀이했다.

146_ 핍(乏)은 육덕명이 폐(廢)와 같다고 했는데, 막아서 방해하는 것이다.

147_ 타(墮)가 『공자개제고』에는 수(隨)로 되어 있는데, 『장자』 원문에 따라 고쳤다.

관리자[148] 중에 노담(老聃)이라는 사람이 있는데, 사직하고 고향으로 돌아가 거처하고 있다고 합니다. 선생님께서 서적을 소장시키고자 한다면, 그에게 찾아가서 부탁해 보십시오." 공자가 "좋다"라고 말하고, 노담에게 가서 만나려고 했는데, 노담이 허락하지 않았다. 이에 공자는 가지고 간 12경(經)[149]을 펼쳐놓고 설명했다. 노담이 중간에 공자의 말을 끊고 말했다. "너무 장황하니,[150] 그 요점을 듣고 싶소." 공자가 "요점은 인의(仁義)에 있습니다"라고 하자, 노담이 "묻겠소. 인의는 사람의 본성이오?"라고 물었다. 공자가 말했다. "그렇습니다. 군자는 어질지 못하면 완성될 수 없고, 의롭지 못하면 생존할 수 없으니,[151] 인의는 진정으로 사람의 본성입니다. 또한 [이것 이외에] 장차 무엇을 하겠습니까?" 노담이 "묻겠소. 무엇을 인의라고 하오?"라고 하자, 공자가 말했다. "마음속에서 기뻐하고 즐거워하며,[152] 두루 사랑하면서 사심을 없애는 것, 이것이 바로 인의의 본래 상태입니다." 노담이 말했다. "아!

148_ 징장사(徵藏史)는 전적의 소장을 담당하는 관리이다. 천구잉은 징(徵)은 전(典)의 뜻이고, 징장(徵藏)은 곧 서고(書庫)로, 지금의 도서관과 같다고 했다.

149_ 12경은 6경(經)과 6위(緯)를 합친 것이라는 주장도 있고, 『역』 상·하경과 십익(十翼)이라는 주장도 있고, 『춘추』 12공(公)의 경(經)이라는 주장도 있다. 천구잉은 옌린펑(嚴靈峯)의 주장에 따라서 6경으로 고쳐서 기록했다. 옌린펑은 공자의 시대에는 위서(緯書)와 십익이 모두 성립되지 않았기 때문에 앞의 주장들은 모두 견강부회한 것이며, 『장자』 「천운(天運)」편의 "丘治『詩』·『書』·『禮』·『樂』·『易』·『春秋』六經." 등의 문장을 근거로 제시했다.

150_ 만(謾)은 말이 장황하다는 뜻이다. 성현영은 '번거롭고 지나치게 많은 것'이라고 했고, 임희일은 '지나치게 흘러넘치는 것'이라고 했다.

151_ 성현영은 "어질지 못하면 이름과 행실이 이루어지지 못하고, 의롭지 못하면 삶의 도리가 세워지지 않는다"라고 풀이했고, 천구잉은 "어질지 못하면 성장할 수 없고, 의롭지 못하면 생존할 수 없다"라고 해석했다

152_ 물개(物愷)는 여러 가지 해석이 있다. 임희일은 "만물을 즐거움으로 삼아, 만물과 하나가 된다"라고 했고, 선영은 "만물과 함께 즐거워한다"라고 했다. 한편 장빙린과 마서룬 등은 물(物)자를 이(易)의 잘못으로 보고, 이개(易愷)는 곧 기뻐한다는 뜻이라고 했다. 이면은 화(和)자의 잘못으로 보기도 했다. 여기에서는 장빙린의 주장에 따라 해석했다.

뒤에 한 말이 위태롭구나![153] 저 겸애라는 말은 또한 비현실적이지 않소? 사심을 없애는 것이 바로 사심이오. 선생은 천하의 사람들로 하여금 그 소박함을 잃어버리지 않도록 하고자 하오?[154] [그렇다면 다음과 같은 사실을 알아야 하오.] 하늘과 땅은 본래부터 일정한 법칙이 있고, 해와 달은 본래부터 밝음이 있으며, 별들은 본래부터 질서 있게 나열되어 있고, 새와 짐승은 본래부터 무리를 지어서 살며, 나무들은 땅 위에 서 있소. 선생도 덕에 따라서 행동하고, 도에 따라서 나아가니, 이미 충분하오. 그런데 또 무엇 때문에 애써[155] 인의를 내걸고, 마치 북을 두드리면서 잃어버린 자식을 찾는 것처럼 행동하오? 아! 선생은 사람의 본래 본성을 어지럽히고 있소."(『장자』「천도」)

孔子西藏書于周室, 子路謀曰, "由聞, 周之徵藏史有老聃者, 免而歸居. 夫子欲藏書, 則試往因焉." 孔子曰, "善." 往見老聃, 而老聃不許. 于是翻十二經以說. 老聃中其說曰, "大謾, 願聞其要." 孔子曰, "要在仁義." 老聃曰, "請問, 仁義人之性邪?" 孔子曰, "然. 君子不仁則不成, 不義則不生, 仁義, 眞人之性也. 又將奚爲矣?" 老聃曰, "請問, 何謂仁義?" 孔子曰, "中心物愷, 兼愛無私, 此仁義之情也." 老聃曰, "意! 幾乎後言! 夫兼愛, 不亦迂乎? 無私焉乃私也. 夫子若欲使天下無失其牧乎? 則天地固有常矣, 日月固有明矣, 星辰固有列矣, 禽獸固有群矣, 樹木固有立矣. 夫子亦放德而行, 循道而趨, 已至矣. 又何偈偈乎揭仁義, 若擊鼓而求亡子焉? 意! 夫子亂人之性也."(『莊子』「天道」)

153_ 후언(後言)은 뒤에 말한 내용이다. 천구잉은 옌린펑이 주장에 근거하여, 앞에서 노담이 중간에 끊은 말이 전언(前言)이고, 그 이후의 말을 후언(後言)이라고 했다. 한편 안병주는 마서륜 등의 주장에 근거하여, 후(後)자를 복(復)자로 고치고, '復言夫兼愛'로 구두를 끊었다. 즉 "거듭해서 다시 또 겸애를 말하는 것"이라고 풀이했다. 기(幾)도 '위태롭다'는 풀이와 '거의 가깝다'는 풀이가 있다.

154_ 목(牧)은 마서륜이 「천운(天運)」편의 "吾子使天下無失其朴."이라는 말에 근거하여, 박(朴)자의 가차자라고 했다. 한편 안병주는 양(養)자로 풀이한 사마표에 따라서 "길러짐을 잃어버리는 일이 없게 한다"라고 해석했다.

155_ 게게(偈偈)는 힘쓰는 모양이다.

康14-18

장자가 비록 유가를 공격했지만, 유가의 실질을 깊이 이해했기 때문에 기록한 것이다.

莊子雖攻儒, 而甚得儒之實, 故錄之.

14-2-23

상(商)나라의 태재(大宰) 탕(蕩)[156]이 장자에게 인(仁)에 대해 묻자, 장자가 "호랑이와 이리가 인(仁)입니다"라고 대답했다. 태재가 "무슨 말입니까?"라고 묻자, 장자가 "[호랑이와 이리는] 부자 사이가 서로 친하니, 어찌 인이 아니겠습니까?"라고 대답했다. 탕이 "최상의 인에 대해 묻겠습니다"라고 하자, 장자가 "최상의 인은 친함이 없습니다"[157]라고 대답했다. 태재가 물었다. "나는 들으니, 친함이 없으면 사랑하지 않고, 사랑하지 않으면 효도하지 않는다고 합니다. 그렇다면 최상의 인은 불효(不孝)라고 말해도 괜찮습니까?" 장자가 말했다. "그렇지 않습니다. 최상의 인이란 최상의 경지이니, 효도는 본래 그것을 설명하기에는 부족한 말입니다. 당신의 말은 효도를 넘어선 경지를 말한 것이 아니라, 효도의 경지에도 미치지 못하는 말입니다. 저 남쪽으로 여행하던 자가 [초나라의 수도] 영(郢)에 이르러 북쪽을 향해 바라보아도 명산(冥山)[158]이 보이지 않았는데, 이것은 무슨 까닭입니까? 너무 거리가 멀기

156_ 상(商)은 은나라의 후예인 송(宋)나라를 가리킨다. 태재(大宰)는 모든 관직을 총괄하는 재상이고, 탕(蕩)은 인명인데, 사마표는 자(字)라고 했다.

157_ 천구잉은 친함이 없다는 것은 곧 사사로움이 없고 편애가 없는 것이라고 했다. 『노자』 제79장의 "天道無親."과 『장자』 「제물론(齊物論)」편의 "大仁不仁."도 같은 의미이다.

158_ 명산(冥山)은 사마표가 북해(北海)의 산 이름이라고 했고, 곽상이 북극(北極)에 있다고 했는데, 천구잉은 장자가 가탁하여 만든 허구의 산이라고 했다.

때문입니다. 그래서 다음과 같이 말합니다. '공경으로 효도하기는 쉬워도 사랑으로 효도하기는 어려우며, 사랑으로 효도하기는 쉬워도 부모를 잊기는 어려우며, 부모를 잊기는 쉬워도 부모로 하여금 나를 잊게 하기는 어려우며, 부모로 하여금 나를 잊게 하기는 쉬워도 천하를 모두 잊기는 어려우며, 천하를 모두 잊기는 쉬워도 천하로 하여금 모두 나를 잊게 하기는 어렵다.' 대체로 덕이 요(堯)·순(舜)을 멸시할 정도로 뛰어나도 인위적으로 행동하지 않으며,[159] 이로운 은택이 온 세상에 베풀어지더라도 천하에서 아는 사람이 없을 정도인데, 어찌 단지 크게 탄식하면서 인이나 효를 말하는 수준이겠습니까? 효제(孝悌)와 인의(仁義), 충신(忠信)과 정렴(貞廉), 이것들은 모두 스스로 인위적으로 노력하여 그 본래의 덕을 억지로 부리는 것[160]이기 때문에 숭상할 것이 못됩니다.[161] 따라서 다음과 같이 말합니다. '최상의 존귀함은 나라의 작위를 물리쳐서 버리며,[162] 최상의 부유함은 나라의 재물을 물리쳐서 버리며, 최상의 영광[163]은 명예를 물리쳐서 버린다.' 이 때문에 도는 영원히 변하지 않는 것입니다."[164](『장자』「천운」)

159_ 임희일은 원문의 유(遺)를 기(棄), 즉 멸시하다는 뜻으로 보고, "요순을 덕으로 삼기에는 부족하다고 멸시하다"라고 풀이했고, 안동림은 마서륜의 주장에 따라 "요순 이상으로 남아도는 덕이 있어도 새삼스러운 짓을 하지 않는다"라고 해석했다. 안병주는 "최상의 인의 경지에 도달한 사람은 덕이 요순을 안중에 두지 않을 정도로 뛰어나더라도 새삼 나서서 일하지 않는다"라고 풀이했다.

160_ 성현영은 덕(德)을 본래의 성(性)으로 보고, "본래의 진정한 본성을 부리는 것이다"라고 했다.

161_ 천구잉이 다(多)는 상(尙), 즉 숭상한다는 뜻이라고 했다.

162_ 병(幷)은 천구잉이 병(屛), 즉 물리쳐서 버린다는 뜻이라고 했다. 임희일은 "내가 지극히 존귀하니, 나라의 작위에서 무엇을 취하겠는가?"라고 풀이했다.

163_ 원(願)은 도홍경이 모(慕)자로 보고, 사람들이 흠모하는 것, 즉 최상의 영광[至榮]이라고 했다. 한편 혜동이나 마서륜 등은 원(願)을 현(顯)자로 고쳐야 한다고 주장했다.

164_ 유(渝)는 성현영이 변(變)의 의미로 풀이했는데, 마서륜은 빠진 글자가 있다고 했다. 안병주의 풀이처럼, "작위나 재물, 명예 등과 달리 무위자연의 도는 영원히 변함이 없다"라고 보는 것이 적절한 듯하다.

商大宰蕩問仁于莊子, 莊子曰, "虎狼, 仁也." 曰, "何謂也?" 莊子曰, "父子相親, 何爲不仁?" 曰, "請問至仁." 莊子曰, "至仁無親." 大宰曰, "蕩聞之, 無親則不愛, 不愛則不孝. 謂至仁不孝, 可乎?" 莊子曰, "不然. 夫至仁尙矣, 孝固不足以言之. 此非過孝之言也, 不及孝之言也. 夫南行者至于郢, 北面而不見冥山, 是何也? 則去之遠也. 故曰, '以敬孝易, 以愛孝難, 以愛孝易, 以忘親難, 忘親易, 使親忘我難, 使親忘我易, 兼忘天下難, 兼忘天下易, 使天下兼忘我難.' 夫德遺堯·舜而不爲也, 利澤施于萬世, 天下莫知也, 豈直太息而言仁孝乎哉? 夫孝悌仁義, 忠信貞廉, 此皆自勉以役其德者也, 不足多也. 故曰, '至貴, 國爵幷焉, 至富, 國財幷焉, 至願, 名譽幷焉.' 是以道不渝."(『莊子』「天運」)

14-2-24

공자가 진(陳)나라와 채(蔡)나라 사이에서 포위되었을 때,[165] 7일 동안 밥을 지어서 먹지 못했다. 태공임(太公任)[166]이 가서 위문하면서 "그대는 거의 죽을 것 같지요?"라고 하자, 공자가 "그렇습니다"라고 대답했다. 태공임이 "그대는 죽는 게 싫습니까?"라고 하자, 공자가 "그렇습니다" 라고 대답했다. 태공임이 말했다. "내가 시험 삼아 불사(不死)의 도에 대해 말해보겠습니다. 동해(東海)에 어떤 새가 있는데, 그 이름을 의태(意怠)[167]라고 합니다. 이 새라는 놈은 느릿느릿 나는 모습[168]이 마치 제

165_ 이와 관련된 내용은 『사기』「공자세가」와 『묵자』「비유 하(非儒 下)」편에도 보인다.

166_ 성현영이 대공(大公)은 태공(太公)으로, 노인의 호칭이며, 임(任)은 이름이라고 했다.

167_ 임희일이 지금의 제비[燕]라고 했다. 안병주는 마서륜 등이 제비를 의미하는 의이(鷾鴯)로 풀이한 것에 근거하여 발음을 '의이'로 했는데, 새의 모습을 설명한 것이 태(怠)자와 통하기 때문에 여기에서는 '의태'로 발음했다.

168_ 분분질질(翂翂翐翐)은 새가 천천히 나는 모양이다. 낮게 나는 모양이나 새의 날개짓 소리라는 주장도 있다.

대로 날지 못하는 것 같습니다. 다른 새들의 도움을 받아서 함께 날고, 무리들 사이에 바짝 붙어서 휴식하며,[169] 나아갈 때는 감히 앞서지 않고, 물러날 때에는 감히 뒤쳐지지 않습니다. 먹이를 먹을 때에도 감히 먼저 먹지 않고, 반드시 남은 찌꺼기를 먹습니다.[170] 그 때문에 그 대열에서 따돌림을 받지 않고, 외부의 인간들도 결국 해를 입히지 못하기 때문에 환란을 모면할 수 있습니다. 곧은 나무는 먼저 벌목되고, 맛있는 우물은 먼저 고갈됩니다. 생각해 보건대, 당신은 지식을 꾸밈으로써 어리석은 자들을 놀라게 하고, 자기 자신을 수양함으로써 남의 더러운 행동을 드러나 보이게 하니, 마치 해와 달을 높이 들고 있듯이 너무 분명한 모습으로 돌아다니기 때문에 환란을 모면하지 못하는 것입니다."(『장자』「산목」)

孔子圍于陳·蔡之間, 七日不火食. 大公任往吊之曰, "子幾死乎?" 曰, "然." "子惡死乎?" 曰, "然." 任曰, "予嘗言不死之道. 東海有鳥焉, 名曰意怠. 其爲鳥也, 翂翂翐翐而似無能. 引援而飛, 迫脅而棲, 進不敢爲前, 退不敢爲後. 食不敢先嘗, 必取其緖. 是故其行列不斥, 而外人卒不得害, 是以免于患. 直木先伐, 甘井先竭. 子其意者飾知以驚愚, 修身以明汙, 昭昭乎如揭日月而行, 故不免也."(『莊子』「山木」)

康14-19

노자(老子)의 학문은 자기 몸을 지키는 것이 매우 견고하고, 운용하는 것이 매우 교묘하기 때문에 후세에 많이 활용되었으니, 유학과는 음(陰)과 양(陽)처럼 분명하게 구별된다. 지식을 꾸밈으로써 어리석은 자

169_ 박협(迫脅)은 겨드랑이를 가까이 붙인다는 뜻으로, 천구잉은 "새들의 무리 사이에 끼어서 휴식한다"라고 했다. 한편 안병주는 이면(李勉) 등의 주장에 근거하여, "닦달을 당하고 위협을 당하고 나서야 겨우 집에 들어가 쉰다"라고 해석했다.

170_ 서(緖)는 임희일과 왕염손 등이 '나머지'라고 했는데, 육덕명이나 성현영은 '차례'라고 했다.

들을 놀라게 하고, 자기 자신을 수양함으로써 남의 더러운 행동을 드러나 보이게 하며, 해와 달을 높이 들고 있듯이 표시가 나게 돌아다니는 것은 양(陽)의 모습인데, 화란을 많이 당한다. 다만 유학자는 도를 곧게 해서 실천하기 때문에 '굽히면 온전해진다'[171]라는 노자의 학문을 하려고 하지 않을 뿐이다.

老子之學, 藏身甚固, 運用甚巧, 後世多用之, 其與儒有陰陽之分. 飾知驚愚, 修身明汙, 揭日月而行, 所謂陽也, 然多蒙禍患. 但儒者直道而行, 不肯爲老學之'曲則全'耳.

14-2-25

노래자(老萊子)[172]의 제자가 땔나무를 하러 나갔다가 중니를 만나고서 돌아와 노래자에게 다음과 같이 고했다. "어떤 사람이 그곳에 있었는데, 상체는 길고 하체는 짧으며,[173] 어깨와 등이 굽었고 귀가 머리 뒤쪽에 가까이 있으며,[174] 바라보는 것이 마치 세상을 경영하는 것과 같았습니다.[175] 그가 누구의 자식인지 모르겠습니다." 노래자가 말했다. "그 사람은 공구이니, 불러서 데려오너라." 중니가 이르자 노래자가 말했다. "공구여! 너의 몸에 베인 긍지와 너의 얼굴에 드러나는 지적 표

171_ 『노자』 제22장에 "曲則全, 枉則正."이라는 말이 보인다.

172_ 노래자(老萊子)는 『사기』「중니제자열전」에서는 주나라의 노자와 구분하여 초(楚)나라 사람이라고 했고, 「노장신한열전」에서는 공자와 동시대 사람으로 도가 관련 저서 15편이 있다고 했다. 한편 성현영은 초나라에 은둔해서 살던 현자라고 했다.

173_ 곽상과 성현영이 모두 "상체는 길고 하체는 짧다"라고 했다. 촉(趨)은 촉(促)과 같은데, 길이가 짧다는 뜻이다.

174_ 성현영과 곽상이 "어깨와 등이 굽은 곱사이고, 귀가 머리 뒤쪽에 가까이 있다"라고 했다.

175_ 성현영이 "바라보는 것이 고원하여, 그의 자태를 살펴보면 마치 천하를 경영하는 것과 같다"라고 했다. 한편 안병주는 "눈초리가 온 세상을 경영하는 것처럼 날카로워 보인다"라고 했다.

정을 버려야만[176] 이에 군자가 될 수 있을 것이다." 중니가 절을 하고 뒤로 물러나서 두려운 표정을 지으면서 물었다. "저의 일을 계속 진행할 수 있겠습니까?" 노래자가 말했다. "너는 한 시대의 피해는 차마 보지 못하면서 만세의 근심은 가볍게 보니,[177] 본래부터 국량이 좁은 것이냐, 아니면 혹 지략이 미치지 못하는 것이냐![178] 은혜를 베풀어서 환심을 사는 것을 자랑으로 여기는 것은 평생의 수치이니,[179] 그것은 일반 사람들의 행동 수준일 뿐이다.[180] 명성을 가지고 서로 유인하고, 사사로운 은혜를 가지고 서로 결속하니,[181] 요(堯)를 칭찬하고 걸(桀)을 비난하기보다는 차라리 양쪽을 잊고 그들에 대한 비난과 칭찬을 막아버리는 것이 더 낫다.[182] [사물의 본성을] 위배하면 손상을 입지 않을 수 없고, 함부로 행동하면 사악한 길이 아님이 없다.[183] 성인은 조심하면

176_ 궁긍(躬矜)은 몸에 베인 긍지를 말하는데, 선영은 긍지 있는 행동, 천구잉은 행위의 긍지, 안병주는 자긍심이라고 했다. 용지(容知)는 지적인 얼굴 표정을 말하는데, 선영은 지혜 있는 용모, 천구잉은 용모의 기지(機智), 안병주는 아는 체하는 표정이라고 했다. 한편 성현영은 "너의 몸에 있는 꾸밈을 버리고, 너의 용모의 심지를 잊어야 하니, 이와 같을 때 군자라고 할 수 있다"라고 했다.

177_ 천구잉이 "한 시대의 피해는 차마 보지 못하면서, 도리어 만세의 근심은 홀시한다"라고 했다. 오(驁)는 경시하여 가볍게 보는 것이다.

178_ 구(窶)는 국량이 좁거나 천박한 것을 말한다. 망기(亡其)는 천구잉이 어기를 전환하는 말로, 혹시(或是)의 의미라고 했다. 약(略)은 지략(智略)이다.

179_ 임희일은 "은혜를 베풀어서 다른 사람의 환심을 사는 것을 자랑으로 여긴다"라고 했다. 여기의 오(驁)자는 '자만하여 자랑으로 여기는 것'으로, 앞에 나온 오(驁)자와는 의미가 다르다. 한편 안병주는 이 문장을 "惠以歡爲, 驁終身之醜."로 구두를 끊어서, "작은 은혜를 베푼다고 하여 기뻐하고, 평생의 수치를 아무렇지 않게 여긴다"라고 했다.

180_ 안병주는 이와는 달리 "평범한 사람들의 행동도 이보다는 더 나을 것이다"라고 했다.

181_ 은(隱)은 유월이 『여씨춘추』의 고유 주에 근거하여 사(私)자로 보고, "사사로운 은혜를 가지고 서로 결속한다"라고 했다.

182_ 마서륜은 소(所)자가 비(非)자의 잘못이라고 했고, 천구잉은 소예(所譽)가 소비예(所非譽)가 되어야 한다고 했는데, 둘 다 마찬가지 의미이다. 『장자』「대종사(大宗師)」편에도 "與其譽堯而非桀, 不如兩忘而化其道."라는 말이 보인다.

서 일을 일으키기 때문에 언제나 공적을 이룬다. 어찌하여 너는 자신의 행위를 끝까지 뽐내려고 하는가?"[184](『장자』「외물」)

老萊子之弟子出薪, 遇仲尼, 反以告曰, "有人于彼, 脩上而趨[185]下, 末僂而後耳, 視若營四海. 不知其誰氏之子." 老萊子曰, "是丘也. 召而來." 仲尼至, 曰, "丘, 去汝躬矜與汝容知. 斯爲君子矣." 仲尼揖而退, 蹙然改容而問曰, "業可得進乎?" 老萊子曰, "夫不忍一世之傷而驁萬世之患, 抑固窶邪, 亡其略弗及邪! 惠以歡爲驁, 終身之醜, 中民之行進焉耳. 相引以名, 相結以隱, 與其譽堯而非桀, 不如兩忘而閉其所譽. 反無非傷也, 動無非邪也. 聖人躊躇以興事, 以每成功. 奈何哉其載焉終矜爾?"(『莊子』「外物」)

14-2-26

유학자들은 『시』와 『예』를 [행위의] 근거로 삼아 무덤을 도굴했는데, 대유(大儒)가 아랫사람에게 말을 전해서 알렸다.[186] "동쪽에서 해가 떠오르고 있는데, 작업이 어떻게 되고 있는가?" 소유(小儒)가 말했다. "아직 시신의 치마와 저고리[187]를 다 벗기지 못했고, 입안에 옥이 있습니다. 『시』에도 본래 이런 시가 있습니다. '푸르고 푸른 보리가 무덤가에 자라고 있구나. 살아서 남에게 은혜를 베풀지 않았는데, 죽어서 어찌 구슬을 입에 물고 있는가?'[188]" 그리고는 [한 유학자가] 시신의 귀밑털

183_ 성현영은 "사물의 본성에 위배되면 손상되지 않는 것이 없고, 심령이 요동치면 모든 것이 올바른 법도가 아니다"라고 했고, 천구잉은 "심령이 요동하면 사악한 도가 아님이 없다"라고 했다

184_ 천구잉은 "왜 너는 끝내 자신의 행위를 뽐내는가?"라고 했고, 안병주는 "어찌하여 일을 잘하고서 마지막에 뽐내고 자랑하는 것으로 마치겠는가?"라고 했다.

185_ 촉(趨)이 『공자개제고』에는 추(趍)로 되어 있는데, 『장자』 원문에 따라 고쳤다.

186_ 여전(臚傳)은 윗사람의 말을 아랫사람에게 전하여 알리는 것이다.

187_ 군유(裙襦)는 시신에 입혀 놓은 치마와 저고리이다.

188_ 이 시는 현행본 『시』에는 보이지 않는다. 임희일은 "이 시는 단지 4구뿐인데, 혹

을 붙잡고 턱의 아랫수염을 손가락으로 누르고,[189] 다른 유학자가 쇠망치로 시신의 턱을 때려서 부수고, 천천히 그 뺨을 벌려서 입속의 구슬을 손상시키지 않고 꺼냈다.(『장자』「외물」)

儒以『詩』·『禮』發冢,[190] 大儒臚傳曰, "東方作矣, 事之若何?" 小儒曰, "未解裙襦, 口中有珠. 『詩』固有之曰, '靑靑之麥, 生于陵陂. 生不布施, 死何含珠爲?'" 接其鬢, 擪[191]其顪, 儒以金椎控其頤, 徐別其頰, 無傷口中珠.(『莊子』「外物」)

康14-20

장자는 노자의 학문을 조술하여 공자를 공격했다. 『장자』의 내편과 외편 속에서 입만 열면 곧 공자에 대해 말했으니, 당시에 공자의 명성이 천하에 가득 차 있었다는 것을 알 수 있다. [유교라는] 명칭은 공자가 특별히 세운 것인데, 장자는 그것을 다음과 같이 공격했다. "기이한 명성이 세상에 전해지기를 바란다"라고 하거나, "혼자서는 거문고를 타면서 슬프게 노래를 불러서 천하에 명성을 판다"라고 하거나, "지식을 꾸밈으로써 어리석은 자들을 놀라게 하고, 자기 자신을 수양함으로써 남의 더러운 행동을 드러나 보이게 한다"라고 하거나, "명성을 가지고 서로 유인한다"라고 했다. 이것은 모두 명칭은 실질의 손님이자 몸의 군더더기라는 뜻을 취한 것이다. 『시』·『서』·『예』·『악』은 모두 공자

고시(古詩)일 수도 있고, 혹 장자가 직접 지은 시일 수도 있는데, 알 수가 없다"라고 했다.

189_ 접(接)은 붙잡는다는 뜻이고, 빈(鬢)은 귀밑의 털이다. 엽(擪)은 누른다는 뜻이고, 훼(顪)는 턱의 아랫수염이다.

190_ 총(冢)이 『공자개제고』에는 몽(冢)으로 되어 있는데, 『장자』 원문에 따라 고쳤다.

191_ 엽(擪)이 『공자개제고』에는 압(壓)으로 되어 있는데, 『장자』 원문에 따라 고쳤다.

가 정한 것인데, 장자는 그것을 다음과 같이 공격했다. "타고난 성정(性情)을 떠나지 않고 어떻게 예악(禮樂)을 사용할 수 있겠는가?"라고 하거나, "제멋대로 음악을 연주하고 번잡하게 예법을 만들었다"라고 하거나, "성인이 죽으면 큰 도둑이 그치는데, 됫박과 저울, 도장은 도척에게 이익을 더해주면서도 막을 수 없으니, 모두 성인의 잘못이다"라고 하거나, "예(禮)를 좋아하는 것은 기교를 조장하는 것이고, 악(樂)을 좋아하는 것은 탐닉을 조장하는 것이다"라고 하거나, "유학자들은 『시』와 『예』를 [행위의] 근거로 삼아 무덤을 도굴했다"라고 했다. 이것은 모두 노자의 청정무위(淸淨無爲)의 요지를 받들고 숭상함으로써 유가를 공격하고 비난한 것이다. 인(仁)으로써 다른 사람을 사랑하고, 의(義)로써 나를 바로잡는 것은 고금에 통용되는 이치이며, 사방으로 확대시키더라도 모두가 따르는 것인데, 장자는 그것을 다음과 같이 공격했다.[192] "인의(仁義)를 가지고 사람의 이마에 새겨 넣었고, 시비(是非)를 가지고 사람의 코를 베어 버렸다"거나, "애써 인(仁)을 행하고 힘써 의(義)를 행했다"거나, "성인은 천하의 이로운 물건"인데, 큰 도둑이 그 사이에서 팔뚝을 걷어붙이고 돌아다녔다거나,[193] "박학함으로 성인을 흉내 내지만", 천하가 풍습으로 삼을 수가 없다거나,[194] "친함이 없는 것이 최상의 사랑이고", "호랑이와 이리가 인(仁)"이라거나, "스스로 인위적으로 노력하여 그 본래의 덕을 억지로 부려서", 천하 사람들의 본성까지 바꿔버린다[195]고 했다. 옳고 그름이 전도되고, 의론이 거짓되고 어

192_ 이하의 내용은 앞에 나온 장자의 문장을 그대로 인용한 것이 아니라, 여기저기에서 발췌하여 함께 모아둔 것이다.

193_ 양비(攘臂)는 옷소매를 걷어붙이고 격분하는 것을 말한다. 『장자』「인간세(人間世)」편에 "지리소(支離疏)가 팔뚝을 걷어붙이고 그 사이를 휘젓고 돌아다녔다[支離攘臂而遊於其間.]"라는 말이 보인다.

194_ 『사기』「공자세가」에 "상례를 성대하게 치르고 슬픔이 그치지 않으며, 성대한 장례식으로 파산하게 만드니, 풍습으로 삼을 수가 없다[崇喪遂哀, 破産厚葬, 不可以爲俗.]"라는 말이 보인다.

195_ 『장자』「변무(騈拇)」편에 "어떤 것에 작게 미혹되는 것은 방향을 바꿀 뿐이지

긋나며, 단지 일시의 안위만을 돌아보고, 천하의 혼란을 근심하지 않으니, 노자 학파의 재앙이 참혹하다! 저들은 본래 공자가 제도를 개혁하고 교설을 세웠다는 것을 알고 있었는데도 고의로 거짓되게 비난한 자들이다. 그런데 「천하(天下)」편에서는 공자를 '신명성왕(神明聖王)'으로 존중하고, 또한 천하를 분열시킨 것을 제자백가의 도술(道術) 탓으로 돌렸다. 그렇다면 장자도 남의 말을 잘 아는[知言][196] 자일 것이다!

莊子述老子之學, 以攻孔子. 內·外篇中, 開口輒言之, 可知當時聲滿天下矣. 名爲孔子所特立, 其攻之曰, "以俶詭幻怪之名聞", 又曰, "獨弦哀歌以賣名聲于天下", 又曰, "飾知驚愚, 修身以明汙", 又曰, "相引以名". 蓋皆取名爲實賓·爲身贅之意也. 『詩』·『書』·『禮』·『樂』爲孔子所定, 其攻之曰, "性情不離, 安用禮樂?", 又曰, "澶漫爲樂, 摘僻爲禮", 又曰, "聖人死, 大盜止, 斗斛·權衡·符璽, 所以重盜跖而不可禁, 皆聖人之過也", 又曰, "說禮是相于伎, 說樂是相于淫", 又曰, "儒以『詩』·『禮』發塚". 蓋皆祖尙老子淸淨無爲之旨, 以相攻詆也. 仁以愛人, 義以正我, 古今之公理, 推之東西南北而皆準者也, 其攻之曰, "黥人以仁義, 劓人以是非", "蹩躠爲仁, 踶跂爲義", "以聖人爲利器", 而大盜乃攘臂其中, "以博學爲擬聖", 而天下不可爲俗, "無親者至愛", 而"狼虎爲仁", "自勉者役德", 而天下易性. 其顚倒乎是非, 謬悖其議論, 只顧一時之安, 不恤天下之亂, 老氏之禍慘哉! 彼固知孔子之改制立敎, 而故爲剌謬者也. 迨至「天下」篇, 則尊之爲'神明聖王', 且以裂天下者咎諸子之道術. 然則莊子亦知言者哉!

만, 크게 미혹되는 것은 본성까지 바뀌버린다[夫小惑易方, 大惑易性.]"라는 말이 보인다.

196_ 지언(知言)은 다른 사람의 말을 잘 알아서 판별하는 것이다. 『맹자』「공손추 상」편에 "敢問夫子, 惡乎長? 曰, 我, 知言."이라는 말이 보인다. 『맹자집주』에서 "지언(知言)이란 마음을 다하고 본성을 알아서, 천하의 모든 말에 대해 그 이치를 궁구하고 지극히 탐구하여, 그 시비득실의 원인을 알지 못함이 없는 것이다"라고 했다.

14-2-27

공자가 서쪽의 위(衛)나라로 유세를 떠날 때, 안연이 노나라의 태사(太師)인 금(金)[197]에게 물었다. "선생님의 이번 행차를 어떻게 생각합니까?" 금이 말했다. "안타깝구나! 너의 선생은 곤궁에 처할 것이다." 안연이 "무엇 때문입니까?"라고 하자, 금이 말했다. "대체로 [제사 때의] 추구(芻狗)[198]는 아직 진설되기 전에는 대나무 상자에 담아서 무늬를 수놓은 천으로 덮어 놓고,[199] 시동(尸童)과 축관(祝官)이 목욕재계하고서 그것을 받든다. 그러나 진설을 마치고 난 뒤에는 길가는 사람들이 그 머리와 등을 밟고 지나가고, 풀 베는 사람이 가져다 불을 땔 뿐이다.[200] 만약 다시 그것을 가져다가 대나무 상자에 담아서 무늬를 수놓은 천으로 덮어 놓고, 그 밑에서 앉아서 놀거나 누워서 잔다면, 그 사람은 악몽을 꾸지 않는다면 반드시 자주 가위눌리게 될 것이다.[201] 지금 너의 선생도 옛날 선왕들이 이미 진설했던 추구를 가져다가 제자들을 모아 놓고, 그 밑에서 앉아서 놀거나 누워서 자고 있다. 따라서 송(宋)나라에서는 [사마환퇴가] 나무를 베어서 죽이려 했고, [위(衛)나라에서는] 쫓겨서 도망쳤으며, 상(商)나라[의 후손국인 송(宋)나라]와 주(周)나라에서는 뜻을 얻지 못해 곤경에 빠졌으니,[202] 이것이 바로 악몽이 아니겠는가?

197_ 사금(師金)은 천구잉이 노나라의 태사(太師)로, 이름이 금(金)이라고 했다.

198_ 추구(芻狗)는 제사 때 사용하는 짚으로 만든 개를 말한다. 제사를 지내고 난 뒤에 버리기 때문에 보잘것없는 물건이라는 의미로 사용된다. 『노자』 제5장에 "天地不仁, 以萬物爲芻狗. 聖人不仁, 以百姓爲芻狗."라는 말이 보인다.

199_ 협연(篋衍)은 대나무로 만든 상자를 말한다. 연(衍)은 마서룬이 단(簞)의 가차자라고 했다. 건이문수(巾以文綉)는 무늬를 수놓은 천으로 덮는다는 뜻이다.

200_ 소자(蘇者)는 풀을 베는 사람이고, 찬(爨)은 불을 때서 밥을 하는 것이다.

201_ 몽(夢)은 천구잉이 악몽으로 풀이했다. 미(眯)는 무서운 꿈에 가위눌리는 것을 말한다.

202_ 궁(窮)은 뜻을 얻지 못해서 곤궁했다는 뜻이다. 천구잉은 상(商)을 은나라의 후손들이 사는 땅, 주(周)를 송(宋)나라와 위(衛)나라라고 풀이했는데, 당시 주나라는 존재하고 있었기 때문에 은나라의 후손국인 송나라와 주나라로 보는 것이 타

또 진(陳)나라와 채(蔡)나라 사이에서 포위되었을 때는 7일 동안 밥을 지어 먹지 못해서 생사의 갈림길에 선 적도 있으니, 이것이 바로 가위 눌리는 것이 아니겠는가?[203] 대체로 물에서 움직일 때는 배를 쓰는 것이 가장 좋고, 땅에서 움직일 때는 수레를 쓰는 것이 가장 좋다. 그런데 배가 물에서 갈 수 있다는 이유로 그것을 땅에서 밀고 가려고 한다면, 죽을 때까지도 조금밖에[204] 가지 못할 것이니, 옛날과 지금은 물과 땅의 차이가 아니겠는가? 주나라와 노나라[의 문화]는 배와 수레 차이가 아니겠는가? 지금 노나라에서 옛날 주나라[의 문화]를 시행하기를 바란다면 이것은 마치 땅에서 배를 밀고 가는 것과 같아서 고생만 하고 아무런 효과가 없으며, 몸에 반드시 재앙이 닥칠 것이다. 저 [공자라는] 사람은 일정한 방향이 없이 변화하면서[205] 만물에 끝없이 호응하는 경지를 알지 못하는 사람이다.

孔子西游于衛, 顔淵問師金曰, "以夫子之行爲奚如?" 師金曰, "惜乎! 而夫子其窮哉." 顔淵曰, "何也?" 師金曰, "夫芻狗之未陳也, 盛以篋衍, 巾以文綉, 尸祝齊戒以將之. 及其已陳也, 行者踐其首脊, 蘇者取而爨之而已. 將復取而盛以篋衍, 巾以文綉, 游居寢臥其下, 彼不得夢, 必且數眯焉. 今而夫子亦取先王已陳芻狗, 取弟子, 遊居寢臥其下. 故伐樹于宋, 削迹于衛, 窮于商·周, 是非其夢邪? 圍于陳·蔡之間, 七日不火食, 死生相與鄰, 是非其眯邪? 夫水行莫如用舟, 而陸行

당할 듯하다. 『사기』「공자세가」에는 "제(齊)나라에 갔으나 배척받고, 이어서 송(宋)나라와 위(衛)나라에 차례로 갔으나 모두 쫓겨났다[斥乎齊, 逐乎宋·衛]"라는 기록이 보인다.

203_ 『열자』「양주(楊朱)」편에도 "孔子明帝王之道, 應時君之聘, 伐樹于宋, 削迹于衛, 窮于商·周, 圍于陳·蔡, 受屈于季氏, 見辱于陽虎, 戚戚然以至于死. 此天民之遑遽者也."라는 말이 보인다.

204_ 심상(尋常)은 얼마 되지 않는 길이나 면적을 말한다. 일반적으로 8척을 심(尋)이라고 하고, 그 두 배인 1장 6척을 상(常)이라고 한다.

205_ 무방지전(無方之傳)은 천구잉이 "일정하게 정해진 방향이 없는 변화이다"라고 했다.

莫如用車. 以舟之可行于水也, 而求推之于陸, 則沒世不行尋常, 古今非水陸與? 周・魯非舟車與? 今蘄行周于魯, 是猶推舟于陸也, 勞而無功, 身必有殃. 彼未知夫無方之傳應物而不窮者也.

또한 너는 저 두레박[206]이라는 것을 보지 못했느냐? 그것을 잡아당기면 아래쪽으로 내려가고, 그것을 놓아버리면 위로 올라온다. 저 두레박은 사람이 잡아당겨서 움직이는 것이지 [두레박이] 사람을 잡아당기는 것이 아니다. 따라서 아래로 내려가든 위로 올라오든 사람에게 욕을 먹지 않는다. 그러므로 저 삼황오제(三皇五帝)의 예의(禮義)와 법도(法度)는 내용이 같기 때문에 숭상하는 것[207]이 아니라, 세상을 잘 다스렸기 때문에 숭상하는 것이다. 따라서 삼황오제의 예의와 법도는 비유하면 아가위나무, 배나무, 귤나무, 유자나무[의 열매][208]와 같지 않겠는가? 그 열매의 맛은 서로 다르지만, 모두 사람의 입맛에는 좋다. 따라서 예의와 법도라는 것도 시대에 호응하여 변화하는 것이다. 지금 원숭이를 잡아다가 주공(周公)의 옷을 입히면 저 원숭이는 반드시 물어뜯거나 잡아당기고 찢어서 그 옷을 다 제거한 이후에야 만족해 할 것이다. 옛날과 지금의 차이를 살펴본다면 그것은 마치 원숭이와 주공의 차이와 같다. 따라서 서시(西施)[209]가 가슴에 통증이 있어서 그 마을에서 얼굴을 찡그리고 다녔는데, 그 마을의 추녀가 그것을 보고 아름답다고 여겨서 집으로 돌아와 자기도 마을에서 가슴을 부여잡고 얼굴을 찡그리고 다녔다. 그 마을의 부자들은 그것을 보자 문을 굳게 닫고 외

206_ 길고(桔槔)는 물을 퍼 올리는 두레박을 말한다.

207_ 긍(矜)은 임운명이 상(尙)과 같다고 했다.

208_ 사리귤유(柤梨橘柚)는 아가위나무, 배나무, 귤나무, 유자나무로, 그 열매가 맛이 있고 쓸모가 있는 나무이다.

209_ 서시(西施)는 춘추시대 월(越)나라의 미인으로, 월왕 구천(句踐)이 오왕 부차(夫差)에게 바쳤다고 전해진다. 서시와 관련된 이야기는 『장자』「제물론(齊物論)」 편에도 보인다.

출하지 않았고, 가난한 사람들은 그것을 보자 처자식을 이끌고 그 마을에서 떠나 버렸다. 저 추녀는 얼굴을 찡그린 것이 아름답다는 것만 알았지, 얼굴을 찡그린 것이 아름다운 이유를 알지 못했다. 안타깝구나! 너의 선생은 곤궁에 처할 것이다."(『장자』「천운」)

且子獨不見夫桔橰者乎? 引之則俯, 舍之則仰. 彼人之所引, 非引人也. 故俯仰而不得罪于人. 故夫三皇五帝之禮義法度, 不矜于同, 而矜于治. 故譬三皇五帝之禮義法度, 其猶柤梨橘柚邪? 其味相反, 而皆可于口. 故禮義法度者, 應時而變者也. 今取猿狙而衣以周公之服, 彼必齕齧挽裂, 盡去而後慊. 觀古今之異, 猶猿狙之異乎周公也. 故西施病心而矉其里, 其里之醜人, 見而美之, 歸亦捧心而矉其里. 其里之富人見之, 堅閉門而不出, 貧人見之, 挈妻子而去之走. 彼知矉美而不知矉之所以美. 惜乎! 而夫子其窮哉."(『莊子』「天運」)

康14-21

옛날과 지금이 물과 땅의 차이가 나고, 주나라와 노나라[의 문화]가 배와 수레의 차이가 난다는 주장은 대체로 공자가 탁고하여 제도를 개혁하고, 『춘추』에서 노나라를 왕으로 여긴 일[王魯]과 주나라를 새롭게 한 일[新周][210]을 비난한 것이다. 따라서 "노나라에서 옛날 주나라[의 문화]를 시행하는 것은 마치 땅에서 배를 밀고 가는 것과 같아서 고생만 하고 아무런 효과가 없다"라고 말한 것이다.

古今水陸·周魯舟車之說, 蓋譏孔子之託古以改制, 『春秋』新周·王魯之事. 故曰, "行周于魯, 是猶推舟于陸也, 勞而無功."

210_ 공양학의 왕노(王魯)와 신주(新周) 이론에 대해서는 이 책의 제8권과 제9권에서 자세하고 다루었으니 참조 바람.

14-2-28[211]

장자가 말했다.[212] "제가 들으니, 유학자가 둥근 모양의 관을 쓰는 것은 [둥근] 하늘의 때를 안다는 의미이고, 네모난 신발을 신는 것은 [네모난] 땅의 형태를 안다는 의미이자 지형을 잘 아는 것을 상징하며, 패옥을 끈으로 매어 허리에 차는 것은 일이 생겼을 때 결단하는 것을 의미한다고 합니다. 군자가 그 도를 소유했다고 해서 반드시 그 복장을 입는 것은 아니며, 그 복장을 입은 자라고 해서 반드시 그 도를 아는 것은 아닙니다."(『장자』「전자방」)

莊子曰, "周聞之, 儒者冠圓冠者, 知天時, 履句屨者, 知地形, 緩佩玦者, 事至而斷. 君子有其道者, 未必爲其服也, 爲其服者, 未必知其道也."(『莊子』「田子方」)

14-2-29

공자가 수풀이 울창한 숲[213]에서 노닐다가, 살구나무가 많은 행단(杏亶)[214] 위에서 앉아서 쉬고 있었다. 제자들은 책을 읽고 있었고, 공자는 노래를 부르면서 거문고를 타고 있었다. 곡조가 아직 반이 끝나지 않았을 때, 어떤 어부가 배에서 내려서 다가왔다. 구레나룻과 눈썹이 온

211_ 이하에서 인용한 『장자』「전자방」편의 내용은 이 책의 제7권 제5절〈7-5-7〉에서 이미 인용했다. 자세한 주석은 앞의 내용을 참조 바람.

212_ 이 내용은 장자가 노나라 애공(哀公)과 만나서 한 말로, 애공이 노나라 전체가 유학자의 복장을 입은 사람들이라고 말한 것에 대해 장자가 대답한 말이다.

213_ 치유(緇帷)는 원래 검은 휘장인데, 수풀이 울창하여 어두운 것을 말한다. 사마표는 검은 숲의 이름이라고 했고, 천구잉은 검은 휘장에 가탁하여 지명으로 삼은 것이라고 했다.

214_ 행단(杏亶)은 성현영이 "연못 가운데의 높은 곳으로, 그곳에 살구나무가 많았기 때문에 행단이라고 했다"라고 했다. 이후에는 공자가 제자를 가르친 장소라는 의미로 사용되었다.

통 하얗고,[215] 머리를 풀어헤치고 소매를 휘저으면서[216] 강가의 들판을 따라 올라와서 언덕에 이르러 멈춘 채,[217] 왼손을 무릎에 얹고 오른손으로 턱을 괴고 노래를 들었다. 곡조가 끝나자 자공(子貢)과 자로(子路)를 불렀는데, 두 사람이 함께 응대했다. 객이 공자를 가리키면서 "저 사람은 무엇을 하는 사람인가?"라고 물었다. 자로가 "노나라의 군자입니다"라고 대답하자, 객이 공자의 종족을 물었다. 자로가 "종족은 공씨(孔氏)입니다"라고 대답하자, 객이 "공씨는 무슨 일을 하고 있는가?"라고 물었다. 자로가 응답하지 못했는데, 자공이 대답했다. "공씨는 천성적으로 충신(忠信)을 일삼고, 몸소 인의(仁義)를 실천하며, 예악(禮樂)을 꾸며서 갖추고, 인륜(人倫)을 차례매기며,[218] 위로는 세상의 군주에게 충심을 다하고, 아래로는 모든 일반 백성[219]을 교화하여 장차 천하를 이롭게 하려고 하니, 이것이 공씨가 하는 일입니다." 객이 또 물었다. "다스리는 땅을 소유하고 있는 군주인가?" 자공이 "아닙니다"라고 하자, "제후나 왕을 보좌하는 사람인가?"라고 물었다. 자공이 "아닙니다"라고 대답했다. 객이 이에 웃으면서 돌아갔는데, 걸어가면서 말했다. "어질기는 어질지만, 아마도 그 몸에 화를 면치 못할 것이다. 마음을 괴롭히고 육체를 힘들게 하여 자신의 참된 본성을 위태롭게 할 것이니, 아아! 그가 도에서 벗어나 있는 것이 너무 멀구나!"

孔子遊乎緇帷之林, 休坐乎杏壇之上. 弟子讀書, 孔子弦歌鼓琴. 奏曲未半, 有漁父者, 下船而來. 鬚眉交白, 被髮揄袂, 行原以上, 距陸而止, 左手據膝, 右手持頤, 以聽. 曲終, 而招子貢·子路, 二人俱對. 客指孔子曰, "彼何爲者也?" 子路對曰, "魯之君子也." 客問其族, 子路

215_ 수미교백(鬚眉交白)은 구레나룻과 눈썹이 모두 하얀 모습이다. 교(交)는 교(皎)로 된 판본이 있는데, 백(白)과 같은 의미이다.

216_ 피발유메(被髮揄袂)는 머리를 풀어헤치고 소매를 휘젓는 모습이다.

217_ 원(原)은 강가의 들판이고, 거(距)는 도착한다[至]는 뜻이다.

218_ 선(選)은 천구잉이 서(序)라고 했다. 즉 인륜을 차례매긴다는 뜻이다.

219_ 제민(齊民)은 천구잉이 모든 일반 백성의 의미라고 했다.

對曰, "族, 孔氏." 客曰, "孔氏者, 何治也?" 子路未應, 子貢對曰, "孔氏者, 性服忠信, 身行仁義, 飾禮樂, 選人倫, 上以忠于世主, 下以化于齊民, 將以利天下, 此孔氏之所治也." 又問曰, "有土之君與?" 子貢曰, "非也." "侯王之佐與?" 子貢曰, "非也." 客乃笑而還, 行言曰, "仁則仁矣, 恐不免其身. 苦心勞形, 以危其眞, 嗚呼! 遠哉, 其分于道也!"

자공이 돌아와서 공자에게 보고했는데, 공자는 거문고를 옆으로 밀어 놓고 일어나서 말했다. "그는 성인일 것이다!" 이에 곧 내려가서 그를 찾아 물가에 이르렀는데, [노인은] 막 노를 밀어서 배를 띄우려고 하다가,[220] 공자를 돌아보고는 몸을 돌려 서 있었다.[221] 공자가 뒤로 물러났다가[222] 두 번 절하고 나아갔다. 객이 말했다. "그대는 장차 나에게 무슨 볼일이 있는가?" 공자가 대답했다. "조금 전에 선생님께서 말씀을 다 하지 않고[223] 떠나 버리셨는데, 저는 어리석어서 하신 말씀을 잘 이해하지 못하였습니다. 가만히 아래쪽에서[224] 선생님을 모시고 있다가 선생의 고매한 가르침을 듣고서[225] 마침내 저에게 도움되는 것이 있기

220_ 장뇨(杖拏)는 사마표가 "노로 밀어서 배를 물에서 떨어지게 하는 것이다"라고 했다. 뇨(拏)는 배를 젓는 노를 말한다.

221_ 환향(還鄕)은 몸을 돌려서 마주보는 것으로, 향(鄕)은 향(向)의 의미이다. 그런데 유봉포(劉鳳苞)는 환(還)을 배를 돌리는 것으로 풀이하기도 했다.

222_ 반주(反走)는 임희일이 "뒤로 몇 보 물러난 이후에 나아가는 것이다"라고 했고, 성현영은 "뒤로 물러났다가 앞으로 나아가는 것은 경건한 모습이다"라고 했다.

223_ 서언(緖言)은 유월이 '남은 말[餘言]', 즉 '다하지 못한 말[不盡之言]'이라고 했다.

224_ 하풍(下風)은 아래쪽이라는 의미이다. 『장자』「재유(在宥)」편에 "광성자는 머리를 남쪽으로 둔 채 누워 있었는데, 황제가 [광성자의 발] 아래쪽에서 무릎을 꿇고 기어가서 두 번 절을 하고 머리를 조아린 채 물었다[廣成子南首而臥, 黃帝順下風, 膝行而進, 再拜稽首而問.]"라는 말이 보인다. 풍(風)은 『장자금주금역』에서 인용한 이면(李勉)이 방(方)자와 통용된다고 했다. 「천운(天運)」편에도 "雄鳴於上風, 雌應於下風."이라는 사례가 보인다. 그리고 『여씨춘추』「장리(長利)」편에도 우임금이 백성자고(伯成子高)를 찾아가 만나면서 "우임금이 달려가서 아래쪽으로 나아가서 물었다[禹趨就下風而問.]"라는 말이 보인다.

225_ 해타지음(咳唾之音)은 기침소리인데, 천구잉이 '고매하고 아름다운 말[高言美

를 간절히 바랍니다." 객이 말했다. "아하! 심하구나. 그대가 배우기를 좋아함이여!" 공자가 두 번 절하고 일어나서 말했다. "저는 어려서부터 학문을 닦아서 지금에 이르러 69세가 되었습니다. 그러나 지극한 가르침을 들을 수가 없었으니, 감히 마음을 비우고 [가르침을 듣지 않을 수 있겠습니까?]"

子貢還, 報孔子, 孔子推琴而起曰, "其聖人與!" 乃下求之, 至于澤畔, 方將杖拏而引其船, 顧見孔子, 還鄉而立. 孔子反走, 再拜而進. 客曰, "子將何求?" 孔子曰, "曩者, 先生有緒言而去, 丘不肖, 未知所謂. 竊待下風, 幸聞咳唾之音, 以卒相丘也." 客曰, "嘻! 甚矣. 子之好學也!" 孔子再拜而起曰, "丘少而修學, 以至于今, 六十九歲矣. 無所得聞至教, 敢不虛心?"

객이 말했다. "같은 부류가 서로 따르고, 같은 소리가 서로 호응하는 것은 진실로 자연의 이치이다. 나는 청컨대 내가 깨달은 도는 잠시 제쳐놓고, 그대가 하는 일을 헤아려서 따져 보고자 한다.[226] 그대가 하는 일은 인간의 일이니, 천자와 제후, 대부와 서인, 이 네 부류가 각각 스스로를 바르게 하면 정치가 아름다울 것이며, 네 부류가 각자의 자리를 벗어나면 혼란이 이보다 더 클 수는 없을 것이다. 관리들이 자기 직분을 잘 다스리고, 사람들이 자기 일을 잘하려고 근심하면 [서로의 자리를] 침범하지 않을 것이다. 따라서 농지가 황폐해지고 집이 파괴되며, 의식이 부족하고 세금을 이어서 내지 못하며, 아내와 첩이 불화하고 어른과 아이의 질서가 없는 것이 서인의 근심이다. 능력이 임무를 감당하지 못하여 관직의 일을 다스리지 못하고, 행동이 깨끗하지 못하

音]'이라고 했다. 고매한 가르침의 의미로 이해할 수 있다.

226_ 천구잉이 경(經)은 '경영'의 뜻이라고 했는데, 헤아려서 따져보는 것이다. 이(以)는 '하는 일'의 뜻인데, 『논어』「위정」편의 "視其所以."의 주자 주에서 이(以)는 위(爲)의 의미라고 했다.

여 부하들이 태만하고 게으르며, 뛰어난 공적이 없어서 작위와 봉록을 유지하지 못하는 것이 대부의 근심이다. 조정에 충신이 없어서 국가가 혼란하며, 기술자들의 기술이 뛰어나지 못하고, 조정에 바치는 공물이 좋지 못하며, 봄과 가을에 [천자를 조회하여 뵙는 예법에서 다른 제후들보다] 서열이 뒤처져서[227] 천자를 따르지 못하는 것이 제후의 근심이다. 음양의 기운이 조화를 이루지 못하고, 추위와 더위가 때에 맞지 않아서 만물을 손상시키며, 제후들이 난리를 일으켜 제멋대로 서로 제거하고 정벌함으로써 백성들에게 잔악하게 굴며, 예악이 절도에 맞지 않고, 재용이 바닥나 없어지며, 인륜이 갖추어지지 않아서 백성들이 음란해지는 것이 천자와 담당 관리의 근심이다. 지금 그대는 이미 위로는 천자와 제후나 담당 관리의 세력이 없고, 아래로는 대신이나 일을 맡은 관직이 없는데, 제멋대로 예악을 꾸미고 인륜을 차례매김으로써 일반 백성들을 교화하려고 하니, 너무 일이 많은 것이 아닌가?"(『장자』「어부」)

客曰, "同類相從, 同聲相應, 固天之理也. 吾請釋吾之所有, 而經子之所以. 子之所以者, 人事也, 天子・諸侯・大夫・庶人, 此四者自正, 治之美也, 四者離位, 而亂莫大焉. 官治其職, 人憂其事, 乃無所陵. 故田荒室露, 衣食不足, 徵賦不屬, 妻妾不和, 長少無序, 庶人之憂也. 能不勝任, 官事不治, 行不淸白, 群下荒怠, 功美不有, 爵祿不持, 大夫之憂也. 廷無忠臣, 國家昏亂, 工技不巧, 貢職不美, 春秋後倫, 不順天子, 諸侯之憂也. 陰陽不和, 寒暑不時, 以傷庶物, 諸侯暴亂, 擅相攘伐, 以殘民人, 禮樂不節, 財用窮匱, 人倫不飭, 百姓淫亂, 天子有司之憂也. 今子旣上無君侯有司之勢, 而下無大臣職事之官, 而擅飾禮樂, 選人倫, 以化齊民, 不泰多事乎?"(『莊子』「漁父」)

227_ 후륜(後倫)은 봄과 가을에 천자를 조회하여 찾아뵙는 조근(朝覲)의 예법에서 다른 제후들에 비해 서열이 뒤처지는 것을 말한다.

14-2-30

노나라 애공(哀公)이 안합(顔闔)[228]에게 말했다. "내가 중니를 나라의 핵심 인물로 삼으면 나라의 혼란을 구제할 수 있겠는가?"[229] 안합이 말했다. "아마도 위태로워질 것입니다![230] 중니는 깃털로 장식을 한데다가 또 채색을 덧칠하며, 화려한 말을 늘어놓으면서 말단적인 것을 핵심으로 삼으며, 자연의 본성을 거짓으로 꾸며서[231] 백성들에게 보여주면서도 스스로 본성의 신실함을 잃어버렸다는 것을 알지 못합니다. 그런데도 그것을 마음에서 받아들여서 정신을 주재하고 있으니, 어떻게 백성들을 위에서 이끌 수 있겠습니까? 그 사람이 임금님과 사이가 좋습니까? 그에게 백성들을 기르도록 하시겠습니까?[232] 반드시 잘못된 상황에 이르게 될 것입니다.[233] 지금 백성들에게 진실된 본성에서 벗어나서 거짓된 위선을 배우도록 하는 것은 백성들에게 제시할 수 있는 방법이 아닙니다. 후세를 위해 생각해보면 그를 등용하지 않는 것이 최선입니다. [그를 등용하면] 잘 다스려지기 어렵습니다.[234] 다른 사람

228_ 안합(顔闔)은 노나라의 현인으로 전해지는데, 성이 안(顔)이고 이름이 합(闔)이다. 「인간세(人間世)」편과 「양왕(讓王)」편에도 그와 관련된 이야기가 나온다.

229_ 정간(貞幹)은 중임을 맡아서 큰일을 이룰 수 있는 인재를 말한다. 지주(支柱)·골간(骨幹)·동량(棟梁) 등과 같은 말이다. 추(瘳)는 병이 낫는다는 말인데, 여기에서는 나라의 혼란을 구제한다는 의미로 이해된다.

230_ 급(圾)은 위급하고 위태롭다는 뜻이다.

231_ 인성(忍性)은 임운명이 교성(矯性), 즉 자연의 본성을 거짓으로 꾸미는 것이라고 했다. 천구잉은 "본성을 치장하여 백성들에 과장되게 보여주면서 자기 스스로가 신실하지 못한 것을 알지 못한다"라고 풀이했다.

232_ 의(宜)는 화목하게 지내는 것이다. 여이(予頤)는 천구잉이 "그에게 백성을 기르도록 하시겠습니까?"라고 풀이했다. 안병주는 여(予)를 예(豫), 이(頤)를 이(怡)의 뜻으로 보고, "그와 함께 있으면 즐겁고 기쁩니까?"라고 해석하기도 했다.

233_ 오이가의(誤而可矣)는 천구잉이 "반드시 잘못에 이를 것이다"라고 풀이했고, 안병주는 "나라 일을 그르칠 수 있다"라고 해석했다.

234_ 천구잉이 "공자를 등용하면 다스림을 도모하기가 어렵다"라고 했다.

에게 베푸는 것에 마음을 두고[235] 그것을 잊지 못하는 것은 자연의 베풂이 아닙니다."(『장자』「열어구」)

魯哀公問于顔闔曰, "吾以仲尼爲貞幹, 國其有瘳乎?" 曰, "殆哉圾乎! 仲尼方且飾羽而畫, 從事華辭, 以支爲旨, 忍性以視民而不知不信. 受乎心, 宰乎神, 夫何足以上民? 彼宜汝與? 予頤與? 誤而可矣. 今使民離實學僞, 非所以視民也. 爲後世慮, 不若休之. 難治也. 施于人而不忘, 非天布也."(『莊子』「列禦寇」)

康14-22

『장자』의 「어부」와 「열어구」편은 사실을 말한 문장이 아니니, [이 점에 대해서는] 앞 시대 사람들의 변론이 이미 상세하다. 그것이 전해진 것이 매우 오래되었고, 또 장자 후학[의 작품]이기 때문에 여기에 기록해 두었다.

『莊子』「漁父」·「列禦寇」非眞文, 前人辨之已詳. 以其流傳甚久, 亦莊子之後學也, 故存之.

14-2-31

속담에서 말했다. "구르는 둥근 물체는 우묵하게 팬 곳에서 멈추고,[236] 유언비어는 지혜로운 자에게서 멈춘다." 이것이 바로 편견을 가진 학문[237]과 사악한 학문이 유학자를 미워하는 까닭이다.(『순자』「대략」)

235_ 임희일이 "정교를 베푸는 데 마음을 두다"라고 풀이했다.

236_ 유환(流丸)은 구르는 둥근 물건이다. 구유(甌臾)는 본래 질그릇인데, 『순자집해』에서 양경이 "땅이 우묵하게 패어 들어간 것이 마치 질그릇과 같은 것이다"라고 했다. 즉 지세가 낮고 평평하지 않는 곳을 말한다.

237_ 가언(家言)은 양경이 "송견이나 묵자처럼 편견을 가지고 스스로 일가를 이룬 사람의 말이다"라고 했다.

語曰, "流丸止于甌臾, 流言止于智者." 此家言邪學之所以惡儒者也.
(『荀子』「大略」)

康14-23

생각건대, 편견을 가진 학문과 사악한 학문은 전국시대에 유교를 공격했던 제자백가를 가리킨다.

按, 家言邪學, 指戰國諸子之攻儒者也.

14-2-32

중니(仲尼)가 한가로이 지내고 있을 때, 자공(子貢)이 들어가서 모셨는데, 근심하는 얼굴빛이 있었다. 자공은 감히 물어 보지도 못하고, 나와서 안회에게 말했다. 그러자 안회는 거문고를 당겨 치면서 노래를 불렀다. 공자는 그것을 듣고, 과연 안회를 불러들여서 물었다. "너는 어찌하여 홀로 즐거워하는가?" 안회가 말했다. "선생님께서는 어찌하여 홀로 근심하십니까?"[238] 공자가 말했다. "너의 뜻을 먼저 말해보아라." 대답했다. "저는 옛날에 선생님이 '하늘의 이치를 즐거워하고 하늘의 운명을 알기 때문에 근심하지 않는다'[239]라고 한 말을 들었는데, 저는 그 때문에 즐거워하고 있습니다." 공자는 얼굴색이 잠시 변했다가 말했다. "그러한 말을 했던가? 너의 생각이 잘못된 것이다. 그것은 내가 옛날에 한 말일 뿐이다. 지금의 말로써 바로잡기를 원한다. 너는 다만 하늘의 이치를 즐거워하고 하늘의 운명을 아는 것에 의해 근심이 없다

238_ 『열자집석』의 장담의 주에서 "안회는 말을 하지 않고도 묻고 싶었기 때문에 거문고를 타면서 노래를 불러서 공자의 말을 유도한 것이다"라고 했다.

239_ 『역』「계사 상」편에 보인다. 주자의 『역본의(易本義)』에서는 천(天)은 천리(天理), 명(命)은 천명(天命)으로 풀이했다. 한편 장담은 "천(天)은 자연의 분수이고, 명(命)은 궁달(窮達)의 운수이다"라고 했다.

는 것만 알 뿐, 하늘의 이치를 즐거워하고 하늘의 운명을 아는 것에 큰 근심이 있다는 것을 모른다. 지금 너에게 그 실정을 말해주겠다. 나의 한 몸을 수양하고, 곤궁함과 영달함에 그대로 맡겨서 살며, 죽고 사는 것이 나에 의해 결정되는 것이 아님을 알고, 마음에서 세상의 변화와 혼란을 잊어버리는 것, 이것이 바로 네가 말하는 하늘의 이치를 즐거워하고 하늘의 운명을 아는 것에 의해 근심이 없다는 것이다. 지난번에 내가 『시(詩)』와 『서(書)』를 손질하고, 『예(禮)』와 『악(樂)』을 바로잡아서 장차 그것으로 천하를 다스리고, 후세에 남겨주려고 했다 그것은 단지 내 한 몸만을 수양하고, 노나라만을 다스리려는 것이 아니었다. 그런데 노나라의 임금과 신하들이 날마다 질서를 잃어서 인의(仁義)가 더욱 쇠퇴하고, 성정(性情)이 더욱 각박해졌다. 이 도가 하나의 나라와 당세에도 시행되지 않는데, 그것이 천하와 후세에는 어떻게 시행되겠는가? 나는 비로소 『시』와 『서』, 『예』와 『악』이 정치의 혼란을 구제할 수 없다는 것을 알았지만, 그것을 개혁할 방법을 아직 모르겠다. 이것이 바로 하늘의 이치를 즐거워하고 하늘의 운명을 아는 자가 근심하는 것이다. 비록 그렇지만, 나는 그것의 의미는 이해하고 있다. 대체로 즐거워하면서 안다는 것은 옛날 사람들이 말하는 즐거워하면서 안다는 것이 아니다. 즐거워하는 것이 없고 아는 것도 없는 것, 이것이 바로 참된 즐거움이고 참된 앎이다. 따라서 즐거워하지 않는 것이 없게 되고, 알지 못하는 것이 없게 되며, 근심하는 것이 없게 되고, 하지 못하는 것이 없게 된다. 『시』와 『서』, 『예』와 『악』을 버린들 무엇하겠으며, 개혁을 한들 무엇하겠는가?"(『열자』「중니」)

仲尼閑居, 子貢入侍, 而有憂色. 子貢不敢問, 出告顔回. 顔回援琴而歌. 孔子聞之, 果召回入, 問曰, "若奚獨樂?" 回曰, "夫子奚獨憂?" 孔子曰, "先言爾志." 曰, "吾昔聞之夫子曰, '樂天知命, 故不憂.' 回所以樂也." 孔子愀然有間曰, "有是言哉? 汝之意失矣. 此吾昔日之言爾. 請以今言爲正也. 汝徒知樂天知命之無憂, 未知樂天知命有憂之大也.

今告若其實. 修一身, 任窮達, 知去來之非我, 亡變亂于心慮, 爾之所謂樂天知命之無憂也. 曩吾修『詩』·『書』, 正『禮』·『樂』, 將以治天下, 遺來世. 非但修一身, 治魯國而已. 而魯之君臣日失其序, 仁義益衰, 性情益薄. 此道不行一國與當年, 其如天下與來世矣? 吾始知『詩』·『書』·『禮』·『樂』無救于治亂, 而未知所以革之之方. 此樂天知命者之所憂. 雖然, 吾得之矣. 夫樂而知者, 非古人之所謂樂知也. 無樂無知, 是眞樂眞知. 故無所不樂, 無所不知, 無所不憂, 無所不爲. 『詩』·『書』·『禮』·『樂』何棄之有? 革之何爲?"(『列子』「仲尼」)

康14-24

이것은 화엄(華嚴)의 제8지(地)의 경지[不動地]이다.[240]

此是華嚴第八地境界.

주(周)나라와 진(秦)나라의 제자백가들은 대부분 이설(異說)을 만들었기 때문에 그들이 공자와 안자(顔子)의 말이라고 기록한 것은 본래 근거로 삼기에는 부족하다. 오직 여기에 인용된 '하늘의 이치를 즐거워하고 하늘의 운명을 아는 것'이라는 두 마디 말은 『역』「계사전(繫辭傳)」에 나온다. 열자는 공자의 시대보다 상당히 먼 후세에 생존했는데도 공자의 책을 읽었는데, 나중에는 노자의 학문을 따라서 유교를 배반한 자

240_ 불교에서 대승(大乘)의 보살(菩薩)이 수행 과정에서 거치는 10단계의 경지(境地)를 십지(十地, daśa-bhūmi)라고 한다. 이 내용은 『화엄경(華嚴經)』과 『능가경(楞伽經)』 등에 나오는데, 특히 『화엄경』의 십지품(十地品)은 11세기에 성립되어 가장 앞선다. 『화엄경』에서 보살이 수행해야 할 52단계, 즉 52위(位)에서 이 십지는 제41위에서 제50위에 해당된다. 십지는 다음과 같다. 환희지(歡喜地), 이구지(離垢地), 발광지(發光地), 염혜지(焰慧地), 난승지(難勝地), 현전지(現前地), 원행지(遠行地), 부동지(不動地), 선혜지(善慧地), 법운지(法雲地)이다. 캉유웨이가 말하는 제8지는 부동지(不動地)인데, 완전한 진여(眞如)를 얻어서 조금도 동요를 일으키지 않는 경지를 말한다.

이다. 그가 "[공자가] 『시(詩)』와 『서(書)』를 손질하고, 『예(禮)』와 『악(樂)』을 바로잡았다"라고 말했으니, 육경이 모두 공자가 직접 지은 것임을 알 수 있으며, 여러 경전에 의리와 제도를 나누어 드러낸 것도 공자라는 것은 의심할 여지가 없다.

周·秦諸子多創異說, 其以爲孔子·顏子之言, 本不足據. 惟引用'樂天知命'兩語, 出于「繫辭」. 蓋列子遠在孔子後, 亦讀孔子書, 後從老氏以叛教者也. 其曰, "修『詩』·『書』, 正『禮』·『樂』", 可知六經皆孔子手作, 而分見于諸經之義理·制度爲孔子者, 無疑矣.

14-2-33

공자는 제왕의 도를 밝히고, 당시 군주들의 초빙에 응했는데,[241] 송(宋)나라에서는 [사마환퇴가] 나무를 베어서 죽이려 했고, [위(衛)나라에서는] 쫓겨서 도망쳤으며, 상(商)나라[의 후손국인 송(宋)나라]와 주나라에서는 뜻을 이루지 못해 곤경에 빠졌고, 진(陳)나라와 채(蔡)나라 사이에서는 포위를 당했으며, 계씨(季氏)에게 굴욕을 받고, 양호(陽虎)에게 욕을 보았으며,[242] 근심하고 걱정하면서 죽음에 이르렀다.[243] 이 사람은 천하의 백성들 중에서 가장 다급하고 분주한[244] 사람이었다.(『열자』「양주」)

孔子明帝王之道, 應時君之聘, 伐樹于宋, 削迹于衛, 窮于商·周, 圍

241_ 노(魯)나라 정공(定公), 위(衛)나라 영공(靈公), 초(楚)나라 소왕(昭王) 등이 공자를 초빙한 적이 있다.

242_ 『사기』「공자세가」에 의하면, 공자가 장성했을 때, 계손씨(季孫氏)의 창고를 관리하거나 목장을 관리하는 말단 관리를 맡아서 일한 적이 있다. 그리고 계씨가 노나라의 명사들을 초청하여 잔치를 베푼 적이 있었는데, 공자도 참석하려고 갔다가 계손씨의 가신인 양호에 의해 저지당해서 들어가지 못했다고 한다.

243_ 『장자』「천운(天運)」편에도 "伐樹于宋, 削迹于衛, 窮于商·周, 是非其夢邪? 圍于陳·蔡之間, 七日不火食, 死生相與鄰, 是非其眯邪?"라는 기록이 보인다.

244_ 황거(遑遽)는 다급하고 분주한 모양이다.

于陳·蔡, 受屈于季氏, 見辱于陽虎, 戚戚然以至于死. 此天民之遑遽者也.(『列子』「楊朱」)

14-2-34

양주(楊朱)가 말했다. "원헌(原憲)[245]은 노(魯)나라에서 가난하게 생활했고, 자공(子貢)은 위(衛)나라에서 재산을 증식했다.[246] 원헌의 가난은 그의 삶을 손상시켰고, 자공의 재산 증식은 그의 몸에 누를 끼쳤다." [질문자가 물었다.] "그렇다면 가난도 안 되고, 재산 증식도 안 되니, 해도 되는 것은 어디에 있는가?" [양주가 말했다.] "해도 되는 것은 삶을 즐기는 데 있으며, 해도 되는 것은 몸을 편안히 하는 데 있다. 따라서 삶을 즐기기를 잘하는 사람은 가난하지 않고, 몸을 편안히 하기를 잘하는 사람은 재산을 증식하지 않는다."(『열자』「양주」)

楊朱曰, "原憲窶于魯, 子貢殖于衛. 原憲之窶損生, 子貢之殖累身." "然則窶亦不可, 殖亦不可, 其可者焉在?" 曰, "可在樂生, 可在逸身. 故善樂生者不窶, 善逸身者不殖."(『列子』「楊朱」)

14-2-35

양자(楊子)의 이웃 사람이 양을 잃어버렸는데, 얼마 있다가 자기 무리

245_ 원헌(原憲)은 자가 자사(子思)이고, 이름이 헌(憲)이며, 원사(原思)라고도 한다. 공자의 제자이며, 공자가 노나라 사구(司寇)로 있을 때 가신이었다고 한다. 『사기』「중니제자열전」에 의하면, 자는 자사(子思)로, 공자가 죽은 뒤 은거하면서 지냈는데, 자공이 그를 찾아갔을 때 낡고 헤진 옷과 모자를 쓰고 맞이했다고 한다. 그리고 「화식열전」에서는 술지개미와 쌀겨를 먹으면서 누추한 동네에 은거했다고 했고, 『염철론』「빈부(貧富)」편에도 "원헌과 공급(孔伋)은 당세에 굶주림과 추위의 우환을 겪었다"라는 기록이 보인다.

246_ 장담이 "구(窶)는 가난함[貧]이고, 식(殖)은 재산 증식[貨殖]이다"라고 했다.

들을 이끌고 와서는 또한 양자의 종복을 빌려서 양을 추적하겠다고 요청했다. 양자가 말했다. "아! 양 한 마리를 잃어버렸는데, 어찌 추적하는 자가 이리도 많은가?" 그러자 이웃 사람이 "갈림길이 많아서 그렇습니다"라고 대답했다. 얼마 있다가 그들이 되돌아오자, [양자가] "양은 잡았는가?"라고 물었다. 이웃 사람은 "놓쳤습니다"라고 대답했다. "어찌하여 놓쳤는가?"라고 물으니, "갈림길 도중에 또 갈림길이 있어서 저는 어디로 가야할지 몰라서 되돌아왔습니다"라고 대답했다. 그러자 양자는 슬픈 낯빛으로 변해서 말을 하지 않은 것이 한 시각을 지나고, 웃지 않은 것이 하루를 넘겼다. 문인들이 괴이하게 생각하여, "양은 천한 가축이고, 또한 선생님의 물건도 아닌데, 말씀도 하지 않고 웃지도 않는 것은 무슨 까닭입니까?"라고 물었다. 그래도 양자는 대답을 하지 않았다. 문인들은 양자의 의도를 이해할 수가 없었다. 제자인 맹손양(孟孫陽)[247]이 밖으로 나와 심도자(心都子)[248]에게 이 일을 알려주었다. 심도자는 다른 날 맹손양과 함께 들어가서 양자에게 물었다. "예전에 형제 세 사람이 있었는데, 제(齊)나라와 노(魯)나라 지역에 유학을 가서 한 스승 밑에서 공부를 했고, 인의(仁義)의 도를 깨우치고 고향으로 되돌아왔다고 합니다. 그러자 그들의 부친은 '인의의 도는 어떠한 것이냐?'라고 물었는데, 첫째 아들은 '인의는 나로 하여금 자기 자신을 아끼고 명예를 뒤로 하게 하는 것입니다'[249]라고 대답했다고 합니다. 그리고 둘째 아들은 '인의는 나로 하여금 자신을 희생하여 명예를 이루게 하는 것입니다'[250]라고 대답했다고 합니다. 마지막으로 셋째 아들은 '인의는 나로 하여금 내 자신과 명예를 함께 보존하게 하는 것입

247_ 맹손양(孟孫陽)은 양주의 제자이다.

248_ 심도자(心都子)는 양주의 제자인데, 그에 대한 사적은 보이지 않는다.

249_ 장담이 "이 말은 유가에서 '자신의 몸과 터럭이나 피부를 감히 훼손시킬 수 없다'라는 말을 뜻한다"라고 했다.

250_ 장담이 "이 말은 유가에서 '자신의 생(生)을 탐하여 인(仁)을 해치지 않도록 한다. 자신을 희생해서 인을 이룬다'라는 말을 뜻한다"라고 했다.

니다'[251]라고 대답했다고 합니다. 그런데 저 세 사람이 말한 학문이 서로 상반되는데, 모두 유가에서 나온 것입니다. 그렇다면 누가 옳고 누가 잘못된 것입니까?" 양자가 대답했다. "사람들 중에 물가에 살고 있는 사람들은 물에 익숙하고, 헤엄을 잘 치기 때문에 배를 움직여서 운반하는 일을 생업으로 삼아서 많은 사람에게 이로움을 준다. 그래서 양식을 싸들고 먼 곳에서 찾아와 이 일을 배우려는 자가 많지만, 물에 빠져 죽는 자들이 절반에 달한다. 그것은 본래 헤엄치는 것은 배워도 물에 빠져 죽는 방법은 배우지 않았기 때문이니, 그 이로움과 해로움이 이와 같은 것이다. 너희들은 누가 옳고 누가 그르다고 생각하느냐?" 심도자는 아무 말 없이 밖으로 나왔다. 맹손양이 투덜거리면서 말했다. "어찌 그대의 질문도 엉뚱하고, 선생님의 대답도 엉뚱합니까? 저는 의혹이 더욱더 커졌습니다." 심도자가 말했다. "큰 길에서는 다양한 갈림길 때문에 양을 잃게 되며, 배우는 자들은 다양한 방법들 때문에 생명을 잃게 됩니다. 학문이란 본래부터 다른 것이 아니며, 한 가지일 따름인데, 그 말단이 서로 다른 것이 이와 같습니다. 오직 [학문 본연의] 동일한 한 곳으로 돌아가야만 [도를] 잃지 않을 수 있습니다. 그대는 선생님의 문하에서 보낸 지가 오래되었고, 선생님의 학문을 배웠으면서도, 선생님의 말뜻[252]을 이해하지 못했다니, 애석합니다!"(『열자』「설부」)

楊子之鄰人亡羊, 旣率其黨, 又請楊子之豎追之. 楊子曰, "嘻! 亡一羊, 何追者之衆?" 鄰人曰, "多岐路." 旣反, 問, "獲羊乎?" 曰, "亡之矣." 曰, "奚亡之?" 曰, "歧路之中又有歧焉, 吾不知所之, 所以反也." 楊子戚然變容, 不言者移時, 不笑者竟日. 門人怪之, 請曰, "羊, 賤畜, 又非夫子之有, 而損言笑者, 何哉?" 楊子不答. 門人不獲所命. 弟子孟孫陽

251_ 장담이 "이 말은 유가에서 '총명하고 또 지혜로움으로써 그 자신을 보존한다'라는 말을 뜻한다"라고 했다.

252_ 황(況)은 장담이 "『경전석문』에서 황(況)은 사(詞), 즉 말이라고 했다"라고 했다.

出以告心都子. 心都子他日與孟孫陽偕入, 而問曰, "昔有昆弟三人, 游齊·魯之間, 同師而學, 進仁義之道而歸. 其父曰, '仁義之道若何?' 伯曰, '仁義使我愛身而後名.' 仲曰, '仁義使我殺身以成名.' 叔曰, '仁義使我身名幷全.' 彼三術相反, 而同出于儒. 孰是孰非邪?" 楊子曰, "人有濱河而居者, 習于水, 勇于泅, 操舟鬻渡, 利供百口. 裹糧就學者成徒, 而溺死者幾半. 本學泅, 不學溺, 而利害如此. 若以爲孰是孰非?" 心都子默然而出. 孟孫陽讓之曰, "何吾子問之迂, 夫子答之僻? 吾惑愈甚." 心都子曰, "大道以多歧亡羊, 學者以多方喪生. 學非本不同, 非本不一, 而末異若是. 唯歸同反一, 爲亡得喪. 子長先生之門, 習先生之道, 而不達先生之況也, 哀哉!"(『列子』「說符」)

康14-25

『한비자(韓非子)』「현학(顯學)」편에서 "유가는 8개의 학파로 나누어졌고, 묵가는 3개의 학파로 나누어졌다"라고 했다.[253] 그 뒤에 스승들이 또 각각 문호를 구분하고 나아간 방향이 같지 않았기 때문에 수많은 분파가 생겼다. 또한 공자의 조리는 매우 많아서 있지 않는 것이 없고, 장자는 [자신이] 도의 근본 원리를 밝히고 구체적인 법도를 연계시켰다고 생각했으니,[254] 그 의리가 많다는 것을 상상할 수 있다. 수많은 사람들이 그것을 전공하여 분파가 생긴 것도 이유가 있는 것이다. 그런데 그 본체를 모방한 자는 두루 포괄하는 작용이 없고, 한쪽 측면만을

253_ 『한비자』「현학」편에 "孔·墨之後, 儒分爲八, 墨離爲三."이라는 기록이 보인다. '墨分爲三'이 「현학」편에는 '墨離爲三'으로 되어 있다.

254_ 『장자』「천하(天下)」편에 "도의 근본 원리를 밝히고, 구체적인 법도를 연계시켰다[明於本數, 係於末度.]"라는 말이 보인다. 천구잉은 본수(本數)를 본원, 즉 도의 근본, 말도(末度)를 법도, 즉 도의 말절이라고 했다. 장시창은 본수(本數)를 도수(度數)의 근본, 즉 천지(天地)라고 했다. 성현영은 본수는 인의(仁義), 말도는 명법(名法)이라고 했다.

이해한 자는 모든 방면에 호응하는 노력이 없으니,[255] 도가 어찌 하나로 통일될 수 있겠는가?[256] 그렇다면 무슨 분파가 있을 수 있겠는가?

『韓非子』「顯學」篇"儒分爲八, 墨分爲三." 後師各分門戶, 所造不同, 故多歧也. 且孔子條理紛繁, 無所不有, 莊生以爲明本數, 繫末度, 其義理之多可想矣. 多而攻之爲歧, 蓋有以也. 然方其體者無轉圜之用, 得一面者無肆應之功, 道烏可以執一哉? 何歧之有也?

14-2-36

따라서 다음과 같이 말한다. 농업과 전쟁[257]에 종사하는 백성이 천 명이고, 『시(詩)』와 『서(書)』를 가지고 말을 잘하고 지혜로운 자가 한 명이라면, 천 명이 모두 농업과 전쟁에 게으르게 될 것이다.(『상군서』「농전」)

故曰, 農戰之民千人, 而有『詩』·『書』辯慧者一人焉, 千人者皆怠于農戰矣.(『商君書』「農戰」)

14-2-37

『시』·『서』·『예』·『악』과 선함, 수양, 어짊, 청렴, 언변, 지혜 등의 10가지를 국가가 가지고 있으면, 윗사람은 백성들에게 방어하거나 공격하도록 할 수가 없다. 국가가 이 10가지를 가지고 다스리면, 적이 쳐들어오면 반드시 영토를 빼앗기고, 쳐들어오지 않더라도 반드시 가난해질 것이다.(『상군서』「농전」)

255_ 전환(轉圜)은 모든 것을 두루 포괄하는 것이고, 사응(肆應)은 각 방면으로 호응하여 어떤 일에든지 적응하여 처리할 수 있는 것을 말한다.

256_ 집일(執一)은 하나로 모아져서 통일된다는 뜻이다. 근본 이치를 파악한다는 의미도 있다. 『회남자』「인간훈(人間訓)」편에 "執一而應萬."이라는 말이 보인다.

257_ 농전(農戰)은 농업과 전쟁을 말한다. 상앙(商鞅)은 이 두 가지에 의지해야만 국가를 흥기시킬 수 있다고 주장했다.

『詩』·『書』·『禮』·『樂』· 善 · 修 · 仁 · 廉 · 辯 · 慧, 國有十者, 上無使守戰. 國以十者治, 敵至必削, 不至必貧.(『商君書』「農戰」)

康14-26

유가를 공격하는 자들도 많은 계통이 있지만, 상앙(商鞅)과 한비자(韓非子)만큼 무도한 자는 없다. 『시』·『서』·『예』·『악』은 본래부터 말할 필요도 없고, 어짊 · 청렴 · 선함 · 수양도 싫어하니, 이것은 진짜 이상한 견해이다. 전국시대 때는 이처럼 정밀한 논리와 잘못된 논리가 다 존재했다.

攻儒者亦多端, 然無有商 · 韓之無道者. 『詩』·『書』·『禮』·『樂』固勿論, 仁 · 廉 · 善 · 修亦惡之, 此眞異聞. 戰國時, 精論 · 謬論無所不有如此

14-2-38

비록 『시』와 『서』가 향리마다 한 묶음씩 있고, 집집마다 한 권씩[258] 있더라도 국가를 다스리는 데에는 여전히[259] 보탬이 되지 않으니, 상황을 반전할 수 있는 술책[260]이 아니기 때문이다.(『상군서』「농전」)

雖有『詩』·『書』, 鄕一束, 家一員, 獨無益于治也, 非所以反之術也.(『商

258_ 원(員)은 장예홍(蔣禮鴻)의 『상군서추지(商君書錐指)』에서는 그 의미를 알 수 없다고 했다. 우재호의 『상군서』 번역본에서 다음과 같이 풀이했다. "일권(一卷)과 같은 말이다. 고대의 책은 천이나 비단에 글씨를 쓴 것으로, 그것을 둘둘 말아서 하나의 두루마리, 즉 '권'으로 만들었다. 권은 둥근 모양이기 때문에 전국시대에는 '원(員)'이라 했으며, 한대에 이르러 '권'이라 했다."

259_ 독(獨)은 『상군서추지』에 의하면, 유(猶)로 되어 있는 판본도 있다.

260_ 우재호는 "가난하고 위태한 상황을 부유하고 안전한 상황으로 바꿀 수 있는 술책이다"라고 풀이했다.

君書』「農戰」)

14-2-39

국가에는 『예』, 『악』, 『시』, 『서』, 선함, 수양, 효도, 공경, 청렴, 언변 등이 있을 수 있다. 그런데 이 10가지가 [모두] 있으면 윗사람이 백성들에게 싸우도록 할 수 없어서 반드시 영토를 빼앗겨 멸망에 이를 것이다. 이 10가지가 없으면 윗사람이 백성들에게 싸우도록 할 수 있어서 반드시 융성해져 천하의 왕노릇하는 데 이를 것이다.(『상군서』「거강」)

國有『禮』, 有『樂』, 有『詩』, 有『書』, 有善, 有修, 有孝, 有弟,[261] 有廉, 有辯. 國有十者, 上無使戰, 必削至亡國. 無十者, 上有使戰, 必興至王.(『商君書』「去强」)

14-2-40

국가에서 『시』·『서』·『예』·『악』과 효도, 공경, 선함, 수양으로 다스릴 경우, 적이 쳐들어오면 반드시 국가를 빼앗기고, 쳐들어오지 않더라도 반드시 가난해질 것이다.(『상군서』「거강」)

國用『詩』·『書』·『禮』·『樂』·孝·弟[262]·善·修治者, 敵至必削國, 不至必貧.(『商君書』「去强」)

康14-27

공격이 효도와 공경에까지 미친 것은 더욱 잘못되었으니, 어찌 진(秦)

261_ 제(弟)가 『공자개제고』에는 제(悌)로 되어 있는데, 『상군서』 원문에 따라 고쳤다.

262_ 제(弟)가 『공자개제고』에는 제(悌)로 되어 있는데, 『상군서』 원문에 따라 고쳤다.

나라에서 본래부터 불효(不孝)와 부제(不悌)를 귀하게 여겼겠는가? 서로 공격하는 것이 이러한 지경에까지 이르렀으니, 진실로 이치로는 논할 수가 없다.

攻及孝悌, 尤爲悖謬, 豈秦固貴不孝·不悌乎? 相攻至此, 固不可以理論矣.

14-2-41

어진 자는 다른 사람에게 어질게 할 수는 있지만, 다른 사람을 어질도록 만들 수는 없고, 의로운 자는 다른 사람을 사랑할 수는 있지만, 다른 사람을 서로 사랑하도록 만들 수는 없다. 이 때문에 인의(仁義)로는 천하를 다스리기에 부족하다는 것을 알 수 있다.(『상군서』「획책」)

仁者, 能仁于人, 而不能使人仁, 義者, 能愛于人, 而不能使人相愛. 是以知仁義之不足以治天下也.(『商君書』「畫策」)

14-2-42

언변과 지혜는 혼란을 돕는 것이고, 『예』와 『악』은 방탕함을 불러들이는 것이며,[263] 자애와 어짊은 잘못을 저지르는 근원이고, 임협과 명예[264]는 간사함이 머무는 곳이다.[265](『상군서』「설민」)

263_ 『상군서추지』의 장예홍은 "찬(贊)은 돕는다[助]는 뜻이고, 징(徵)은 불러들인다[召]는 뜻이다"라고 했다.

264_ 임예(任譽)는 『상군서추지』의 장예홍이 "임(任)은 임협(任俠)이고, 예(譽)는 명예(名譽)이다"라고 했는데, 우재호는 '보증과 변호'라고 풀이했다.

265_ 『상군서추지』에서 인용한 왕가오(王駕吾)는 "서(鼠)자는 찬(竄)자의 오자인 듯하다. 찬(竄)은 용(容)의 뜻으로, 간사한 사람들이 숨는 장소라는 말이다. 즉 임협은 명예를 불러들이기 때문에 바로 그 간사함을 꾸미는 것이다"라고 했다. 한편 장예홍은 서(鼠)와 처(處) 두 글자는 소리가 비슷하고 뜻이 통하기 때문에 이 문장은 '간사함이 머무는 곳'이라는 의미라고 했다.

辯慧, 亂之贊也,『禮』·『樂』, 淫佚之徵也, 慈仁, 過之母也, 任譽,[266] 奸之鼠也.(『商君書』「說民」)

14-2-43

따라서 『시』와 『서』를 이야기하면서 유세하는 선비를 등용하면,[267] 백성들이 떠돌아다니면서[268] 그 임금을 경시한다.(『상군서』「산지」)

故事『詩』·『書』談說之士, 則民游而輕其君.(『商君書』「算地」)

14-2-44

여섯 가지 기생충[269]은 다음과 같다. 『예』와 『악』, 『시』와 『서』, 수양과 선함, 효도와 공경, 성실과 신의, 정절과 청렴, 어짊과 의리, 군대를 반대하는 것, 전쟁을 부끄러워하는 것이다. 나라에 이 12가지가 있으면,[270] 윗사람이 백성들에게 농사짓거나 싸우도록 할 수 없어서 반드시 가난해지고 영토를 빼앗기는 데 이를 것이다. 이 12가지를 가진 사

266_ 예(譽)는 『상군서』 원문에는 거(擧)자로 되어 있지만, 예(譽)로 되어 있는 판본도 있기 때문에 그대로 두었다.

267_ 사(事)는 이 글에 이어지는 다음 문장인 '事處士, 則民遠而非其上, 事勇士, 則民競而輕其禁.'과 관련지어서 보면, '등용한다'는 의미이다.

268_ 유(游)는 떠돌아다닌다는 의미이다. 유세하면서 돌아다니는 선비들은 자신과 생각이 맞지 않는 임금은 섬기지 않기 때문에 백성들도 그것을 본받는다는 의미로 이해된다. 한편 우재호는 "타지로 나가서 학문을 탐구하는 것"이라고 풀이하기도 했다.

269_ 슬(蝨)은 다른 생물에 기생하여 피를 빨아서 먹고 사는 이를 말하는데, 기생충을 의미한다. 『상군서』「거강(去彊)」편에도 '슬관(蝨官)'이라는 표현이 보인다.

270_ 『상군서추지』의 장예홍에 의하면, 여기에서 말한 '육(六)'이나 '십이(十二)' 등은 모두 허수이지, 정확한 숫자를 든 것이 아니다. 『상군서』의 「농전(農戰)」·「거강(去彊)」·「상형(賞刑)」편 등에도 이 문장이 있는데, 그 명목이 다르기도 하고, 숫자도 10이나 8도 있고, 혹은 거론하지 않은 경우도 있다.

람들이 무리를 이루면, 그것을 일러 임금의 다스림이 그 신하를 이기지 못하고, 관리의 다스림이 그 백성을 이기지 못한다고 말한다. 그리고 그것을 일러 여섯 가지 기생충이 그 다스림을 이긴 것이라고 말한다. 이 12가지가 무리를 이루면[271] 반드시 영토를 빼앗길 것이다.(『상군서』「근령」)

六蝨. 曰『禮』·『樂』, 曰『詩』·『書』, 曰修·善, 曰孝·弟,[272] 曰誠·信, 曰貞·廉, 曰仁·義, 曰非兵, 曰羞戰. 國有十二者, 上無使農戰, 必貧至削. 十二者成群, 此謂君之治不勝其臣, 官之治不勝其民. 此謂六蝨勝其政[273]也. 十二者成樸, 必削.(『商君書』「靳令」)

康14-28

『시』·『서』·『예』·『악』과 인의(仁義)를 모두 버려서 끊어버린 것은 다시 따지지 않더라도, 성실과 신의, 정절과 청렴도 기생충으로 여기니, 그렇다면 이것은 기만과 탐욕으로 잘 다스릴 수 있다고 여기는 것인가? 아무런 논리도 없이 제멋대로 논의하는 것이 이 지경에 이르렀으니, 맹자의 말처럼 "금수에게 무엇을 꾸짖겠는가?"[274] 그런데도 감히

271_ 성(成)은 『상군서추지』의 장예홍이 「거강(去彊)」편과 「약민(弱民)」편에 모두 "六者有樸, 必削."이라는 문장이 있는 것에 근거하여, 유(有)가 되어야 한다고 했다. 박(樸)은 떨기나무가 총생하는 것으로, 서로 달라붙는 것이다. 앞에 나온 '성군(成群)'과 같은 의미이다.

272_ 제(弟)가 『공자개제고』에는 제(悌)로 되어 있는데, 『상군서』 원문에 따라 고쳤다.

273_ 정(政)이 『공자개제고』에는 고(故)로 되어 있는데, 『상군서』 원문에 따라 고쳤다.

274_ 『맹자』「이루 하」편에 "스스로 돌이켜서 충실했는데, 강폭하여 이치를 따르지 않는 것이 예전과 같으면, 군자는 '이 또한 망령된 사람일 뿐이다'라고 하니, 이와 같다면 금수와 어찌 구별되겠는가? 금수에게 또한 무엇을 꾸짖겠는가?[自反而忠矣, 其橫逆, 由是也, 君子曰, '此亦妄人也已矣.' 如此則與禽獸奚擇哉? 於禽獸, 又何難焉?]"라는 말이 보인다.

이러한 논의를 발표하니, 그 속마음을 또한 이해할 수가 없다.

『詩』·『書』·『禮』·『樂』·仁義皆棄絶, 亦不復責, 誠信·貞廉亦以爲蝨, 則是以欺貪爲能治乎? 橫議之無理至此, 孟子所謂"于禽獸奚難"也. 然敢發此論, 其心思亦不可解矣.

14-2-45

「우공(禹貢)」편[275]에서도 산과 하천, 높고 낮은 고원과 습지[276]를 기록했지만, 큰 도의 지름길을 알지 못했다.[277](『염철론』「논추」)

「禹貢」亦著山川高下原隰, 而不知大道之徑.[278](『鹽鐵論』「論鄒」)

康14-29

이것은 추연(鄒衍)이 유가를 공격하면서 「우공」편을 언급한 것인데, 「우공」편이 공자가 지은 것이라고 말했다.

此鄒衍攻儒而及「禹貢」, 謂「禹貢」爲孔子之筆也.

14-2-46

추자(鄒子)는 근세의 유가와 묵가를 다음과 같이 비난했다. 하늘과 땅

275_ 「우공(禹貢)」은 『서』「하서(夏書)」의 「우공」편을 말한다. 「우공」편의 첫 장에서 "우는 토지를 나누고, 산을 따라서 나무를 제거하여 높은 산과 큰 하천을 정해 놓았다[禹敷土, 隨山刊木, 奠高山大川.]"라고 했다.

276_ 원습(原隰)은 『염철론교주』에서 인용한 『한서』「지리지 상(地理地 上)」의 안사고의 주에 의하면, 높고 평평한 곳을 원(原)이라고 하고, 낮고 습진 곳을 습(隰)이라고 한다.

277_ 이 내용은 대부가 추연(鄒衍)의 말을 인용하여 한 말이다.

278_ 경(徑)이 『공자개제고』에는 요(遙)로 되어 있는데, 『염철론』 원문에 따라 고쳤다.

의 광대함과 밝고 넓은 도에 대해 알지도 못하면서 한 굽이만을 가지고 수많은 굽이를 말하려고 하고, 한쪽 모퉁이만을 지키고 있으면서 온 사방을 알려고 하니, 이것은 마치 수평기가 없으면서 높낮이를 알려고 하고, 걸음쇠와 곱자가 없으면서 네모와 원을 알려고 하는 것과 같다.(『염철론』「논추」)

鄒子疾晚世之儒·墨, 不知天地之弘, 昭曠之道, 將一曲而欲道九折, 守一隅而欲知萬方, 猶無準平而欲知高下, 無規矩而欲知方圓也.(『鹽鐵論』「論鄒」)

康14-30

추자의 학문에도 군신(君臣)과 상하 관계, 육친(六親)의 일이 있으니,[279] 또한 유가와 마찬가지이다. 그런데 사마천이 그것을 대부분 분명하게 말하지 않은 것은 그가 유가를 비난했기 때문이다. 그의 도는 작은 것에서 미루어 확대하여 큰 것에 이르며,[280] 또한 "[각 왕조의] 정치는 각각 마땅함이 있다"라고 말하니,[281] 진술한 뜻은 반드시 매우 많지만, 애

279_ 『사기』「맹자순경열전(孟子荀卿列傳)」에 부록된 추연에 대한 기록에서 "그 귀결처는 반드시 인의(仁義)와 절약과 검소함, 군신과 상하 관계, 육친(六親) 사이에 행해지는 일에 귀착된다[要其歸必止乎仁義節儉君臣上下六親之施.]"라고 했다. 육친(六親)은 부자(父子)·형제(兄弟)·부부(夫婦)를 말한다. 『노자』 제18장에도 "大道廢有仁義, 慧智出有大僞, 六親不和有孝慈, 國家昏亂有忠臣."이라는 내용이 보인다.

280_ 『사기』「맹자순경열전」에서 추연에 대해 "『종시(終始)』와 『대성(大聖)』이라는 책 10만여 글은 그 말이 너무 넓고 커서 황당하지만, 반드시 작은 사물에서 먼저 검증하고, 그것을 추론하고 확대시켜서 무한한 상태까지 이르렀다[『終始』·『大聖』之篇十余萬言, 其語閎大不經, 必先驗小物, 推而大之, 至于無垠.]"라고 했다.

281_ 『사기』「맹자순경열전」에서 "하늘과 땅이 나누어진 이후로 오덕(五德)이 순환하고, [각 왕조의] 정치는 각각 마땅함이 있는데, [오덕의 순환과 왕조의 정치가] 이러저러하게 서로 부응한다는 것을 증명했다[稱引天地剖判以來, 五德轉移, 治各有宜, 而符應若玆.]"라고 했다.

석하게도 지금은 전해지지 않는다.

鄒子之學有君臣・上下・六親, 亦與儒同. 而史遷多微辭, 以其疾儒也. 其道自小推至大, 又謂"治各有宜." 陳義必甚多, 惜于今不傳.

14-2-47

전병(田駢)이 책을 읽다가 "요임금의 시대는 태평시대였다"라고 하자, 송견(宋鈃)이 "성인의 다스림이 이러한 경지에 이르도록 한 것입니까?" 라고 응답했다. 팽몽(彭蒙)이 옆에 있었는데, 자기 순서를 뛰어넘어 "성법(聖法)의 다스림이 이러한 경지에 이르도록 한 것이지, 성인의 다스림이 그렇게 한 것이 아닙니다"라고 대답했다. 송견이 "성인과 성인의 법도가 어째서 다릅니까?"라고 하자, 팽몽이 "그대가 명칭을 어지럽히는 것이 심하구나"라고 말했다.(『윤문자』「대도 하」)

田子讀書曰, "堯時太平." 宋子曰, "聖人之治以致此乎?" 彭蒙在側, 越次答曰, "聖法之治以至此, 非聖人之治也." 宋子曰, "聖人與聖法, 何以異?" 彭蒙曰, "子之亂名甚矣."(『尹文子』「大道 下」)

14-2-48

노자가 말했다. "도라는 것은 만물 중에서 가장 존귀한 것이니,[282] 착한 사람들은 보배로 여기고, 착하지 않은 사람들은 보존하고 있다."[283] 도로써 다스리는 자를 착한 사람이라고 하고, 명가(名家)・법가(法家)・유가(儒家)・묵가(墨家)의 이론을 빌어서 [다스리는 자를] 착하지 않은 사람이라고 한다.(『윤문자』「대도 상」)

282_ 오(奧)는 방의 서남쪽 구석으로, 어른이 앉거나 제사 때 신주를 모시는 곳이다. 따라서 가장 존귀한 존재 또는 근본이라는 의미이다.

283_ 『노자』 제62장에 보인다.

老子曰, "道者, 萬物之奧, 善人之寶, 不善人之所寶."[284] 是道治者謂之善人, 藉名·法·儒·墨者謂之不善人.(『尹文子』「大道 上」)

<이상 전국시대의 제자백가가 유교를 공격하다: 右戰國時諸子攻儒>

3. 진나라 시대의 제자백가가 유교를 공격하다 [秦時諸子攻儒]

14-3-1

손님 중에 전병(田駢)을 만나러 온 자가 있었는데, 옷을 입은 것이 예법에 맞았고, 나아가고 물러나는 것이 법도에 맞았으며, 걸음걸이가 절도에 맞아서[285] 고상하고 우아했고, 응대하는 말씨가 공손하고 민첩했다. 전병은 그의 말을 다 듣자 그를 거절하여 물러가게 했는데, 손님이 나가자 전병은 눈짓으로만 그를 전송했다. 제자가 전병에게 "손님은 선비입니까?"라고 묻자, 전병이 대답했다. "아마 선비가 아닐 것이다. 지금 손님이 삼가 신중하게 예법을 따르고 있는 상황에 대해, 선비라면 예법에 얽매이지 않고 자유롭게 행동했을 것이다. 선비라면 삼가 신중하게 예법을 따랐을 상황에 대해, 손님은 예법에 얽매이지 않고 자유롭게 행동했다. 손님은 아마 선비가 아닐 것이다."[286] 따라서 불을

284_ 『윤문자』에 기록된 보(寶)자는 『노자』에는 보(保)로 되어 있다. 여기에서는 『노자』에 따라 해석했다.

285_ 추상(趨翔)은 걸음걸이가 절도에 맞는 것을 말한다.

286_ 이 문장의 의미는 다음과 같다. 선비라면 삼가 신중하게 예법을 따라야 할 상황에서 손님은 예법에 얽매이지 않고 자유롭게 행동했고, 선비라면 자유롭게 행동해야 할 상황에서 손님은 신중하게 예법을 따랐다는 의미이다. 따라서 전병은 손님이 선비의 처신과는 정반대로 행동하고 있다고 판단한 것이다. 『여씨춘추교석』

한쪽 모퉁이만 밝히면 방의 반쪽에는 빛이 없게 되고,[287] 뼈마디가 너무 일찍 성장하면 뼈 사이에 구멍이 생기거나 뼈의 밀도가 낮아져서[288] 키가 결코 크지 않는다. 그리고 많은 사람들이 몸과 마음을 상응하게 하거나 언행의 일치를 도모하지 않고, 겉모습을 삼가 신중하게 하는 것만을 추구한다면 교묘한 거짓이 많고 선량하지 않게 되며,[289] 의지가 결코 공정하지 않기 때문에 공적을 세울 수가 없고, 얻는 것만 좋아하고 주는 것을 싫어하면 나라가 비록 크더라도 왕이 될 수 없으며, 화와 재앙이 날마다 발생하게 된다. 따라서 군자의 모습은 마치 종산(鍾山)의 옥처럼 순수하고,[290] 마치 구릉 위의 나무처럼 매우 크다. 삼가 신중하게 하고 미래의 변화를 두려워하기를 부지런히 힘쓰되,[291]

에서 고형은 엄(弇)을 엄(掩), 술(術)을 술(述)의 의미로 보고, "손님이 거두어들여 간직한 것은 선비가 진술하여 시행하는 것이고, 선비가 거두어들여 간직한 것은 손님이 진술하여 시행한 것이니, 그 취하고 버리는 것이 정반대임을 설명한 것이다"라고 했다. 한편 진기유는 술(術)은 척(跅), 시(施)는 이(弛)와 통하여, 모두 '헤이하다'는 뜻으로 보았다. 즉 엄렴(弇斂)은 예법을 삼가 신중하게 따르는 것이고, 술시(術施)는 예법을 따르지 않고 방종하게 구는 것으로, 전병은 사람됨이 예법을 따르지 않고 제멋대로 행동하는 사람이기 때문에 삼가 신중하게 예법을 따르는 손님을 선비로 여기지 않았다는 것이다.

287_ 진기유는 이것이 손님의 모습을 가리켜서 한 말이라고 했다. 즉 지금 손님의 모습은 단지 외모만을 삼가고 신중하게 하며, 마음은 엄격하게 하지 않았기 때문에 불을 한쪽 모퉁이만 밝히면 방의 반쪽에는 빛이 없는 것으로 비유한 것이다.

288_ 곡력(哭歷)은 진기유가 희박하고 성기거나 위아래가 뚫렸다는 의미라고 했는데, 뼈의 밀도가 낮은 것을 말한다.

289_ 진기유에 의하면, 모(謀)는 도모(圖謀)의 의미이고, 방(方)은 『한비자』「해로(解老)」편에서 "이른바 방(方)이란 내외가 서로 상응하고, 언행이 서로 걸맞는 것이다[所謂方者, 內外相應也, 言行相稱也.]"라고 했다. 그리고 걸(乞)은 추구하는 것[求]을 의미한다. 시견(視見)은 겉모습[外表]을 말하는데, 겉모습은 눈으로 볼 수 있기 때문에 이러한 의미가 있다. 고(故)는 교묘한 거짓[巧詐]이라고 했다. 즉 이 문장은 "많은 사람들이 내외가 서로 호응하고 언행이 서로 걸맞는 것을 도모하지 않고, 겉모습을 삼가고 신중하게 하는 것만을 추구한다면, 이것은 반드시 교묘한 거짓이 많고 선량하지 않는 것이다"라는 뜻이다.

290_ 종산(鍾山)의 옥은 고유에 의하면, 화로에 넣어 불을 때고, 3일이 지나도 색깔과 윤기가 변하지 않는다고 한다. 길(桔)은 크다[大]는 뜻이다.

스스로 만족하려고 하지 않으며, 취사선택을 정밀하게 하는 것을 부지런히 힘쓰되,[292] 마음은 매우 소박하다.(『여씨춘추』「사용」)

客有見田駢者, 被服中法, 進退中度, 趨翔閑雅, 辭令遜敏. 田駢聽之畢而辭之, 客出, 田駢送之以目. 弟子謂田駢曰, "客, 士歟?" 田駢曰, "殆乎非士也. 今者客所弇斂, 士所術施也, 士所弇斂, 客所術施也. 客殆乎非士也." 故火燭一隅, 則室偏無光, 骨節蚤成, 空竅哭歷, 身必不長. 衆無謀方, 乞謹視見, 多故不良, 志必不公, 不能立功, 好得惡予, 國雖大, 不爲王, 禍災日至. 故君子之容, 純乎其若鍾山之玉, 桔乎其若陵上之木. 淳淳乎愼謹畏化, 而不肯自足, 乾乾乎取捨不悅, 而心甚素樸.(『呂氏春秋』「士容」)

康14-31

전병(田駢)과 신도(愼到)에 대해, 장자는 "살아 있는 사람이 할 수 있는 행동이 아니라, 죽은 사람의 도리에 이른" 자들이라고 했다.[293] 여기의 손님은 옷을 입은 것이 예법에 맞았고, 나아가고 물러나는 것이 법도에 맞았으며, 걸음걸이가 절도에 맞아서 고상하고 우아했으니, 바로 유학자이다. 전병은 황로학(黃老學)에 가까웠기 때문에 공격한 것이다.

田駢·愼到, 莊子謂"其無生人之行, 至于死人之理"者. 此客被服中法, 進退中度, 趨翔閑雅, 是儒者也. 田駢近黃老學, 故攻之.

291_ 순순(淳淳)은 마서륜이 돈돈(惇惇)과 같다고 했는데, 부지런히 노력하는 모습이다. 화(化)는 진기유가 '미래에 반드시 이르러 올 형세[日後必至之勢]'라고 했는데, 미래의 변화를 의미한다.

292_ 건건(乾乾)은 부지런히, 게을리하지 않는 모습이다. 열(悅)은 진기유가 탈(侻)과 같다고 했는데, 대충 건성으로 하여 정밀하지 않는 것을 말한다.

293_ 『장자』「천하(天下)」편에서 "愼到之道, 非生人之行, 而至死人之理."라고 했다.

14-3-2[294]

공천(孔穿)과 공손룡(公孫龍)이 평원군(平原君)의 처소에서 서로 논쟁을 했는데, 논쟁이 심오하고 변론을 잘하다가, '양의 귀는 세 개이다'라는 명제에 도달했다. 공손룡이 양의 귀가 세 개라는 명제에 대해 말한 것이 변론이 매우 뛰어나서 공천은 응답하지 못했다. 잠시 있다가 공천은 인사를 하고 나가버렸다. 다음날 공천이 [평원군을] 배알하자, 평원군은 공천에게, "어제 공손룡의 말은 변론이 매우 뛰어났다"라고 말했다. 그러자 공천이 대답했다. "그렇습니다. 양으로 하여금 거의 세 개의 귀를 가지게 할 만했습니다. 비록 그렇지만, 그 명제는 거의 성립하기가 어렵습니다. 원컨대 당신에게 질문이 있습니다. 양의 귀가 세 개라는 것은 설명하기는 매우 어렵지만 실제로는 잘못된 것이며, 양의 귀가 두 개라는 것은 설명하기는 매우 쉽지만 실제로는 옳은 것입니다. 잘 모르겠지만, 당신은 장차 쉬우면서도 옳은 것을 따르겠습니까? 아니면 어려우면서도 잘못된 것을 따르겠습니까?" 평원군이 대답하지 못했다. 다음날 [평원군은] 공손룡에게 "그대는 공천과 논변을 하지 마시오!"라고 했다.(『여씨춘추』「음사」)

孔穿・公孫龍相與論于平原君所, 深而辯, 至于'藏三牙'. 公孫龍言藏之三牙甚辯, 孔穿不應. 少選, 辭而出. 明日, 孔穿朝, 平原君謂孔穿曰, "昔者, 公孫龍之言甚辯." 孔穿曰, "然. 幾能令藏三牙矣. 雖然, 難. 願得有問于君. 謂藏三牙甚難而實非也, 謂藏兩牙甚易而實是也. 不知君將從易而是者乎? 將從難而非者乎?" 平原君不應. 明日, 謂公孫龍曰, "公無與孔穿辯!"(『呂氏春秋』「淫辭」)

294_ 이하에서 인용한 『여씨춘추』「음사」편의 내용은 이 책의 제6권 제2절 〈6-2-9〉에서 이미 인용했다. 자세한 주석은 앞의 내용을 참조 바람.

康14-32

공손룡자(公孫龍子)는 명가(名家)의 학문을 익혔고, 묵자 학파의 일원이다. 유가와 묵가는 서로 [용납할] 수 없었기 때문에 또한 유가를 공격한 것이다.

公孫龍子習于名家, 爲墨子餘派. 儒·墨不相能故亦攻儒.

14-3-3

공자와 묵자의 제자들과 무리들이 천하에 가득 차 있고, 모두 인의(仁義)의 학술로 천하를 가르치고 이끌었다. 그러나 그 도술을 실행하는 자가 없으니, 가르치는 [공자와 묵자 자신도] 오히려 실행할 수 없었는데, 하물며 가르침을 받는 제자와 무리는 어떻겠는가?[295] 이것은 무엇 때문인가? 인의(仁義)의 학술은 외면의 인위적인 행위[296]이기 때문이다.[297](『여씨춘추』「유도」)

孔·墨之弟子徒屬充滿天下, 皆以仁義之術教導于天下. 然而無所行, 教者術猶不能行, 又況乎所教? 是何也? 仁義之術外也.(『呂氏春秋』「有度」)

295_ 진기유는 이 문장의 의미가 통하지 않으므로 당연히 다음과 같이 고쳐야 한다고 했다. "然而無所行其術, 教者猶不能行, 又況乎所教." 여기에서도 진기유의 주장에 따라 해석했다.

296_ 이 문장 뒤에서 내(內)를 '성명지정(性命之情)'이라고 했으므로, 외(外)는 이것과는 대비되는 '외면의 인위적인 행위'로 해석될 수 있다.

297_ 『회남자』「숙진훈(俶眞訓)」편에도 "공자와 묵자의 제자들은 모두 인의(仁義)의 학술로 세상을 가르치고 이끌었다. 그러나 너무 지쳐버려서 자기 몸도 오히려 실천하지 못하는데, 또한 남을 가르칠 수 있겠는가? 무엇 때문인가? 그 도가 폐기되었기 때문이다"라는 기록이 보인다.

14-3-4

사람들 중에 위(衛)나라 임금에게 공자를 비난하는 자가 있었는데, "공자가 반란을 일으키려고 한다"라고 말했다. 위나라 임금이 공자를 체포하려고 하자, 공자는 떠나갔고, 제자들도 모두 도망쳤다.[298](『한비자』「외저설 좌하」)

人有惡孔子于衛君者曰, "尼欲作亂." 衛君欲執孔子, 孔子走, 弟子皆逃.(『韓非子』「外儲說 左下」)

14-3-5

위(衛)나라의 장군 문자(文子)[299]가 증자(曾子)를 만났는데, 증자는 일어나지도 않고 깔자리를 끌어당겨 어른의 자리[300]에 똑바로 앉아 있었다. 문자가 시종에게 말했다. "증자는 어리석은 사람이구나! 나를 군자로 여긴다면 군자를 어찌 공경하지 않을 수 있겠는가? 나를 난폭한 사람으로 여긴다면 난폭한 사람을 어찌 업신여길 수 있겠는가? 증자는 욕을 당하지 않은 것을 다행으로 알아야 한다."[301](『한비자』「설림 하」)

衛將軍文子見曾子, 曾子不起而延于坐席, 正身于奧. 文子謂其御曰,

298_ 한비자는 이 일이 공자가 위(衛)나라의 재상이었을 때의 일이라고 했는데, 『사기』「공자세가」나 기타 자료에는 공자가 위나라의 재상을 지냈다는 기록은 보이지 않는다.

299_ 진기유에 의하면, 문자(文子)는 위나라의 경(卿)으로, 이름이 본(本)이고, 자가 미모(彌牟)이다.

300_ 오(奧)는 방의 서남쪽 구석으로, 제사 때는 신주를 모시는 곳이고, 평상시에는 어른이나 주인이 앉는 자리이다.

301_ 『한비자신교주』에서 육(僇)은 태전방(太田方)이 욕(辱)과 같다고 했고, 명(命)은 송고원(松皐圓)이 행(幸)자의 잘못이라고 했다. 이운구는 여기에 근거하여 "봉변당하지 않은 것이 운이 좋다"라고 풀이했다. 그런데 진기유는 육(僇)은 륙(戮), 즉 사(死)의 뜻이라고 하고, "증자가 죽지 않는 것은 죽지 않을 운명이기 때문이다"라고 해석하기도 했다.

"曾子, 愚人也哉! 以我爲君子也, 君子安可毋敬也? 以我爲暴人也, 暴人安可侮也? 曾子不僇命也."(『韓非子』「說林 下」)

14-3-6

대체로 어린아이가 서로 함께 놀 때, 흙덩이를 밥이라고 하고, 진흙을 국이라고 하며, 나무를 고기라고 한다.[302] 그러나 저녁때가 되면 반드시 집에 돌아가 밥을 먹는 것은 흙덩이로 만든 밥과 진흙으로 만든 국은 가지고 놀 수는 있지만 먹을 수는 없기 때문이다. 대체로 오랜 옛날의 [선왕의] 기록이나 그들을 기리는 이야기[303]에 대해 말하면서도 말만 잘할 뿐 정성이 담겨 있지 않고,[304] 선왕의 인의(仁義)에 대해 말하면서도 나라를 바로잡지 못하는 것, 이것은 또한 놀이거리는 될 수 있어도 그것으로 정치를 할 수는 없기 때문이다. 인의를 숭배해서 나라가 약해지고 혼란해진 경우는 삼진(三晉)[305]이다. 숭배하지 않아서 잘 다스려지고 강해진 경우는 진(秦)나라이다. 그런데 [진나라가 강해졌지만][306] 아직 제왕이 되지 못한 것은 통치가 완성되지 않았기 때문이다. (『한비자』「외저설 좌상」)

夫嬰兒相與戲也, 以塵爲飯, 以塗爲羹, 以木爲胾. 然至日晩必歸饟者, 塵飯塗羹, 可以戲而不可食也. 夫稱上古之傳頌, 辯而不愨, 道先王仁義, 而不能正國者, 此亦可以戲, 而不可以爲治也. 夫慕仁義而弱

302_ 진(塵)은 흙먼지인데, 여기에서는 흙덩이를 말한다. 자(胾)는 크게 썬 고기조각을 말한다.

303_ 전송(傳頌)은 옛날부터 전해져 내려오는 것으로, 전은 성인이나 성군과 관련된 기록이고, 송(頌)은 그들을 기리는 노래나 이야기를 말한다.

304_ 각(愨)은 성실하고 정성스럽다는 뜻이다.

305_ 삼진(三晉)은 춘추시대의 진(晉)나라가 한(韓), 위(魏), 조(趙)의 세 나라로 분리된 것이다. 일반적으로 이때부터 전국시대가 시작되었다고 한다.

306_ 『한비자신교주』에서 왕선신은 조본(趙本)에는 '然而' 다음에 '秦强而' 세 글자가 더 있다고 한다.

亂者, 三晉也. 不慕而治强者, 秦也. 然而未帝者, 治未畢也.(『韓非子』「外儲說 左上」)

14-3-7

어떤 사람이 말했다. "공자가 문왕(文王)을 지혜롭다고 여긴 것은 또한 잘못이 아니겠는가? 대체로 지혜로운 자는 어려운 상황을 알고 그것을 피하는 자이다. 이 때문에 스스로 환란에 미치지 않는다. 만일 문왕이 주(紂)에게 미움을 받은 이유가 인심을 얻지 못했기 때문이라면,[307] 비록 인심을 구해서 미움을 풀더라도 괜찮았을 것이다. 그런데 주는 그가 크게 인심을 얻었기 때문에 미워했는데, 자기는 또 토지를 가볍게 다룸으로써 인심을 더 거두어들였으니, 이것이 바로 더욱 의심을 받게 된 이유이다. 그가 수갑이 채워져서 유리(羑里)의 감옥에 갇힌 것도 당연하다. 정(鄭)나라의 장로가 '도를 체득하면 인위적으로 하지도 않고, [자신의 뜻을] 드러내지도 않는다'라고 했는데,[308] 이것은 문왕에게 가장 잘 들어맞는 말이니, 다른 사람이 의심하지 않도록 하는 것이다. 공자가 문왕을 지혜롭다고 여긴 것은 이런 논의에 미치지 못하는 수준이다."(『한비자』「난 이」)

或曰, "仲尼以文王爲智也, 不亦過乎? 夫智者, 知禍難之地而辟之者也. 是以身不及于患也. 使文王所以見惡于紂者, 以其不得人心耶, 則雖索人心以解惡可也. 紂以其大得人心而惡之, 己又輕地以收人心, 是重見疑也. 固其所以桎梏囚于羑[309]里也. 鄭長者有言'體道, 無

307_ 야(耶)는 진기유가 야(也)와 같다고 했다.

308_ 진기유가 "도를 체득한 사람은 아무것도 인위적으로 하지 않고, 또 다른 사람에게 자신의 뜻을 드러내지 않는다"라는 뜻이라고 했다.

309_ 유(羑)가 『공자개제고』에는 선(羨)으로 되어 있는데, 『한비자』 원문에 따라 고쳤다.

爲無見也.' 此最宜于文王矣, 不使人疑之也. 仲尼以文王爲智, 未及此論也."(『韓非子』「難 二」)

康14-33

공자를 공격하고 문왕을 공격한 것은 또한 요임금과 순임금, 탕왕과 무왕을 공격한 것과 마찬가지이다.

攻仲尼, 攻文王, 亦猶攻堯 · 舜 · 湯 · 武也.

14-3-8

이 때문에 혼란한 나라의 풍속은 다음과 같다. 학자들은 선왕의 도를 거론함으로써 인의(仁義)를 빙자하며, 얼굴과 옷차림을 성대하게 차리고 변설을 꾸밈으로써 당대의 법을 의심스럽게 만들고, 군주의 마음을 혼란스럽게 만든다. 담론하는 자는 거짓말을 만들고,[310] 외부의 힘을 빌림으로써 자기의 사욕을 이루고, 국가의 이로움을 내팽개쳐 버린다.(『한비자』「오두」)

是故亂國之俗, 其學者則稱先王之道, 以籍仁義, 盛容服而飾辯說, 以疑當世之法, 而貳人主之心. 其言古者, 爲設詐稱, 借于外力, 以成其私, 而遺社稷之利.(『韓非子』「五蠹」)

14-3-9

지금 세상의 유학자들은 군주에게 유세할 때, 오늘날의 다스리는 방법

310_ 고(古)는 고광기(顧廣圻)가 이 글의 앞 문장에 "言談者爲勢於外."라는 말이 있는 것에 근거하여, 담(談)이 되어야 한다고 했다. 그리고 진기유가 언담자(言談者)는 곧 종횡(縱橫)의 이론을 말하는 자이며, 사칭(詐稱)은 위(僞), 즉 거짓말이라고 했다.

을 좋다고 말하지 않고,[311] [옛날에] 이미 다스려진 공적만을 말하며, 관법(官法)에 관한 일이나 간사한 실정을 살피지 않고, 모두가 상고시대의 전해들은 이야기[312]만 말하면서 선왕이 이루어놓은 공적을 칭송한다. 유학자들은 허풍을 떨면서, "내 말을 들으면 패왕이 될 수 있다"라고 말한다.(『한비자』「현학」)

今世儒者之說人主, 不善今之所以爲治, 而語已治之功, 不審官法之事, 不察奸邪之情, 而皆道上古之傳, 譽先王之成功. 儒者飾辭曰, "聽吾言, 則可以霸王."(『韓非子』「顯學」)

14-3-10[313]

따라서 공자와 묵자 이후에 유가가 8개의 학파로 나누어졌고, 묵가는 3개의 학파로 분리되었다. [주장의] 취사선택이 서로 상반되거나 같지 않으면서 모두가 스스로를 공자와 묵자의 정통이라고 말한다. 공자와 묵자가 다시 살아날 수 없으니, 장차 누구에게 지금 세상의 학설을 판정하도록 할 수 있겠는가? 공자와 묵자가 모두 요(堯)·순(舜)에 대해서 말하지만, [주장의] 취사선택이 같지 않으면서 모두가 스스로를 요·순의 정통이라고 말한다. 요·순이 다시 살아날 수 없으니, 장차 누구에게 [요·순에 대한] 유가와 묵가의 진실성을 판정하도록 할 수 있겠는가? 은(殷)나라와 주(周)나라는 700여 년, 우(虞)나라와 하(夏)나라는 2,000여 년이 지난 상황에서도 유가와 묵가의 진실성도 판정할 수 없는데, 지금에서야 3,000년 전의 요·순의 법도를 살피고자 하니, 아마

311_ 진기유는 선(善)자 앞에 언(言)자를 보충해야만 뒤의 어(語)자와 대구가 된다고 했다.

312_ 전(傳)은 진기유가 "전해들은 이야기로, 앞에서 말한 선왕의 인의(仁義)이다"라고 했다.

313_ 이하에서 인용한 『한비자』「현학」편의 내용은 이 책의 제5권 제5절〈5-5-1〉에서 이미 인용했다. 자세한 주석은 앞의 내용을 참조 바람.

도 불가능할 것이다. 참고하여 검증할 자료도 없는데 반드시 그렇다고 단정하는 것은 어리석은 일이며, 반드시 그렇다고 판정할 수도 없는데, 그것을 근거로 삼는 것은 남을 속이는 일이다. 따라서 선왕(先王)을 드러내 밝히거나 근거로 삼아서 요·순[의 법도에 대해서] 기어코 판정하는 것은 어리석은 것이 아니면 남을 속이는 것이다. 어리석고 남을 속이는 학설과 잡다하게 뒤섞여서 서로 대립되는 행동을 현명한 군주는 수용하지 않는다. 묵자(墨者)의 장례 규정은 겨울에는 겨울옷을 입고, 여름에는 여름옷을 입으며, 오동나무 내관을 세 치의 두께로만 만들고, 복상을 3개월만 하는데, 세상[의 군주들]은 검소하다고 여겨서 그들을 예우한다. 유가는 집안을 파산시키면서 장례를 지내고, 3년 동안의 복상에 몸이 크게 훼손되어 지팡이에 의지해야 할 정도인데, 세상의 군주들은 효성스럽다고 여겨서 그들을 예우한다. 묵자의 검소함을 옳게 여기면 장차 공자의 사치함을 비난할 것이며, 공자의 효성스러움을 옳게 여기면 장차 묵자의 인정에 위배되는 행동을 비난할 것이다. 지금 효도와 인정에 위배되는 행동, 사치와 검소가 모두 유가와 묵가에 있는데도 군주는 그들을 함께 예우한다.(『한비자』「현학」)

故孔·墨之後, 儒分爲八, 墨離爲三. 取捨相反不同, 而皆自謂眞孔·墨. 孔墨不可復生, 將誰使定後世之學乎? 孔子·墨子俱道堯·舜, 而取舍不同, 皆自謂眞堯·舜. 堯·舜不復生, 將誰使定儒·墨之誠乎? 殷·周七百餘歲, 虞·夏二千餘歲, 而不能定儒·墨之眞, 今乃欲審堯·舜之道於三千歲之前, 意者其不可必乎. 無參驗而必之者, 愚也, 弗能必而據之者, 誣也. 故明據先王, 必定堯·舜者, 非愚則誣也. 愚誣之學, 雜反之行, 明主弗受也. 墨者之葬也, 冬日冬服, 夏日夏服, 桐棺三寸, 服喪三月, 世以爲儉而禮之. 儒者破家而葬, 服喪三年, 大毁扶杖, 世主以爲孝而禮之. 夫是墨子之儉, 將非孔子之侈也, 是孔子之孝, 將非墨子之戾也. 今孝戾·侈儉俱在儒·墨, 而上兼禮之.(『韓非子』「顯學」)

康14-34

한비자는 공자와 묵자를 현학(顯學)[314]으로 여겼으며, 또 그 후학들이 성행하여 유가가 8개의 학파로 나누어지고 묵가가 3개의 학파로 분리되었음을 분명하게 밝혔다. 두 교설이 함께 유행하여 주나라와 진나라 사이의 시간 동안 사방으로 흩어져 외치는 자들도 성행했다. 『순자』 「비십이자(非十二子)」편에 자장(子張)·자하(子夏)·자유(子游)라는 유학자가 있고, 『장자』 「천하(天下)」편에 고획(苦獲)·등릉(鄧陵)·남북묵(南北墨)·별묵(別墨) 등의 호칭이 있다. 유가와 묵가가 교설을 다툴 때는 세력이 서로 대등하여 서로 버티면서 대항했는데,[315] 묵자의 도는 사람을 고생시키는 것이었기 때문에[316] 결국 공자에게 패배했으니, 본래 후학들이 미치지 못한 것도 원인이지만, 또한 그 도에도 이러한 결과를 초래한 원인이 있는 것이다.

韓非子以孔·墨爲顯學, 且明其後學之盛, 儒分爲八, 墨離爲三. 二教幷行, 其披倡于周·秦之際者, 亦盛矣. 『荀子』「非十二子」有子張·子夏·子游之儒, 『莊子』「天下」篇有苦獲·鄧陵·南北墨·別墨之號. 蓋儒·墨爭教, 勢力均敵, 互相頡頏, 而墨子以苦人之道, 卒敗于孔子, 固由後學之不及, 亦其道有以致此也.

314_ 현학(顯學)은 세상에 현저하게 드러난 학파를 말하는데, 『한비자』「현학」편에서 다루고 있는 학파는 유가와 묵가이다.

315_ 길항(頡頏)은 길항(拮抗)과 같은 말로, 세력이 대등하여 서로 버티면서 대항하는 것을 말한다.

316_ 『장자』「천하」편에 "후세의 묵가들에게 대부분 거친 옷을 입고, 허름한 신발을 신으며, 밤낮으로 쉬지 않고 노동하여, 스스로를 고생시키는 것이 최고라고 여기도록 했다[使後世之墨者, 多以裘褐爲衣, 以跂蹻爲服, 日夜不休, 以自苦爲極.]"라는 말이 보인다.

14-3-11

천하 사람들은 모두 효도와 공경, 충성과 순종의 도를 옳다고 여기지만, 효도와 공경, 충성과 순종의 도를 잘 살펴서 그것을 실행할 줄은 모르니, 이 때문에 천하가 혼란해졌다. 모두가 요임금과 순임금의 도를 옳다고 여겨서 그것을 본받으니, 이 때문에 군주를 시해하는 경우도 있고, 아버지에게 도리에 어긋나는 짓을 하는 경우도 있다.[317] 요임금과 순임금, 탕왕과 무왕은 혹 군신의 의리를 배반하여 후세의 가르침을 어지럽힌 자들이다. 요임금은 군주이면서도 자기 신하를 군주로 받들었고, 순임금은 신하이면서도 자기 군주를 신하로 삼았으며, 탕왕과 무왕은 신하이면서도 자기 군주를 시해하고 그 시체에 형벌을 가했다. 그런데도 천하 사람들은 그들을 칭송하니, 이것이 바로 천하가 지금까지 잘 다스려지지 않는 이유이다. 대체로 현명한 군주란 신하를 잘 길들일 수 있는 자이다. 현명한 신하란 법을 밝히고 관직을 다스림으로써 군주를 잘 받들 수 있는 자이다. 지금 요임금은 스스로 현명하다고 여기면서도 순임금을 잘 길들이지 못했고, 순임금은 스스로 현명하다고 여기면서도 요임금을 잘 받들지 못했으며, 탕왕과 무왕은 스스로 정의롭다고 여기면서도 군주를 시해했다. 이것은 현명한 군주는 항상 자리를 물려주고, 현명한 신하는 항상 자리를 빼앗으려고 하는 꼴이 된다. 따라서 지금까지도 자식 중에서 자기 아버지의 집을 빼앗은 경우가 있고, 신하 중에서 자기 군주의 나라를 빼앗은 경우가 있다. 아버지이면서 자식에게 물려주고, 군주이면서 신하에게 물려주는 것, 이것은 자리를 안정시키고 가르침을 통일하는 도가 아니다.(『한비자』「충효」)

317_ 곡(曲)은 도리에 어긋나는 짓을 하는 것이다. 진기유는 「오두」편에서 초나라 직궁(直躬)이 양을 훔친 아버지를 관리에게 고발한 것을 '曲於父'라고 한다는 기록에 근거하여, 곡(曲)을 '아버지를 불리하게 하는 것'으로 풀이했다.

天下皆以孝悌・忠順之道爲是也, 而莫知察孝悌・忠順之道而審行之, 是以天下亂. 皆以堯・舜之道爲是而法之, 是以有亂君, 有曲父. 堯・舜・湯・武或反君臣之義, 亂後世之敎者也. 堯爲人君而君其臣, 舜爲人臣而臣其君, 湯武人臣而弑其主, 刑其尸. 而天下譽之, 此天下所以至今不治者也. 夫所謂明君者, 能畜其臣者也, 所謂賢臣者, 能明法辟・治官職以戴其君者也. 今堯自以爲明而不能以畜舜, 舜自以爲賢而不能以戴堯, 湯武自以爲義而弑其君長. 此明君且常與, 而賢臣且常取也. 故至今爲人子者有取其父之家, 爲人臣者有取其君之國矣. 父而讓子, 君而讓臣, 此非所以定位一敎之道也.(『韓非子』「忠孝」)

康14-35

상앙(商鞅)은 효도와 공경[孝悌], 성실과 신의[誠信]를 공격했고,[318] 한비자는 요임금과 순임금, 탕왕과 무왕의 효제(孝弟)와 충순(忠順)을 공격했으니, 옛날의 잘못된 논의 중에서 이보다 더 심한 경우는 없었다. 그런데 그 단서는 실제로는 노자가 연 것이다. 노자는 인의(仁義)와 효자(孝慈)를 버리고, 성(聖)과 지(智)를 끊어버렸기 때문에 한비자가 그것을 계승한 것이다.

商君攻孝悌誠信, 韓非攻堯・舜・湯・武孝弟忠順, 亘古悖論, 未有甚於是者. 然其端實老子開之. 老子棄仁義孝慈, 絶聖智, 故韓非承之.

14-3-12

따라서 현명한 군주의 나라에서는 책에 쓰인 글은 없고 법(法)을 가르

318_『상군서(商君書)』「근령(靳令)」편에서 여섯 가지 기생충[六蝨]을 거론했는데, 『예』와 『악』, 『시』와 『서』, 수양과 선함, 효도와 공경, 성실과 신의, 정절과 청렴, 어짊과 의리 등을 말했다.

침으로 삼으며, 선왕의 말은 없고 관리를 스승으로 삼는다.[319](『한비자』「오두」)

故明主之國, 無書簡之文, 以法爲教, 無先王之語, 以吏爲師.(『韓非子』「五蠹」)

康14-36

『효경위(孝經緯)』에서는 선왕에게 가탁하여 권도(權度)를 밝혔으니,[320] 선왕의 말은 또한 유학자의 말이다. 법을 가르침으로 삼고 관리를 스승으로 삼는 것은 공자가 제도를 고치기 이전으로, 당시에 국가를 다스리던 군주는 대체로 이와 같았다. 그런데 한비자는 상고시대를 끌어들여 유가의 학술을 공격하여 자신의 무식함을 유감없이 드러내 보였으니, 현명한 군주의 나라가 어떻게 있을 수 있겠는가?

『孝經緯』託先王以明權, 則先王之語亦儒者之語也. 以法爲教, 以吏爲師, 孔子未改制之先, 時君之治國者, 大率如此. 韓非援上古之世以攻儒術, 多見其不知量也, 何明主之國之有?

14-3-13

지금 학자들의 말은 근본적인 일에는 힘쓰지 않고 말단적인 일만을 좋아하며,[321] 공허한 성인[322]에 대해 말하여 백성들을 기쁘게만 하는 것

319_ 『사기』「이사열전(李斯列傳)」에도 "諸有文學詩書百家語者蠲除去之, 若有欲學者以吏爲師."라는 구절이 있다.

320_ 『효경위 · 구명결(孝經緯 · 鉤命訣)』에 "[『효경』은] 순종하고 겸손함으로써 재앙을 피하니, 선왕에게 권도를 주어 가탁했다[順遜以避災禍, 與先王以託權.]"라는 말이 보인다. 이 말은 선왕에게 권도를 주어 가탁함으로써 선왕을 통해서 권도를 실행한다는 의미이다.

321_ 이 글의 앞에서 한비자는 "맛있는 국도 갖추지 못하면서 굶주린 사람들에게 밥

이니, 이것은 밥을 먹으라고 권하는 말에 지나지 않는다. 밥을 먹으라고 권하는 말을 현명한 군주는 받아들이지 않는다.(『한비자』「팔설」)

今學者之言也, 不務本作而好末事, 道虛惠以說民, 此勸飯之說. 勸飯之說, 明主不受也.(『韓非子』「八說」)

14-3-14

어떤 사람이 말했다. "공자는 상을 잘 시행하는 방법을 알지 못한다. 대체로 상벌을 잘 시행하면 모든 관리들은 감히 다른 직책을 침범하지 못하고, 많은 신하들은 감히 예법을 어기지 못한다. 윗사람이 그러한 법을 설치하면 아랫사람은 간사하게 속이는 마음을 가지지 않는다. 이와 같으면 상벌을 잘 시행한다고 말할 수 있다."(『한비자』「난 일」)

或曰, "仲尼不知善賞矣. 夫善賞罰者, 百官不敢侵職, 群臣不敢失禮. 上設其法, 而下無奸詐之心. 如此, 則可謂善賞罰矣."(『韓非子』「難 一」)

康14-37

상벌이 엄격하고 명확한 것이 바로 법을 사용하는 방법이다. 한비자는 법을 숭상했기 때문에 상벌을 전문가의 학문으로 여겼으니, 이 때문에 공자가 상을 잘 시행하는 법을 모른다고 비난한 것이다.

賞罰嚴明, 所以用法也. 韓非尙法, 故賞罰爲專家之學, 是以譏孔子不

을 먹으라고 권한다면 그것은 굶주린 사람을 살릴 수 없는 것이다. 초지를 개간하여 곡식을 생산할 수 없으면서 돈을 빌려주거나 상을 내리라고 권한다면 백성들을 부유하게 할 수 없는 것이다"라고 말했다. 따라서 본작(本作)은 초지를 개간하여 곡식을 생산하는 것이고, 말사(末事)는 돈을 빌려주거나 상을 내리는 것을 말한다.

322_ 혜(惠)는 『한비자신교주』에서 고광기가 성(聖)자의 잘못이라고 했고, 진기유는 허성(虛聖)은 곧 유가와 묵가에서 말하는 요 · 순 · 우 · 탕 등이라고 했다.

知善賞.

14-3-15

어떤 사람이 말했다. "공자의 대답은 나라를 망하게 하는 말이다.[323] 백성들이 배반하는 마음을 가질 것을 두려워하여, [섭공(葉公)에게] 가까이 있는 사람을 기쁘게 하고, 멀리 있는 사람을 오게 해야 한다고 유세하니, 이것은 백성들에게 군주의 은혜를 그리워하도록 만드는 것이다.[324] 은혜를 베푸는 것을 정치의 방법으로 삼으면 공적이 없는 자가 상을 받고, 죄를 지은 자가 형벌을 모면하게 되니, 이것은 법이 무너지는 원인이다. 법이 무너지면 정치가 혼란스러워지니, 혼란스러운 정치로 무너진 백성을 다스리는 것이 가능한 경우를 본 적이 없다. 또한 백성들이 배반할 마음을 가지는 것은 군주의 밝음이 미치지 못하는 곳이 있기 때문이다. 섭공(葉公)의 밝음을 밝혀주지는 못하고,[325] 그에게 가까이 있는 사람을 기쁘게 하고, 멀리 있는 사람을 오게 하도록 만드니, 이것은 나의 권세로 금지시킬 수 있는 방법을 내버려두고, 은혜를 시행하여 백성[의 민심을 얻기]를 천하[의 제후들]과 다투도록 만드는 것이니, 권세를 가진 자가 할 일이 아니다. 대체로 요(堯)의 현명함은 육왕(六王)[326] 중에서 최고인데, 순(舜)이 한 번 거처를 옮기자 고을이 형성되었으며,[327] 요는 천하를 상실하게 되었다. 어떤 사람이 정치술로

323_ 이 내용은 이 글 이전에 정치에 대해 질문한 섭공(葉公)에게 공자가 대답한 말이다. 공자는 "정치의 비결은 가까이 있는 사람을 기쁘게 하고, 멀리 있는 사람을 오게 하는 것이다[政在悅近而來遠.]"라고 했다. 그리고 『논어』「자로」편에 "葉公問政, 子曰, 近者說, 遠者來."라는 내용이 보인다.

324_ 회혜(懷惠)는 군주가 은혜를 베풀어주기를 바라면서 그리워하는 것이다.

325_ 소(紹)는 진기유가 소(昭)가 되어야 한다고 했다. 한편 이운구는 계(繼)자와 같은 뜻으로, "부족한 데를 기워서 보충해준다"라고 풀이했다.

326_ 육왕(六王)은 요임금, 순임금, 우임금, 탕임금, 문왕, 무왕을 말한다.

327_ 『한비자신교주』의 교열에 의하면, 종(從)은 사(徙), 함(咸)은 성(成), 포(包)는 읍

써 아래를 금지하지 않고, 순[의 정치 방법]을 믿어 의지하면서 그 백성을 잃지 않으려고 한다면, 이것은 또한 정치술이 없는 것이 아니겠는가?"(『한비자』「난 삼」)

或曰, "仲尼之對, 亡國之言也. 恐民有倍心, 而說之悅近而來遠, 則是敎民懷惠. 惠之爲政, 無功者受賞, 而有罪者免, 此法之所以敗也. 法敗而政亂, 以亂政治敗民, 未見其可也. 且民有倍心者, 君上之明有所不及也. 不紹葉公之明, 而使之悅近而來遠, 是舍吾勢之所能禁, 而使與天下行惠以爭民, 非能持勢者也. 夫堯之賢, 六王之冠也, 舜一從而咸包, 而堯無天下矣. 有人無術以禁下, 恃爲舜而不失其民, 不亦無術乎?"(『韓非子』「難 三」)

康14-38

천하를 선양하는 성대한 덕을 알지 못하고, 아랫사람을 제어하는 정치술이 없다고 비난하니, 이것은 백이(伯夷)가 굶어 죽은 것이 도둑질을 할 줄 몰라서였다고 비웃는 것[과 마찬가지이다.]

不知讓天下之盛德, 而譏御下之無術, 是笑伯夷之餓不解爲盜也.

14-3-16[328]

군주가 명령을 내려도 백성들은 학문[329]을 가지고 그것을 비난하고, 정부에 법령이 있어도 백성들은 개인적인 행위로 그것을 위배한다.

(邑)의 잘못이다. 『사기』「오제본기(五帝本紀)」에 "一年而所居成聚, 二年成邑, 三年成都."라는 말이 보인다.

328_ 이 부분에서 한비자는 변론이 생기는 이유가 군주의 밝지 못함 때문이라고 주장하고, 그에 대한 자신의 논리를 펼치고 있다.

329_ 문학(文學)은 이운구가 "유가와 묵가 학파를 추종하는 고전학"이라고 했다.

그러면 군주는 도리어 그 법령을 폐기해 버리고,[330] 학자들의 지혜와 행동을 높이니, 이것이 바로 세상에서 학문을 중시하게 된[331] 이유이다. 대체로 말과 행동은 공용(功用)을 표준[332]으로 삼는다. 사냥용 화살을 숫돌에 갈아서 제멋대로 쏘더라도,[333] 아주 가는 털 하나를 맞히지 못하는 것은 아니다. 그렇지만 활을 잘 쏘는 자라고 말할 수 없는 것은 일정한 격식의 과녁이 없기 때문이다. 다섯 치의 과녁을 설치하여 열 걸음이 떨어진 거리에서 당기면 예(羿)나 봉몽(逢蒙)[334]이 아니면 결코 적중할 수 없는 것은 일정한 격식의 과녁이 있기 때문이다. 따라서 일정한 격식의 과녁이 있으면 예나 봉몽이 다섯 치의 과녁[에 적중하는 것]이 솜씨가 뛰어난 것이 되고, 일정한 격식의 과녁이 없으면 제멋대로 쏘아서 아주 가는 털 하나를 맞추는 것이 솜씨가 서투른 것이 된다. 지금 말을 듣고 행동을 관찰할 때, 공용(功用)을 그 표준으로 삼지 않는다면 말이 비록 지극히 내용이 깊고, 행동이 비록 지극히 견실하더라도, 제멋대로 쏜 화살과 같은 주장이 되어 버린다. 이 때문에 혼란한 시대에는 [남의] 말을 들을 때, 알기 어려운 말을 내용이 깊은 것으로 여기고, 박학하게 꾸미는 말을 변설이 뛰어난 것으로 여긴다. 그리고 [남의] 행동을 관찰할 때, 무리와 떨어져 행동하는 것을 현명하다고 여기고, 윗사람에게 대드는 것을 고상하다고 여긴다.[335] 군주라는 자는

330_ 고(顧)는 반(反)자의 의미이다. 점(漸)은 『한비자신교주』에서 조용현(趙用賢)이 몰(沒)의 의미라고 했는데, '폐기한다'는 뜻이다.

331_ 다(多)는 훌륭하게 여기고 중시하는 것이다. 『한비자』「오두」편에 "多其有勇也."라는 말이 보인다. 이운구는 "가치를 인정하고 중하게 되는 것"이라고 했다.

332_ 적구(的彀)는 어떤 일의 목표나 표준을 말한다.

333_ 지려(砥礪)는 숫돌에 가는 것이다. 살시(殺矢)는 『주례』「하관(夏官)」편에 나오는 팔시(八矢) 중의 하나로, 사냥에 쓰는 화살의 한 가지이다. 가까운 거리에서 쏘기 때문에 맞기만 하면 죽는다는 것에서 나온 말이다.

334_ 봉몽(逢蒙)은 예(羿)의 제자이다.

335_ 항(抗)은 정직하고 고상하다는 의미이다. 『묵자』「친사(親士)」편에 "比干之殪, 其抗也."라는 말이 보인다.

말을 잘하고 내용이 깊은 말을 좋아하며, 현명하고 고상한 행동을 존중한다. 따라서 저 법률과 정치술을 시행하는[336] 사람이 취사선택의 행동 기준을 세우고, 논쟁의 논리를 구별하더라도 군주[의 잘못]을 바로잡을 수가 없다.[337] 이 때문에 유학자의 복장을 한 학자와 칼을 찬 검객은 많지만, 농사를 짓고 전쟁에 참여하는 병사는 적으며, 견백(堅白)[338]과 무후(無厚)[339]의 명제가 성행하지만, 포고한 법령은 사라져 버린다. 따라서 군주가 밝지 않으면 변론이 생긴다고 말한 것이다.(『한비자』「문변」)

主上有令而民以文學非之, 官府有法民以私行矯之. 人主顧漸其法令, 而尊學者之智行, 此世之所以多文學也. 夫言行者, 以功用爲之的彀者也. 夫砥礪殺矢而以妄發, 其端未嘗不中秋毫也. 然而不可謂善射者, 無常儀的也. 設五寸之的, 引十步之遠, 非羿・逢蒙不能必中者, 有常也. 故有常, 則羿・逢蒙以五寸的爲功, 無常, 則以妄發之中秋毫爲拙. 今聽言觀行, 不以公用爲之的彀, 言雖至察, 行雖至堅, 則妄發之說也. 是以亂世之聽言也, 以難知爲察, 以博文爲辯. 其觀行也, 以離群爲賢, 以犯上爲抗. 人主者, 說辯察之言, 尊賢抗之行. 故夫作法術之人, 立取捨之行, 別辭爭之論, 而莫爲之正. 是以儒服帶劍者衆,

---

336_ 작(作)은 『한비자신교주』에서 송고원(松皐圓)이 행(行)의 의미라고 했다.

337_ 진기유가 "말을 잘하고 내용이 깊은 말을 좋아하며, 현명하고 고상한 행동을 존중하는 군주의 잘못을 바로잡을 수 없다"라고 풀이했다.

338_ 견백(堅白)은 공손룡이 주장한 명제이다. '단단하다'는 것은 손의 감촉이고, '희다'는 것은 눈의 감각이기 때문에 단단하고 흰 돌[堅白石]이라는 것이 동시에 성립할 수 있는 개념이 아니라는 것이다. 『공손룡자』「견백론(堅白論)」편에서 자세하고 다루고 있다.

339_ 무후(無厚)는 혜시(惠施)가 주장한 명제이다. '두께가 없는 것은 쌓을 수는 없지만, 그 크기는 천리의 넓이가 된다[無厚, 不可積也, 其大千里.]'라는 것이다. 이것은 두께의 측면에서는 쌓을 수 없을 정도로 얇은 것도 만약 넓이의 측면에서는 무한하게 넓게 펼칠 수 있다는 말이다. 즉 두께가 없는 것은 체적은 없지만 면적은 있기 때문에 무한한 넓이가 될 수 있다는 의미이다. 『장자』「천하(天下)」편에 자세하게 보인다.

而耕戰之士寡, 堅白無厚之詞章, 而憲令之法息. 故曰, 上不明, 則辯生焉.(『韓非子』「問辯」)

康14-39

한비자(韓非子)와 이사(李斯)는 함께 순자에게 배웠는데, 두 사람의 실패는 그 일도 같고 그 화도 같다. 『사기』「이사열전(李斯列傳)」을 살펴보면, 이사가 순자의 말을 따르지 않았다는 것을 알 수 있다. 두 사람은 모두 공명(功名)을 세우기에 급급했기 때문에 마침내 법령을 엄격하고 잔혹하게 만들어 당시의 군주에게 제시했고, 당시의 군주는 그것을 좋아했으니, 그 화가 다른 사람에게 해를 끼쳤을 뿐만 아니라, 또한 도리어 자기에게까지 미친 것이다. '말을 잘 하고 내용이 깊은 말'과 '현명하고 고상한 행동'이 세상을 혼란하게 만드는 것이라고 한비자는 생각했으니, 그가 이사와 같은 인물이라는 것은 당연한 사실이다.

韓非與李斯同學于荀子, 而二人之敗, 其事同, 其禍同. 觀『史記』「李斯傳」, 斯辭荀子之言, 從可知矣. 蓋二人皆以急功名之故, 遂嚴法酷令以投時君, 時君說之, 其禍中于人, 亦反及于己. '辯察之言', '賢抗之行', 非以爲亂世, 無怪其與李斯同也

14-3-17

[세 가지가 있는데도 세상의 치란이 반복되는 것은] 윗사람이 귀하게 여기는 것과 정치의 방법이 서로 상반되기 때문이다.[340] 대체로 명호

340_ 이 내용의 앞부분에서 한비자는 성인이 정치의 방법으로 삼는 것이 세 가지라고 제시했다. 즉 이익[利]과 위엄[威]과 이름[名]이다. 이익은 민심을 얻기 위한 방법이고, 위엄은 법령을 행사하기 위한 방법이며, 이름은 윗사람과 아랫사람이 함께 의존하는 것이라고 했다. 그런데 이 세 가지가 있음에도 불구하고, 세상의 치란이 반복되는 까닭은 무엇인가? 이하의 내용은 그 점에 대한 한비자의 논리이다.

(名號)를 세우는 것은 존귀함을 만들기 위한 방법인데, 지금 이름을 천시하고 실질을 가볍게 여기는 자가 있으면 세상에서는 고상하다[高]고 한다. 작위를 설치하는 것은 귀천[을 분별하는] 기초를 세우기 위한 방법인데, 윗사람을 가볍게 여기고 만나보려고 하지 않는 자를 세상에서는 현명하다[賢]고 한다. 위엄과 이익은 법령을 시행하기 위한 방법인데, 이익을 무시하고 위엄을 가볍게 여기는 자를 세상에서는 중후하다[重]고 한다. 법령은 정치를 하기 위한 방법인데, 법령을 따르지 않고 개인적으로 선행을 하는 자를 충실하다[忠]고 한다. 관작은 백성들을 권면하기 위한 방법인데, 명분과 의리를 좋아하고 벼슬길에 나아가지 않는 자를 세상에서는 열사(烈士)라고 한다. 형벌은 위엄을 부리기 위한 방법인데, 법을 경시하고 형벌과 사형의 죄를 피하지 않는 자를 세상에서는 용감한 사람[勇夫]이라고 한다. 백성들은 이름 추구에 절실한 것이 이익 추구보다도 더 심하다. 이와 같다면 선비들 중에 굶주리고 궁핍한 자가 바위굴 속에 살면서 고생함으로써 천하에 이름을 다투려고 함이 어찌 없을 수 있겠는가? 따라서 세상이 다스려지지 않는 까닭은 아랫사람의 죄가 아니며, 윗사람이 정치의 도를 잃어버렸기 때문이다. 항상 혼란스러워지는 방법을 귀하게 여기고, 잘 다스려지는 방법을 천하게 여기기 때문에 아랫사람이 원하는 것이 항상 윗사람이 다스리는 방법과 서로 어긋난다.

夫上之所貴, 與其所以爲治相反也. 夫立名號所以爲尊也, 今有賤名輕實者, 世謂之高. 設爵位所以爲賤貴基也, 而簡上不求見者, 世謂之賢. 威利所以行令也, 而無利輕威者, 世謂之重. 法令所以爲治也, 而不從法令爲私善者, 世謂之忠. 官爵所以勸民也, 而好名義不進仕者, 世謂之烈士. 刑罰所以擅威也, 而輕法不避刑戮死亡之罪者, 世謂之勇夫. 民之急名也, 甚其求利也. 如此, 則士之饑餓乏絶者, 焉得無巖居苦身以爭名于天下哉? 故世之所以不治者, 非下之罪, 上失其道也. 常貴其所以亂而賤其所以治. 是故下之所欲, 常與上之所以爲治相詭也.

지금 아랫사람으로서 윗사람의 말을 듣는 것은 윗사람이 절실하게 여기는 것이다. 그런데 정직하고 성실하며 순박하고 믿음직하며, 마음을 잘 쓰고 말을 조심하는 자를 천박하다[窶]고 한다.[341] 법을 견고하게 지키고, 명령을 자세하게 들으면 어리석다[愚]고 한다. 윗사람을 공경하고 죄를 두려워하면 겁낸다[怯]고 한다. 말이 때에 맞게 절도가 있고, 행동이 적절하게 들어맞으면[342] 못났다[不肖]고 한다. 두 마음을 품고서 개인적인 학문을 하지 않고, 관리의 말을 듣고 가르침을 잘 따르는 자를 고루하다[陋]고 한다. [조정으로] 불러들이기 어려운 자를 올바르다[正]고 하고, [상을] 주기가 어려운 자를 일러 청렴하다[廉]고 하며, 제어하기가 어려운 자를 씩씩하다[齊]고 한다.[343] 명령을 내려도 따르지 않는 것을 용감하다[勇]고 하고, 윗사람에게 이익이 되지 않는 것을 공손하다[愿]고 하며, 욕심이 적고 관대하고 은혜로우며, 덕을 행하는 것을 어질다[仁]고 한다. 중후하면서 스스로를 높이는 자를 어른[長者]이라고 하고, 개인적으로 학문하여 무리를 이룬 자를 스승[師徒]이라고 하며, 조용하게 지내고 처지를 편안하게 여기는 자를 생각이 깊다[有思]고 한다. 어짊을 버리고 이익을 쫓는 것을 민첩하다[疾]고 하고,[344] 경박하고 조급하며 방정맞은 언행을 되풀이하는 것을 지혜롭다[智]고 하며,[345] 남을 먼저 하게 하고 자신을 뒤로 하며, 명호(名號)를 종류별로 말하고,[346]

341_ 겁언(怯言)은 말을 함부로 많이 하지 않는 것이다. 시(時)는 진기유가 즉(則)이 되어야 한다고 했다. 구(窶)는 천박하고 비루하다는 뜻이다.

342_ 진기유는 적(適)을 정(正), 시(時)를 선(善)의 의미로 보고, "말이 절제를 잘하고, 행동이 정도에 들어맞는다"라고 풀이하기도 했다.

343_ 『한비자신교주』에서 태정방(太田方)이 난치(難致)는 "군주가 불러도 나가지 않는 것", 난여(難予)는 "윗사람의 상을 받지 않고 홀로 명예를 탐하는 것", 난금(難禁)은 "발호하여 금지하거나 제어하기 어려운 것"이라고 했다. 그리고 제(齊)는 씩씩하다[壯]는 뜻이라고 했다.

344_ 질(疾)은 『한비자신교주』에서 송고원이 "일에 민첩한 것"이라고 했다.

345_ 진기유는 이 문장에 빠진 글자가 있다고 하고, 이 문장이 "險躁佻巧謂之辯, □□反覆謂之智."가 되어야 한다고 했는데, 여기에서는 글자 그대로 해석했다. 험조(險躁)는 경박하고 조급한 것이고, 조(佻)도 언행이 방정맞은 것이다.

천하를 널리 사랑하자고 말하는 것을 성스럽다[聖]고 한다. 큰소리를 치면서 말이 넓고 박식하지만 쓸모가 없고,[347] 실행하지만 세상과 괴리되는 자를 대인(大人)이라고 하고, 작록을 천시하고 윗사람에게 굴복하지 않는 자를 호걸[傑]이라고 한다. 아래에서 점점 이와 같이 물들어 가니,[348] 국내에서는 백성을 어지럽히고 국외에서는 [국가를] 불리하게 만든다.[349] 윗사람이 마땅히 그러한 욕구를 금지하고, 그러한 행적을 없애야 하는데도 그만두지 못하며, 또한 따라서 그것을 존중하니, 이것은 아랫사람에게 윗사람을 어지럽히도록 함으로써 정치를 하는 것이다.(『한비자』「궤사」)

今下而聽其上, 上之所急也. 而惇慤純信, 用心怯言, 時謂之窶. 守法固, 聽令審, 則謂之愚. 敬上畏罪, 則謂之怯. 言時節, 行中適, 則謂之不肖. 無二心私學, 聽吏從教者, 則謂之陋. 難致謂之正, 難予謂之廉, 難禁謂之齊. 有令不聽從, 謂之勇, 無利于上, 謂之愿, 少欲寬惠行德, 謂之仁. 重厚自尊, 謂之長者, 私學成群, 謂之師徒, 閑靜安居, 謂之有思. 損仁逐利, 謂之疾, 險躁佻反覆, 謂之智, 先爲人而後自爲, 類名號, 言泛愛天下, 謂之聖. 言大本稱而不可用, 行而乖于世者, 謂之大人, 賤爵祿, 不撓上者, 謂之傑. 下漸行如此, 入則亂民, 出則不便也. 上宜禁其欲, 滅其迹而不止也, 又從而尊之, 是教下亂上以爲治也.(『韓非子』「詭使」)

346_ 진기유는 여기에 두 글자가 빠졌다고 보고, "類名號, □□言."이 되어야 한다고 했는데, 여기에서는 글자 그대로 해석했다.

347_ 본(本)은 진기유가 번(繁)의 가차자라고 했다. 언대(言大)는 큰소리를 치는 것이고, 번칭(繁稱)은 말이 넓고 박식하다는 뜻이다.

348_ 점(漸)은 진기유가 간(姦)의 뜻이라고 했고, 이운구는 하점(下漸)을 "풍조에 서서히 빠져들어 물들어감"이라고 풀이했다.

349_ 진기유가 입(入)은 국내, 출(出)은 국외라고 했고, 불편(不便)은 국가를 불리하게 만든다는 의미라고 했다.

康14-40

한비자는 험악하고 잔악한 술수로 천하에 팔리기를 구했는데, 명절(名節)을 숭상하고 작록(爵祿)을 천시하는 자를 모두 금지하고 없애버리려고 했다. 심지어는 남을 먼저 하게 하고 자신을 뒤로 하며, 명호(名號)를 종류별로 말하고, 널리 모두를 사랑하자고 말하는 자도 온 힘을 다해 공격했다. 만약 그의 도가 크게 시행되었다면 공자의 교설은 완전히 없어졌을 것이다. 아, 섬뜩하도다!

韓非以險隘酷烈之術求售于天下, 而尙名節·賤爵祿者皆欲禁絶之. 甚之先爲人而後自爲, 類名號, 言泛愛, 亦攻之, 不遺餘力. 使其道大行, 孔子之敎掃地矣. 嗚呼, 慘哉!

14-3-18

성스럽고 지혜로운 자가 무리를 지어 말을 조작하고 난리를 일으키며, 불법적인 행동으로 윗사람을 대한다.[350] 그런데도 윗사람은 막지 않으며, 또한 따라서 그것을 존중하니, 이것은 아랫사람에게 윗사람의 말을 듣지 않고 법을 따르지 않도록 만드는 것이다.(『한비자』「궤사」)

聖智成群, 造言作辭, 以非法令於上. 上不禁塞, 又從而尊之, 是敎下不聽上[351]不從法也.(『韓非子』「詭使」)

350_ 조언(造言)은 말을 조작하여 대중을 유혹하는 것이다. 령(令)은 조(措)로 된 판본이 있는데, 거기에 따라 해석했다. 이운구는 조어상(措於上)이 "군주를 상대한다"는 뜻이라고 했다.

351_ 『공자개제고』에는 상(上)자 다음에 상(上)자가 한 글자 더 있는데, 『한비자』 원문에 따라 삭제했다.

14-3-19

도를 배우고 방정함[352]을 세우는 것은 법을 어기는 백성이지만,[353] 세상에서는 그를 높여서 '학문을 하는 선비'[354]라고 한다.(『한비자』「육반」)

學道立方, 離法之民也, 而世尊之曰, '文學之士'.(『韓非子』「六反」)

14-3-20

널리 학문을 익히고, 말을 잘하고 지혜로운 것이 공자나 묵자와 같더라도, 공자나 묵자가 농사를 짓지 않으면 국가에 무슨 도움이 되겠는가? 효도를 닦고 욕심을 줄이는 것이 증삼(曾參)이나 사추(史鰌)[355]와 같더라도, 증삼이나 사추가 전쟁에 참여하지 않으면 국가에 무슨 이득이 되겠는가? 필부에게는 사적인 편리가 있고, 군주에게는 공적인 이득이 있다. 일을 하지 않아도 양육이 충분하고, 벼슬하지 않아도 명성이 드러나는 것, 이것이 바로 [개인이 추구하는] 사적인 편리이다. 학문을 금지하고 법도를 밝히며, 사적인 편리를 막고 작록(爵祿)과 공로(功勞)가

352_ 방(方)은 『한비자』「해로(解老)」편에서 "이른바 방(方)이란 내외가 서로 상응하고, 언행이 서로 걸맞는 것[所謂方者, 內外相應也, 言行相稱也.]"이라고 했다. 진기유는 "정직하면서 아부하지 않고, 언행이 일치하는 것이다"라고 했다.

353_ 리법(離法)은 법에 걸려서 저촉되는 것으로, 법을 어기는 것을 말한다.

354_ 진기유가 "유가나 묵가를 가리켜서 한 말이다"라고 했다.

355_ 사추(史鰌)는 춘추시대 위(衛)나라 영공(靈公)의 가신이자 대부로, 자는 자어(子魚)이다. 『석문』에서 "증삼은 인(仁)을 실천했고, 사추는 의(義)를 실천했다"라고 했고, 『논어』「위령공」편에서는 화살과 같이 곧고 강직하다[子曰, 直哉. 史魚. 邦有道, 如矢, 邦無道, 如矢.]고 했듯이, 청렴하고 강직하다는 평가를 받았다. 『장자』「변무(駢拇)」편에서는 다음과 같이 두 사람을 평가했다. "인(仁)을 쓸데없이 주장하는 자는 타고난 본래의 덕성을 제거하고 자연적인 본성을 막아버림으로써 명성(名聲)을 얻으려고 하여, 천하 사람들에게 정신없이 떠들면서 [그들의 능력으로는] 미칠 수 없는 법도를 받들게 하니, 그렇지 않는가? 증삼(曾參)과 사추(史鰌)가 바로 그런 사람이다."

대등한 것,[356] 이것이 바로 [군주가 추구하는] 공적인 이득이다. 법을 시행함으로써 백성을 이끄는데, 거기에 또 학문을 귀하게 여긴다면 백성들은 스승으로 본받는 법을 의심하게 된다.[357] 그리고 공적(功績)에 상을 줌으로써 백성들을 권면하는데, 거기에 또 행실의 수양을 존중한다면 백성들은 이익의 생산을 게을리하게 된다. 학문을 귀하게 여김으로써 법을 의심하게 하고, 행실의 수양을 존중함으로써 공적에 전념하지 않게 하면 나라의 부강함을 추구하더라도 불가능할 것이다.(『한비자』「팔설」)

博習辯智如孔·墨, 孔·墨不耕耨, 則國何得焉? 修孝寡欲如曾·史, 曾·史不戰攻, 則國何利焉? 匹夫有私便, 人主有公利. 不作而養足, 不仕而名顯, 此私便也. 息文學而明法度, 塞私便而一功勞, 此公利也. 錯法以道民也, 而又貴文學, 則民之所師法也疑. 賞功以勸民也, 而又尊行修, 則民之產利也惰. 夫貴文學以疑法, 尊行修以貳功, 索國之富强, 不可得也.(『韓非子』「八說」)

14-3-21

따라서 선왕을 거론하면서 인의(仁義)를 말하는 자가 조정에 가득하지만, 정치는 혼란함을 면치 못한다. 몸을 수행하는 자는 고결하게 되기를 다투지만, 공적과는 합치되지 않는다. 따라서 지혜로운 선비는 물러나 바위굴 속에 거처하면서 봉록을 주어도 받지 않기 때문에 군대가 허약함을 면치 못한다. 군대가 허약함을 면치 못하고, 정치가 혼란함을 면치 못하니, 이것은 무엇 때문인가? 백성들이 칭찬하는 것과 군주

356_ 진기유가 "작록(爵祿)과 공로(功勞)가 서로 대등한 것이다"라고 했고, 이운구는 "공적을 쌓는 한 가지 일에만 몰두하는 것이다"라고 했다.

357_ 진기유에 의하면, 한비자는 법을 백성들의 사법(師法)으로 만들었기 때문에 만약 유가와 묵가의 학문을 귀하게 여기면 백성들이 법을 의심하고 따르지 않을 것이라고 했다.

가 예우하는 것이 바로 나라를 어지럽히는 술수이기 때문이다.(『한비자』「오두」)

故擧先王言仁義者盈廷, 而政不免于亂. 行身者競于爲高而不合于功. 故智士退處巖穴, 歸祿不受, 而兵不免于弱. 兵不免于弱,[358] 政不免于亂, 此其故何也? 民之所譽, 上之所禮, 亂國之術也.(『韓非子』「五蠹」)

14-3-22

나라가 평화로우면 유학자나 협객을 양성하고, 난리가 닥치면 갑옷을 입은 병사[359]를 사용한다. 이익을 위해 양성했던 자는 사용되는 자가 아니고, 사용되는 자는 이익을 위해 양성했던 자가 아니다.[360] 이 때문에 일에 복무하는 자들은 자기 일을 소홀하게 처리하고, 유세하며 돌아다니는 학자들[361]이 날로 많아지니, 이것이 세상이 혼란한 원인이다.(『한비자』「오두」)

國平養儒・俠, 難至用介士. 所利非所用, 所用非所利. 是故服事者簡其業, 而游學者日衆是世之所以亂也.(『韓非子』「五蠹」)

14-3-23

유학자들은 문장으로 법을 어지럽히고, 협객들은 무력으로 금령(禁令)

358_ 병불면우약(兵不免于弱)이 『공자개제고』에는 빠져 있는데, 『한비자』 원문에 따라 보충했다.

359_ 개사(介士)는 갑옷을 입은 무사나 병사를 말한다.

360_ 평소에 이익을 위해 양성했던 신하들은 난리 때 사용하지 못하고, 난리 때 사용하는 병사들은 평소에 이익을 위해 양성했던 신하들이 아니라는 말이다. 『사기』「노장신한열전」에도 "以爲儒者用文亂法, 而俠者以武犯禁. 寬則寵名譽之人, 急則用介冑之士. 今者所養非所用, 所用非所養."이라는 기록이 보인다. 여기에는 리(利)자가 양(養)자로 되어 있다.

361_ 유학(游學)은 유세하면서 돌아다니는 학자를 말한다. 이운구는 앞의 내용과 관련시켜서 '유협이나 학자들'이라고 해석했다.

을 위반하지만, 군주가 그들을 함께 예우하니, 이것이 혼란의 원인이다. 법에 저촉된 자[362]는 죄가 되지만 여러 유학자들[363]은 학문으로 채용되고, 금령을 위반한 자들은 처벌되지만 여러 협객들은 [귀족의] 개인 검객으로 양성된다.[364] 따라서 법에서 안 되는 자를 군주가 채용하고, 관리가 처벌하는 자를 윗사람이 양성하는 꼴이다. 법과 [윗사람의] 채용,[365] 그리고 윗사람[의 양성]과 아랫사람[의 처벌] 이 네 가지가 서로 상반되어 정해진 것이 없으면, 비록 황제(黃帝)가 10명이 있더라도 다스릴 수가 없을 것이다. 따라서 인의(仁義)를 행하는 자는 칭찬할 대상이 아닌데도 칭찬하면 공적을 해치게 되며, 학문을 하는 자는 등용할 대상이 아닌데도 등용하면 법을 어지럽히게 된다.(『한비자』「오두」)

儒以文亂法, 俠以武犯禁, 而人主兼禮之, 此所以亂也. 夫離法者罪, 而諸先王以文學取, 犯禁者誅, 而群俠以私劍養. 故法之所非, 君之所取, 吏之所誅, 上之所養也. 法趣上下四相反也, 而無所定, 雖有十黃帝不能治也. 故行仁義者非所譽, 譽之則害功, 文學者非所用, 用之則亂法.(『韓非子』「五蠹」)

14-3-24

지금 학문을 닦고 말재주를 익히면, 농사짓는 노고가 없어도 부유함의 실리가 있고, 전쟁의 위험이 없어도 존귀함이 있다면 사람들 중에 누가 하지 않겠는가?(『한비자』「오두」)

362_ 리법(離法)은 법에 걸려서 저촉되는 것으로, 법을 어기는 것을 말한다.

363_ 선왕(先王)은 『한비자신교주』에서 고광기가 선생(先生)이 되어야 한다고 했고, 진기유는 선진시대에 시서(詩書)를 익히는 자들을 선생(先生)이라고 불렀다고 한다. 즉 앞에서 말한 유학자들을 가리킨다.

364_ 사검(私劍)은 개인에게 충성하는 검객을 말한다. 당시의 귀족계층이 개인적으로 집안에서 자객을 고용하여 기른 것을 말한다.

365_ 취(趣)는 태전방이 취(取)가 되어야 한다고 했다.

今修文學, 習言談, 則無耕之勞, 而有富之實, 無戰之危, 而有貴之尊, 則人孰不爲也.(『韓非子』「五蠹」)

14-3-25

나라가 평화로우면 유학자나 협객을 양성하고, 난리가 닥치면 갑옷을 입은 병사를 사용한다. 양성하는 자는 사용되는 자가 아니고, 사용되는 자는 양성하던 자가 아니니, 이것이 [세상이] 혼란한 원인이다. 또한 군주가 학자의 의견 청취를 위주로 할 때, 만약 그 말이 옳다면 그 말을 관직에 시행하고 그 사람을 등용해야 하며, 만약 그 말이 틀렸다면 그 사람을 물리쳐서 그 단서를 없애버려야 한다. 지금 옳다고 여기는데도 관직에서 시행하지 못하고, 틀렸다고 여기는데도 그 단서를 없애버리지 못한다. 옳은데도 등용하지 못하고, 틀렸는데도 없애버리지 못하는 것은 혼란과 패망의 길이다. 담대자우(澹臺子羽)[366]는 군자다운 용모 때문에 공자가 기대하고 제자로 취했는데,[367] 함께 오랫동안 거처하니 행동이 그 용모에 걸맞지 않았다.[368] 재여(宰予)는 말솜씨가 뛰어나고 화려했기 때문에 공자가 기대하고 제자로 취했는데, 함께 오랫동안 거처하니 지혜가 그 말재주를 채우지 못했다. 따라서 공자는 "용

366_ 담대자우(澹臺子羽)는 노나라 무성(武城) 사람으로, 성이 담대(澹臺)이고, 자우(子羽)는 자이다. 이름은 멸명(滅明)이다. 『논어』「옹야(雍也)」편에 자유(子游)가 담대멸명에 대해 "길을 다닐 때 지름길을 가지 않고, 공적인 일이 아니면 일찍이 저의 집에 온 적이 없다[行不由徑, 非公事, 未嘗至於偃之室也.]"라고 평가한 내용이 보인다.

367_ 기(幾)는 바라고 희망하는 것이다. 이운구는 "인정하여 받아들인다"로 해석했다.

368_ 『사기』「중니제자열전(仲尼弟子列傳)」에는 그의 용모에 대해서 이 기록과는 다르게 묘사하고 있다. "담대멸명(澹臺滅明)은 무성(武城) 사람이고, 자가 자우(子羽)이며, 공자보다 39세 어렸다. 생긴 모습이 매우 추악했는데, 그가 공자를 섬기려고 했을 때 공자는 재주가 천박할 것이라고 여겼다[澹臺滅明, 武城人, 字子羽, 少孔子三十九歲. 狀貌甚惡, 欲事孔子, 孔子以爲材薄.]"라는 기록이 보인다.

모로 사람을 취했더니, 담대자우 때문에 실수했고, 말솜씨로 사람을 취했더니, 재여 때문에 실수했다"라고 말했다. 그러므로 공자의 지혜로도 진실을 잘못 파악했다는 소리가 들린다. 오늘날의 새로운 변설은 재여보다 더 넘쳐나며, 세상 군주의 청각은 공자보다 더 현혹되어 있으니, 그 말이 듣기 좋다는 이유로 그 사람을 임용한다면 어찌 실수가 없을 수 있겠는가?(『한비자』「현학」)

國平則養儒俠, 難至則用介士. 所養者非所用, 所用者非所養, 此所以亂也. 且夫人主于聽學也, 若是其言, 宜布之官而用其身, 若非其言, 宜去其身而息其端. 今以爲是也, 而弗布于官, 以爲非也, 而不息其端. 是而不用, 非而不息, 亂亡之道也. 澹臺子羽, 君子之容也, 仲尼幾而取之, 與處久而行不稱其貌. 宰予之辭, 雅而文也, 仲尼幾而取之, 與處而智不充其辯. 故孔子曰, "以容取人乎, 失之子羽, 以言取人乎, 失之宰予." 故以仲尼之智而有失實之聲. 今之新辯濫乎宰予, 而世主之聽眩乎仲尼, 爲悅其言, 因任其身, 則焉得無失乎?(『韓非子』「顯學」)

14-3-26

유학자나 협객이 군대의 노고도 없었는데도 이름이 드러나고 영광을 누리는 자는 백성들 중에서도 부리지 못하는 자이니, 마치 인형과 같은 종류이다. 자갈밭이나 인형이 재앙이 되는 것은 알면서도,[369] 상인과 관리, 유학자와 협객이 개간되지 않는 토지나 부리지 못하는 백성이 되는 것은 모르니, 이것은 그것들이 같은 종류의 사물이라는 것을 모르는 것이다.(『한비자』「현학」)

儒俠毋軍, 勞顯而榮者, 則民不使, 與象人同事也. 夫禍知磐石象人,

369_ 화지(禍知)는 고광기가 지화(知禍)가 되어야 한다고 했다. 반석(磐石)은 편편하고 큰 바위를 말하는데, 돌로 이루어진 쓸모없는 땅을 비유한다.

而不知禍商官儒俠爲不墾之地·不使之民, 不知事類者也.(『韓非子』「顯學」)

康14-41

한비자는 노자를 시조로 숭상했기 때문에 한 번 변화되면 형법(刑法)의 학문이 된다. 따라서 말하는 것이 대부분 공적을 급하게 세우거나, 이익을 가까이 하거나, 사람을 우둔하게 만드는 술수이다. 전국시대에 유가와 묵가의 후학이 당시에 성행했는데, 한비자는 그들이 전한 도와 자신의 법이 크게 서로 배치되고 어긋나는 것을 목격했다. 그래서 마침내 소리 높여 타도를 외치면서, "농사짓는 노고가 없어도 부유함의 실리가 있고, 전쟁의 위험이 없어도 존귀함이 있는 것은 첫째는 법을 어지럽히는 것이고, 둘째는 나라를 어지럽히는 것이다"라고 말했다. 아! 공적을 따져서 밥을 먹이거나[食功] 뜻을 따져서 밥을 먹이는 것[食志]에 대해, 팽경(彭更)의 견해는 어찌 그리도 우활한가?[370] 어째서 한비자는 '도를 배우고 방정함을 세우는 것'이 법을 어기는 백성이라고 여겼는가? 그는 팽경에 비하면 다소 차이가 있다.

韓非祖尙老子, 一變而爲刑法之學. 故所言多急功·近利·愚人之術. 戰國之世, 儒·墨後學盛行于時, 韓非目擊其所傳之道與己之法大相刺謬. 遂倡言剖擊, 謂"無耕之勞, 有富之實, 無戰之危, 有貴之尊, 一則曰亂人之法, 再則曰亂人之國." 嗚呼! 食功·食志, 彭更之見何迂? 何韓非以'學道立方'爲離法之民也? 其比于彭更有間矣.

370_ 팽경(彭更)은 맹자의 제자로, 『맹자』「등문공 하」편에 팽경과 맹자의 대화가 보인다. 사공(食功)은 그 사람의 공적을 위주로 해서 밥을 먹이는 것이고, 사지(食志)는 그 사람의 뜻을 위주로 해서 밥을 먹이는 것이다. 팽경은 공적을 위주로 해서 밥을 먹여야 한다고 주장했는데, 그것은 기술자들을 높이고, 인의를 실행하는 학자들을 천시하는 것이다.

14-3-27

따라서 [한비자는] 유학자를 논하면서, "농사를 짓지 않고 밥을 먹는다"라고 말하고,[371] 한 마리의 좀벌레에 비유했으니, 유익함과 무익함을 논한 것이다. 사슴과 말에 비유하면, 사슴을 닮은 말은 천금의 값어치가 있는데, 천하에는 천금의 값어치가 있는 말은 있어도 천금의 값어치가 있는 사슴은 없다. 사슴은 무익하고, 말은 유용하기 때문이다. 유학자는 사슴과 같고, 유용한 관리는 말과 같다.[372](『논형』「비한」)

故其論儒也, 謂之"不耕而食", 比之于一蠹, 論有益與無益也. 比之于鹿馬, 馬之似鹿者千金, 天下有千金之馬, 無千金之鹿. 鹿無益, 馬有用也. 儒者猶鹿, 有用之吏猶馬也.(『論衡』「非韓」)

14-3-28

노나라 목공(繆公)이 자사(子思)에게 물었다. "내가 듣기에, 방한씨(龐撊氏)는 자식이 효성스럽지 않다고 하는데, 효성스럽지 않은 것은 그 행실이 어떠한가?" 자사가 대답했다. "군자는 현명한 이를 높이고 덕을 숭상하며, 선한 이를 등용하여 백성을 권장합니다.[373] 잘못된 행실과 같

371_ 『한비자』「오두」편에서 "지금 학문을 닦고 말재주를 익히면, 농사짓는 노고가 없어도 부유함의 실리가 있다[今修文學, 習言談, 則無耕之勞, 而有富之實.]"라고 했다.

372_ 『한비자』「외저설 우상」편에 사슴과 말의 유익함과 무익함을 논한 내용이 보인다. 여이(如耳)가 위(衛)나라 사공(嗣公)에게 유세했는데, 사공이 매우 기뻐하면서도 그를 등용하지 않았다. 그 이유를 묻자, 사공은 다음과 같이 말했다. "말이 만약 사슴을 닮았다면 천금의 값어치가 나갈 것이다. 그러나 백금의 값어치가 나가는 말은 있어도 일금의 사슴이 없다는 것은 말은 사람에게 도움이 되지만, 사슴은 사람에게 도움이 되지 않기 때문이다. 여이는 천자국의 재상감이기 때문에 큰 나라를 섬길 뜻은 있지만, 그 생각이 위나라에는 있지 않다. 비록 말을 잘하고 지혜롭다고 하더라도 역시 나에게는 도움이 되지 않는다."

373_ 『논어』「위정(爲政)」편에 "擧善而敎不能則勸."이라는 말이 보인다.

은 것은 소인들이나 아는 것이니, 신은 모르겠습니다." 자사가 나가자 자복려백(子服厲伯)[374]이 목공을 알현했다. 목공이 방한씨의 자식에 대해 물어보자, 자복려백은 그의 과실로써 대답했는데, 모두가 목공이 일찍이 들어본 적이 없는 것들이었다.[375] 그 이후로 목공은 자사를 귀하게 여기고 자복려백을 천하게 여겼다. 한비자가 이것을 들었다면 목공을 비난했을 것이다. 그는 현명한 군주는 간사한 이를 찾아서 죽여야 하는데, 자사는 간사한 이에 대해 들어보지도 못했고, 자복려백은 간사한 이에 대해 대답했으니, 자복려백은 마땅히 귀하게 여겨져야 하고, 자사는 마땅히 천하게 여겨져야 한다고 생각했을 것이다.(『논형』「비한」)

> 魯繆公問于子思曰, "吾聞龐攔是子不孝, 不孝其行奚如?" 子思對曰, "君子尊賢以崇德, 擧善以勸民. 若夫過行, 是細人之所識也, 臣不知也." 子思出, 子服厲伯見. 君問龐攔是子, 子服厲伯對以其過, 皆君子所未曾聞. 自是之後, 君貴子思而賤子服厲伯. 韓子聞之, 以非繆公. 以爲明君求奸而誅之, 子思不以奸聞, 而厲伯以奸對, 厲伯宜貴, 子思宜賤.(『論衡』「非韓」)

14-3-29

한비자는 유가를 비판하여 무익하고 손해만 끼친다고 말했으니, 대체로 다음을 말한 것이다. 속유(俗儒)들은 좋은 행실이 없고, 행동거지에서 예법을 중시하지 않는다. 유학자로 불리면서 속된 행실을 하고, 실제적인 학문을 한다면서 거짓된 주장을 하며, 관직을 탐내고 영달을

374_ 자복려백(子服厲伯)은 노나라의 대부로, 자복(子服)이 성이고, 려백(厲伯)이 자이다. 『논어』「헌문(憲問)」편에 자복경백(子服景伯)이 나온다.

375_ 이 내용은 『한비자』「난 삼(難 三)」편에 보이는데, 『한비자』에는 원문의 군자(君子)가 군지(君之)로, 기과(其過)가 기과삼(其過三)으로 되어 있다.

존중하기 때문에 귀하게 여기기에는 부족하다.(『논형』「비한」)

韓子非儒, 謂之無益有損. 蓋謂俗儒無行操, 擧措不重禮. 以儒名而俗行, 以實學而僞說, 貪官尊榮, 故不足貴.(『論衡』「非韓」)

康14-42

한비자는 노자 및 신불해(申不害), 상앙(商鞅)을 숭상하여 유가와는 반대였기 때문에 유학자의 행실이 있으면 관직과 영달을 탐하지 않더라도 또한 공격했다.

韓非尙老及申·韓,[376] 與儒爲反, 卽有儒行, 不貪官榮, 亦攻之.

14-3-30

유여(由余)[377]는 그 선조가 진(晉)나라 사람인데, 도망쳐서 융(戎) 지역으로 들어갔기 때문에 [유여는] 진나라 말을 할 줄 알았다. [융왕(戎王)은] [진(秦)나라] 목공(繆公)이 현명하다는 소문을 들었기 때문에 유여를 사신으로 보내 진나라를 살펴보게 했다. 진나라 목공이 유여에게 궁실과 가득 모아놓은 재물을 보여주자, 유여는 "귀신에게 이러한 것들을 만들도록 하더라도 귀신을 힘들게 할 것인데, 사람에게 만들도록 한다면 또한 백성들을 힘들게 할 것입니다"라고 했다. 목공은 괴이하게 여기면서 물었다. "중국은 『시』·『서』·『예』·『악』과 법도로써 정치를 하지만, 항상 난리가 일어난다. 지금 오랑캐들은 이러한 것들이 없는데, 어떻게 정치를 하는가? 또한 어렵지 않는가?" 유여는 웃으면서 대답했다. "이것이 바로 중국이 혼란한 까닭입니다. 저 상고시대의 성인

376_ 한(韓)자는 오자인 듯하다. 여기에서는 상앙(商鞅)으로 해석했다.

377_ 유여(由余)는 융족(戎族) 사람으로, 당시 융왕(戎王)이 진(秦)나라에 사신으로 보냈다.

인 황제(黃帝)가 예악과 법제를 만든 이후로, 몸소 솔선수범함으로써 겨우 조금 다스려졌습니다. 그러나 후세에 이르러서는 날마다 교만하고 방탕해졌습니다. 법률 제도의 위력에만 의지하여 아랫사람을 문책하고 감독하니, 아랫사람들이 극도로 피폐해지자 인의(仁義)를 가지고 윗사람을 원망했습니다. 윗사람과 아랫사람이 서로 다투고 원망하며, 서로 찬탈하고 시해하여 종족이 멸망하는 지경에까지 이른 것이 모두 이러한 부류들입니다. 그러나 저 융족은 그렇지 않습니다. 윗사람은 순박한 덕을 머금고서 아랫사람을 대우하고, 아랫사람은 충신(忠信)을 가슴에 품고서 윗사람을 섬깁니다. 한 나라의 정치가 마치 한 사람의 몸처럼 잘 다스려지지만, 잘 다스려지는 이유는 알지 못합니다. 이것이 바로 진정한 성인의 다스림입니다."(『사기』「진본기」)

由余, 其先晋人也, 亡入戎, 能晋言. 聞繆公賢, 故使由余觀秦. 秦繆公示以宮室積聚, 由餘曰, "使鬼爲之, 則勞神矣, 使人爲之, 亦苦民矣." 繆公怪之問曰, "中國以『詩』·『書』·『禮』·『樂』·法度爲政, 然尙時亂. 今戎夷無此, 何以爲治? 不亦難乎?" 由余笑曰, "此乃中國所以亂也. 夫自上聖黃帝作爲禮樂法度, 身以先之, 僅以小治. 及其後世, 日以驕淫. 阻法度之威, 以責督于下, 下罷極, 則以仁義怨望于上. 上下交爭怨, 而相篡弑, 至于滅宗, 皆以此類也. 夫戎夷不然. 上含淳德以遇其下, 下懷忠信以事其上. 一國之政猶一身之治, 不知所以治. 此眞聖人之治也."(『史記』「秦本紀」)

康14-43

예악(禮樂)을 혼란한 시대로 여기고, 오랑캐를 성인으로 여기니, 또한 예악의 번거로움을 싫어했기 때문에 이러한 말을 한 것이다.

以禮樂爲亂世, 以夷狄爲聖人, 亦厭禮樂之煩, 故爲此言.

14-3-31

지금 폐하께서 대업을 창조하여 만세의 공적을 세웠으니, 진실로 어리석은 유학자들이 알 수 있는 일이 아닙니다.[378](『사기』「진시황본기」)

今陛下創大業, 建萬世之功, 固非愚儒所知.(『史記』「秦始皇本紀」)

<이상 진나라 시대의 제자백가가 유교를 공격하다: 右秦時諸子攻儒>

4. 양한시대의 제자백가가 유교를 공격하다 [兩漢時諸子攻儒]

14-4-1

이에 널리 배움으로써 [스스로를] 성인에 비기고,[379] 거짓된 말을 꾸며서 대중을 협박하며, 노래를 부르고 춤을 추거나 『시』와 『서』를 아름답게 꾸밈으로써 천하에 명예를 사며, 계단을 오르내리는 예법을 성대하게 만들고, 인끈이나 면류관의 복장을 장식하니, 무리를 모으더라도 그 [예법의] 변화를 다 실행할 수 없고, 재물을 쌓더라도 그 비용을 다 충당할 수 없었다.[380] 이에 백성들이 처음으로 자기 스스로를 대중과

378_ 진시황(秦始皇)이 함양궁(咸陽宮)에서 주연을 베풀 때, 70여 명의 박사들이 나와서 축수(祝壽)를 올렸는데, 이 내용은 승상(丞相) 이사(李斯)가 한 말이다.

379_ 『회남자집해』에서 왕인지가 의(疑)는 의(擬)로 해석해야 한다고 했다. 그 증거는 『사기』「평준서」의 "人徒之費, 擬於南夷."와 『문자(文子)』의 "狙學而擬聖." 등이며, 『장자』「천지」편의 "博學以擬聖, 於于以蓋衆."이 『회남자』에서 근본으로 삼은 문장이라고 했다.

380_ 『묵자』「비유 하(非儒 下)」편에도 "수명을 두 배로 늘린다고 해도 그 가르침을 다 배울 수가 없고, 성년이 되어도 그 예법을 다 실행할 수가 없으며, 재물을 쌓아도 그 음악을 충족할 수가 없다[累壽不能盡其學, 當年不能行其禮, 積財不能贍其

는 다른 고고한 존재로 여겨서[381] 자기의 지혜나 가식을 실행함으로써 세상에 들어맞기를 추구하고,[382] 서로 명리를 구했다.[383] 이 때문에 백성들은 타락의 늪에 빠져 허덕이면서[384] 가장 핵심적인 근본을 상실해 버렸다. 대체로 세상에서 성명(性命)을 잃어버린 것은 수준이 아래로 점점 내려가서 그렇게 된 것이니, 그렇게 된 유래가 오래된 것이다.(『회남자』「숙진훈」)

於是博學以疑聖, 華誣以脅衆, 弦歌鼓舞, 緣飾『詩』·『書』, 以買名譽於天下, 繁登降之禮, 飾紱冕之服, 聚衆不足以極其變, 積財不足以贍其費. 於是萬民乃始懣觟離跂, 各欲行其知僞, 以求鑿枘於世, 而錯擇名利. 是故百姓曼衍于淫荒之陂, 而失其大宗之本. 夫世之所以喪性命, 有衰漸以然, 所由來者久矣.(『淮南子』「俶眞訓」)

康14-44

노자는 무위(無爲)를 종지로 삼고, 묵자는 검소함의 숭상을 종지로 삼는다. 따라서 명예를 사거나 예법의 형식을 꾸미는 것을 두 사람이 모

樂.]"라는 내용이 보인다.

381_ 만해리기(懣觟離跂)는 『회남자집석』에서 하녕이 『순자』「비십이자(非十二子」편의 "아주 멀리 세속을 떠나 고고하게 있으면서, 진실로 남들과는 다르게 구별되는 것을 고귀하다고 여긴다[綦谿利跂, 苟以分異人爲高.]"의 '기계리기(綦谿利跂)'와 같은 의미로 보았다. 왕염손은 기계리기(綦谿利跂)가 "자기 스스로를 대중과는 다른 고고한 존재로 여긴다"는 뜻이라고 했다.

382_ 조예(鑿枘)는 장부 구멍과 장부로, 두 사물이 서로 잘 들어맞음을 비유한다. 원예방조(圓枘方鑿) 또는 원조방예(圓鑿方枘)로 쓰일 때는 두 사물이 서로 맞지 않거나 모순된다는 의미로 사용된다.

383_『회남자집석』에서 고유는 조(錯)를 시(施), 택(擇)을 취(取)의 의미로 보고, "교묘한 가식을 베풀어서, 영달한 명리를 구했다"라고 풀이했고, 우성오는 조(錯)를 교(交)의 의미로 보고, "서로 명리를 구했다"라고 풀이했다. 여기에서는 후자의 해석에 따랐다.

384_ 음황(淫荒)은 타락에 빠져서 행동이 거친 것을 말한다.

두 공격했다.

老氏以無爲爲宗旨, 墨子以尙儉爲宗旨. 故買名譽·飾禮貌者, 二氏皆攻之也.

14-4-2

따라서 노(魯)나라에서 유학자의 예법을 따르고, 공자의 학술을 실행했어도,[385] 땅이 삭감되고 평판이 낮아져서[386] 가까이 있는 자를 친애하고 멀리 있는 자를 오게 할 수 없었다. 월왕(越王) 구천(句踐)은 머리를 깎고 몸에 문신을 새기며,[387] 가죽으로 만든 관이나 홀을 큰 띠에 꽂는 복장,[388] 예법에 딱 들어맞는 자태[389]가 없었지만, 오호(五湖)에서 부차(夫差)에게 승리하고, 임금이 되어 천하에서 패권을 잡으니, 사수(泗水)[390] 북쪽 연안 지역의 12제후들이 모두 9개의 오랑캐들[九夷]을 이끌고 와서 조회했다.[391] 호족(胡族)과 맥족(貉族)과 흉노족(匈奴族)의 나라는 띠를

385_ 『장자』 「전자방(田子方)」편에도 "노나라 전체가 유학자의 복장을 입은 사람들이다[擧魯國而儒服.]"라는 애공(哀公)의 말이 보인다. 『사기』 「유협열전(游俠列傳)」에도 "魯人皆以儒教, 而朱家用俠聞."이라는 기록이 보인다.

386_ 『회남자집석』에서 하녕은 이 문장이 『맹자』 「고자 하(告子 下)」편의 "노나라 목공의 시대에는 공의자가 정치를 하고, 자료와 자사가 신하가 되었는데, 노나라의 쇠퇴함이 더욱 심해졌다[魯繆公之時, 公儀子爲政, 子柳子思爲臣, 魯之削也滋甚.]"라는 기록에 근본한 것이라고 했다. 『회남자』 「인간훈(人間訓)」편에도 "애공은 유학을 좋아하다가 땅이 삭감되었다[哀公好儒而削.]"라는 기록이 보인다.

387_ 찬발문신(劗髮文身)은 머리를 깎고 몸에 문신을 새기는 것이다. 『한서』 「엄조전(嚴助傳)」에 "越方外之地, 劗髮文身之民也."라는 기록이 보인다.

388_ 피변(皮弁)은 흰 사슴 가죽으로 만든 관이며, 진홀(搢笏)은 진신(搢紳)이라고도 하고, 홀(笏)을 큰 띠에 꽂는 것이다. 모두 유학자의 복장이다.

389_ 구파거절(拘罷拒折)은 『회남자집석』의 우성오(于省吾)에 의하면, 구파(拘罷)는 구반(鉤盤), 거절(拒折)은 구절(矩折)과 통용되는 글자로, 걸음쇠처럼 둥글고 곱자처럼 네모난 자태를 의미한다. 즉 예법에 딱 들어맞는 자태를 말한다.

390_ 사상(泗上)은 사수(泗水)의 북쪽 연안 지역이다. 사수(泗水)는 산동성(山東省) 사수현(泗水縣)에서 발원하여 회수(淮水)로 흘러드는 강이다.

매지 않고 옷을 입고 머리를 풀어헤치며,[392] 두 다리를 뻗고 앉고 도리에 어긋나는 말을 하지만,[393] 나라가 멸망하지 않은 것은 결코 예법이 없는 것은 아니었기 때문이다. 초(楚)나라 장왕(莊王)은 품이 헐렁한 옷과 폭이 넓은 도포를 입고,[394] 천하에 명령을 시행하여 마침내 천하의 패권을 잡았다. 진(晉)나라 문공(文公)은 거친 베로 만든 옷과 암컷 양의 가죽옷을 입고,[395] 가죽으로 띠를 만들어 칼을 찼지만, 위엄이 천하에 세워졌다. 어찌 추노(鄒魯) 지역[396]의 예법만이 반드시 예법이라고 말할 수 있겠는가?(『회남자』「제속훈」)

故魯國服儒者之禮, 行孔子之術, 地削名卑, 不能親近來遠. 越王句踐, 剗髮文身, 無皮弁搢笏之服, 拘罷拒折之容, 然而勝夫差於五湖, 南面而霸天下, 泗上十二諸侯, 皆率九夷以朝. 胡・貉・匈奴之國, 縱體拖髮, 箕倨反言, 而國不亡者, 未必無禮也. 楚莊王裾衣博袍, 令行乎天下, 遂霸諸侯. 晉文君大布之衣, 牂羊之裘, 韋以帶劍, 威立於海內. 豈必鄒・魯之禮之謂禮乎?(『淮南子』「齊俗訓」)

康14-45

이것은 모두 유가의 의복과 예법에 맞는 자태를 공격한 것이다. 유교

391_ 『회남자집석』의 호명옥(胡鳴玉)에 의하면, 12제후는 12개의 나라가 아니라, 천자가 다스리는 12개의 주(州) 전체, 즉 천하의 제후 전체를 말한다. 구이(九夷)는 중국 고대의 9개 소수 민족으로, 소수 민족 전체를 의미한다.

392_ 종체(縱體)는 띠를 매지 않고 옷을 입는 것이고, 타발(拖髮)은 머리를 풀어헤치는 것이다.

393_ 기거(箕倨)는 두 다리를 뻗고 앉는 공손하지 않는 모습이고, 반언(反言)은 도리에 어긋나는 말을 하는 것이다.

394_ 거의(裾衣)는 품이 헐렁한 옷이고, 박포(博袍)는 폭이 넓은 도포이다.

395_ 대포지의(大布之衣)는 거친 베로 만든 옷이고, 장양지구(牂羊之裘)는 암컷 양의 가죽으로 만든 가죽옷이다.

396_ 추(鄒)는 맹자의 고향이고, 노(魯)는 공자의 고국인 노나라로, 유학자들이 사는 지역을 말한다.

에서는 거짓 술수를 숭상하지 않고, 군대에 대해 말하지 않기 때문에 나라가 약해진다. 그런데 노나라 사람들은 유교를 따랐지만, 그 군주는 실제로 유교의 도리만을 전적으로 사용하지는 않았다.

此皆攻儒之衣服禮容者. 儒不尙詐謀, 不言兵, 故國弱. 然魯人從儒, 其君實未專用儒道也.

14-4-3[397]

옛날에도 계단을 오르내리거나 나아가고 물러나면서 동작할 때의 예법을 다양하게 만들고, 「채제(采齊)」와 「사하(肆夏)」 음악의 예법 모양에 맞추어 발을 구를 줄 몰랐던 것이 아니라, 시간만 헛되이 소비하고 백성을 괴롭히면서도 아무런 쓸모가 없는 것이라고 여겼다. 따라서 예법의 제정은 단지 실질적으로 도움이 되고 뜻을 깨달을 수 있으면 충분할 뿐이었다. 옛날에는 종과 북을 진열하고, 피리와 퉁소를 아름답게 불며, 방패와 도끼를 휘두르며 무무(武舞)를 추고, 꿩의 깃과 소의 꼬리를 휘저으며 문무(文舞)를 출 줄 몰랐던 것이 아니라, 재물을 낭비하고 정치를 혼란스럽게 한다고 여겼으니, 음악의 제정은 단지 즐거움을 함께하고 뜻에 적합하면 충분했을 뿐이며, 즐거움이 음악[을 통한 즐거움의 한도]를 넘어서지는 않았다. 국력을 다하고 백성들을 다 동원하며, 창고를 텅 비우고 재산을 다 사용하며, 죽은 사람의 입에 옥을 넣고, 옥조각으로 꿰맨 옷을 입히며, 풀솜으로 시체를 싸고 다시 명주로 묶어서 죽은 사람을 장례지낼 줄 몰랐던 것이 아니라, 백성들을 곤궁하게 만들고 생업을 포기하게 하며, 죽은 사람의 썩은 시체에는 아무런 보탬이 되지 않는다고 여겼다. 따라서 시체를 매장할 때는 시체에 옷을 입혀서 관에 넣고 매장하는 것으로도 충분했다.(『회남자』「제속훈」)

397_ 이하에서 인용한 『회남자』「제속훈」편의 내용은 이 책의 제9권 제4절〈9-4-5〉에서 이미 인용했다. 자세한 주석은 앞의 내용을 참조 바람.

古者, 非不知繁升降槃還之禮也, 蹀「采齊」·「肆夏」之容也, 以爲曠日煩民而無所用. 故制禮足以佐實喩意而已矣. 古者, 非不能陳鐘鼓, 盛筦簫, 揚干戚, 奮羽旄, 以爲費財亂政, 制樂足以合歡宣意而已, 喜不羨於音. 非不能竭國麋[398]民, 虛府殫財, 含珠鱗施,[399] 綸組節束, 追送死也, 以爲窮民絶業, 而無益于槁骨腐肉也. 故葬薶足以收斂蓋藏而已(『淮南子』「齊俗訓」)

康14-46

『회남자』는 노자의 학문인데, 유가에 대한 공격에는 또한 묵자의 학문을 채택하여 공격했다.

『淮南』是老學, 其攻儒亦采墨學爲之.

14-4-4

혼란스러운 나라는 그렇지 않으니, 말과 행동이 서로 어긋나고, 마음속의 감정과 겉의 외모가 서로 반대되며, 예법은 꾸며서 번잡하고, 음악은 번거로워서[400] 도에 지나치며, 죽음을 숭상하여 삶을 해치고, 상례를 오랫동안 거행하여 효행을 드러내 보인다.[401] 따라서 풍속이 세상에서 혼탁해지고, 비난과 칭찬이 조정에서 생겨나게 되었다.(『회남자』「제속훈」)

398_ 미(靡)가 『공자개제고』에는 미(糜)로 되어 있는데, 『회남자』 원문에 따라 고쳤다.

399_ 시(施)가 『공자개제고』에는 타(拖)로 되어 있는데, 『회남자』 원문에 따라 고쳤다.

400_ 우(優)는 『회남자집석』에서 왕염손이 번(煩)과 같은 의미라고 했다.

401_ 소행(招行)은 양수달이 "효행으로 세상에 허풍을 떤다"라고 했고, 하녕이 "장기간의 장례로써 자기의 효행을 드러내 보인다"라고 풀이했다.

亂國則不然, 言與行相悖, 情與貌相反, 禮飾以煩, 樂優以淫, 崇死以害生, 久喪以招行. 是以風俗濁於世, 而誹譽萌於朝.(『淮南子』「齊俗訓」)

康14-47

예법을 꾸미고 음악을 도에 지나치게 하며, 죽음을 숭상하고 상례를 오랫동안 거행하는 것을 공격한 것은 묵자와 동일하다. 이것은 노자의 학문도 대부분 그것을 옳다고 여기지 않는 것이다. 노자의 학문은 자연을 본받아 고요해지는 것이지, 외형을 꾸미는 것이 아니다.

飾禮淫樂, 崇死久喪, 其攻與墨子同. 是老學亦大不以爲然者. 老學爲法淨自然, 不爲飾外也.

14-4-5

3년의 상례는 사람이 미치지 못하는 것을 억지로 하도록 하면서 거짓됨으로써 [그렇게 하도록] 사람의 감정을 부추긴다.(『회남자』「제속훈」)

夫三年之喪, 是强人所不及也, 而以僞輔情也.(『淮南子』「齊俗訓」)

14-4-6

무왕(武王)이 주(紂)를 정벌할 때는 시신을 수레에 싣고 행군했으나, 천하가 안정되지 않았다. 따라서 삼년상이 처음으로 시행되지 않았다.[402] 우임금은 홍수의 우환을 만났을 때는 저수지를 만드는 공사를

402_ 고유가 "무왕 때에 처음으로 폐지되었다[始廢于武王也.]"라고 했고, 왕염손은 『도장(道藏)』 판본에 근거하여, 이 문장은 '故爲三年之喪'이 되어야 하고, 고유의 주는 '三年之喪始於武王'이 되어야 한다고 했다. 고유의 주가 캉유웨이의 의도에 맞기 때문에 그것을 따라 해석했다.

했다. 따라서 사람이 아침에 죽으면 저녁에 장례를 지냈다. 이것은 모두 성인들이 때에 맞추어 변화에 적응하고, 형편을 보고 적절하게 시행한 것이다. 지금 무기를 손질하면서 괭이나 삽을 사용하는 것을 비웃고, 삼년상만을 알고 1일상을 비난하니, 이것은 소를 타고서 말을 탄 것을 비난하고, 치음(徵音)을 연주하면서 우음(羽音) 연주를 비웃는 것[403]과 같다.(『회남자』「제속훈」)

武王伐紂, 載尸而行, 海內未定. 故不爲三年之喪始. 禹遭洪水之患, 陂塘之事. 故朝死而暮葬. 此皆聖人之所以應時耦變, 見形而施宜者也. 今之修干戚而笑钁插, 知三年, 非一日, 是從牛非馬, 以徵笑羽也.(『淮南子』「齊俗訓」)

康14-48

한나라 때의 남겨진 책에는 여전히 우임금과 무왕이 삼년상이나 삼개월상을 지내지 않았다는 기록이 있었기 때문에 옛것을 인용하여 유가를 공격한 것이다.

漢時遺書, 尙有以禹·武不爲三年之喪·三月之葬者, 引古以攻儒.

14-4-7

도척(盜跖)의 무리 중 한 사람이 도척에게 물었다. "도둑질에도 도가 있습니까?" 도척이 대답했다. "어디에 가든 도가 없겠느냐? 추측하여 방 속에 감추어진 것을 맞추는 것이 성(聖)이고, 도둑질할 때 가장 앞에 들어가는 것이 용(勇)이며, 가장 뒤에 나오는 것이 의(義)이고, 도둑질한 물건을 균등하게 나누는 것이 인(仁)이며, 도둑질할 수 있을지의 여부

403_ 이석호의 『회남자』 번역본에서는 "한 개의 악기를 연주하면서 여러 악기의 합주를 비웃는 격이라는 뜻이다"라고 했다.

를 미리 아는 것이 지(智)이다. 이 다섯 가지가 갖추어지지 않고서 큰 도둑이 된 자는 천하에 없었다." 이것을 통해서 살펴보면, 도둑의 마음은 반드시 성인의 도에 가탁한 이후에 행해질 수 있다. 따라서 노자가 '성(聖)을 끊어버리고 지(智)를 버리면 백성들의 이익이 백배가 된다'[404] 라고 했다.(『회남자』「도응훈」)

跖之徒問跖曰, "盜亦有道乎?" 跖曰, "奚適其無道也? 夫意而中藏者, 聖也, 入先者, 勇也, 出後者, 義也, 分均者, 仁也, 知可否者, 智也. 五者不備, 而能成大盜者, 天下無之." 由此觀之, 盜賊之心, 必託聖人之道, 而後可行. 故老子曰, "絶聖棄智, 民利百倍."(『淮南子』「道應訓」)

康14-49

이 문장은 『장자』「거협(胠篋)」편의 문장과 동일하니,[405] 이것은 주나라와 진나라 시대 제자백가의 이설이라는 것을 알 수 있으며, 공자의 학문이 매우 유명했기 때문에 비난을 받았다는 것을 상상할 수 있다.

此文與『莊子』「胠篋」同, 可知是周・秦諸子異說, 而孔學以大名而見譏可想矣.

404_ 『노자』 제19장에 "성(聖)을 끊어버리고 지(智)를 버리면 백성들의 이익이 백 배가 되며, 인(仁)을 끊어버리고 의(義)를 버리면 백성들이 효도와 자애를 회복하게 되며, 교묘한 기술을 끊어버리고 이익을 버리면 도적이 없어질 것이다[有絶聖棄智, 民利百倍, 絶民棄義, 民復孝慈, 絶巧棄利, 盜賊無有.]"라는 말이 보인다.

405_ 『장자』「거협(胠篋)」편의 문장과는 몇몇 내용을 제외하고 거의 일치한다. "跖之徒問于跖曰, '盜亦有道乎?' 跖曰, '何適而無有道邪? 夫妄意室中之藏, 聖也, 入先, 勇也, 出後, 義也, 知可否, 知也, 分均, 仁也. 五者不備, 而能成大盜者, 天下未之有也.' 由是觀之, 善人不得聖人之道不立, 跖不得聖人之道不行. 天下之善人少而不善人多, 則聖人之利天下也少而害天下也多. 故曰, '脣竭則齒寒, 魯酒薄而邯鄲圍', 聖人生而大盜起. 掊擊聖人, 縱舍盜賊, 而天下始治矣." 이 내용은 이 책의 제14장 제2절 〈14-2-19〉에 보인다.

14-4-8

『시』와 『춘추』는 학문 중에서 아름다운 것이지만, 모두 쇠퇴한 시대에 만들어진 것이다. 유학자는 이 책들에 따라서 세상을 가르치고 인도했으니, 어찌 융성했던 삼대와 같겠는가?(『회남자』「범론훈」)

『詩』·『春秋』, 學之美者也, 皆衰世之造也. 儒者循之以敎導于世, 豈若三代之盛哉?(『淮南子』「泛論訓」)

康14-50

『시』는 상나라와 주나라 때의 시인데, 『회남자』에서는 융성했던 삼대만 못하다고 여겼으니, 『시』는 공자가 지은 것임을 알 수 있다. 따라서 쇠퇴한 시대에 지어진 작품은 삼대의 작품과는 함께 비교할 수 없다고 여긴 것이다. 이것은 옛날의 제도로 공자를 공격한 것이다.

『詩』是商·周詩, 而『淮南』以爲不若三代之盛, 可見『詩』爲孔子所作. 故以爲衰世之造, 與三代無與矣. 此以舊制攻孔子者.

14-4-9

지금 저 유학자들은 욕망의 근원을 따지지 않고 욕망 그 자체를 금지하며, 즐거움의 근원을 따지지 않고 즐거움 자체를 차단한다. 이것은 마치 장강과 황하의 근원을 터놓은 채, 손으로 그것을 막는 것과 같다.(『회남자』「정신훈」)

今夫儒者不本其所以欲, 而禁其所欲, 不原其所以樂, 而閉其所樂. 是猶決江·河之源, 而障之以手者也.(『淮南子』「精神訓」)

14-4-10

공씨(孔氏)는 쫓겨난 어머니에 대해서는 복상을 하지 않았는데, 이것은 예법에 맞지 않는 것이다.[406](『회남자』「설산훈」)

孔氏不喪出母, 此禮之失者.(『淮南子』「說山訓」)

康14-51

상복 가운데 쫓겨난 어머니에 대한 상복이 없는 것을 당시 사람들이 비난했다.

喪服無出母之服, 時人譏之.

14-4-11

애공(哀公)은 유학을 좋아하다가 땅이 삭감되었다.[407](『회남자』「인간훈」)

406_ 『회남자집석』에서 고유는 "예법에 서자(庶子)는 쫓겨난 어머니의 상례에 1년복을 입는다. 공씨는 자상(子上)으로, 이름은 백(白)이다. 공자의 증손이고, 공급(孔伋), 즉 자사(子思)의 아들이다. 자상의 어머니는 쫓겨나서 밖에서 죽었다"라고 했다. 『예기』「단궁 상(檀弓 上)」편의 기록에 의하면, 자상의 어머니가 죽었을 때 상복을 입지 않았는데, 자사의 제자들이 그 이유를 물었다. 예전에는 쫓겨난 어머니에게도 복상을 했는데, 지금 쫓겨난 여인은 나의 아내가 아니기 때문에 아들인 자상의 어머니도 아니다. 따라서 복상을 하지 않도록 했다고 했다. 따라서 공씨 집안에서 쫓겨난 어머니에 대해 복상을 하지 않는 것은 자사로부터 시작되었다고 한다. 한편 『예기』「상복(喪服)」편에서는 "부친의 후계자는 쫓겨난 어머니를 위해서 복상하지 않는다[爲父後者, 爲出母無服.]"라고 했는데, 고유는 후계자인 적장자를 제외한 자식은 쫓겨난 어머니에게도 복상을 하는 것이 예법에 맞는 것이라고 했다.

407_ 『회남자』「제속훈(齊俗訓)」편에도 "노나라에서는 유학자의 예법에 따르고, 공자의 학술을 실행했어도, 땅이 삭감되고 평판이 낮아져서 가까이 있는 자를 친애하고 멀리 있는 자를 오게 할 수 없었다[魯國服儒者之禮, 行孔子之術, 地削名卑, 不能親近來遠.]"라는 기록이 보이는데, 『회남자집석』에서 하녕은 이 문장이 『맹자』

哀公好儒而削.(『淮南子』「人間訓」)

康14-52

전국시대 사람들은 대부분 노나라가 유학을 좋아하다가 땅이 삭감되었기 때문에 유학의 죄로 여겼다. 그러나 실제로 애공은 공자를 등용한 적이 없었다.

戰國人多以魯好儒而削, 爲儒罪. 其實哀公未嘗聽用孔子也.

14-4-12

나라를 부강하게 하는 데 어찌 반드시 농업에만 근본을 둘 것이며, 백성을 풍족하게 하는 데 어찌 반드시 정전(井田) 제도만을 시행할 것인가?[408](『염철론』「력경」)

富國何必用本農, 足民何必井田也?(『鹽鐵論』「力耕」)

康14-53

정전 제도는 공자가 세운 것이다. 유약(有若)이 애공(哀公)에게,[409] 그리

「고자 하(告子 下)」편의 "노나라 목공의 시대에는 공의자가 정치를 하고, 자류와 자사가 신하가 되었는데, 노나라의 쇠퇴함이 더욱 심해졌다[魯繆公之時, 公儀子爲政, 子柳子思爲臣, 魯之削也滋甚.]"라는 기록에 근본한 것이라고 했다.

408_ 이 내용은 대부가 문학의 주장을 반박한 것이다. 즉 백성을 다스리는 방법은 오로지 농업을 숭상하고 토지를 분배하여 정전제도를 시행하는 것뿐이라는 문학(文學)의 주장에 대해, 대부는 상업을 부흥시키는 것이 더 적절한 방법이라고 반박했다.

409_ 『논어』「안연(顔淵)」편에 다음과 같은 내용이 보인다. "애공이 유약에게 물었다. '올해 흉년이 들어서 재용이 부족한데, 어떻게 해야 하는가?' 유약이 대답했다. '어찌 10분의 1의 조세법[徹法]을 사용하지 않습니까?' 애공이 '10분의 2의 조세법

고 맹자가 등문공(滕文公)에게,[410] 주나라에서 정한 제도를 시행하도록 했으니, 노(魯)나라는 예법을 지키는 나라이고, 등나라도 희씨(嬉氏)가 조상이니,[411] 찬란한 주나라의 큰 제도를 누가 감히 따르지 않겠는가? 또한 어찌 반드시 두 사람만이 그것을 말했겠는가? 한나라에서도 이 제도를 시행한 적이 없었기 때문에 한나라 사람들이 여전히 그것을 공격한 것이다.

井田是孔子所立. 有若之對哀公, 孟子之對滕文, 使爲大周定制, 則魯爲秉禮, 滕亦姬宗, 煌煌大典, 誰敢不從? 又何必二子言之? 漢亦未有行此, 故漢人猶攻之.

도 나는 오히려 부족한데, 어떻게 10분의 1의 조세법을 사용하겠는가?'라고 말했다[哀公問于有若曰, '年饑用不足, 如之何?' 有若對曰, '盍徹乎?' 曰, '二, 吾猶不足, 如之何其徹也?']" 철(徹)은 주나라 때 조세법인 철법(徹法)이다. 매년 수확의 10분의 1을 징수하는 십일(什一)의 정전법을 말한다. 『논어집주』에 의하면, 노나라는 선공(宣公) 때부터 이랑[畝]에 대한 조세를 내게 하고, 또 각 이랑마다 10분 1을 거두어들였기 때문에 10분의 2의 조세법을 시행했다. 따라서 유약이 철법만을 시행해야 한다고 한 것은 임금이 재용을 절약하여 백성들을 후하게 대해 주고자 한 것이다.

410_ 『맹자』「등문공 상(滕文公 上)」편의 기록에 의하면, 등문공이 맹자에게 나라를 다스리는 방법에 대해 물었는데, 맹자의 대답 중에 다음과 같은 내용이 보인다. "『시』에서 '우리 공전(公田)에 비를 내려서, 마침내 우리 사전(私田)에 미친다'라고 했으니, 조법(助法)에 공전이 포함되어 있는 것이다. 이를 통해 본다면 비록 주나라라고 하더라도 또한 조법을 사용했다[詩云, '雨我公田, 遂及我私.' 惟助爲有公田. 由此觀之. 雖周亦助也.]" 조법(助法)은 은나라 시대의 세법(稅法)이다. 정전법(井田法)에 따라 9등분한 중앙의 공전(公田)을 여덟 집이 공동으로 경작하여 그 수확을 조세로 내던 제도이다. 정전법에 대해서 『시경집전(詩經集傳)』에서 주자는 "공전(公田)은 사방 1리(里)가 정(井)이니, 정은 900무(畝)이다. 그 가운데는 공전이고, 나머지는 8개 가구가 모두 100무씩을 사전(私田)으로 소유하고, 공동으로 공전을 경작한다"라고 했다. 『맹자집주』에 의하면, 당시에 조법이 모두 폐지되어 전적이 남아 있지 않았고, 오직 이 시가 있어서 주나라도 조법을 쓴 것을 볼 수 있었기 때문에 『맹자』에서 이것을 인용했다고 풀이했다. 『시』의 내용은 「소아(小雅)·대전(大田)」편에 보인다.

411_ 노나라와 등나라는 모두 문왕(文王)의 후손으로, 희씨(姬氏)의 주나라를 종주국으로 받들었다.

14-4-13

산림과 늪지대에서 세금의 징수가 없으면 군주와 신하가 이익을 똑같이 하게 되고, 화폐[412][의 주조]에 금령이 없으면 가짜 돈과 진짜 돈[413]이 함께 유통하게 된다. 대체로 신하는 부유해지면 서로 사치스럽게 되고, 아랫사람은 이익을 독점하면 서로 무너뜨리려고 한다.(『염철론』「조폐」)

山澤無征, 則君臣同利, 刀幣無禁, 則奸貞並行. 夫臣富相侈, 下專利相傾也.(『鹽鐵論』「錯幣」)

康14-54

공자의 제도에서는 산림과 늪지대에는 세금을 징수하지 않았고, 화폐에 대해서는 말하지 않았다.[414] 한나라 조정의 비속한 관리들은 옛날의 법을 철저하게 지켰는데, 어찌 공자의 제도를 사용하려고 하겠는가?

孔子之制, 不征山澤, 不言錢幣. 漢廷俗吏溺守舊法, 豈肯用之?

14-4-14

따라서 정식 절차를 거쳐 상주된 의론을 채택하거나, 융통성이 없는

412_ 도폐(刀幣)는 칼 모양으로 만든 금속 화폐이다. 전국시대에 유통된 화폐 중에는 이것 이외에도 농기구 모양의 전(錢)과 포(布) 등이 있다.

413_ 간정(奸貞)은 민간에서 주조한 가짜 돈과 국가에서 주조한 진짜 돈을 말한다.

414_ 앞의〈14-4-13〉은 대부의 주장인데, 이에 대해 문학은 "왕자는 밖으로는 바다와 늪지대의 이익을 독점하지 않음으로써 백성들의 생활을 편리하게 하고, 안으로는 화폐의 주조를 금지하지 않음으로써 백성들의 화폐 사용을 원활하게 해야 한다[王者外不鄣海澤, 以便民用, 內不禁刀幣, 以通民施.]"라고 주장했다.

유학자의 논의를 기록할 겨를이 없다.[415](『염철론』「복고」)

故未遑扣扃之義, 而錄拘儒之論.(『鹽鐵論』「復古」)

康14-55

한나라 사람들은 입만 열면 유학이 융통성이 없다고 하니, 유학에서 예법을 지키고 스승의 법도를 준수했다는 것을 알 수 있다.

漢人開口以儒爲拘, 則儒之守禮而遵師法可知.

14-4-15

천승군(千乘郡)의 예관(兒寬, ?~B.C.103)[416]이 『상서(尙書)』를 연구하여 지위가 구경(九卿)의 최고 위치까지 오른 경우부터, 천거된 선비라고 우리

415_ 고경(扣扃)은 『염철론교주』에서 "문을 두드려서 대책을 올린다[扣門獻策]는 의미이다"라고 했고, 김한규 등의 『염철론』 번역본에서는 '문외한들의 논의'라고 풀이했다. 이 문장의 앞에서 "지금 당국자들은 강태공의 계책을 생각하여 선제의 유업을 완수하려고 하니, 그 의지는 흉노족과 맥족을 단절시켜서 선우를 사로잡는 데 있다[有司思師望之計, 遂先帝之業, 志在絶胡·貉, 擒單于.]"라고 했다. 따라서 이 문장은 정식 절차를 거친 대책문을 상주받을 겨를이 없다는 의미로 이해된다. 구유(拘儒)는 융통성이 없고 현실의 물정에 어두운 유학자 또는 편협된 유학자를 말한다. 당시 문학은 국가를 다스리는 최선의 방법은 복고(復古), 즉 옛사람을 본받고 왕도를 실천하는 것이라고 주장했다. 이에 대해 대부는 국가의 안정을 위해서 현실적으로 가장 시급한 문제는 흉노족의 정벌이며, 그것을 위해서 염철의 전매가 반드시 필요하다고 반박했다. 따라서 문학의 주장은 현실성이 전혀 없는 것이라고 비판했다.

416_ 예관(兒寬)은 『한서』「예관전」에 의하면, 한나라 무제(武帝) 때의 천승군(千乘郡) 사람이다. 『상서』를 연구하여 천거되었으며, 구양생(歐陽生)을 스승으로 섬겼고, 공안국(孔安國)에게 수업을 받았다. 밭을 갈다가도 쉴 때는 책을 꺼내서 읽었다고 할 정도로 공부를 열심히 했다고 한다. 좌내사(左內史)를 거쳐 어사대부를 역임했는데, 문장에 뛰어나고 직무를 충실하게 수행했지만 국가를 위한 큰 공적은 세우지 못했다고 한다.

가 직접 듣거나 보았던 사람들에 이르기까지, 발탁되어 승진하거나 국정에 참여한 사례는[417] 매우 두드러졌다. 그러나 비교할 수 없을 정도로 월등하게 뛰어나서[418] 국가를 위해서 침체된 것을 흥기시키거나 공적을 세운 사람을 아직 본 적이 없다.(『염철론』「자복」)

自千乘兒[419]寬以治『尙書』, 位冠九卿, 及所聞睹選擧之士, 擢升贊憲甚顯. 然未見絶倫比, 而爲縣官興滯立功也.(『鹽鐵論』「刺復」)

14-4-16

승상 공손홍(公孫弘, B.C.200~B.C.121)[420]은 『춘추』로 선제(先帝)에게 유세하여 곧바로 삼공(三公)의 지위에 올라갔으나,[421] 나라를 다스리는 데에는 도움이 되지 못했다. 박사 저태(褚泰)와 서언(徐偃)[422]은 황제의 조서(詔書)를 받들고,[423] 부절(符節)을 지니고 사방으로 달려가서[424] 군국(郡國)을 돌

417_ 탁승(擢升)은 발탁되어 승진하는 것이다. 찬헌(贊憲)은 『염철론교주』에서 법령을 보좌한다는 뜻이라고 했는데, 국정에 참여한다는 의미로 이해된다.

418_ 절륜(絶倫)는 비교할 수 없을 정도로 월등하게 뛰어난 것을 말한다.

419_ 예(兒)가 『염철론』에는 예(倪)로 되어 있다.

420_ 공손홍(公孫弘)은 서한 치천(菑川) 설(薛) 사람으로, 자는 계(季), 또는 차경(次卿)이다. 집이 가난하여 돼지를 길러 생활했다. 40세가 되어서 『공양전』을 배웠으며, 무제 초기에 현량(賢良)으로 초빙되어 박사가 되었다. 무제의 뜻에 항상 순응했으며, 유술(儒術)로써 무제의 신임을 받았다. 원삭(元朔) 5년(B.C.124)에 승상(丞相)에 발탁되었으며, 평진후(平津侯)에 봉해졌다. 한대에 포의의 신분으로 승상에까지 이르게 된 것은 공손홍에서부터 시작되었다.

421_ 『염철론』 원문에는 '삼공(三公)' 다음에 "處周·邵之列, 據萬里之勢, 爲天下準繩, 衣不重彩, 食不兼味, 以先天下."라는 내용이 더 있다.

422_ 저태(褚泰)와 서언(徐偃)은 모두 한무제 때의 박사인데, 황제의 명령을 받고 군국(郡國)으로 파견된 인물들이다. 저태(褚泰)는 『한서』「무제기」 등에는 저대(褚大)로 되어 있다.

423_ 명조(明詔)는 『염철론교주』에 의하면, 천자의 조서(詔書)에 대한 존칭이다. 한대인들의 작품 속에는 명왕(明王)·명조(明朝)·명정(明廷) 등과 같이 습관적으로 명(明)자를 앞에 붙이는 경우가 많다고 한다.

424_ 건절(建節)은 황제가 준 사신의 징표인 부절을 지니고 다닌다는 말이다. 치전

아보면서 살피며, 효자와 청렴한 인물을 천거하여 백성들을 권장했지만,[425] 방탕한 풍속은 고쳐지지 않았다.(『염철론』「자복」)

公孫丞相以『春秋』說先帝, 遽卽三公, 而無益於治. 博士褚泰·徐偃等承明詔, 建節馳傳, 巡省郡國, 擧孝廉, 勸元元, 而流俗不改.(『鹽鐵論』「刺復」)

康14-56

무제(武帝)는 유학자를 특별히 발탁하여 등용했는데,[426] 비록 그 자리에 맞는 적절한 인물을 다 얻지는 못했지만, 유술이 실제로는 그들에 의해 시행되었으니, 환관(桓寬)이 이러한 사실을 어찌 알 수 있었겠는가?

武帝擢用儒者以不次, 雖未盡得其人, 而儒術之行實賴之, 桓寬何足以知此?

14-4-17

맹자는 옛 학문만을 지킬 뿐,[427] 세상의 일을 알지 못했기 때문에 양(梁)나라와 송(宋)나라에서 곤란을 겪었다.[428] 공자는 변화에 적응하여 융통성을 발휘하지 못했기 때문에[429] 여구(黎邱)에서 굶주렸다.[430] 지금 최

(馳傳)은 네 필의 말이 끄는 역참의 마차인데, 여기에서는 황제의 명령을 받고 사방으로 달려간다는 의미로 이해된다.

425_ 원원(元元)은 원원지민(元元之民), 즉 선량한 일반 백성들을 말한다.

426_ 불차탁용(不次擢用)은 관직의 차례를 밟지 않고 특별히 발탁하여 등용하는 것을 말한다.

427_ 『사기』「맹자순경열전(孟子荀卿列傳)」에 "孟軻乃述唐·虞·三代之德."이라는 말이 보인다.

428_ 『사기』「맹자순경열전」에 "孟軻困於齊·梁."이라는 기록이 보인다.

429_ 방원(方圓)은 네모난 모양과 둥근 모양이다. 공자는 네모난 모습으로만 고정되고 둥근 모습으로 변화할 줄을 몰랐다는 뜻으로, 변화에 적응하여 융통성을 발휘

근[431]의 유학자들이 덕을 힘써 닦을 때, 때때로 곤란을 겪는 경우가 있더라도 세상이 잘못되었다고 말하니, 이 때문에 덕이 행해지지 않는다. 그들에게는 주나라가 건국한 이래 지금까지 천여 년 동안 오직 문왕·무왕·성왕·강왕만이 있을 뿐이어서, 만약 말을 할 때도 반드시 과거의 일을 참고하여 한 사람에게 맞추어서 말을 하고,[432] 자기가 미치지 못하는 일을 취해서 그 사람을 칭송하니, 이것은 마치 절름발이가 먼 지역에 대해 말할 수는 있지만 갈 수는 없는 것과 같다.(『염철론』「논유」)

孟軻守舊術, 不知世務, 故困于梁·宋. 孔子能方不能圓, 故饑于黎邸. 今晩世之儒勤德, 時有乏匱, 言以爲非, 因此不行. 自周室以來, 千有餘歲, 獨有文·武·成·康, 如言必參一焉, 取所不能及而稱之, 猶躄者能言遠不能行也.(『鹽鐵論』「論儒」)

康14-57

전국시대에 이단의 학문이 경쟁적으로 출현했기 때문에 맹자가 옛 학

하지 못했다는 의미로 이해된다. 방원가시(方圓可施)나 수방취원(隨方就圓)은 네모난 데는 네모난 대로 둥근 데는 둥근 대로 변화에 잘 적응하고 융통성을 발휘하는 것을 말한다.

430_ 『사기』「공자세가」에 의하면, 공자가 진(陳)나라와 채(蔡)나라 사이에 살고 있을 때, 초나라가 공자를 초빙했다. 이때 진나라와 채나라의 대부들이 초나라로 가는 공자 일행을 포위하여 보내주지 않았다. 공자 일행은 포위를 당한 채, 식량이 떨어지고, 제자들 중에 병이 들어서 일어나지도 못하는 자도 있었다고 한다. 그 후 초나라에서 군대를 보내와서 공자를 맞이해 감으로써 비로소 진나라와 채나라 사이에서의 곤란에서 벗어날 수 있었다. 『논어』「위령공(衛靈公)」편에도 "在陳絶糧, 從者病, 莫能興. 子路慍見曰, '君子亦有窮乎?' 子曰, '君子固窮, 小人窮斯濫矣.'" 라는 기록이 보인다.

431_ 만세(晩世)는 『염철론교주』에서 근세(近世)와 같다고 했다.

432_ 참일(參一)은 『염철론교주』에서 "과거의 일을 참고하여 하나에 맞추어 정한다"라고 풀이했다.

문을 지켰다고 여긴 것이다. 공자가 여구에서 굶주린 경우도 일상적인 일일 뿐이다. 비난이 여기에까지 미쳤으니, 또한 어디인들 이르지 않겠는가!

當戰國時, 異學競出, 故以孟子爲守舊. 至孔子之饑于黎邱, 亦常事耳. 訾詆及此, 夫亦何所不至哉!

14-4-18

어사가 말했다. "『논어』에서 '자신이 직접 선하지 않은 행동을 하는 자에게는 군자는 가지 않는다'라고 했다.[433] 이러한 말이 있지만, 행동이 그 말을 따르지 못했다. 계손씨(季孫氏)가 무도하여 자기 임금을 쫓아내고 정권을 탈취했는데, 염구(冉求)와 중유(仲由)는 그의 신하가 되었다. 『예(禮)』에 '남녀 사이에는 직접 물건을 주고받지 않으며, 술잔을 주고받지 않는다'라고 했다.[434] 그런데 공자가 위(衛)나라에 갔을 때, 아첨하는 신하인 미자하(彌子瑕)를 통해서 위나라 영공(靈公)의 부인을 만났는데, 자로가 좋아하지 않았다.[435] 미자하는 아첨하는 신하였기 때문에 공자가 그를 통한 것은 옳지 않다. 남녀 사이에는 서로 왕래하지 않는데, 공자는 영공의 부인인 남자(南子)를 만났으니, 예법이 아니다. 예의

433_ 『논어』「양화(陽貨)」편에 보인다. 진(晉)나라의 대부인 필힐(佛肹)이 반란을 일으키고 공자를 초빙했는데, 공자가 가려고 하자 자로가 공자가 한 말을 인용하여 만류한 내용이다.

434_ 『예기』「방기(坊記)」편에 "子云, '禮, 非祭, 男女不交爵. … 男女授受不親.'"이라는 말이 보인다.

435_ 『논어』「옹야((雍也)」편에 "子見南子, 子路不說. 夫子矢之曰, '予所否者, 天厭之, 天厭之.'"라는 기록이 보인다. 두 사람이 만나는 과정은 『사기』「공자세가」에 보인다. 한편 『여씨춘추』「귀인(貴因)」편에도 "공자는 미자하(彌子瑕)를 통해서 이부인(釐夫人)을 만났는데, 이것은 이치를 따른 것이다[孔子道彌子瑕見釐夫人, 因也.]"라는 기록이 보인다. 리부인(釐夫人)은 양옥승(梁玉繩)이 위(衛)나라 영공(靈公)의 부인인 남자(南子)의 시호라고 했다.

(禮義)가 공자로부터 나왔는데, 또한 그 도를 깎아내림으로써 남의 환심을 사려고 했으니, 일을 그만두고 물러난다는 것이 어디에 있다는 말인가?"[436](『염철론』「논유」)

御史曰, "『論語』云, '親於其身爲不善者, 君子不入也.' 有是言而行不足從也. 季氏爲無道, 逐其君, 奪其政, 而冉求·仲由臣焉. 『禮』, '男女不授受, 不交爵.' 孔子適衛, 因嬖臣彌子瑕以見衛夫人, 子路不悅. 子瑕, 佞臣也, 夫子因之, 非正也. 男女不交, 孔子見南子, 非禮也. 禮義由孔氏出, 且貶道以求容, 惡在其釋事而退也?"(『鹽鐵論』「論儒」)

康14-58

예의가 공자로부터 나왔다고 했으니, 대체로 어사도 공자가 제도를 개혁한 사실을 알고 있었던 것이다.

禮義由孔氏出, 蓋御史亦知孔子改制也.

14-4-19

원헌(原憲)[437]과 공급(孔伋)[438]은 당세에 굶주림과 추위의 우환을 겪었고,

436_ 이 말은 문학이 "올바른 도가 행해지지 않으면 일을 그만두고 물러난다는 말은 들었지만, 도를 굽힘으로써 남의 환심을 산다는 말은 들어보지 못했다[聞正道不行, 釋事而退, 未聞枉道以求容也.]"라고 한 말에 대해 반박한 것이다.

437_ 원헌(原憲)은 자가 자사(子思)이고, 이름이 헌(憲)이며, 원사(原思)라고도 한다. 공자의 제자이며, 공자가 노나라 사구(司寇)로 있을 때 가신이었다고 한다. 『사기』「중니제자열전」에 의하면, 공자가 죽은 뒤 은거하면서 지냈는데, 자공이 그를 찾아갔을 때 낡고 헤진 옷과 모자를 쓰고 맞이했다고 한다. 그리고 「화식열전」에서는 술지개미와 쌀겨를 먹으면서 누추한 동네에 은거했다고 했고, 『열자(列子)』「양주(楊朱)」편에서는 노나라에서 가난하게 생활했다고 했다.

438_ 공급(孔伋)은 공자의 손자인 자사(子思)로, 『중용』을 지은 인물이다. 『사기』「공자세가」에 의하면, 송나라에서 곤궁함에 처하기도 하면서 62세에 죽었다고 한다.

안회(顔回)는 누추한 거리에 살면서 자주 양식이 떨어졌다.[439] 그 당시에 그들은 움막에서 곤궁하게 살면서 변변치 못한 옷[440]을 입고 지냈기 때문에 비록 재물을 빌어서 간사함과 아첨을 펼치고자 하더라도 또한 할 수가 없었다.(『염철론』「빈부」)

原憲 · 孔伋, 當世被饑寒之患, 顔回屢空於窮巷. 當此之時, 迫於窟穴, 拘於縕袍, 雖欲假財信奸佞, 亦不能也.(『鹽鐵論』「貧富」)

康14-59

굶주림과 추위는 또한 일상적인 일일 뿐, 어찌 여러 현인들을 고통스럽게 할 수 있겠는가? 그 말을 살펴보면, 재물을 빌어서 간사함과 아첨을 펼치는 것을 능력으로 여기는 것 같은데, 어찌 그리도 잘못되었는가? 그런데 당시 사람들이 유학을 꺼리고 비난한 것이 매우 심했다는 것을 볼 수 있다.

饑寒亦常事耳, 安足以病諸賢? 觀其言, 若以假財信奸佞爲能者, 何其謬也? 然可見時人忌而譏之甚至矣.

14-4-20

유가와 묵가는 속으로는 욕심을 내면서도 겉으로는 공경하는 자세를 보이며, 이리저리 돌아다니면서 유세를 하는데, 매우 바쁘게 서두르지만[441] 또한 뜻을 이룬 적이 없다.(『염철론』「훼학」)

439_ 『논어』「선진(先進)」편에 "回也, 其庶乎, 屢空."이라는 말과 「옹야(雍也)」편에 "子曰, '賢哉, 回也! 一簞食, 一瓢飮, 在陋巷, 人不堪其憂, 回也不改其樂, 賢哉, 回也!'"라는 말이 보인다.

440_ 온포(縕袍)는 부스러기 삼을 안에 둔 옷으로, 빈천한 사람들이 입는 좋지 않은 옷을 말한다.

441_ 서서(棲棲)는 바쁘게 서두르는 모양이다. 『논어』「헌문(憲問)」편에 "丘, 何爲是

儒・墨內貪外矜, 往來遊說, 栖栖然亦未爲得也.(『鹽鐵論』「毁學」)

康14-60

공자는 도를 실행하여 시대를 구제할 계책을 세웠는데, 나의 도를 실행할 수 있는 상황이 있으면 어떤 경우에나 그것을 실행하기 때문에 "속으로는 욕심을 낸다"라고 했다. 올곧지 않으면 도가 실행되지 않기 때문에 "겉으로는 공경하는 자세를 보인다"라고 했다. 이리저리 돌아다니면서 유세를 하여 비록 뜻을 이룬 적은 없더라도 또한 매우 바쁘게 서두르면서 그치지 않았으니, 또한 부지런히 도의 전수에 노력한 것을 알 수 있다.

孔子爲行道救時計, 凡有所以行吾道者則爲之, 故曰'內貪'. 不直則道不行, 故曰'外矜'. 往來遊說, 雖未有得, 亦棲棲然而不止, 亦可見傳道之勤矣.

14-4-21

국경을 지키는 병사였던 진승(陳勝)은 자신이 끌고 가던 수레를 버리고, 가장 앞장서서 반역을 일으키고, 스스로 장초(張楚)라는 나라를 세웠다.[442] 그는 평소에 안회(顔回)나 중유(仲由)와 같은 처사의 행실이 있

栖栖者與?"라는 말이 보인다.

442_ 진승(陳勝)은 진(秦)나라 양성(陽城) 사람으로, 자가 섭(涉)이다. 진나라 말기에 중국 역사 최초로 농민 반란을 일으켜서 왕이 된 인물이다. 『사기』「진섭세가(陳涉世家)」에 의하면, 진나라 2세 황제 원년에 900여 명의 빈민들에게 국경지역으로 옮겨가도록 명령했다. 그 무리들이 대택향(大澤鄕)에 주둔하고 있을 때, 큰 비가 내려 도로가 끊기는 바람에 기한 내에 도착하기가 어렵게 되었다. 그 기한을 어기면 당시의 법률에 의하면 참수형을 당했는데, 당시 하급 군관이었던 진승은 오광과 함께 반란을 일으켜서 자신이 왕이 되고, 국호를 장초(張楚)라고 했다. 장초는 초나라를 다시 부흥시킨다는 의미로, 진승은 스스로 초왕(楚王)이 되고, 호를 대

었거나, 재상이나 대신의 지위에 있었던 것이 아니다. 그런데 대택향(大澤鄕)에서 분기하여 아직 한 달이 지나지 않는데, 제(齊)와 노(魯) 지역에서 홀(笏)을 허리띠에 꽂은[443] 유가와 묵가의 무리들은 길이가 긴 옷을 입었는데, 길이가 긴 옷은 관리들이 입는 옷이다. 그들은 공자 집안의 제사용 그릇[禮器][444]과 『시(詩)』·『서(書)』를 짊어지고 가서 예물을 바치고 신하가 되었다.[445] 그리고 공갑(孔甲)은 진섭의 박사가 되어 끝내 진섭과 함께 죽어서 천하의 웃음거리가 되었다.[446](『염철론』「포현」)

戍卒陳勝釋挽輅, 首爲叛逆, 自立張楚. 素非有回·由處士之行, 宰相列臣之位也. 奮於大澤, 不過旬月, 而齊·魯儒墨薦紳之徒, 肆其長衣, 長衣, 官之也.[447] 負孔氏之禮器『詩』·『書』, 委質爲臣. 孔甲爲涉博士, 卒俱死陳, 爲天下大笑.(『鹽鐵論』「褒賢」)

康14-61

공자가 죽은 이후에, 담대멸명(澹台滅明)은 초(楚)나라에 거처하고, 자공(子貢)은 위(衛)나라에 거처했으며, 자하(子夏)는 서하(西河) 지역에 거처했

초(大楚)라고 했다.

443_ 천신(薦紳)은 진신(縉紳)과 같은 뜻으로, 홀(笏)을 큰 띠인 신(紳)에 꽂는 것을 말한다. 공경(公卿) 및 고급관리들이 착용했다.

444_ 예기(禮器)는 제사용 그릇인데, 당시 공자 집안의 사람들이 제사를 지낼 때 사용하던 제기(祭器)를 말한다.

445_ 위지(委質)는 처음 벼슬하는 사람이 군주에게 예물을 바쳐서 충성을 맹세하는 것이다. 예를 들어 죽은 꿩을 바치는 것은 군주에게 목숨을 바친다는 것을 표시한다.

446_『사기』「유림열전」에 의하면, 진섭(陳涉)이 왕위에 오르자, 노나라의 모든 유생들이 공자의 예기(禮器)를 가지고 가서 그에게 귀의했고, 또 공자의 8세손인 공갑(孔甲)은 진섭의 박사가 되어, 그와 일생을 함께 했다고 한다.[陳涉之王也, 而魯諸儒持孔氏之禮器往歸陳王. 於是孔甲爲陳涉博士, 卒與涉俱死.]

447_ '장의관지야(長衣官之也)' 5글자는 『염철론교주』에서 노문초와 유월 등이 연문이라고 했다. 여기에서는 그대로 두고 해석했다.

는데, 크게는 사부(師傅)나 경상(卿相)[448]이 되었고, 작게는 사대부를 도와서 가르치는 사람이 되어, 70명의 제자와 6만 명의 무리들이 오로지 교설의 전수를 일로 삼았다. 따라서 진섭과 같이 미천한 사람에게도 제사용 그릇과 『시』·『서』를 짊어지고 가서 예물을 바치고 신하가 되었으며, 공갑은 또한 박사가 되었다. 비록 죽는 한이 있더라도 사양하지 않고, 교설의 전수를 주요 임무로 삼았으니, 굳이 그 대상을 가리지 않고, 다만 그 교설을 시행할 뿐이었다.

孔子卒後, 澹台滅明居楚, 子貢居衛, 子夏居西河, 大者爲師傅卿相, 小者友敎士大夫, 七十弟子, 六萬徒侶, 專以傳敎爲事. 故以涉之微淺而負禮器『詩』·『書』委質爲臣, 孔甲且爲博士. 雖死而不辭, 傳敎爲主, 則不必擇其人, 但以行其敎也.

14-4-22

조관(趙綰)과 왕장(王臧) 등은 유학으로 상경(上卿)에 발탁되었는데, 간사한 방법으로 이익을 취하고, 사람을 잔혹하게 대하는 마음이 있었다.[449] 주보언(主父偃)[450]은 언변으로 대관의 자리를 취하여 정당하지 못

448_ 경상(卿相)은 정무를 총괄하는 대신을 말한다.

449_ 조관(趙綰)과 왕장(王臧)은 『시』의 대가인 신공(申公)의 제자들로, 유학으로 무제에게 발탁되었는데, 당시 실권자였던 두씨(竇氏) 일족과 반목했다. 두태후는 유학을 좋아하지 않았기 때문에 사람을 시켜서 그들이 간사한 방법으로 이익을 취한 일을 몰래 조사하도록 하고, 소환하여 심문하자 두 사람 모두 자살했다. 『사기』「효무본기(孝武本紀」)에 "竇太后治黃·老言, 不好儒術, 使人微伺得趙綰等奸利事, 召案綰·臧. 綰·臧自殺."이라는 기록이 보인다. 그리고 『사기』「유림열전」, 『한서』「교사지 상(郊祀志 上)」과 「전분전(田蚡傳)」 등에도 두 사람과 관련된 기록이 보인다.

450_ 주보언(主父偃)은 『사기』「평진후주보열전(平津侯主父列傳)」에 의하면, 제(齊)나라 임치(臨淄) 사람으로, 장단술(長短術)과 종횡가(縱橫家)의 학술을 공부했다. 당시 제후왕과 대신들의 잘못을 무제에게 자주 폭로했기 때문에 그들로부터 많은 뇌물을 받았는데, 결국 그것이 발각되어 멸족의 형벌을 받았다.

한 권력이 막강했는데, 종실을 기만하고, 제후에게 뇌물을 받았다. 결국은 모두 죽임을 당했다.(『염철론』「포현」)

趙綰·王臧之等, 以儒術擢爲上卿, 而有奸利殘忍之心. 主父偃以口舌取大官, 竊權重, 欺紿宗室, 受諸侯之賂. 卒皆誅死.(『鹽鐵論』「褒賢」)

14-4-23

지금의 유학자들은 쟁기를 버려두고, 징험되지 않은 말을 공부하며, 시간만 헛되이 소비하는 것이 매우 오래되었지만,[451] 이치의 측면에서는 도움이 되지 않는다. 이리저리 유세하러 다니면서 농사를 짓지도 않으면서 밥을 먹고, 누에를 치지도 않으면서 옷을 입으며, 선량한 백성들을 교묘하게 속여서 농사 시기를 빼앗고 정치를 방해하니, 이 또한 지금 세상의 근심거리이다.(『염철론』「상자」)

今儒者釋耒耜而學不驗之語, 曠日彌久而無益於理. 往來浮游, 不耕而食, 不蠶而衣, 巧爲[452]良民以奪農妨政, 此亦當世之所患也.(『鹽鐵論』「相刺」)

康14-62

유학자가 이리저리 유세하러 다니는 것을 공격했으니, 또한 부지런히 도의 전수에 노력한 것을 알 수 있다. 유학이 징험되지 않은 말이라고 공격한 것은 그들이 새롭게 만든 이론이 옛날부터 실행된 적이 없었기 때문이다.

451_ 광일(曠日)은 시간을 헛되이 소비하면서 허송세월을 보내는 것이고, 미구(彌久)는 매우 오래되었다는 말이다. 『사기』「형가열전(荊軻列傳)」에 "太傅之計, 曠日彌久."라는 말이 보인다.

452_ 위(爲)가 『염철론교주』에 의하면, 위(僞)자로 되어 있는 판본도 있는데, 옛날에는 같은 의미로 사용되었다.

攻儒者往來浮游，亦可見傳道之勤矣．攻儒術爲不驗之語，以其創說，自古未嘗行之也．

14-4-24

옛날 노(魯)나라 목공(繆公)의 시대에는 공의자(公儀子)가 재상이었고, 자사(子思)와 자원(子原)이 경(卿)이었지만,[453] 북쪽으로는 제(齊)나라에게 영토를 빼앗겨서 사수(泗水)를 국경으로 삼았고, 남쪽으로는 초(楚)나라 사람들을 두려워했으며, 서쪽으로는 진(秦)나라에게 배척을 당했다.[454] 맹자가 양(梁)나라에 있을 때, 군대가 제나라에 패배하여 상장군(上將軍)은 죽고 태자는 포로가 되었으며,[455] 서쪽으로는 진(秦)나라에 패하여 영토를 빼앗기고, 하내(河內)와 하외(河外) 지역을 잃어버렸다.[456] 대체로 공자 문하의 70명의 제자들은 부모를 떠나거나 가정을 버리고, 책을

453_ 공의자(公儀子)는 『사기』 「순리열전(循吏列傳)」에 의하면, 이름이 휴(休)이다. 노나라의 박사로서, 뛰어난 재능과 덕망으로 노나라의 재상이 되었다고 한다. 자원(子原)은 자류(子柳) 또는 세류(泄柳)라는 인물로, 구체적인 사적은 보이지 않는다. 『맹자』 「고자 하(告子 下)」편에 제(齊)나라의 변론가인 순우곤(淳于髡)의 다음과 같은 말이 실려 있다. "노나라 목공(繆公)의 시대에는 공의자(公儀子)가 정치를 담당했고, 자류(子柳)와 자사(子思)가 신하가 되었는데도 노나라의 쇠퇴함이 더욱 심했으니, 이처럼 현자는 나라에 무익합니다[魯繆公之時, 公儀子爲政, 子柳·子思爲臣, 魯之削也滋甚, 若是乎賢者之無益于國也.]" 이것은 공의자와 자류, 자사 등 유학자들의 무능함에 빗대어 맹자를 비난한 것이다. 『맹자집주』에서는 "순우곤은 맹자가 노나라를 떠나지 않더라도 결코 훌륭한 일을 하지 못했을 것이라고 비난한 것이다"라고 풀이했다.

454_ 빈(賓)은 『염철론교주』에서 빈(擯)과 같은 의미라고 했다. 빈(擯)은 배척을 당한다는 뜻이다.

455_ 『염철론교주』에서는 『사기』 「위세가(魏世家)」의 "齊虜魏太子申, 殺將軍涓, 軍遂大破."라는 기록에 근거하여, 상장군은 곧 위나라 태자 신(申)이기 때문에 이 문장에는 잘못이 있다고 했다.

456_ 『맹자』 「양혜왕 상(梁惠王 上)」편에 "梁惠王曰, 晉國, 天下莫强焉, 叟之所知也. 及寡人之身, 東敗於齊, 長子死焉, 西喪地於秦七百里, 南辱於楚, 寡人恥之, 願比死者, 一灑之, 如之何則可?"라는 말이 보인다.

짊어진 채 공자를 따라다녔으며, 농사도 짓지 않고 배웠지만, 난리는 갈수록 더 심해졌다. 따라서 옥의 부스러기가 상자 속에 가득 차 있더라도 보물이 있는 것은 아니며, 책을 지니고 다니거나 책 상자를 짊어지고 다니더라도 도가 있는 것은 아니다. 핵심은 국가를 안정시키고 백성을 이롭게 하는 데 있는 것이지, 구차하게 문장을 번잡하게 꾸미거나 말을 많이 하는 데 있는 것이 아니다.(『염철론』「상자」)

昔魯繆公之時, 公儀爲相, 子思·子原[457]爲之卿, 然北削于齊, 以泗爲境, 南畏楚人, 西賓秦國. 孟軻居梁, 兵折于齊, 上將軍死而太子虜, 西敗于秦, 地奪壤削, 亡河內河外. 夫仲尼之門, 七十子之徒, 去父母, 捐室家, 負荷而隨孔子, 不耕而學, 亂乃愈滋. 故玉屑滿篋, 不爲有寶, 詩書[458]負笈, 不爲有道. 要在安國家, 利人民, 不苟文繁[459]衆辭而已. (『鹽鐵論』「相刺」)

康14-63

공의(公儀)·자사(子思)·자원(子原)은 본래 노나라에 대해 책임이 없고, 맹자도 양나라에 무슨 해를 끼쳤는가? 노나라의 영토가 삭감되고 양나라가 망한 것은 실제로는 오랫동안 누적된 형세에 연유한 것이다. 또한 두 나라는 끝까지 현명한 사람을 등용하지 않았으니, 이러한 지경에 이른 것이 또한 너무나 마땅하다! 70명의 제자들이 부모를 떠나

457_ 자원(子原)은 『염철론교주』에서는 자류(子柳)로 고쳐서 기록되어 있다.

458_ 시서(詩書)는 『염철론교주』에 의하면, 원래는 '송시서(誦詩書)'로 되어 있는데, 당연히 1글자가 연문이라고 했다. 노문초는 시(詩)자가 연문이라고 했고, 송(誦)자가 없는 판본도 있다고 했다. 만약 송(誦)자가 없는 판본을 따른다면 시(詩)자는 지(持)자로 해석해야만 뒤의 '부급(負笈)'과 서로 대구가 된다고 했다. 『공자개제고』에도 송(誦)자가 없기 때문에 여기에서는 시(詩)자를 지(持)의 의미로 해석하는 주장을 따랐다.

459_ 문번(文繁)은 『염철론교주』에서 황계강(黃季剛)의 주장에 따라 '번문(繁文)'으로 고쳐서 기록했는데, 여기에서는 그 주장에 따라 해석했다.

거나 가정을 버리고, 책을 짊어진 채 공자를 따라다녔으니, 그들이 도를 행한 것이 또한 지극하다. 난리가 갈수록 더 심해진 것이 어찌 여러 현자들이 해를 끼쳤기 때문이겠는가?

公儀・子思・原固無負于魯, 孟氏子輿亦何害于梁? 魯削梁亡, 實由積勢. 且二國究非用賢, 其至此亦宜哉! 七十子之徒, 去父母, 捐室家, 負荷而隨孔子, 其爲道亦至矣. 亂之愈滋, 安足爲諸賢害哉?

14-4-25[460]

옛날 문장에만 근거하여 현재의 일에 대응하는 것은 마치 서쪽의 진성(辰星)과 동쪽의 삼성(參星)이 서로 엇갈리는 것과 같고, 기러기발을 아교로 붙여놓고 비파를 타는 것과 같으니, 고집스러워서 맞추기가 어렵다. 이 때문에 공자가 세상에 등용되지 못했고, 맹자가 제후에게 천대받았다.(『염철론』「상자」)

據古文[461]以應當世, 猶辰・參之錯, 膠柱而調瑟, 固而難合矣. 孔子所以不用于世, 而孟軻見賤于諸侯也.(『鹽鐵論』「相刺」)

14-4-26

지금 문학들은 정치에 대해 말할 때는 요임금과 순임금을 일컫고, 행동에 대해 말할 때는 공자와 묵자를 일컫지만, 그들에게 정치를 맡기면 제대로 수행하지 못한다. 옛날의 도를 마음속에 품고 있지만 실행하지 못하고, 말은 곧지만 행동은 굽으며, 도는 옳지만 실정은 틀리다.

460_ 이하에서 인용한 『염철론』「상자」편의 내용은 이 책의 제11권〈11-59〉에서 이미 인용했다. 자세한 주석은 앞의 내용을 참조 바람.

461_ 문(文)이 『공자개제고』에는 인(人)으로 되어 있는데, 『염철론』 원문에 따라 고쳤다.

의관은 향리의 사람들[462]과 다른 데가 있지만, 실은 보통 사람들과 다름이 없다.(『염철론』「상자」)

今文學言治則稱堯·舜, 道行則稱孔·墨, 授之政則不達. 懷古道而不能行, 言直而行之枉, 道是而情非. 衣冠有以殊於鄉曲, 而實無以異於凡人.(『鹽鐵論』「相刺」)

康14-64

의관이 향리의 사람들과 다른 데가 있다는 것은 당시에 일단 유교의 교설을 받아들이면 곧바로 의관을 바꾸니, 마치 지금 불교의 도를 일단 실천하면 곧 복장을 바꾸는 것과 같다.

衣冠殊於鄉曲, 當時一受儒教, 輒變冠服, 如今一爲僧道, 卽變冠服然.

14-4-27

70명의 제자들은 성인의 학술을 직접 전수받았고, 공자의 문하에서 유명한 사람으로 나열되어 있으니, 모두 제후의 경(卿)이나 재상이 될 만한 재능을 가졌는데, 군주가 될 만한 사람도 몇 사람이 있다.[463] 정사를 잘 하는 자는 염유(冉有)와 계로(季路)이며, 언어에 능통한 사람은 재아(宰我)와 자공(子貢)이다.[464] 그런데 재아는 제나라에서 정사를 장악하여 군주의 총애를 받았지만, 전상(田常)이 난리를 일으켜서 도가 행해지지 않자, 그 자신은 궁중의 뜰에서 죽임을 당하고, 간공(簡公)은 단대(檀臺)

462_ 향곡(鄉曲)은 고대에 백성으로 구성된 기초 단위로, 향리나 농촌을 말한다.

463_ 『논어』「옹야」편에 "子曰, 雍也, 可使南面."이라는 말이 보인다.

464_ 『논어』「선진」편에 "子曰, 從我於陳蔡者, 皆不及門也. 德行, 顏淵·閔子騫·冉伯牛·仲弓, 言語, 宰我·子貢, 政事, 冉有·季路, 文學, 子游·子夏."라는 말이 보인다.

에서 살해되었다. 자로는 위(衛)나라에서 벼슬살이를 했지만, 공리(孔悝)가 난리를 일으켰을 때 군주를 구제하여 외국으로 망명하도록 하지 못했고, 그 자신은 위나라에서 젓갈로 담겨지는 형벌로 죽었으며, 자공(子貢)과 자고(子皐)는 도망쳐 숨어서 군주가 위급할 때 목숨을 바치지 못했다.[465] 남의 두터운 봉록을 먹으면서도 갚지 못하고, 남의 존귀한 관직에 위치하면서도 그를 보존시키지 못했으니, 어찌 그리도 자기에게는 관대하고 군주에게는 야박하단 말인가? 같은 문하에서 함께 공부하여 스스로는 고금의 의리를 알고 군신의 예법을 잘 안다고 여기지만, 어떤 사람은 죽고 어떤 사람은 도망쳐서 여러 사람들이 길을 달리했으니, 도가 어찌 이리도 어긋나는가?(『염철론』「수로」)

七十子躬受聖人之術, 有名列於孔子之門, 皆諸侯卿相之才, 可南面者數人. 可政事者冉有·季路, 言語宰我·子貢. 宰我秉事, 有寵于齊, 田常作難, 道不行, 身死庭中, 簡公殺于檀臺. 子路仕衛, 孔悝作

465_ 전상(田常)은 진항(陳恒)으로, 제나라의 대신(大臣)이었다. B.C.481년에 제나라 간공(簡公)을 죽이고 제나라 평공(平公)을 옹립하여 제나라에서 전권(專權)을 행사했다. 『사기』「전경중완세가(田敬仲完世家)」에 의하면, 재아가 평소 전씨(田氏) 집안을 좋아하지 않아서 멸족시키려고 했는데, 전상 등의 4형제가 이 사실을 알고 재아를 먼저 죽였다. 그리고 도망가는 간공(簡公)을 서주(徐州)까지 좇아가서 죽이고, 간공의 동생을 평공(平公)으로 세우고, 자신은 재상이 되었다고 한다. 그리고 「이사열전(李斯列傳)」에 의하면, 전상은 제나라 간공의 신하로, 작위와 서열이 당시 최고 높았다고 한다. 제나라를 탈취하려고 궁중의 뜰에서 재여를 죽이고, 또 이어서 궁중에서 간공을 시해하고 제나라를 차지했다고 한다. 간공이 단대(檀臺)에서 죽었다는 기록은 보이지 않는다. 「전경중완세가」에는 간공이 단대에서 부인과 술을 마시다가 전상의 반란 소식을 듣고, 군대를 보내 공격하려고 했다는 내용만이 보인다. 한편 『좌씨전』「애공」 15년의 기록에 의하면, 위나라의 정경(正卿)이었던 공리(孔悝)는 위나라의 정권을 좌지우지하여 위나라 출공(出公)을 폐위시키고, 출공의 아버지 괴외(蒯聵)를 위나라 장공(莊公)으로 세웠다. 당시 자로는 위나라에서 벼슬을 하고 있었는데, 군주를 구하지 못하고 정변에 대항하다가 죽임을 당했으며, 자고(子皐)는 도망을 쳤다고 한다. 저(菹)는 사람을 죽여서 젓을 담그는 것으로, 고대 혹형 중의 하나이다. 『한서』「형법지(刑法志)」에 "菹其骨肉於市."라는 말이 보인다.

亂, 不能救君出亡, 身菹于衛, 子貢・子皐遁逃, 不能死其難. 食人之重祿不能更, 處人尊官不能存, 何其厚于己而薄於君哉? 同門共業, 自以爲知古今之義, 明君臣之禮, 或死或亡, 二三子殊路, 何道之悖也?(『鹽鐵論』「殊路」)

康14-65

여러 현자들이 이미 공자에게 도를 전수받았는데, 어떤 사람은 죽고, 어떤 사람은 거의 죽을 뻔 했으니, 그 도의 실행에 또한 얼마나 노력했는가! 세속의 사람들은 그 사실을 알지 못하고, 또한 그들의 고생을 믿지도 않는다. 죽으면 우매하다고 비웃고, 죽지 않으면 도리에 어긋난다고 비난하니, 어찌 이 정도로 혹독하게 시비를 건단 말인가?

諸賢旣傳道於孔子, 而或死, 或幾於死, 其爲道亦勤矣! 俗人不知, 且不諒其苦. 旣死則笑其愚, 不死則譏其悖, 何口舌之酷至此哉?

14-4-28

공자가 제자들의 복장을 외형적으로는 바꾸었지만, 그 심성을 바꿀 수는 없었다. 따라서 자로(子路)는 긴 칼을 풀어 버리고 높은 관을 벗어 던진 채,[466] 공자의 문하에서 자기의 지조를 굽혔지만, 스승과 교우들에게 공경의 형식을 표시하면서도[467] 그 모습은 매우 굳세고 강건하여[468] 비루한 마음이 여전히 남아 있었다.[469] 재여(宰予)는 낮잠을 잤고, 삼년

466_ 『장자』「도척(盜跖)」편에 "使子路去危冠, 解長劍."이라는 말이 보인다.

467_ 섭제(攝齊)는 옷자락을 들고 걷는 것으로, 공경을 표시하는 형식이다. 『논어』「향당」편에 "攝齊升堂, 鞠躬如也."라는 말이 보인다.

468_ 행행이(行行爾)는 매우 굳세고 강건한 모습이다. 『논어』「선진」편에 "子路, 行行如也."라는 말이 보인다.

469_ 『사기』「중니제자열전」에 의하면, 자로는 천성이 거칠고 용맹했으며, 의지가

상을 줄이려고 했다.[470] 공자가 "썩은 흙으로 쌓은 담장은 흙손질을 할 수가 없다"라고 했고,[471] 또 "자로와 같은 경우는 제명대로 죽지 못할 것이다"라고 했다.[472] 따라서 안으로는 자질이 없는데 겉으로만 학문을 배우면, 비록 현명한 스승과 좋은 교우가 있더라도 마치 기름 위에 그림을 그리고 얼음을 조각하는 것과 같으니, 시간을 낭비하고 노력을 소비하는 것이다.(『염철론』「수로」)

孔子外變二三子之服而不能革其心. 故子路解長劍, 去危冠, 屈節于夫子之門, 然攝齊師友, 行行爾, 鄙心猶存. 宰予晝寢, 欲損三年之喪. 孔子曰, "糞土之牆, 不可杇也." 若由不得其死然. 故內無其質而外學其文, 雖有賢師良友, 若畫脂鏤冰, 費日損功.(『鹽鐵論』「殊路」)

康14-66

유학자의 복장과 삼년상은 모두 공자가 특별히 세운 제도이다. 공자가 제자들의 복장을 바꾸자 자로가 긴 칼과 높은 관으로 된 복장을 벗어 버렸고, 삼년상을 제정하자 예악을 무너뜨리는 재여의 주장이 일어나게 되었다. 그렇지 않고 그것이 주나라에서 제정한 제도라면 우둔한 자도 감히 의심하지 않는데, 하물며 재여가 의심했겠는가!

儒者之服, 三年之喪, 皆孔子所特立者也. 孔子變二三子之服, 而子路長劍危冠之服去, 定三年之喪, 而宰予之禮敗樂崩之說興. 不然, 大周定制, 愚者猶不敢疑之, 況宰予哉!

강하고 곧았다. 수탉의 꼬리로 모자를 장식했고, 수퇘지의 이빨을 허리에 차고 다녔다. 공자를 업신여기면서 무례한 행동을 저지르기도 했다. 그러나 공자가 예로써 바른 길로 인도하자, 나중에는 유학자의 복장을 입고 높은 뜻을 세워서 공자에게 몸을 의탁했다고 한다.

470_『논어』「양화」: 宰我問三年之喪, 期已久矣.

471_『논어』「공야장」: 宰予晝寢, 子曰, 朽木, 不可雕也, 糞土之墻, 不可杇也.

472_『논어』「선진」: 若由也, 不得其死然.

14-4-29

중유(仲由)와 염구(冉求)는 박달나무와 산뽕나무와 같이 좋은 재질이나, 수후(隋侯)와 화씨(和氏)의 구슬과 같은 훌륭한 재덕이 없는데,[473] 억지로 꾸민 것이다.(『염철론』「수로」)

仲由·冉求, 無檀柘之材, 隋和之璞, 而强文之.(『鹽鐵論』「殊路」)

14-4-30

자로(子路)는 강함[474] 때문에 죽었고, 재아(宰我)는 유약함 때문에 죽었다. 만약 두 사람이 유학을 배우지 않았다면 제명에 죽지 못하는 일이 없었을지도 모른다. 무엇 때문인가? 자신을 과신하고 능력을 자랑했으며, 지식은 작은데 임무는 컸기 때문이다.(『염철론』「송현」)

季由以强梁死, 宰我以柔弱殺. 使二子不學, 未必不得其死. 何者? 矜己而伐能, 小知而巨牧.[475](『鹽鐵論』「訟賢」)

康14-67

"배우지 않았다면 제명에 죽지 못하는 일이 없었을지도 모른다"라는 것은 그 말이 진실로 옳다. 그러나 도를 실천하다가 죽었다면 제명에 죽은 것이다. 자로는 강하고 재아는 유약했지만, 또한 도를 실천하기 위해서 죽을 수 있지 않았겠는가?

473_ 단자(檀柘)는 박달나무와 산뽕나무로, 좋은 재목을 말한다. 수화지박(隋和之璞)은 수후(隋侯)와 화씨(和氏)의 구슬로, 훌륭한 재덕을 말한다. 수후주(隋侯珠)는 『설원(說苑)』에 보이고, 화씨벽(和氏璧)은 『한비자』「화씨(和氏)」편에 보인다.

474_ 강량(强梁)은 힘이 강하고 센 것을 말하는데, 『노자』 제42장에 "强梁者, 不得其死."라는 말이 보인다.

475_ 목(牧)은 『공자개제고』와 『염철론』 원문에는 수(收)로 되어 있는데, 『염철론교주』의 교열에 따라 고쳤다.

"不學, 未必不得其死", 其語誠是. 然爲道而死, 死得所矣. 季由强梁, 宰我柔弱, 不亦可以瞑目乎哉?

14-4-31

안자(晏子)가 다음과 같이 말했다. "유학자들은 말은 화려하지만 실속은 적고, 음악을 번잡하게 꾸미면서 백성들을 소홀하게 대한다. 상례를 오랫동안 진행하여 산 사람을 해치고, 장례를 거창하게 하여 생업을 손상시키며, 예법은 번거로워서 실행하기 어렵고, 도는 현실과 맞지 않아서 따르기 어렵다. 과거의 것을 칭송하고 현재를 비난하며, 직접 본 것을 천하게 여기고 전해들은 것을 귀하게 여긴다."[476] 이러한 사람은 본래 굽어 있는데, 자기 스스로를 곧은 준칙으로 여긴다. 이것이 바로 안이(顔異)가 축출되어 죽고,[477] 적산(狄山)이 흉노족에게 죽임을 당한 이유이다.[478](『염철론』「논비」)

晏子有言, "儒者華於言而寡於實, 繁于樂而舒於民. 久喪以害生, 厚

476_『안자춘추』「외편(外篇)」에 "厚葬破民貧國, 久喪道哀費日, 不可使子民, 行之難者在內, 而傳者無其外."라는 말이 보인다. 그리고 『사기』「공자세가」와 『묵자』「비유 하(非儒 下)」편 등에도 비슷한 내용이 보인다.

477_『사기』「평준서(平準書)」에 "대농 안이가 주살되었다[大農顔異誅.]"라는 기록이 보인다. 안이(顔異)는 제남(濟南)의 정장(亭長)을 지내다가 구경(九卿)에까지 이른 인물이다. 무제와 장탕이 흰 사슴 가죽으로 화폐를 만들자 안이가 그것의 잘못을 비판했기 때문에 그들과 사이가 좋지 않았다. 그 후 안이가 손님과 이야기를 나누다가, 국가의 조령 반포를 비난하는 손님의 말에 입을 삐쭉이며 동의하는 의사를 표현했다. 장탕은 안이가 구경의 신분으로 정령에 불만을 품고 있다고 상주하여 사형에 처했다고 한다. 이 이후로 입 밖으로는 내지 않지만 마음속으로 불만을 품는 복비(腹誹)를 처벌하는 법이 생겼다고 한다.

478_『한서』「장탕전(張湯傳)」에 "흉노족이 적산의 머리를 베고 가버렸다[匈奴斬山頭而去.]"라는 기록이 보인다. 적산은 무제 때의 박사인데, 당시 흉노족이 화친을 요구했을 때, 화친을 찬성했던 적산은 어사대부였던 장탕을 공개적으로 비난했다. 그 일로 변경지역으로 파견되었다가 흉노족에 의해 죽임을 당했다고 한다.

葬以傷業, 禮煩而難行, 道迂[479]近而難遵. 稱往古而訾[480]當世, 賤所見而貴所聞." 此人本枉,[481] 以己爲拭. 此顔異所以誅黜, 而狄山死於匈奴也.(『鹽鐵論』「論誹」)

康14-68

당시의 제자백가들이 유교를 천대한 것은 행동이 말에 미치지 못했기 때문이다. 따라서 당세의 비난을 불러온 것이다. 그러나 그 말을 화려하게 했으니, 또한 유학자들이 사람들의 마음을 움직인 것이 또한 여기에 있었다는 것을 알 수 있다.

當時諸家賤儒, 行不逮言. 故來當世之譏. 然榮華其言, 亦可見儒者之移人亦在此.

14-4-32

이전에 진여(陳餘)는 한나라를 배반하여 지수(泜水)에서 참수되었고,[482]

479_ 우(迂)가 『공자개제고』에는 근(近)으로 되어 있는데, 『염철론』 원문에 따라 고쳤다.

480_ 자(訾)자 앞에 『공자개제고』와 『염철론』 원문에는 '언(言)'자가 있는데, 『염철론교주』에서는 왕선겸과 유월 등의 교감에 따라 삭제했다. 여기에서도 그것을 따랐다.

481_ 차인본왕(此人本枉)은 『공자개제고』와 『염철론』의 일부 판본에는 '비인본광(比人本狂)'으로 되어 있는데, 『염철론교주』에 따라 고쳤다.

482_ 『사기』「장이진여열전(張耳陳餘列傳)」에 "漢三年, 韓信已定魏地, 遣張耳與韓信擊破趙井陘, 斬陳餘泜水上, 追殺趙王歇襄國."이라는 기록이 보인다. 진여는 한나라 대량(大梁) 사람으로, 유교의 학술을 좋아했고, 장이(張耳)와는 문경지교(刎頸之交)를 맺은 사이였다. 진승(陳勝)의 난리 때 두 사람은 함께 참여했고, 진나라를 멸망시키는 데 공을 세웠다. 후에 초나라와 한나라가 대적할 때, 진여는 한나라와 연합했다가 한나라를 배반했고, 장이와 한신(韓信)에 의해 저수(泜水)에서 죽임을 당했다.

오피(伍被)는 간사하게 반역했다가 삼족이 멸족되었다.[483] 근래에는 주보언(主父偃)이 법도에 맞지 않는 짓을 저지르다가 주멸되었고,[484] 여보서(呂步舒)는 입을 함부로 놀려서 주륙을 당했으니,[485] 처신이 신중하지 못하여 주살이 죄 없는 부모에게까지 미친 것이다. 이를 통해 본다면, 공허한 예법은 자신에게 도움이 되지 않는다.(『염철론』「효양」)

往者陳餘背漢, 斬于泜水, 伍被邪逆, 而夷三族. 近世主父偃行不軌而誅滅, 呂步舒弄口而見戮, 行身不謹, 誅及無罪之親. 由此觀之, 虛禮無益於己也.(『鹽鐵論』「孝養」)

康14-69

입을 함부로 놀려 주륙을 당하고, 자신에게 도움이 되지 않는데도 널

483_『한서』「오피열전(伍被列傳)」에 "天子以伍被雅辭多引漢美, 欲勿誅. 張湯進曰, '被首爲王畫反計, 罪無赦.' 遂誅被."라는 기록이 보인다. 오피는 초(楚)나라 사람으로, 회남왕(淮南王) 유안(劉安)을 위해 모반 계획을 꾸몄다가 발각되어 한 무제에 의해 죽임을 당했다.

484_ 주보언(主父偃)은 『사기』「평진후주보열전(平津侯主父列傳)」에 의하며, 제(齊)나라 임치(臨淄) 사람으로, 장단술(長短術)과 종횡가(縱橫家)의 학술을 공부했다. 당시 제후왕과 대신들의 잘못을 무제에게 자주 폭로했기 때문에 그들로부터 많은 뇌물을 받았는데, 결국 그것이 발각되어 멸족의 형벌을 받았다.

485_『사기』「유림열전」에 의하면, 여보서는 동중서의 제자로, 회남왕의 반란 사건을 『춘추』의 의리로 판결하여 무제의 인정을 받았다고 한다. 한편 『한서』「동중서전」과 「오행지」에 의하면, 무제 건원(建元) 6년에 요동(遼東)의 고조(高祖) 사당이 화재로 소실되었는데, 동중서는 『춘추』의 재이설로 추론하여, "지금 요동(遼東)의 고조(高祖) 사당에 이어서 장릉의 고조 묘원이 소실된 것은 각각 제후 및 대신 중에서 부정한 자를 주살하라는 천의(天意)의 표현으로 해석되지 않을 수 없다"라고 단언했다. 동중서는 이것을 상주하지 않고 보관하고 있었는데, 평소 동중서에게 반감을 품고 있던 주보언이 그 초고를 몰래 무제에게 상주해 버렸다. 무제가 여러 학자들을 불러서 의견을 구할 때, 동중서의 제자였던 여보서는 그것이 스승의 글인 줄 모르고, 매우 어리석은 자의 글이라고 혹평했다. 이에 동중서는 사형죄를 선고받을 처지에 놓였는데, 다행히도 천자의 조칙에 의해서 사면되었다. 여보서가 입을 함부로 놀렸다는 것은 이 사건을 말하는 듯하다.

리 설법을 했으니, 다른 사람에게는 도움이 되는 것이다.

弄口見戮, 無益於己, 而廣說法, 則有益於人也.

14-4-33

문학의 옷자락이 큰 옷과 넓은 허리띠는 주공(周公)의 복장을 몰래 모방한 것이고, 몸을 굽히고 공경스러운 모습을 하는 것[486]은 공자의 용모를 몰래 모방한 것이다. 의론하고 칭송한 말은 복상(卜商)과 단목사(端木賜)의 언어를 몰래 모방한 것이고,[487] 비판하고 비난하거나 정치에 대해 말한 것은 관자(管子)와 안자(晏子)의 재주를 몰래 모방한 것이다. 마음은 경상(卿相)의 지위도 비천하게 여기고, 뜻은 만승(萬乘)의 제후국도 작게 여긴다. 그러나 그에게 정치를 맡기면 혼란하여 다스리지 못한다.(『염철론』「이의」)

文學褒衣博帶, 竊周公之服, 鞠躬踧踖, 竊仲尼之容. 議論稱誦, 竊商·賜之辭, 刺譏言治, 竊[488]管·晏之才. 心卑卿相, 志小萬乘. 及授之政, 昏亂不治.(『鹽鐵論』「利議」)

康14-70

옷자락이 큰 옷과 넓은 허리띠는 유학자의 복장이고, 몸을 굽히고 공

486_ 『논어』「향당」편에 "入公門, 鞠躬如也. … 復其位, 踧踖如也."라는 말이 보인다. 축적(踧踖)은 공경하여 편하게 여기지 못하는 모습이다.

487_ 복상(卜商)은 자하(子夏)의 자이고, 단목사(端木賜)는 자공(子貢)의 자이다. 공자가 자하는 문학 분야에, 자공은 언어 분야에 뛰어나다고 평가했다. 『논어』「선진」편에 "子曰, 從我於陳蔡者, 皆不及門也. 德行, 顔淵·閔子騫·冉伯牛·仲弓, 言語, 宰我·子貢, 政事, 冉有·季路, 文學, 子游·子夏."라는 말이 보인다.

488_ 절(竊)이 『공자개제고』와 『염철론』에는 과(過)로 되어 있는데, 『염철론교주』에 따라 고쳤다.

경스러운 모습을 하는 것은 예법에 맞는 용모이며, 의론하고 칭송한 말은 예법에 맞는 말이니,[489] 비난하는 사람을 통해서 유교의 진면목을 볼 수 있다.

褒衣博帶, 儒服也, 鞠躬踧踖, 禮容也, 議論稱誦, 法言也, 於詆毁之家, 可見儒敎面目.

14-4-34

유생들은 평범하고 못났으면서[490] 뛰어난 행동도 없고, 말을 많이 하면서도 쓸 만한 것이 없으며, 실정과 외형이 서로 부합되지 않으니, 마치 벽을 뚫거나 담을 넘는 도둑처럼[491] 옛날부터 사람들의 근심거리였다. 이 때문에 공자가 노나라 군주에게 배척당하고, 일찍이 세상에 등용되지 못한 것이다. 무엇 때문인가? 머뭇거리면서 결정하지 못하고,[492] 시기를 어겨서[493] 필요하지 않게 되었기 때문이다. 따라서 진(秦)나라 왕이 그 학술 서적을 불살라서 유통시키지 않았고, 그들을 위수(渭水)에 매장하여 등용하지 않았다. 이에 어찌 말을 많이 늘어놓거나

489_ 법언(法言)은 예법에 맞는 말로, 법어(法語)라고도 한다. 『효경』 「경대부장(卿大夫章)」에 "非先王之法服, 不敢服, 非先王之法言, 不敢道, 非先王之德行, 不敢行."이라는 말과 『논어』 「자한」편에 "子曰, 法語之言, 能無從乎? 改之爲貴."라는 말이 보인다.

490_ 탑용(闒茸)은 평범하고 못난 사람을 말한다.

491_ 천유(穿踰)는 벽을 뚫거나 담을 넘는 것으로, 도둑질을 말한다. 『맹자』 「진심하」편에 "人能充無穿踰之心, 而義不可勝用也."라는 말이 보인다.

492_ 섭(攝)은 『염철론교주』에서 황계강(黃季剛)이 서(鼠)나 시(施)와 음이 서로 바뀌는 글자라고 했다. 『사기』 「위기무안후열전(魏其武安侯列傳)」에 '수서양단(首鼠兩端)'이라는 말이 보이고, 『후한서』 「등훈전(鄧訓傳)」에 '수시양단(首施兩端)'이라는 말이 보인다. 쥐가 구멍에서 머리만 내밀고 여기저기 두리번거리는 모습을 형용한 것으로, 머뭇거리면서 결정하지 못한다는 의미이다.

493_ 우(迂)는 『염철론교주』에서 양수달이 오(迕)자가 되어야 한다고 했는데, 여기에서도 그 주장에 따라 해석했다.

자신 있게 미간을 편 채,[494] 조정의 회의에 참여하여[495] 국가의 일에 대해 시비를 따질 수 있었겠는가?(『염철론』「이의」)

諸生闒茸無行, 多言而不用, 情貌不相副, 若穿踰之盜, 自古而患之. 是孔丘斥逐于魯君, 曾不用於世也. 何者? 以其首攝多端, 迂時而不要也. 故秦王燔去其術而不行, 坑之渭中而不用, 乃安得鼓口舌, 申顔眉, 預前論議, 是非國家之事也.(『鹽鐵論』「利議」)[496]

康14-71

공자가 의리를 진술한 것이 매우 광범위했기 때문에 머뭇거리면서 결정하지 못했다고 여긴 것이다.

孔子陳義甚廣, 故以爲首攝多端.

14-4-35

무당과는 함께 제사를 지낼 수 없고, 유생들과는 함께 토론할 수 없으니, 그들은 과거의 일을 믿고 현재의 일을 의심하며, 남을 틀렸다고 하고 자기를 옳다고 한다. 대체로 옛것을 말하는 자는 현재에서 그것을 살펴야 하고, 먼 것을 말하는 자는 가까운 것에서 그것을 합치시켜야 한다. 해와 달은 하늘에 있지만, 그 징험은 사람에게서 나타난다. 재이의 변고와 요절과 장수의 기간, 음양의 변화와 사계절의 질서, 수화금목(水火金木)의 오행, 흉조와 길조의 호응, 귀신의 영험과 제사의 축복,

494_ 고구설(鼓口舌)은 말을 많이 하는 것이고, 신안미(申顔眉)는 득의하여 미간을 펴는 모습이다.

495_ 예전논의(預前論議)는 『염철론교주』에 의하면, 어전 회의에 참여하는 것이다. 논의(論議)는 한대에 시행된 일종의 제도로, 그 일만을 맡아서 전담하는 직책이 있었다고 한다.

496_ 리의(利議)가 『공자개제고』에는 국병(國病)으로 되어 있는데, 고쳐서 기록했다.

일월의 운행과 별들의 운행 등에 대해, 그 원인과 근원이 무엇인지 자세하게 말할 수 있는가? 잘 모른다면 침묵해야지, 구차하게 남의 귀를 어지럽히지 말아야 한다.(『염철론』「논치」)

巫祝不可與並祀, 諸生不可與逐語, 信往疑今, 非人自是. 夫道古者稽之今, 言遠者合之近. 日月在天, 其徵在人. 菑異之變, 夭壽之期, 陰陽之化, 四時之敍, 水火金木, 妖祥之應, 鬼神之靈, 祭祀之福, 日月之行, 星辰之紀, 曲言之故, 何所本始? 不知則默, 無苟亂耳.(『鹽鐵論』「論菑」)

康14-72

이 부분을 읽어보면 음양과 재이의 이론은 공자가 독창적으로 만든 것임을 알 수 있다.〈원주: 이하에서 음양과 오행에 대해 [대부가] 힐난한 것이 여전히 수 조목이 있는데,[497] 잘못된 논리로 서로 공격한 것이기 때문에 기록하지 않았다. 『공자대의고(孔子大義考)』에 기록되기를 기다릴 뿐이다.〉

讀此, 可知陰陽災異之說爲孔子所獨創.〈以下難陰陽五行者, 尙有數條, 以非相攻, 姑不錄. 俟錄入『孔子大義』耳.〉

14-4-36

문학이 성스럽고 지혜로운 자라고 칭송한 자는 공자인데, 노나라를 다스리는 것도 성공하지 못했고, 제나라에서는 쫓겨났으며, 위나라에서는 등용되지 못했고, 광(匡) 땅에서는 포위되었으며, 진(陳)나라와 채(蔡)나라 사이에서는 곤란을 겪었다. 대체로 등용되지 못할 시기임을 알면서도 유세한 것은 억지이고, 곤란함을 알고서도 그만두지 않은 것은

497_『염철론』「논치」편에서 앞의 기록에 이어서 문학과 대부가 음양과 오행에 대해 논쟁하는 내용이 나온다.

탐욕이며, 속임을 당한 줄도 모르고 간 것은 우둔함이고, 곤욕을 당하면서도 죽지 못하는 것은 수치이다. 이러한 네 가지는 일반 백성들도 하지 않는 것인데, 하물며 군자가 해서야 되겠는가!(『염철론』「대륜」)

文學所稱聖知者, 孔子也, 治魯不遂, 見逐于齊, 不用於衛, 遇圍于匡, 困于陳·蔡. 夫知時不用猶說, 强也, 知困而不能已, 貪也, 不知見欺而往, 愚也, 困辱不能死, 恥也. 若此四者, 庸民之所不爲也, 何況君子乎?(『鹽鐵論』「大論」)

康14-73

한나라 시대에 이르러서도 여전히 공자를 공격하고 유교를 비난하는 것이 이와 같았으니, 공자가 필부로서 이론을 새롭게 만들어 일찍이 실행된 적이 없기 때문이다.

至於漢世, 猶攻孔詆儒若此, 以其匹夫創說, 未嘗行之也.

14-4-37

유학자는 입으로는 치란(治亂)에 대해 말을 잘하지만, 그것을 실행하지는 못한다.(『염철론』「능언」)

儒者口能言治亂, 無能以行之.(『鹽鐵論』「能言」)

14-4-38

따라서 만약 말한 대로 행할 수 있다면[498] 유학자들이 치란에 대해 어

498_ 『염철론교주』에서는 근(近)자와 행(行)자는 형태가 서로 비슷하고, 능(能)자는 빠져 있다고 보고, 이 문장은 '고사언이능행(故使言而能行)'이 되어야 한다고 했는데, 이 주장에 따라 해석했다. 한편 김한규 등의 『염철론』 번역본에서는 근(近)자

찌 근심하겠는가?(『염철론』「능언」)

故使言而近, 則儒者何患於治亂.(『鹽鐵論』「能言」)

康14-74

정치술을 이야기하는 자들이 대부분 유학자를 공격하니, 곧 현실과 거리가 멀어서 일의 실정에 절실하지 않다는 의미이다.

談治術者多攻之, 卽迂遠不切於事情之意也.

14-4-39

세상 사람들의 말 중에, '시골 유생이 도시의 선비만도 못하다'는 말이 있다.(『염철론』「국질」)

世人有言, '鄙儒不如都士.'(『鹽鐵論』「國疾[499]」)

14-4-40

유학자들은 모두 가난하고 초라하며, 의관도 제대로 갖추지 못했는데, 어떻게 국가의 정치와 조정의 일을 알겠는가? 멀리 떨어진 벽지인 조양(造陽)의 일을 어떻게 알겠는가?[500](『염철론』「지광」)

를 그대로 살려서 '말한다고 해서 말하는 대로 비슷하게 될 수만 있다면'이라고 해석했다.

499_ 질(疾)이 『공자개제고』에는 병(病)으로 되어 있는데, 『염철론』 원문에 따라 고쳤다.

500_ 십벽(什辟)은 『염철론』의 다른 판본에는 두벽(斗辟)으로 되어 있는데, 멀리 떨어진 벽지를 말한다. 조양(造陽)은 변방 지역에 있는 현(縣)의 이름으로, 한나라 때 쓸모가 없어서 흉노에게 준 땅이다. 이 내용의 앞부분에서 "모래와 돌, 염분이 많아서 농사를 지을 수 없는 땅을 버렸다. 따라서 저 멀리 떨어진 현(縣)을 떼어내었는데, 조양(造陽)의 땅을 버려서 흉노에게 주었다[去砂石鹹鹵不食之地. 故割斗

儒皆貧羸, 衣冠不完, 安知國家之政, 縣官之事乎? 何什辟造陽也?(『鹽鐵論』「地廣」)

14-4-41

어리석은 유학자의 글에 미혹되어 현명한 선비의 계책을 의심한다.(『염철론』「형덕」)

惑於愚儒之文詞, 以疑賢士之謀.(『鹽鐵論』「刑德」)

14-4-42

서언왕(徐偃王)은 의리를 실행하다가 멸망했고,[501] [노나라 애공(哀公)은] 유교를 좋아하다가 영토가 삭감되었다.(『염철론』「화친」)

徐偃王行義而滅, 好儒而削.(『鹽鐵論』「和親」)

14-4-43

유학자들은 세상을 다스릴 줄은 모르면서 의론을 비난하기는 잘한다.(『염철론』「조성」)

儒者不知治世而善訾議.(『鹽鐵論』「詔聖」)

辟之縣, 棄造陽之地以與胡.]"라고 했다. 『사기』「흉노열전」에도 "한나라도 상곡군(上谷郡)의 벽지 현(縣)인 조양(造陽)의 땅을 버려서 흉노에게 주었다[漢亦棄上谷什辟縣造陽地以予胡.]"라는 기록이 보인다.

501_ 서언왕은 인의(仁義)만을 시행하고 무력을 갖추지 않아서 초(楚)나라에 의해 멸망되었다고 한다. 『회남자』「인간훈(人間訓)」편에 "夫徐偃王爲義而滅, 燕子噲行仁而亡, 哀公好儒而削, 代君爲墨而殘."이라는 기록이 보인다. 이외에도「범론훈(氾論訓)」편의 "徐偃王被服慈惠, 身行仁義, 陸地之朝者三十二國, 然而身死國亡, 子孫無類."와「설산훈(說山訓)」편의 "徐偃王以仁義亡國."이라는 기록도 보인다.

康14-75

장자가 “『춘추』는 세상을 다스리는 선왕의 기록이다”[502]라고 말했다. 그렇다면 유학자들이 공자의 학문으로 세상을 다스리는 것이 또한 가능했는데, 세상을 다스리지 않은 것은 당시 사람들의 견해와 합치되지 않았기 때문일 뿐이다.

莊子謂“『春秋』經世先王之志”. 然則儒以孔子之學治世亦可也, 不治世者, 不合于時人之見耳.

14-4-44

문학들은 공자의 가르침을 근본으로 삼아 그 뜻을 서술하고,[503] 그의 덕을 칭송하며, 옛날부터 지금까지 그만한 사람은 존재한 적이 없었다고 여긴다.[504] 그러나 공자는 제나라와 노나라 사이에서 도를 닦고, 수수(洙水)와 사수(泗水) 근처에서 교화를 펼쳤지만,[505] 제자들은 변화되지 않았고, 당시의 세상은 다스려지지 않았으며, 노나라의 쇠퇴함이 더욱 심해졌다.[506] 제나라 선왕(宣王)은 유학자를 칭찬하고 학문을 존중하여

502_ 『장자』「제물론(齊物論)」편에 보인다.

503_ 『중용』 제30장에 “仲尼, 祖述堯舜, 憲章文武.”라는 말이 보인다.

504_ 『맹자』「공손추 상」편에 “자공이 말했다. 그 [군주의] 예법을 보면 그 정치를 알 수 있고, 음악을 들으면 그 덕을 알 수 있으니, 100세대가 지난 이후에 100세대의 왕들[의 수준]을 등급매기더라도 거부할 수 있는 사람이 없을 것이다. 백성이 있은 이래로 선생님 같은 분은 있지 않았다[子貢曰, 見其禮而知其政, 聞其樂而知其德, 由百世之後, 等百世之王, 莫之能違也. 自生民以來, 未有夫子也.]”라는 말이 보인다.

505_ 수사(洙泗)는 중국 산동성(山東省)에 있는 수수(洙水)와 사수(泗水)를 말한다. 공자가 두 강 사이에서 제자들을 모아서 가르친 곳이다. 후에는 공자 또는 유가를 상징하는 말로 사용되었다. 『예기』「단궁 상(檀弓 上)」편에 “吾與女事夫子於洙泗之間.”이라는 말이 보인다.

506_ 『맹자』「고자 하(告子 下)」편에 제(齊)나라의 변론가인 순우곤(淳于髡)의 다음

맹자와 순우곤(淳于髡)[507]과 같은 무리들이 상대부의 봉록을 받았고, 직책은 맡지 않은 채 국사를 논의했다. 대체로 제나라의 직하(稷下)에 있었던 선생이 천여 명이나 되었으니,[508] 당시에 공손홍(公孫弘, B.C.200~B.C.121)과 같은 사람이 한 사람만 있었던 것이 아니다. 그런데도 약소국인 연(燕)나라가 제나라를 공격하여 수도인 임치(臨淄)까지 계속 진격하니, 민왕(湣王)은 도망쳐서 거(莒)나라에서 죽었는데도 구제한 사람이 없었다.[509] 그리고 제나라의 왕자 건(建)이 진(秦)에 사로잡혔을 때, 그와 함께 포로가 되기는 했지만 나라를 보존시키지는 못했다.[510] 이와 같이 유학자들이 나라를 안정시키고 군주를 존중한 것이 효력이 있었던 적이 없었다.(『염철론』「논유」)

文學祖述仲尼, 稱誦其德, 以爲自古及今, 未之有也. 然孔子修道齊·魯之間, 教化洙·泗之上, 弟子不爲變, 當世不爲治, 魯國之削滋甚.

과 같은 말이 실려 있다. "노나라 목공(繆公)의 시대에는 공의자(公儀子)가 정치를 담당했고, 자류(子柳)와 자사(子思)가 신하가 되었는데도 노나라의 쇠퇴함이 더욱 심해졌다.[魯繆公之時, 公儀子爲政, 子柳·子思爲臣, 魯之削也滋甚.]"

507_ 순우곤(淳于髡)은 성이 순우(淳于)이고, 이름이 곤(髡)으로, 제(齊)나라의 변론가이다.

508_ 『사기』「전경중완세가(田敬仲完世家)」에 "宣王喜文學游說之士, 自如騶衍·淳于髡·田騈·接予·愼到·環淵之徒七十六人, 皆賜列第, 爲上大夫, 不治而議論. 是以齊稷下學士復盛, 且數百千人."이라는 기록과 「맹자순경열전(孟子荀卿列傳)」에 "自騶衍與齊之稷下先生, 如淳于髡·愼到·環淵·接子·田騈·騶奭之徒, 各著書言治亂之事, 以干世主, 豈可勝道哉!"라는 기록이 보인다. 직하(稷下)는 제나라의 성문인 직문(稷門)의 아래라는 뜻으로, 유세하던 학사들을 여기에 모아서 학관을 만들었기 때문에 지어진 이름이다. 직하가 산의 이름이라고 하는 주장도 있다.

509_ 민왕(湣王)은 제나라의 군주로, 성은 전(田)이며, 이름은 지(地)이다. 주(周)나라의 영토를 병합하여 천자가 되려고 했지만, 삼진(三晋)·연(燕)·초(楚)나라 연합군에게 패배하여 살해당했다. 이와 관련된 내용은 『사기』「전경중완세가(田敬仲完世家)」에 보인다.

510_ 『염철론교주』에서 인용한 『풍속통의(風俗通義)』「황패(皇霸)」편에 의하면, 왕자 건(建)의 시대에는 진(秦)나라에게 복종하여 군비를 갖추지 않고 있었는데, 진나라 군대가 침략하여 수도 임치로 진입하여 왕자 건을 공(共) 땅으로 옮겼다고 한다.

齊宣王褒儒尊學, 孟軻・淳于髡之徒, 受上大夫之祿, 不任職而論國事. 蓋齊稷下先生千有餘人, 當此之時, 非獨一公孫弘也. 弱燕攻齊, 長驅至臨淄, 湣王遁逃, 死於莒而不能救. 王建禽于秦, 與之俱虜而不能存. 若此, 儒者之安國尊君, 未始有效也.(『鹽鐵論』「論儒」)

康14-76

당시의 승상(丞相)이 유학을 공격한 것이 이와 같았지만, 공자 문하의 후학들은 공자를 존중하여 백성이 있은 이래로 공자와 같은 사람은 없었다고 여겼으니, 그것은 많은 사람들의 한결같은 논리였다.

時相之攻儒若此, 然孔門後學之尊孔子, 以爲生民未有, 是衆口一論也.

14-4-45

때마침 두태후(竇太后)는 황로(黃老)의 학술을 연구하고, 유가의 학술은 좋아하지 않았다. 사람을 시켜서 조관(趙綰) 등이 간사한 방법으로 이익을 취한 일을 몰래 조사하고, 조관(趙綰)과 왕장(王臧)을 소환하여 심문하자, 조관과 왕장은 자살했다.[511](『사기』「효무본기」)

會竇太后治黃・老言, 不好儒術. 使人微伺得趙綰等奸利事, 召案綰・臧. 綰・臧自殺.(『史記』「孝武本紀」)

511_ 조관(趙綰)과 왕장(王臧)은 『시』의 대가인 신공(申公)의 제자들로, 유학으로 무제에게 발탁되었는데, 당시 실권자였던 두씨(竇氏) 일족과 반목하다가 두태후의 계략에 빠져 자살했다. 『염철론』「포현(褒賢)」편에도 "趙綰・王臧之等, 以儒術擢爲上卿, 而有奸利殘忍之心."이라는 말이 보인다. 두 사람과 관련된 기록은 『사기』「유림열전」, 『한서』「교사지 상(郊祀志 上)」과 「전분전(田蚡傳)」 등에 보인다.

康14-77

한나라 시대의 유학자들이 배척을 당한 것이 여전히 이와 같았다. 동중서가 육예(六藝)의 학과가 아닌 것을 끊어버리고 나아가지 못하게 하고,[512] 공손홍(公孫弘)이 또한 유학으로 영달하는 데 이르러서야 유학이 마침내 세상에 행해졌다.

漢世儒之見絀尙如此. 至董生以非六藝之科者絶勿進, 公孫宏亦以儒學顯, 而儒術遂行於世.

14-4-46

급암(汲黯, ?~B.C.112?)[513]은 항상 유학을 비난했는데, 공손홍(公孫弘) 등의 무리들이 단지 거짓된 마음을 품고 꿍꿍이를 꾸며서 군주의 환심을 사려 한다고 대놓고 들이받았다.(『사기』「급정열전」)

而黯常毁儒, 面觸弘等徒懷詐飾智, 以阿人主取容.(『史記』「汲鄭列傳」)

14-4-47

세속에서는 모두 유생을 비난하고, 유생의 무리들 스스로도 서로를 무시하니, 무엇 때문인가? 모두가 벼슬살이를 좋아하여 관리가 되는 방법을 배우기 위하여 문리(文吏)[514]를 표준으로 삼기 때문이다. 유생에게

512_ 『한서』「동중서전」에 "어리석은 신은 육예(六藝)의 학과에 속하지 않는 것과 공자의 학술에 속하지 않는 모든 학술은 그 길을 끊어버려서 나란히 함께 나아가지 못하게 해야 한다고 생각합니다[臣愚以爲諸不在六藝之科·孔子之術者, 皆絶其道, 勿使幷進.]"라는 기록이 보인다.

513_ 급암(汲黯)은 전한(前漢) 복양(濮陽) 사람이며, 자는 장유(長孺)이다. 한무제 때 주작도위(主爵都尉)가 되어 구경(九卿)의 반열에 올랐다.

514_ 문리(文吏)는 공문서와 법령을 담당하고 숙지하고 있는 관리를 말한다. 『논형』

결함이 있기 때문에 세속에서 모두 비난하는 것이다.(『논형』「정재」)

世俗共短儒生, 儒生之徒亦自相少, 何則? 並好仕學宦, 用吏爲繩表也. 儒生有闕, 俗共短之.(『論衡』「程材」)

14-4-48

이 때문에 세속에서는 항상 문리를 높이고, 유생을 천시한다.(『논형』「정재」)

是故世俗常高文吏, 賤下儒生.(『論衡』「程材」)

康14-78

문리를 높이고 유생을 천시하는 것은 세속에서 부귀(富貴)를 높이고 도의(道義)를 천대하기 때문에 이러한 지경에 이른 것이다.

高文吏, 下儒生, 世俗尊富貴, 薄道義, 故至此.

14-4-49

의론을 펼치는 자들은 대부분 유생이 저들 문리에 미치지 못한다고 말한다. 문리는 형편이 좋은 반면 유생은 실의에 빠져 있기[515] 때문에 유생을 비난하여 재능과 지혜가 천박하고 짧다고 여긴다.(『논형』「정재」)

論者多謂儒生不及彼文吏. 見文吏利便而儒生墮落, 則詆訾儒生以爲淺短.(『論衡』「程材」)

「효력(效力)」편에서는 "문리는 일의 처리를 역량으로 삼고, 유생은 학문을 역량으로 삼는다[文吏以理事爲力, 而儒生以學問爲力.]"라는 말이 보인다.

515_ 이편(利便)은 편리(便利)와 같은 말로, 형편이 좋다는 뜻이다. 타락(墮落)은 실의에 빠진 모습이다.

康14-79

후한시대는 유학을 가장 높이고, 모든 관직에 유생을 전부 채용했다. 그런데도 비난을 받고 실의에 빠진 것이 오히려 이와 같았으니, 하물며 후세에는 어떠했겠는가?

後漢最崇儒術, 百官盡用儒生. 然詆訾墮落猶如此, 況後世乎?

14-4-50

지조가 높고 행동이 고상한 사람은 의지를 굽히거나 숭고한 품격을 떨어뜨림으로써 윗사람에게 아부하여 관직에 나아가는 것을 부끄럽게 여기기 때문에 세속적인 재능만 있는 유생들을 깊이 미워한다. 그들은 문리의 계열로 진입하더라도,[516] 여전히 자신의 높은 뜻을 굳게 지키면서 아래로 문리의 일을 배우려고 하지 않는다. 또한 어떤 때에는 숙련 정도가 충분하지 않고, 생각이 치밀하지 않기 때문에 일을 만나서는 어떻게 해야 할지를 모른다. 대답에는 오류가 있고, 절하고 일어나는 동작은 익숙하지 않으며, 나아가고 물러나는 예법은 절도에 맞지 않는다. 상급 기관에 올린 의견서나 일에 대한 의론[517]은 진부한 선비가 잘못을 변명하듯이[518] 옛날의 전고를 끌어들인다. 지방장관이 하고자 하는 욕망을 매정하게 차단하고, 직설적으로 바로 직언하며, 피하

516_ 『논형주석』에서 게(洎)는 급(及)자의 의미라고 했다. 『논형교석』에서 반수(盼遂)는 게(洎)는 골(汩)의 잘못으로, 골입(汩入)은 빠져드는 것이라고 풀이하기도 했다.

517_ 『논형주석』에서 주기(奏記)는 상급 기관에 서면으로 진술한 의견, 언사(言事)는 일에 대한 의론(議論)이라고 했다.

518_ 몽사(蒙士)는 『논형주석』에서 시대에 뒤떨어져 진부한 독서인으로, 자기의 잘못을 변명한다는 뜻이라고 했다. 한편 『논형교석』에서 해과(解過)는 해후(解逅)가 되어야 하며, 몽사해후(蒙士解逅)는 "말 많은 선비의 중상모략을 당한다"라고 풀이하기도 했다.

거나 꺼려야 할 부분까지 건드린다.[519] 공문서를 봉인하거나 묶어서 그 위에 서명을 하거나 도장을 찍는 일도 정해진 규정대로 하지 못한다.[520] 글재주는 남들보다 뛰어나지만, 실제 현실과는 괴리되어 부합되지 않고,[521] 진부하여 실제 의리와도 호응되지 않는다. 따라서 세속에서 그들을 가볍게 여기고, 문리들도 그들을 천박하게 여기며, 장관들도 그들을 멸시한다.(『논형』「정재」)

其高志妙操之人, 恥降意損崇, 以稱媚取進, 深疾才能之儒. 洎入文吏之科, 堅守高志, 不肯下學. 亦時或精闇不及, 意疏不密, 臨事不識. 對向謬誤, 拜起不便, 進退失度. 奏記言事, 蒙士解過, 援引古義. 割切將欲, 直言一指, 觸諱犯忌. 封蒙約縛, 簡繩檢署, 事不如法. 文辭卓詭, 辟刺離實, 曲不應義. 故世俗輕之, 文吏薄之, 將相賤之.(『論衡』「程材」)

14-4-51

유학자의 오경(五經)에 대한 이야기는 그 진실을 잃은 것이 많다. 앞의 유학자들은 오경의 본말을 보지 못하고, 허망한 이론만을 헛되이 만들었으며, 뒤의 유학자들은 이전 스승들의 말만을 믿고, 옛것을 그대로 따라 서술하고, 말만 유창하게 익힐 뿐이다. 만약 어떤 경사(經師)의 학문이 유명해지면 스승이 되어 남을 가르치는 것에만 급급하며, 때가

519_ 장욕(將欲)은 『논형주석』에서 지방장관의 욕망이라고 했다. 즉 지방장관이 하고자 하는 일을 매정하게 차단한다는 뜻이다. 촉휘범기(觸諱犯忌)는 피하거나 꺼려야 할 부분을 건드린다는 뜻으로, 『논형주석』에서는 지방장관의 아픈 곳을 건드린다고 풀이했다.

520_ 『논형주석』에서 봉몽약박(封蒙約縛)은 공문서를 봉인하거나 묶는 일, 간승검서(簡繩檢署)는 봉인하거나 묶은 공문서에 서명을 하거나 도장을 찍는 것이라고 풀이했다.

521_ 탁궤(卓詭)는 매우 뛰어나서 남들과는 다르다는 뜻이다. 벽자리실(辟刺離實)은 『논형주석』에서 실제 현실과는 괴리되어 부합되지 않는다는 의미라고 했다.

되면 일찍 벼슬길에 나아가 승진을 다투는 것에만 급급할 뿐, 정신을 집중하고 마음을 기울여서 오경의 근본 핵심을 고찰하고 따질 겨를이 없다. 따라서 허망한 이론이 전해지는데도 끊어지지 않고, 사실은 없어져서 드러나지 않으니, 오경은 모두 그 진실을 잃어버렸다.(『논형』「정설」)

儒者說五經, 多失其實. 前儒不見本末, 空生虛說. 後儒信前師之言, 隨舊述故, 滑習辭語. 苟名一師之學, 趨爲師教授, 及時蚤仕, 汲汲競進, 不暇留精用心, 考實根核. 故虛說傳而不絶, 實事沒而不見, 五經並失其實.(『論衡』「正說」)

14-4-52

오경(五經)[이 나온] 이후의 진나라와 한나라의 일에 대해서 알지 못하는 것이 유생의 단점이다.[522] 대체로 옛것은 알면서 지금을 모르는 것을 '육침(陸沈)'[523]이라고 한다. 그렇다면 유생들은 '육침자(陸沈者)'라고 할 수 있다. 또한 오경[이 나오기] 이전에 하늘과 땅이 처음 열리고 제왕이 최초로 즉위한 시대에 대해, 군주의 이름이 누구인지를 유생들은 또한 알지 못한다. 대체로 지금은 알면서 옛것을 모르는 것을 '맹고(盲瞽)'라고 한다. 오경은 상고(上古) 시대에 비교한다면 오히려 지금의 것에 해당된다. 단지 경서를 강설할 수 있을 뿐, 상고시대에 대해서는 잘 파악하지 못하니, 그렇다면 유생들은 '맹고자(盲瞽者)'라고 할 수 있다.(『논

522_ 이 글의 앞 문장에서 "대체로 유생들이 일삼는 것은 오경(五經)이다. 남쪽을 향한 채 스승이 되어 하루 종일 장구(章句)를 강학하면서 의리(義理)를 연구하고 익히니, 오경을 연구하여 갖추고 있는 것은 괜찮은 편이다[夫儒生之業, 五經也. 南面爲師, 旦夕講授章句, 滑習義理, 究備于五經, 可也.]"라고 하고, 여기에서는 그 단점에 대해 비판했다.

523_ 육침(陸沈)은 옛것만을 고집하여 시의(時宜)에 맞지 않는 것을 말하며, 은거하는 것을 비유하기도 한다.

형』「사단」)

五經之後，秦·漢之事無[524]不能知者，短也. 夫知古不知今，謂之'陸沈', 然則儒生所謂'陸沈者'也. 五經之前, 至于天地始開, 帝王初立者, 主名爲誰, 儒生又不知也. 夫知今不知古，謂之'盲瞽'. 五經比于上古, 猶爲今也. 徒能說經，不曉上古，然則儒生所謂'盲瞽者'也.(『論衡』「謝短」)

14-4-53

그렇다면 유생들은 한나라의 일에 대해 알지 못하니, 세상에서 우매하고 꽉 막힌 사람이다.(『논형』「사단」)

然則儒生不能知漢事, 世之愚蔽人也.(『論衡』「謝短」)

14-4-54

유생들에게 고금의 의리를 종합적으로 물으면 유생들은 알지 못하고, 경서별로 물어도 알지 못한다. 이는 경서에 대한 스승의 해석만을 굳게 지키고 믿을 뿐, 널리 독서하지 않는 오류를 범했기 때문이다.(『논형』「사단」)

夫總問儒生以古今之義，儒生不能知，別名[525]以其經事問之，又不能曉. 斯則坐守何言[526]師法, 不頗博覽之咎也.(『論衡』「謝短」)

524_ 유반수(劉盼遂)는 무(無)자가 연문이라고 했다.

525_ 명(名)은 『논형교석』에서 '각(各)'이 되어야 한다고 했다. 여기에서도 그에 따라 해석했다.

526_ 하언(何言)은 『논형교석』에서 '신(信)'이 되어야 한다고 했다. 신(信)자와 형태가 비슷하여 하(何)자로 잘못되었고, 또 신(信)자의 뒷부분인 언(言)자가 잘못 옮겨져서 결국 하언(何言) 두 글자로 나누어진 것이라고 했다.

康14-80

앞의 두 조목을 종합해서 보면, 한나라의 유생들은 이미 오늘날의 팔고문(八股文)[527]에 종사하는 천박한 자들과 같아서 고금을 통하지 못하고 경의 뜻을 이해하지 못했으니, 유흠이 나와서 그들의 지위를 빼앗은 것도 당연하다.

合上二條觀之, 漢儒生已如今日從事八股者之陋, 不通古今, 不諳經義, 宜劉歆得出而奪之.

<이상 양한시대의 제자백가가 유교를 공격하다: 右兩漢時諸子攻儒>

527_ 팔고문(八股文)은 명청(明淸) 시대 과거시험의 한 가지 문체로, 제예(制藝)·제의(制義)·시예(時藝)·시문(時文)·팔비문(八比文) 등으로도 불린다. 그 문체는 송원(宋元) 시대의 경의(經義)에 근원하는데, 명나라 성화(成化) 연간 이후에 완성되었고, 청나라 광서(光緖) 말년에 이르러 폐지되었다.

제15권 | 묵가와 노자의 유교 공격이 가장 극성하다

墨·老攻儒尤盛考

An Annotated Translation of “Confucius as a Reformer”

1. 묵가 학파가 유교를 공격하다 [墨學攻儒]

15-1-1[1]

유학자가 말했다. "친한 이를 친하게 대하는 것에도 강등이 있고, 현명한 이를 높이는 것에도 차등이 있다." 이것은 친함과 소원함, 존귀함과 비천함의 차이를 말한 것이다. 그 예법에서 말했다. "부모의 거상 기간은 3년, 부인과 맏아들도 3년, 백부와 숙부, 동생과 형, 서자(庶子)는 1년, 친척과 족인(族人)은 다섯 달이다." 그런데 만약 친소(親疏)를 기준으로 상례의 기간을 정한다면, 가까운 자는 기간을 많이 하고 소원한 자는 기간을 적게 하니, 이것은 아내와 적장자를 부모와 동등하게 대우하는 것이다. 또 만약 존비(尊卑)를 기준으로 상례의 기간을 정한다면, 이것은 그 처자(妻子)를 높여서 부모와 동등하게 대우하고, 큰아버지와 종형(宗兄)을 서자와 동일시하는 것이니, 무엇이 이보다 더 이치에 어긋날 수 있겠는가? 유학자들은 부모가 죽으면 시신을 그대로 펼쳐놓고 염(殮)을 하지 않으며, 지붕 위로 올라가고 우물을 들여다보며, 쥐구멍을 뒤져서 찾고 씻을 기물들을 살펴보면서 죽은 이를 찾는다. 그런데 실제로 살아 있다고 생각하는 것이라면 어리석음이 매우 심한 것이며, 만약 이미 돌아가신 것을 알면서도 기어코 그를 찾으려고 하는 것이라면 허위가 또한 큰 것이다. 유학자들은 장가를 들 때 [신랑이] 직접 신부를 맞이하는데, 검은색의 예복을 입고 마부가 된다. 말고삐를 잡고서 수레의 손잡이 끈을 [신부에게] 주니, 마치 부모를 태우는 것과 같다. 그리고 혼례의 엄격한 의식은 마치 제사를 받드는 것과 같으니,

---

1_ 이하에서 인용한 『묵자』 「비유 하」편의 내용은 이 책의 제7권 제4절〈7-4-1〉에서 이미 인용했다. 자세한 주석은 앞의 내용을 참조 바람.

위아래의 지위를 뒤집어서 부모를 거역하는 것이다. 부모[의 상례]는 낮추어 처자식과 같게 하고, 처자식은 올려서 부모를 업신여기게 하니, 부모를 섬기는 것이 이와 같다면 효도라고 말할 수 있겠는가? 유학자가 부인을 직접 맞이하러 가는 것은 부인이 제사를 받들고, [그녀의] 자식이 장차 종묘를 지키기 때문이다. 따라서 그 [예법을] 중시한다. 이 말에 응수하여 다음과 같이 말한다. "이것은 거짓된 말이다. 그의 종형(宗兄)들은 선조들의 종묘를 수십 년이나 지켰는데도, 그가 죽으면 1년 복상을 하고, 형제의 아내들은 선조들의 종묘를 받들지만, [그녀들이 죽으면] 상복을 입지 않는다. 그렇다면 처자식을 위해 3년 동안 복상하는 것은 결코 그들이 종묘를 지키고 제사를 받들기 때문이 아니다. 처자식을 아끼는 것이 이미 큰 잘못인데도, 또 '[그들이] 부모를 소중히 여기기 때문이다'라고 말한다. 이것은 지극히 사사로운 대상을 후하게 대우하고, 지극히 소중한 대상을 가볍게 대우하는 것이니, 어찌 크게 간사한 짓이 아니겠는가?"

> 儒者曰, "親親有術, 尊賢有等", 言親・疏尊卑之異也. 其禮曰, "喪父母三年, 其妻・後子三年, 伯父・叔父・弟兄・庶子其, 戚族人五月." 若以親疏爲歲月數, 則親者多而疏者少矣, 是妻・後子與父同也. 若以尊卑爲歲月數, 則是尊其妻子與父母同, 而親・伯父・宗兄而卑子也, 逆孰大焉? 其親死, 列尸弗, 登屋窺井, 挑鼠穴, 探滌器, 而求其人焉. 以爲實在, 則贛愚甚矣, 如其亡也, 必求焉, 僞亦大矣. 取妻身迎, 祗褍爲僕. 秉轡授綏, 如仰嚴親. 昏禮威儀, 如承祭祀, 顚覆上下, 悖逆父母. 下則妻子, 妻子上侵, 事親若此, 可謂孝乎? 儒者迎妻, 妻之奉祭祀, 子將守宗廟. 故重之. 應之曰, "此誣言也. 其宗兄守其先宗廟, 數十年, 死, 喪之其, 兄弟之妻, 奉其先之祭祀, 弗散. 則喪妻子三年, 必非以守奉祭祀也. 夫憂妻子以大負累, 有曰'所以重親也'. 爲欲厚所至私, 輕所至重, 豈非大奸也哉?"

또한 [유학자들은] 운명이 있다고 강하게 고집하면서 다음과 같이 의론을 펼친다. "장수와 요절, 가난과 부유함, 안정과 위태로움, 다스림과 혼란함은 본래부터 천명이 있어서 덜어내거나 보탤 수가 없다. 궁핍과 영달, 상을 받는 것과 벌을 받는 것, 행운과 불행은 모두 정해진 법칙이 있어서 사람의 지혜와 힘으로는 어찌할 수 없다." 그런데 많은 관리들이 이 말을 믿으면 자신의 직분에 태만해질 것이며, 일반 백성들이 이 말은 믿으면 자신이 종사하는 일에 태만해질 것이다. 관리들이 제대로 다스리지 않으면 혼란해지고, 일반 백성들이 농사일을 게을리하면 가난해질 것이다. 가난하면서 혼란스러운 것은 정치의 근본에 위배되는데, 유학자들은 그것을 인도하여 교화하는 방법이라고 여기니, 이것은 천하의 사람들을 해치는 것이다.

有强執有命以說議曰, "壽夭·貧富·安危·治亂, 固有天命, 不可損益. 窮達·賞罰·幸否, 有極, 人之知力, 不能爲焉." 群吏信之, 則怠于分職, 庶人信之, 則怠于從事. 不治則亂, 農事緩則貧. 貧且亂, 政之本, 而儒者以爲道敎, 是賤天下之人者也.

또한 예악(禮樂)을 번잡하게 꾸며서 사람들의 마음을 어지럽히고, 삼년상에 슬픔을 거짓으로 꾸며서 부모를 속인다. 운명론을 세워서 가난에 게으르게 대처하면서도 고상하고 거만하게 굴며, 근본을 등지고 일을 버려두고서도 편안히 여기면서 태만하게 군다. 그리고 술을 마시는 것에만 욕심을 부리고 일하는 데에는 게을리하니, 배고픔과 추위에 빠져서 얼어 죽거나 굶어 죽을 위험에 처해 있으면서도 그것을 피할 방법이 없다. 이것은 마치 거지와도 같아서, 두더지처럼 음식을 저장하고 숫양처럼 음식을 찾으며, 돼지처럼 음식을 보면 벌떡 일어선다. 군자가 그런 모습을 보고 비웃으면, 화를 내면서 "무식한 사람이 어찌 훌륭한 유학자를 알겠는가?"라고 말한다. 여름에는 보리와 벼를 구걸하다가 모든 곡식이 이미 수확되면 큰 상갓집을 쫓아다니는데, 자식과 손자들이 모두 따라가서 음식을 실컷 먹는다. 몇 집이 초상을 치르게 되면 살아가기에 충분한 정도에 이른다. 남의 집에 의지하여 자신의 살을 찌우고, 남의 들[의 곡식]에 의지에서 스스로를 높인다. 부잣집에 초상이 나면 크게 기뻐하면서, "이것이 바로 입고 먹는 단초이다"라고 말한다.

且夫繁飾禮樂以淫人, 久喪僞哀以謾親. 立命緩貧而高浩居, 倍本棄事而安怠傲. 貪于飮酒, 惰于作務, 陷于饑寒, 危于凍餒, 無以違之. 是若人氣, 鼸鼠藏, 而羝羊視, 賁彘起. 君子笑之, 怒曰, "散人焉知良儒?" 夫夏乞麥禾, 五穀旣收, 大喪是隨, 子姓皆從, 得厭飮食. 畢治數喪, 足以至矣. 因人之家翠以爲, 恃人之野以爲尊. 富人有喪, 乃大說喜曰, "此衣食之端也."

유학자들은 "군자는 반드시 옛날의 옷과 옛날의 말을 사용한 이후에야 인(仁)하다"라고 말하니, 이 말에 응수하여 다음과 같이 말한다. "옛날의 말과 옷이라는 것은 모두 [처음에는] 새로운 것이었다. 그런데 옛날 사람들이 그것을 말하고 그것을 입었다면 그들은 군자가 아니다. 그렇다면 반드시 군자의 옷이 아닌 것을 입고, 군자의 말이 아닌 것을 말한 이후에야 인(仁)하다는 말인가?" 또한 "군자는 옛것을 따르기만 할 뿐, 새롭게 만들어내지 않는다"라고 말하니, 이 말에 응수하여 다음과 같이 말한다. "옛날에 예(羿)는 활을 만들었고, 여(伃)는 갑옷을 만들었으며, 해중(奚仲)은 수레를 만들었고, 교수(巧垂)는 배를 만들었다. 그렇다면 지금의 가죽을 만드는 사람·갑옷을 만드는 사람·수레를 만드는 사람·배를 만드는 사람은 모두 군자이고, 예(羿)·여(伃)·해중(奚仲)·교수(巧垂)는 모두 소인이란 말인가? 게다가 지금의 그들이 따르는 것은 다른 사람이 반드시 만든 것이니, 그렇다면 지금의 그들이 따르는 것은 모두 소인의 도(道)란 말인가?"

儒者曰, "君子必服古言, 然後仁", 應之曰, "所謂古之者, 皆嘗新矣.

而古人服之, 則君子也. 然則必法非君子之服, 言非君子之言, 而後仁乎?" 又曰, "君子循而不作", 應之曰, "古者羿作弓, 伃作甲, 奚仲作車, 巧垂作舟. 然則今之鮑・函・車・匠, 皆君子也, 而羿・伃・奚仲・巧垂, 皆小人邪? 且其所循, 人必或作之, 然則其所循, 皆小人道也?"

또한 [유학자들은] "군자는 전쟁에서 승리하면 도망가는 적을 추격하지 않고, 함정에 빠진 병사에게 활을 쏘지 않으며, 적군이 패하여 도망칠 때에는 그들을 도와 무거운 수레를 끌어준다"라고 말하니, 이 말에 응수하여 다음과 같이 말한다. "모두가 어진 사람이라면 떠들면서 서로 대적할 필요가 없다. 어진 사람들은 취사(取舍)와 시비(是非)의 이치를 서로 알려주고, [주장의] 이유가 없는 자는 이유가 있는 자를 따르며, [상황을] 모르는 자는 잘 아는 자를 따르고, 변명할 말이 없으면 반드시 복종하며, 옳은 것을 보면 반드시 의지하여 따르니, 무슨 이유로 서로 싸우겠는가? 만약 양쪽 모두 난폭한 자들끼리 서로 싸운다면 승리한 자가 도망가는 적을 추격하지 않고, 함정에 빠진 병사에게 활을 쏘지 않으며, 적군이 패하여 도망칠 때 그들을 도와 무거운 수레를 끌어주지 않으려고 할 것이니, 비록 할 수 있는 다른 노력을 다하더라도 그들은 군자가 될 수 없을 것이다. 생각건대 포악하고 잔인한 나라에 대해, 성인은 장차 세상을 위해 해로움을 제거하기 위해서 군대를 일으켜 그 나라를 토벌하는데, 승리한 상태에서 장차 유학자의 전술을 사용하여, 군사들에게 '도망가는 적을 추격하지 말고, 함정에 빠진 병사에게 활을 쏘지 말며, 적군이 패하여 도망칠 때 그들을 도와 무거운 수레를 끌어주어라'고 말한다면 난폭한 사람들이 살 수 있게 되고, 천하의 해로움은 제거되지 않을 것이다. 이것은 부모에게 크게 잔인한 짓을 하는 것이고, 세상에 심하게 해를 끼치는 것이니, 이보다 더 큰 불의(不義)는 없다."

又曰, "君子勝不逐奔, 揜函弗射, 施則助之胥車", 應之曰, "皆仁人也,則無說而相與. 仁人以其取捨是非之理相告, 無故從有故也, 弗知從有知也, 無辭必服, 見善必遷, 何故相? 若兩暴相爭, 其勝者欲不逐奔, 揜函弗射, 施則助之胥車, 雖盡能, 猶且不得爲君子也. 意暴殘之國也, 聖將爲世除害, 興師誅罰, 勝將因用傳術令士卒曰, '毋逐奔, 揜函勿射, 施則助之胥車', 暴亂之人也得活, 天下害不除. 是爲群殘父母而深賤世也, 不義莫大焉."

또 [유학자들은] "군자는 종(鍾)과 같으니, 그것을 치면 울리고 치지 않으면 울리지 않는다"라고 말하니, 이 말에 응수하여 다음과 같이 말한다. "대체로 어진 사람은 윗사람을 섬길 때는 충성을 다하고, 부모를 섬길 때는 효도에 힘쓰며, 착한 일이 있으면 칭찬하고, 잘못된 일이 있으면 간언하니, 이것이 신하의 도리이다. 지금 그것을 치면 울리고 치지 않으면 울리지 않는다고 하는 것은 지혜를 감추고 능력을 내버려둔 채, 조용히 있다가 질문을 기다린 이후에야 대답하는 것이니, 임금과 부모에게 크게 이로운 것이 있더라도 묻지 않으면 말하지 않는 것이다. 만약 큰 난리가 있거나 도적이 발생하려는 것이 마치 사냥도구의 격발장치가 당장이라도 발사가 될 듯한 상황인데, 다른 사람은 알지 못하고 자기 혼자만 그것을 안다면, 비록 임금과 부모가 모두 옆에 있더라도 묻지 않으면 말하지 않을 것이니, 이것은 큰 난리를 일으키는 도적이다. 이렇게 하면 신하로서는 충성하지 않는 것이고, 자식으로서는 효도하지 않는 것이며, 형을 섬기면서 공경하지 않는 것이고, 다른 사람과 교제하면서 올바르지 않는 것이다. 대체로 조정의 일에 대해서는 뒤로 물러나서 먼저 말하지 않다가, 이익을 보고 자기에게 이로우면 오직 남들보다 말을 늦게 할까 두려워한다. 임금이 만약 말을 하더라도 이익이 되지 않으면, 고고하게 팔짱을 끼고 아래로 내려다보면서 마치 음식물이 목구멍에 깊이 막힌 듯이 말을 하지 않다가, '저는 그것을 배운 적이 없습니다'라고만 말한다. 그리고는 일의 실행이 비록 급박하더라도 멀리 피해서 떠나버린다."

又曰, "君子若鍾, 擊之則鳴, 弗擊不鳴", 應之曰, "夫仁人事上竭忠, 事親得孝, 務善則美, 有過則諫, 此爲人臣之道也. 今擊之則鳴, 弗擊不鳴, 隱知豫力, 恬漠待問而後對, 雖有君親之大利, 弗問不言. 若將有大寇亂, 盜賊將作, 若機闢將發也, 他人不知, 己獨知之, 雖其君親, 皆在不問不言, 是夫大亂之賊也? 以是爲人臣不忠, 爲子不孝, 事兄不弟, 交遇人不貞良. 夫執後不言之朝物, 見利使己, 雖恐後言. 君若言而未有利焉, 則高拱下視, 會噎爲深, 曰, '惟其未之學也'. 用誰急, 遺行遠矣."

대체로 도술과 학업을 하나로 통일하는 것은 인의(仁義)이다. 모두 크게는 이로써 사람을 다스리고, 작게는 이로써 관직을 맡으며, 멀게는 두루 베풀고, 가깝게는 이로써 자신을 수양한다. 의롭지 않으면 처신하지 않고, 도리가 아니면 실천하지 않으며, 힘써 천하의 이로움을 일으키고, 모든 행동거지에서 이롭지 않으면 그만두니, 이것이 군자의 도이다. 그런데 내가 들은 공자의 행동은 근본적으로 이것과는 서로 어긋난다. 제(齊)나라 경공(景公)이 안자(晏子)에게 "공자의 사람됨은 어떠한가?"라고 물었는데, 안자가 대답하지 않았다. 경공이 또다시 물었는데도, 대답하지 않았다. 경공이 말했다. "공자에 대해 과인에게 말하는 자들이 많은데, 그들은 모두 공자를 현명한 사람이라고 여긴다. 지금 과인이 물었는데도 그대는 대답하지 않으니, 무엇 때문인가?" 안자가 대답했다. "저는 어리석어서 현명한 사람을 알아볼 수가 없습니다. 비록 그렇지만, 제가 듣기에 현명한 사람이란 남의 나라에 들어가면 반드시 그 나라의 군신 관계가 친밀해지도록 힘써서 그들 상하간의 원한을 없애야 한다고 합니다. 그런데 공자가 형(荊), 즉 초나라에 갔을 때, 백공(白公)의 음모를 알고서 그에게 석걸(石乞)을 바쳐서 돕게 함으로써 초나라 임금은 거의 죽을 뻔했고, 백공은 죽임을 당했습니다. 제가 듣기에 현명한 사람이란 위로는 왕에게 신임을 얻되 실속이 없지 않고, 아래로는 백성의 신임을 얻되 그들을 위태롭게 하지 않으며, 그의 말이 임금에게 받아들여지면 반드시 사람을 이롭게 하고, 그의 가르침이 아래에서 시행되면 반드시 윗사람을 이롭게 한다고 했습니다. 이 때문에 말이 분명하여 알기 쉽고, 행동이 분명하여 따르기 쉬우니, 의리를 시행하면 백성들에게 분명하게 이해시킬 수 있고, 계책을 내놓으면 임금과 신하들에게 통하게 할 수 있습니다. 그런데 지금 공자는 깊이 사려하고 주도면밀하게 도모함으로써 반역자를 떠받들고, 수고롭게 생각하고 지혜를 다함으로써 사악한 일을 실행하여, 아랫사람에게 윗사람을 어지럽히도록 권면하고, 신하에게 왕을 죽이도록 하니, 이것은 현명한 사람의 행동이 아닙니다. 또한 남의 나라에 들어가서 그 나라의 반역자와 함께 동참했으니, 이것은 의로운 사람의 부류가 아니며, 남의 충성스럽지 못함을 알면서도 그를 부추겨 난을 일으키도록 했으니, 이것은 인의의 행동이 아닙니다. 사람들로부터 도망쳐서 뒤에서 계략을 꾸미고, 사람들을 피해서 뒤에서 말을 하니, 의리를 시행해도 백성들에게 분명하게 이해시킬 수 없고, 계책을 내놓아도 임금과 신하들에게 통하게 할 수 없습니다. 저는 공자와 백공(白公)의 차이점을 모르겠습니다. 이 때문에 대답하지 않았습니다." 경공이 말했다. "아! 그대가 과인에게 준 것이 많소. 선생이 아니었다면 나는 죽을 때까지 공자가 백공과 같은 사람이라는 것을 몰랐을 것이오."

夫一道術學業, 仁義也. 昔大以治人, 小以任官, 遠施用遍, 近以循身. 不義不處, 非理不行, 務興天下之利, 曲折周旋, 利則止, 此君子之道也. 以所聞孔某之行, 則本與此相反謬也. 齊景公問晏子曰, "孔子爲人何如?", 晏子不對. 公又復問, 不對. 景公曰, "以孔某語寡人者, 衆矣, 俱以賢人也. 今寡人問之而子不對, 何也?" 晏子對曰, "嬰不肖, 不足以知賢人. 雖然, 嬰聞所謂賢人者, 入人之國必務合其君臣之親, 而弭其上下之怨. 孔某之荊, 知白公之謀而奉之以石乞, 君身幾滅而白公僇. 嬰聞賢人得上不虛, 得下不危. 言聽于君必利人, 敎行下必于上. 是以言明而易知也, 行易而從也, 行義可明乎民, 謀慮可通乎君臣. 今孔某深慮同謀以奉賊, 勞思盡知以行邪, 勸下亂上, 敎臣殺君, 非賢人之行也. 入人之國而與人之賊, 非義之類也, 知人不忠, 趣之爲亂, 非仁義之也. 逃人而後謀, 避人而後言, 行義不可明于民, 謀慮不可通于君臣. 嬰不知孔某之有異于白公也. 是以不對." 景公曰, "嗚乎, 貺寡人者衆矣. 非夫子, 則吾終身不知孔某之與白公同也."

공자가 제(齊)나라에 가서 경공(景公)을 만났는데, 경공이 기뻐하여 그에게 니계(尼溪) 땅을 봉해주고자 안자(晏子)에게 고했다. 안자가 대답했다. "안 됩니다. 대체로 유학자들은 거만하게 굴면서 자기 하고 싶은 대로 행동하니, 아랫사람을 가르칠 수가 없습니다. 음악을 좋아하여 사람들의 마음을 어지럽히니, 직접 다스리게 할 수가 없습니다. 운명론을 세워서 일을 게을리하니, 직책을 맡길 수가 없습니다. 상례를 성대하게 치르고 슬픔을 그치지 않으니, 백성들에게 자애롭게 대하도록 할 수가 없습니다. 높은 관을 쓰고 고개를 숙이고 있으니, 대중을 이끌도록 할 수가 없습니다. 공자는 용모를 성대하게 가꾸고 겉모습을 꾸며서 세상을 미혹시키고, 노래를 부르고 춤을 추어서 무리들을 모으며, 계단을 오르내리는 예법을 성대하게 만들어 모범을 보여주고, 걸음걸이의 절도에 힘써서 대중에게 보여줍니다. 유학은 세상의 모범이 되지 못하고, 수고롭게 고민해도 백성들을 돕지 못합니다. 수명을 두 배로 늘린다고 해도 그 가르침을 다 배울 수가 없고, 성년이 되어도 그 예법을 다 실행할 수가 없으며, 재물을 쌓아도 그 음악을 충족할 수가 없습니다. 사악한 술수를 번잡하게 꾸며서 세상의 임금들을 현혹시키고, 음악을 성대하게 연주하여 그 백성들을 타락시키고 우매하게 만듭니다. 그들의 도는 세상을 가르칠 수 없고, 그들의 학문은 백성을 교도할 수 없습니다. 지금 임금이 그에게 땅을 봉해주어 제나라의 풍속을 이롭게 하고자 한다면 그것은 국가를 이끌고 백성을 선도하는 방법이 아닙니다." 경공이 "좋다"라고 말했다. 이에 그 예법을 잘 갖추어 대접하되 그 봉지는 보류시키고, 자주 만났는데도 그 도를 물어보지 않았다. 공자는 이에 원한을 품고, 경공과 안자에게 화를 냈다. 이에 치이자피(鴟夷子皮)를 전상(田常)의 집에 머물게 하고, 남곽혜자(南郭惠子)에게 자신이 하고자 하는 일을 알리고서 노나라로 돌아갔다. 얼마 후에, 제나라가 노나라를 칠 것이라는 소문을 듣자, 자공(子貢)에게 "사(賜)야! 큰 일을 거행할 때가 바로 지금이다"라고 말하고는 이에 자공을 제나라로 보내서 남곽혜자를 통해 전상을 만나보게 하고, 그에게 오나라를 칠 것을 권유했다. 그리고 고씨(高氏)·국씨(國氏)·포씨(鮑氏)·안씨(顔氏) 등에게 전씨의 난리에 방해가 되지 않도록 하고, 월나라에게 [오나라가 제나라를 친 빈 틈을 노려] 오나라를 칠 것을 권유했다. 3년 동안, 제나라와 오나라는 나라가 멸망하는 곤란을 겪었고, 널브러진 시체가 이루 다 헤아릴 수 없을 정도로 많았으니, 이것은 공자의 책임이다.

孔某之齊見景公, 景公說, 欲封之以尼溪, 以告晏子. 晏子曰, "不可. 夫儒浩居而自順者也, 不可以敎下. 好樂而淫人, 不可使親治. 立命而怠事, 不可使守職. 宗喪循哀, 不可使慈民. 機服勉容, 不可使導衆. 孔某盛容修飾以蠱世, 弦歌鼓舞以聚徒, 繁登降之禮以示儀, 務趨翔之節以勸衆. 儒學不可使議世, 勞思不可以補民. 累壽不能盡其學, 當年不能行其禮, 積財不能贍其樂. 繁飾邪術以營世君, 盛爲聲樂以淫遇民. 其道不可以期世, 其學不可以導衆. 今君封之以利齊俗, 非所以導國先衆." 公曰, "善." 于是厚其禮, 留其封, 敬見而不問其道. 孔乃恚, 怒于景公與晏子. 乃樹鴟夷子皮于田常之門, 告南郭惠子以所欲爲, 歸于魯. 有頃, 間齊將伐魯, 告子貢曰, "賜乎! 擧大事, 于今之時矣." 乃遣子貢之齊, 因南郭惠子以見田常, 勸之伐吳. 以敎高·國·鮑·晏, 使毋得害田常之亂, 勸越伐吳. 三年之內, 齊·吳破國之難, 伏尸以言術數, 孔某之誅也.

공자가 노나라의 사구(司寇)가 되었는데, 노나라의 공실(公室)을 버려두고 계손씨(季孫氏)를 받들었다. 계손씨가 노나라의 재상노릇을 하다가 도망쳤는데, 계손씨가 읍인(邑人)들과 관문의 통과 문제로 다투고 있을 때, [공자가] 관문의 빗장을 들어 올려 [그를 도망치게 했다.] 공자가 채(蔡)나라와 진(陳)나라 사이에서 궁지에 빠져 쌀 한 톨 들어가지 않은 명아주 국을 마시면서 10일을 보냈다. 자로(子路)가 돼지고기를 구하여 삶아주자, 공자는 고기의 출처를 묻지 않고 먹었으며, 남의 옷을 빼앗아 술을 사다주자, 공자는 술의 출처를 묻지 않고 마셨다. 애공(哀公)이 공자를 맞이했는데, 자리가 바르지 않으면 앉지 않았고, 고기가 바르게 썰어져 있지 않으면 먹지 않았다. 자로가 나아가서, "어찌하여 진나라와 채나라에 있었을 때와 그리도 상반되십니까?"라고 묻자, 공자가 대답했다. "이리 오너라. 내가 너에게 말해주겠다. 지난번에는 너와 함께 살기를 구하기에 급박했지만, 지금은 너와 함께 의리를 구하기에 급박하기 때문이다." 대체로 굶주리고 곤궁할 때는 사양하지 않고 마음껏 가져다가 자신을 살리려고 하고, 풍족하고 배가 부를 때는 거짓되게 행동하여 스스로를 꾸미니, 무엇이 이보다 더 더럽고 거짓될 수 있겠는가?

孔某爲魯司寇, 舍公家而奉季孫. 季孫相魯君而走, 季孫與邑人爭門關, 決植. 孔某窮于蔡・陳之間, 藜羹不糝, 十日. 子路爲享豚, 孔某不問肉之所由來而食, 褫人衣以酤酒, 孔某不問酒之所由來而飮酒. 哀公迎孔某, 席不端弗坐, 割不正弗食. 子路進請曰, "何其與陳・蔡反也?" 孔某曰, "來. 吾與女. 曩與女爲苟生, 今與女爲苟義." 夫饑約則不辭妄取以活身, 贏飽僞行以自飾, 汚邪詐僞, 孰大于此?

공자가 문하의 제자들과 한가로이 앉아 있다가 말했다. "순(舜)임금은 고수(瞽叟)를 보면 불안하여 안절부절하지 못했는데, 그 당시 천하는 위태로웠다! 주공(周公) 단(旦)은 어진 사람이 아닐 것이다! 어찌하여 집안을 버려두고 외지에 거처했는가?" 공자가 행한 행동은 마음에서 나온 것이다. 그의 무리와 제자들은 모두 공자를 본받았으니, 자공과 계로(季路)는 공리(孔悝)를 도와서 위(衛)나라에서 난을 일으켰고, 양화(陽貨)는 제(齊)나라에서 난을 일으켰으며, 필힐(佛肸)은 중모(中牟) 땅을 근거지로 삼아 반란을 일으켰고, 칠조개(漆雕開)는 사형을 당했으니, 무엇이 이보다 더 잘못된 행동이겠는가? 제자는 그 스승을 [본받으면], 반드시 그 말을 배워서 닦고, 그 행동을 본받으며, 힘이 부족하고 지혜가 미치지 못한 이후에야 그만둔다. 지금 공자의 행동이 이와 같으니, 유사(儒士)들은 어떠한지 추측할 수 있을 것이다.(『묵자』「비유 하」)

> 孔某與其門弟子閑坐曰, "夫舜見瞽叟就然, 此時天下圾乎! 周公旦非其人也邪! 何爲亦舍家室而託寓也?" 孔某所行, 心術所至也. 其徒屬弟子皆效孔某, 子貢·季路輔孔悝亂乎衛, 陽貨亂乎齊, 佛肸以中牟叛, 漆雕刑殘, 莫大焉? 夫爲弟子後生, 其師, 必修其言, 法其行, 不足知弗及而後已. 今孔某之行如此, 儒士則可以疑矣.(『墨子』「非儒 下」)

康15-1

공자의 대의(大義)와 미언(微言)은 조리가 수만 가지인데, 모두 제자에게 입으로 전수했다. 외부로 전수되어 세상 사람들을 인도한 경우는 대체로 삼년상과 친영(親迎), 운명론[立命] 세 가지이다. 그리고 사대부들이 예악을 가지고 그것을 보완했다. 따라서 묵자는 공자의 주장을 강력하게 반박하면서[2] 공격과 비난에 뜻을 두었는데, 반드시 이 몇 가지 의리에 대한 공격과 비판을 가장 앞에 두었다. 그래서 전문적으로 「비악(非樂)」과 「비명(非命)」이라는 편을 저술했고, 상례 기간의 단축과 검소한 장례식을 또한 특별한 제도로 두었으니, 이것이 바로 그 의리 중에

2_ 번안(翻案)은 앞 사람의 정론을 뒤집고 새로운 주장을 세우는 것으로, 여기에서는 공자의 주장을 반박한다는 의미이다.

서 가장 상반되는 것이다. 그런데 만약 삼년상과 친영이 확실히 선왕의 제도라면 묵자는 말할 때마다 반드시 삼대의 성왕을 언급했으니, 그것이 유학자의 제도라고 말해서도 안 될 뿐만 아니라, 감히 입을 놀려서 비난해서도 안 되는데, 그것이 "이치가 뒤바뀌거나 거짓되다거나 어리석다거나 크게 간사한 짓"이라고 말했다. 그 예법이 곧 지금의 『예경(禮經)』이라고 묵자가 여겼다면, 『예경』은 공자가 지은 것이지 주공의 글이 아니라는 점이 매우 확실해지니, 바로 이교도가 유학을 공격한 말을 빌어서 성인이 예법을 제작했다는 사실을 밝힐 수 있다. 「학기(學記)」에서 "관직에 있는 자는 일을 먼저 배우고, 선비는 자기의 뜻에 맞는 공부를 먼저 배운다"라고 했고,[3] 왕자(王子) 점(墊)이 맹자에게 "선비는 무엇을 일삼는가?"라고 물었을 때, 맹자는 "뜻을 숭상한다"라고 대답했다.[4] 따라서 묵적은 "근본을 등지고 일을 버려두고서도 편안히 여기면서 태만하게 군다"라고 비난했다. 공자는 이익에 대해 말하지 않았으며,[5] 도를 근심하지 가난을 근심하지 않았는데,[6] 맹자는 그것을 드러내 밝혀서, "어찌 기어코 이익에 대해 말하는가!"라고 했고,[7] 동중서도 "그 이익을 도모하지 않는다"라고 했다.[8] 따라서 묵자는 "일하는 데에는 게을리하니, 배고픔과 추위에 빠져서 얼어 죽거나 굶어 죽을 위험에 처해 있다"라고 공격했다. 단표누항(簞瓢陋巷)[9]한 안자(顔子), 노래 소리가 금석의 악기에서 나오는 것처럼 듣기 좋았던 원헌(原憲),[10]

3_ 『예기』「학기」편에서 배움에 대해 말하면서, "凡學, 官先事, 士先志."라고 했다.

4_ 『맹자』「진심 상」편에 "王子墊問曰, '士, 何事?' 孟子曰, '尙志.'"라는 기록이 보인다.

5_ 『논어』「자한」편에 "子罕言利與命與仁."이라는 말이 보인다.

6_ 『논어』「위령공」편에 "君子, 憂道, 不憂貧."이라는 말이 보인다.

7_ 『맹자』「양혜왕 상」편에 "孟子對曰, 王何必曰利, 亦有仁義而已矣."라는 말이 보인다.

8_ 『춘추번로』「대교서왕월대부부득위인(對膠西王越大夫不得爲仁)」편에 "仁人者, 正其道, 不謀其利."라는 말이 보인다.

9_ 『논어』「옹야」편에 "子曰, 賢哉, 回也! 一簞食, 一瓢飮, 在陋巷, 人不堪其憂, 回也不改其樂, 賢哉, 回也!"라는 말이 보인다.

그리고 팔꿈치가 옷 밖으로 드러나고 발뒤꿈치가 신 밖으로 터져서 빠져버린 증자(曾子)의 고결한 절의를 더욱 상상해볼 수 있다.[11]

孔子大義微言, 條理萬千, 皆口授弟子. 若傳之於外, 導引世人, 大率以三年喪・親迎・立命三者. 其士大夫, 則以禮樂輔之. 故墨子力翻孔案, 有意攻難, 必先此數義. 而『非樂』・『非命』, 著有專篇, 短喪薄葬, 且有特制, 此其義最相反者. 然使三年喪・親迎, 果爲先王制, 則墨子言必三代聖王, 既不能謂之爲儒者之制, 更不敢肆口詆排, 謂爲"逆僞・戇愚・大奸"矣. 以爲其禮, 即今『禮經』, 然則『禮經』爲孔子作, 非周公之文, 斷斷矣, 正可藉異教攻詞, 明聖人制作. 『學記』言"官先事, 士先志". 王子墊問孟子, "士何事?" 孟子答以"尚志." 故墨翟誚爲"倍本棄事而安怠傲." 孔子不言利, 憂道不憂貧, 孟子發明之, 曰"何必曰利!", 董生亦云"不謀其利." 故墨子攻爲"惰於作務, 陷於饑寒, 危

10_ 원헌(原憲)은 자가 자사(子思)이고, 이름이 헌(憲)이며, 원사(原思)라고도 한다. 공자의 제자이며, 공자가 노나라 사구(司寇)로 있을 때 가신이었다고 한다. 『사기』「중니제자열전」에 의하면, 공자가 죽은 뒤 은거하면서 지냈는데, 자공이 그를 찾아갔을 때 낡고 헤진 옷과 모자를 쓰고 맞이했다고 한다. 그리고 「화식열전」에서는 술지개미와 쌀겨를 먹으면서 누추한 동네에 은거했다고 했다. 『장자』「양왕(讓王)」편과 『염철론』「빈부(貧富)」편에도 그에 대한 기록이 보인다.

11_ 성출금석(聲出金石)은 노래 소리가 금석의 악기에서 나오는 것처럼 듣기 좋다는 뜻이고, 주견종결(肘見踵決)은 팔꿈치가 옷 밖으로 드러나고, 뒤꿈치가 신 밖으로 터져서 빠져버리는 것으로, 형색이 형편없는 것을 말한다. 『신서(新序)』「절사(節士)」편에서 "원헌은 지팡이를 짚고 신을 끌며 『시』「상송(商頌)」의 노래를 부르면서 돌아섰는데, 그 소리는 천지에 가득차서 마치 금석(金石)의 악기에서 나오는 것과 같이 듣기 좋았다[原憲曳杖拖履, 行歌商頌而反, 聲滿天地, 如出金石.]"라고 했다. 그런데 『장자』「양왕(讓王)」편에서는 "증자가 위나라에서 살 때, … 옷깃을 여미려고 하면 팔꿈치가 나오고, 신을 신으려고 하면 뒤꿈치가 터져서 빠져버렸다. 그러나 발을 끌면서 『시』「상송」의 시를 노래부르자, 그 소리가 천지에 가득차서 마치 금석의 악기에서 나오는 것과 같이 듣기 좋았다[曾子居衛, … 捉衿而肘見, 納屨而踵決. 曳縱而歌「商頌」, 聲滿天地, 若出金石.]"라고 했다. 두 가지 모두 증자와 관련된 사실로 기록하고 있다. 두 기록을 종합하면 원문의 성출금석(聲出金石)은 원헌, 주견종결(肘見踵決)은 증자와 관련된 사실로 보는 것이 좋을 듯하다. 캉유웨이의 원문은 그대로 두고 해석만 바꾸었다.

於凍餒." 益可想見顏子簞瓢陋巷, 曾子聲出金石, 原憲肘見踵決之高節.

대체로 공자의 가르침에서 의리를 행하는 것이 대부분 이와 같았기 때문에 묵자가 그것을 비난했다. 심지어 "[유학자들은] 부잣집에 초상이 나면 크게 기뻐하여", 그것을 입고 먹는 방법으로 여긴다고 말한다. 이것은 최근 불교에서 재단을 만들어 부처에게 기도하는 짓거리[12]와 거의 유사하니, 본래 이도교가 [유학을] 공격하고 비난하는 말이다. 그런데 [묵자의 비난을 통해서] 당시 부귀한 집안에서는 대부분 공자의 가르침을 따랐음을 알 수 있다. 부모 자식 간의 천성은 지극한 인(仁)으로 움직이기 때문에 삼년상을 기꺼이 행하지 않는 사람이 없었다. 이미 유가의 상복을 입고, 유가의 예법을 사용하지만, 그 예법이 매우 번잡하니, 공자의 후학 중에 날마다 그 예법을 익힌 자가 아니면 그것을 능통하게 잘 하는 자가 없었다. 따라서 초상집에서는 반드시 공자의 후학을 초빙하여 예법을 도와 초상을 치르는 일을 주관하도록 하고, 그에게 사례를 바쳤다. 이 때문에 묵자는 그것을 비방의 대상으로 삼은 것이다. 그런데 [묵자의 비난을 통해서] 공자의 학문에서 교설을 전수하면서 삼년상을 가장 유력한 교설로 삼았다는 것을 더욱 고찰할 수 있다. 서양 로마(Roma)의 상복도 2년을 사용하였는데, 인심은 마찬가지이기 때문에 사람들이 따르기 쉬웠던 것이다. 오늘날 바로 묵자의 이 문장 덕분에 공자가 교설을 전수한 법을 고찰해 볼 수 있다. "고고하게 팔짱을 끼고 아래로 내려다보면서 마치 음식물이 목구멍에 깊이 막힌 듯이 말을 하지 않는다"[13]라는 말에서 공자 학문에서 유학자의 모습을

12_ 재초(齋醮)는 승려나 도사를 청하여 재단(齋壇)을 만들고 신불(神佛)에게 기도하는 것을 말한다.

13_ 회(會)는 필원이 쾌(噲)와 같은 말로, 말을 하지 않는다는 의미라고 했다. 열(噎)은 음식물이 목구멍에 막혀서 목이 메는 것이다.

마치 그림처럼 볼 수 있으니, 모두가 [묵자의 비판을 통해서] 반추하여 이해할 수 있다.

蓋孔敎行義多如此者, 故墨子誚之. 至謂"富人有喪, 則大說喜", 以爲飮食之道, 幾類近時僧道齋醮之所爲, 固爲異敎攻詆之詞. 然可見當時富貴之家, 多從孔子之敎. 以父子天性, 動以至仁, 故莫不樂行三年之喪. 旣從其喪服, 卽用其禮, 其禮極繁, 非孔子後學日習其禮者, 莫能通之. 故喪家必延孔子後學, 以爲相禮護喪而供養焉. 故墨者以是爲謗. 然益可考孔學傳敎, 以三年喪爲得力. 泰西羅馬喪服, 亦用再期, 人心之同然, 故人易從也. 今日正賴墨子此文, 得以考見孔子傳敎之法. "高拱下視, 會噎爲深", 孔學容貌如繪, 皆可反而得之.

康15-2

묵자는 공자보다 시대적으로 뒤에 있었고, 교리를 다투는 데 뜻을 두었기 때문에 공자에 대한 공격이 이르지 않는 것이 없었다. 이에 공자가 백공(白公)의 난리를 도왔다고 말하니, 백공은 안자(晏子)보다 시대적으로 뒤에 있었기 때문에 이미 [공자와는] 시대가 같지 않다. 심지어 공자가 전상(田常)의 반란을 도왔다고 무고하니, 반란자를 토벌할 것을 요청한 공자의 의리는 증거로 삼을 수 있는 『논어』가 있다.[14] 그리고 자로(子路)가 남의 옷을 빼앗아 술을 사다주자 공자는 술의 출처를 묻지 않고 마셨다고까지 말하여 공자를 구차하게 살다가 뜻을 얻지 못한 사람으로 여긴다. 이것은 시골거리에서 모질게 욕하는 말이니, 잘잘못을 따질 필요가 없다. 자공(子貢)은 공리(孔悝)를 도운 적이 없으며, 양

14_『논어』「헌문」편에 "陳成子弑簡公, 孔子沐浴而朝, 告於哀公曰, '陳恒弑其君, 請討之.'"라는 기록이 보인다. 제나라의 대부 진성자(陳成子)가 자기 군주를 시해하고 반란을 일으키자, 공자는 그것이 이웃나라의 일임에도 불구하고, 중대한 사안이라고 여겨 노나라의 애공에게 토벌할 것을 요청했다. 이 일에 근거하면 전상의 반란을 도왔다는 묵자의 주장은 공자를 무고한 것이라는 의미이다.

화(陽貨)와 필힐(佛肹)은 공자의 제자가 아니다. 묵자의 교설에서 공자를 비방하고 날조하는 것은 들어줄 수가 없을 정도여서 덕이 있는 사람이라면 차마 입 밖으로 꺼내지 못하는데, 묵자는 그짓을 하였다. 그 사람됨이 괴팍하고 편협하니, 그 학술의 옳고 그름은 논할 필요도 없을 것이다. 묵적의 적반하장이 이와 같으니, 맹자와 순자가 어찌 팔을 걷어붙이고 그와 싸우지 않을 수 있었겠는가? 한유(韓愈, 768~824)는 공자는 반드시 묵자의 이론을 채용했고, 묵자는 반드시 공자의 이론을 채용했으니, 두 학파의 제자들이 서로 공격한 것은 [그 후학들이 그런 것이지] 두 스승의 도가 본래 그러한 것이 아니라고 말했는데,[15] 진실로 허황된 말이다. 한유는 「비유(非儒)」편에 대해서는 전혀 주목하지 않았단 말인가? 묵가의 잘못은 악인이 선량한 사람을 공격하는 것과 같아서[16] 본래 괴이하게 여길 것이 없으니, 당시 교리를 다투던 상황을 살펴볼 수 있다.

墨子在孔子之後, 有意爭敎, 故攻孔子者無所不至. 乃謂孔子助白公之亂, 則白公在晏子之後, 旣時代不同. 至誣孔子助田常之叛, 則請討之義, 有『論語』可證. 至謂子路褫人衣以酤酒, 孔子爲苟生而不得. 此則里巷詈罵之辭, 可無庸辨. 子貢未嘗輔孔悝, 陽虎・佛肹非弟子. 墨敎詆諆誣罔, 不可聽聞, 有德之人不忍出口, 而墨子爲之. 其人乖僻褊謬, 不待論其學術之是非矣. 墨翟倒戈如此, 孟・荀安得不攘臂而爭

15_ 송나라 위중거(魏仲擧)가 편찬한 『오백가주창려문집(五百家注昌黎文集)』 권11의 「독묵자(讀墨子)」에 "孔子必用墨子, 墨子必用孔子, 不相用, 不足爲孔墨.이라는 내용이 보인다. 그 주석에서 "공자의 학문을 하는 자는 반드시 묵자의 이론을 채용하여 그중에서 공자와 합치되는 것을 취할 뿐이다. 묵자의 학문을 하는 자는 반드시 공자의 이론을 채용하여 성인의 말에서 절충시켜야만 그 학문이 가능하다[爲孔子之學者, 必用墨子, 取其與孔子合者而已. 爲墨子之學者, 必用孔子, 折衷于聖人之言, 其可也.]"라고 풀이했다.

16_ 걸견폐요(桀犬吠堯)는 걸왕의 개가 요임금을 향해 짖는다는 말로, 각자 가기의 주인에게 충성을 다하는 것을 비유한다. 또는 악인의 앞잡이가 선량한 사람을 공격하는 것을 비유한다. 『한서』 「추양전(鄒陽傳)」에 "桀之犬可使吠堯, 而跖之客可使刺由."라는 말이 보인다.

之? 韓愈乃謂孔子必用墨子, 墨子必用孔子, 兩家弟子相攻, 非二師之道本然, 眞爲妄言. 退之於「非儒」篇殆未用心乎? 墨家之謬, 桀犬吠堯, 固無足怪, 而當時爭敎之情狀可見矣.

15-1-2

섭공(葉公) 자고(子高)[17]가 공자에게 정치에 대해 물으면서, "정치를 잘한다는 것은 어떻게 하는 것입니까?"라고 하자, 공자가 대답했다. "정치를 잘한다는 것은 멀리 있는 자들을 가깝게 대해주고, 옛것을 새것처럼 대해주는 것이다."[18] 묵자가 그것을 듣고 말했다. "섭공 자고는 질문을 제대로 하지 못했고, 공자도 그 질문에 대한 대답을 제대로 하지 못했다. 섭공 자고가 어찌 정치를 잘한다는 것이 멀리 있는 자들을 가깝게 대해주고, 옛것을 새것처럼 대해주는 것임을 알지 못했겠는가? 그것을 행하는 방법이 어떠한가를 질문한 것이다. 상대방이 알지 못하는 것으로 상대방에게 알려주지 않고, 상대방이 아는 것으로 알려주었다. 따라서 섭공 자고는 질문을 제대로 하지 못했고, 공자도 그 질문에 대한 대답을 제대로 하지 못한 것이다."(『묵자』「경주」)

葉公子高問政于仲尼, 曰, "爲善政者若之何?" 仲尼對曰, "善爲政者, 遠者近之, 而舊者新之." 子墨子聞之曰, "葉公子高未得其問也, 仲尼亦未得其所以對也. 葉公子高豈不知善爲政者之遠者近也, 而舊者新是哉? 問所以爲之若之何也. 不以人之所不智告人, 以所智告之. 故葉公子高未得其問也, 仲尼亦未得其所以對也."(『墨子』「耕柱」)

17_ 섭공(葉公) 자고(子高)는 초나라 섭현(葉縣)의 책임자인 심저량(沈諸梁)으로, 자가 자고(子高)이다. 대부의 신분인데, 공(公)이라고 참칭했다.

18_ 『묵자한고』에서 "옛것을 마치 새것처럼 대해주어 싫증냄이 없어야 한다"라고 했다. 『논어』「자로」편에는 "葉公問政. 子曰, 近者說, 遠者來."라고 기록되어 있다. 그리고 『한비자』「난 삼(難 三)」편에도 "葉公子高問政于仲尼, 仲尼曰, 政在悅近而來遠."이라는 기록이 보인다.

康15-3

멀리 있는 자들은 반드시 잊혀지기 때문에 당연히 가까이 대해주어야 하며, 옛것은 반드시 무너지기 때문에 당연히 새것처럼 대해주어야 한다. 사일(史佚)이 성왕(成王)에게 고하면서 "왕이 백성들을 가까이 대해줄 것을 원한다"라고 했고,[19] 『상서』「강고(康誥)」편에서 강숙(康叔)에게 훈계하면서 "백성들을 진작시켜서 새롭게 해야 한다"라고 말했으며,[20] 『대학』에서도 "나날이 새로워지고자" 해야 한다고 했고,[21] 이윤(伊尹)이 "그 새로운 것을 사용하고, 그 진부한 것을 버려야 한다"라고 말했다.[22] 후세에는 그 백성들을 소원하게 대하고, 옛날의 법도만을 묵수했기 때문에 패망에 이른 것이다. 이것은 정치에 대해 매우 정밀하게 말한 의론인데, 묵자는 공자에 대한 공격에 뜻을 두었기 때문에 어떤 이론이든지 상관없이 모두 억지로 배격했다.

遠者必忘, 故當近, 舊者必壞, 故當新. 史佚之告成王, "願王近於民", 「康誥」之戒康叔, "作新民", 『大學』且欲其"日日新". 伊尹曰"用其新, 去其陳." 後世疏遠其民, 泥守舊法, 故致敗亡. 此論政極精之論, 墨子有意攻孔子, 故無論何說, 皆生排擊.

19_ 『공자가어』「관송(冠頌)」편에 "使王近於民."이라는 말이 보인다. 성왕이 무왕의 장례식을 치르고, 관례를 행한 다음 종묘에 고했다. 그 관례 의식에서 주공(周公)이 축옹(祝雍)에게 송축의 글을 짓도록 했는데, 이 구절은 그중의 한 대목이다. 여기의 축옹이 바로 사일(史佚)이다. 사일은 주나라의 사관(史官)으로, 윤일(尹逸) 또는 윤씨(尹氏)라고도 한다. 태공(太公)·주공(周公)·소공(召公)과 함께 사성(四聖)으로 일컬어진다.

20_ 『서』「강고(康誥)」편에 "亦惟助王, 宅天命, 作新民."이라는 말이 보인다. 강숙(康叔)은 문왕의 아들이자 무왕의 동생이다. 「강고」편은 강숙에게 땅을 봉해주면서 훈계한 내용이다.

21_ 『대학』 전(傳) 2장에 "湯之盤銘曰, 苟日新, 日日新, 又日新."이라는 말이 보인다.

22_ 『여씨춘추』「선기(先己)」편에 "湯問於伊尹曰, "欲取天下若何? 伊尹對曰, "… 凡事之本, 必先治身, 嗇其大寶. 用其新, 棄其陳, 腠理遂通."이라는 말이 보인다.

15-1-3[23]

공맹자(公孟子)가 말했다. "좋습니다. 제가 듣건대, '선(善)을 묵혀 두고 실천하지 않는 것은 상서롭지 않다'라고 합니다. 청컨대 홀(笏)을 버리고, 장보관(章甫冠)을 바꾸어 쓰고, 다시 선생님을 찾아뵈면 괜찮겠습니까?" 묵자가 말했다. "청컨대 그 복장 그대로 서로 만나기로 합시다."

(『묵자』「공맹」)

公孟子曰, "善. 吾聞之, 曰'宿善者不祥.' 請舍忽, 易章甫, 復見夫子, 可乎?" 子墨子曰, "請因以相見也."(『墨子』「公孟」)

康15-4

장보관(章甫冠)을 바꾸어 쓴 이후에 다시 만나는 것은 유학자의 복장을 버리고, 고의로 묵자의 교설을 따르는 것이다. 공맹자가 꼭 이와 같았다고는 할 수 없으니, 묵자는 스스로를 돋보이게 해서[24] 유가의 후학을 빼앗아 묵가의 교설로 귀속시킬 수 있음을 보인 것이다.

易章甫而後見, 棄儒服而故從墨教也. 公孟子未必如此, 墨子自點綴, 以見能奪儒家後學歸教.

15-1-4

묵자가 말했다. "대체로 지혜로운 자는 반드시 하늘을 존경하고 귀신

23_ 이 내용의 앞에서 당시 공맹자는 장보관(章甫冠)을 쓰고 홀(笏)을 허리띠에 꽂고, 유학자의 복장을 입고서 묵자를 만나러 가서, "군자는 복장을 잘 착용한 이후에 행동해야 합니까? 아니면 행동을 한 이후에 복장을 잘 입어야 합니까?"라고 물었다. 그러자 묵자는 "행동은 복장에 달려 있지 않다"라고 대답했다. 이 부분은 거기에 대한 공맹자의 대답이다.

24_ 점철(點綴)은 점을 찍듯이 여기저기 늘어놓는 것으로, 잘 안배하여 꾸미는 것을 말한다.

을 섬기며, 사람을 사랑하고 재용을 절약하니, 여기에 합치되는 것이 지혜로운 것이다. 지금 당신은 '공자가 『시』와 『서』에 박학하고, 예악에 밝으며, 만물에 대해 상세하게 안다'라고 말하면서, '공자는 천자가 될 수 있다'라고 말한다. 그런데 이것은 남의 재산 목록을 계산하면서[25] 자기가 부자가 되었다고 여기는 것과 같다."(『묵자』「공맹」)

子墨子曰, "夫知者, 必尊天事鬼, 愛人節用, 合焉爲知矣. 今子曰, '孔子博於『詩』·『書』, 察于禮樂, 詳於萬物', 而曰'可以爲天子.' 是數人之齒, 而以爲富."(『墨子』「公孟」)

康15-5

묵자는 『시』와 『서』, 예악을 이와 같이 경시했으니, 『시』·『서』와 예악이 공자의 글이라는 것을 알 수 있다.

墨子輕『詩』·『書』·禮樂如此, 則『詩』·『書』·禮樂爲孔子之文, 可知矣.

15-1-5[26]

묵자가 공맹자(公孟子)에게 말했다. "상례(喪禮)에서 임금과 부모, 부인과 맏아들이 죽으면 3년의 상복을 입고, 백부와 숙부, 형제는 1년, 족인(族

25_ 치(齒)는 나무 장부에 새겨진 재산 목록을 말한다. 『묵자한고』에서 유월이 "옛날에는 대나무에 새겨서 숫자를 기록했는데, 그 새긴 곳이 마치 이빨과 같았기 때문에 그것을 치(齒)라고 했다"라고 말했다. 『열자』「설부(說符)」편에 "송나라 사람 중에 길을 가다가 남이 버린 나무 장부를 주었는데, 집으로 돌아와 감추어두고, 남몰래 그 장부에 새겨진 재산 목록을 계산했다. 그리고 이웃 사람에게 '내가 부자가 되는 것은 기다리기만 하면 된다'고 말했다[宋人有遊於道, 得人遺契者, 歸而藏之, 密數其齒. 告鄰人曰, 吾富可待矣.]"라는 기록이 보인다.

26_ 이하에서 인용한 『묵자』「공맹」편의 내용은 이 책의 제10권 제4절〈10-4-15〉에서 이미 인용했다. 자세한 주석은 앞의 내용을 참조 바람.

人)은 다섯 달, 고모와 누이, 외삼촌과 생질은 모두 몇 개월의 상복을 입는다. 혹 상복을 입지 않는 기간을 이용하여 『시(詩)』 3백편을 외우고, 『시』 3백편을 연주하며, 『시』 3백편을 노래하고, 『시』 3백편을 춤춘다. 만일 그대의 말대로라면 군자는 어느 겨를에 정치를 하며, 일반 백성들은 어느 겨를에 일을 하겠는가?" 공맹자가 말했다. "나라가 혼란스러우면 다스리고, 나라가 다스려지면 예악(禮樂)을 한다. 나라가 다스려지면 각자의 일에 종사하고, 나라가 부유해지면 예악을 한다." 묵자가 말했다. "나라가 다스려지는 것은〈원주: 노문초(盧文弨)가 이 아래에 '잘 다스렸기 때문에 다스려진 것이다[治之故治也.]'라는 5글자가 빠져 있다고 했다.〉 다스림이 사라지면 나라의 다스림도 사라지게 된다. 또 나라가 부유한 것은 각자의 일에 종사했기 때문에 부유해진 것이니, 각자의 일에 종사하는 것이 사라지면 나라의 부유함도 사라지게 된다. 따라서 비록 나라를 잘 다스리더라도 끊임없이 노력한 이후에야 계속해서 잘 다스릴 수 있다. 지금 당신은 '나라가 다스려지면 예악을 하고, 나라가 혼란스러우면 다스린다'라고 했는데, 이것은 비유하자면 목이 마른 뒤에야 우물을 파고, 사람이 죽은 뒤에야 의사를 찾는 것과 같다. 옛날 삼대의 폭군인 걸왕(桀王)·주왕(紂王)·유왕(幽王)·여왕(厲王)은 음악을 지나치게 즐기고 백성들을 돌보지 않았기 때문에 그 몸은 처형을 당하고, 나라는 폐허가 되었으니, 모두가 이러한 [당신이 말한] 길을 따랐기 때문이다."(『묵자』「공맹」)

子墨子謂公孟子曰, "喪禮, 君與父母·妻·後子死, 三年喪服, 伯父·叔父·兄弟期, 族人五月, 姑·姊·舅·甥皆有數月之喪. 或以不喪之間, 誦『詩』三百, 弦『詩』三百, 歌『詩』三百, 舞『詩』三百. 若用子之言, 則君子何日以聽治, 庶人何日以從事?" 公孟子曰, "國亂則治之, 治則爲禮樂. 國治則從事, 國富則爲禮樂." 子墨子曰, "國之治,〈盧云, 此下脫'治之故治也'五字.〉 治之廢, 則國之治亦廢. 國之富也, 從事故富也, 從事廢, 則國之富亦廢. 故雖治國, 勸之無饜然, 後可也. 今子曰,

'國治則爲禮樂, 亂則治之.' 是譬猶噎而穿井也, 死而求醫也. 古者三代暴王桀·紂·幽·厲, 薾爲聲樂, 不顧其民, 是以身爲刑僇, 國爲戾虛者, 皆從此道也."(『墨子』「公孟」)

15-1-6[27]

공맹자가 말했다. "귀신은 없다." 또 말했다. "군자는 반드시 제사지내는 예법을 배워야 한다." 묵자가 말했다. "귀신이 없다고 주장하면서 제사지내는 예법을 배워야 한다고 하니, 이것은 마치 손님이 없는데 손님을 대접하는 예법을 배우는 것과 같으며, 이것은 마치 물고기가 없는데 물고기 그물을 만드는 것과 같다."(『묵자』「공맹」)

公孟子曰, "無鬼神." 又曰, "君子必學祭祀." 子墨子曰, "執無鬼而學祭禮, 是猶無客而學客禮也, 是猶無魚而爲魚罟也."(『墨子』「公孟」)

康15-6

유학자는 귀신이 없다고 말한 적이 없는데, 공맹자가 그것을 말하니, 묵자가 공맹자의 말을 빌어서 스스로 자기의 주장을 펼친 것이 아닌지 모르겠다. 묵자는 귀신의 존재를 밝힐 것을 주장하고,[28] 의도적으로 유가를 비난했는데, 대의가 거기에 달려 있었기 때문에 그 의리를 자기 혼자 독점하려고 했다.

儒者未嘗言無鬼神, 而公孟子言之, 未知是墨子借以自張其說否. 墨子主張明鬼, 立意難儒, 大義所在, 故欲自專其義也.

27_ 이하에서 인용한 『묵자』「공맹」편의 내용은 이 책의 제9권 제4절〈9-4-3〉에서 이미 인용했다. 자세한 주석은 앞의 내용을 참조 바람.

28_ 『묵자』에 「명귀(明鬼)」라는 편명이 있다.

15-1-7[29]

공맹자가 묵자에게 말했다. "그대는 삼년상이 잘못된 것이라고 하는데, 그대가 주장하는 삼개월상도 잘못된 것이다." 묵자가 대답했다. "그대가 삼년상을 가지고 삼개월상을 비판한 것은 마치 벌거벗은 사람이 옷을 걷어 올린 사람에게 공손하지 못하다고 말하는 것과 같다." 공맹자가 묵자에게 말했다. "지식이 다른 사람보다 뛰어난 것이 있으면 지혜롭다고 할 수 있는가?" 묵자가 말했다. "어리석은 사람의 지식 중에는 다른 사람보다 뛰어난 것이 있는데, [그렇다고 해서] 어리석은 사람을 어찌 지혜롭다고 할 수 있겠는가?" 공맹자가 말했다. "삼년상은 우리 어린 자식들이 부모에 대한 사모를 배우는 것이다." 묵자가 말했다. "대체로 어린아이들이 아는 것은 오직 부모를 사모하는 것뿐이다. 부모를 볼 수가 없으면 울면서 그치지 않으니, 이것은 무슨 까닭인가? 바로 너무나 어리석기 때문이다. 그렇다면 유학자들의 지식이 어찌 어린아이들보다 나은 것이 있겠는가?" 묵자가 유학자에게 물었다. "무엇 때문에 음악을 하는가?" 유학자가 대답했다. "음악으로 즐거움을 삼는다." 묵자가 말했다. "당신은 아직 나에게 대답하지 않았다. 지금 내가 '무엇 때문에 집을 짓는가?'라고 물었는데, '겨울에는 추위를 피하고, 여름에는 더위를 피하며, 집으로 남녀의 구별을 삼는다'라고 대답하면 당신이 나에게 집을 짓는 이유를 대답한 것이다. 그런데 지금 내가 '무엇 때문에 음악을 하는가?'라고 물었는데, '음악으로 즐거움을 삼는다'라고 대답하니, 이것은 곧 '무엇 때문에 집을 짓는가?'라고 물었는데, '집으로 집을 삼는다'라고 대답한 것과 같다."

公孟子謂子墨子曰, "子以三年之喪爲非, 子之三月之喪, 亦非也." 子墨子曰, "子以三年之喪非三月之喪, 是猶果謂撅者不恭也." 公孟子

29_ 이하에서 인용한 『묵자』「공맹」편의 내용은 이 책의 제9권 제4절〈9-4-3〉에서 이미 인용했다. 자세한 주석은 앞의 내용을 참조 바람.

謂子墨子曰, "知有賢于人, 則可謂知乎?" 子墨子曰, "愚之知有以賢于人, 而愚豈可謂知矣哉?" 公孟子曰, "三年之喪, 學吾之慕父母." 子墨子曰, "夫嬰兒子之知, 獨慕父母而已. 父母不可得也, 然號而不止, 此其故何也? 卽愚之至也. 然則儒者之知, 豈有以賢于嬰兒子哉?" 子墨子曰, 問于儒者, "何故爲樂?" 曰, "樂以爲樂也." 子墨子曰, "子未我應也. 今我問曰, '何故爲室?' 曰, '冬避寒焉, 夏避暑焉, 室以爲男女之別也.' 則子告我爲室之故矣. 今我問曰, '何故爲樂?' 曰, '樂以爲樂也.' 是猶曰, '何故爲室?' 曰, '室以爲室也.'"

묵자가 정자(程子)에게 말했다. "유가의 도(道)는 천하를 상실할 만한 것인데, 그것은 네 가지 정치적 이유가 있다. 유가는 하늘은 밝지 않다고 여기고, 귀신은 신묘하지 않다고 여겨서 하늘과 귀신에 대해 이야기하지 않으니, 이것이 곧 천하를 상실할 만한 이유이다. 또한 성대한 장례식과 삼년상을 치르는데, 내관과 외관을 중복해서 만들고, 수의와 홑이불을 많이 만드니, 죽은 사람을 보내는 것이 마치 이사를 가는 것과 같다. 그리고 3년 동안 곡을 하면서 우는데, 부축을 받은 이후에야 일어설 수 있고, 지팡이를 짚은 이후에야 걸어 다닐 수 있으며, 귀는 잘 듣지 못하고, 눈은 잘 보지 못하니, 이것이 곧 천하를 상실할 만한 이유이다. 또한 현악기를 타면서 노래를 부르고 북을 치면서 춤을 추며, 음악 연주가 습관이 되어 있으니, 이것이 곧 천하를 상실할 만한 이유이다. 그리고 또 운명이 있다고 생각하여 빈부와 수명, 치란과 안위에 법칙이 있어서 덜어내거나 더할 수가 없다고 여긴다. 위에 있는 사람이 운명론을 실천하면 반드시 정치를 하지 않을 것이며, 아래에 있는 사람이 운명론을 실천하면 반드시 일을 하지 않을 것이니, 이것이 곧 천하를 상실할 만한 이유이다." 정자가 말했다. "선생이 유가를 헐뜯는 것이 심하군요!" 묵자가 말했다. "유가에게 본래부터 이와 같은 네 가지 정치가 없는데 내가 그것을 말했다면 그것은 헐뜯는 것이 된다. 그러나 지금 유가에는 본래부터 이러한 네 가지 정치가 있어서 내가 그것을 말했으니, 헐뜯는 것이 아니며, 들었던 내용을 말해준 것이다."(『묵자』「공맹」)

子墨子謂程子曰, "儒之道足以喪天下者, 四政焉. 儒以天爲不明, 以鬼爲不神, 天鬼不說, 此足以喪天下. 又厚葬久喪, 重爲棺椁, 多爲衣衾, 送死若徙. 三年哭泣, 扶後起, 杖後行, 耳無聞, 目無見, 此足以喪天下. 又弦歌鼓舞, 習爲聲樂, 此足以喪天下. 又以命爲有, 貧富·壽夭·治亂·安危有極矣, 不可損益也. 爲上者行之, 不必聽治矣, 爲下者行之, 不必從事矣, 此足以喪天下." 程子曰, "甚矣! 先生之毁儒也." 子墨子曰, "儒固無此各四政者, 而我言之, 則是毁也. 今儒固有此四政者, 而我言之, 則非毁也, 告聞也."(『墨子』「公孟」)

康15-7

"그대가 주장하는 삼개월상"은 묵자가 고친 제도이다. 삼년상의 제도를 삼개월상과 비교하여 벌거벗은 사람이 옷을 걷어 올린 사람에게 공손하지 못하다고 말하는 것에 비유했으니, [삼년상은] 공자가 고친 제도임이 매우 분명하다. 유학자를 공격하는 지적 수준이 갓난아이와 비슷하니, 이 때문에 맹자가 [묵자의 사상은] 아버지가 없는 것[無父]이라고 공격한 것이니,[30] 어찌 지나치다고 하겠는가?

"子之三月之喪", 蓋墨子改制. 以三年之制與三月比, 譬於裸謂撅不恭, 則孔子所改至明矣. 攻儒者之知等於嬰兒, 此孟子所爲攻以無父, 豈爲過哉?

30_『맹자』「등문공 하」: 楊氏爲我, 是無君也, 墨氏兼愛, 是無父也.

15-1-8

악기를 타면서 노래를 부르거나 북을 치면서 춤을 추는 것으로써 음악을 삼고, 규칙에 따라 나아가고 물러나거나 읍을 하고 겸양하는 것[31]으로써 예법을 닦고, 장례를 성대하게 치르고 상례를 오랫동안 치르는 것으로써 죽은 자를 보내는 것은 공자가 세운 주장인데, 묵자는 그것을 비난했다.(『회남자』「범론훈」)

夫弦歌鼓舞以爲樂, 盤旋揖讓以修禮, 厚葬久喪以送死, 孔子之所立也, 而墨子非之.(『淮南子』「氾論訓」)

康15-8

『회남자』의 시대에는 여전히 공자 학파 및 묵자가 유가를 공격한 실상을 고찰할 수가 있었다.

『淮南』時尚能考出孔子學派及墨子攻儒之實.

15-1-9

그러나 지금 천하의 사군자 중에 간혹 운명이 존재한다고 여기는 자들이 있는데, 선왕의 책을 본 적이 있는가?[32] 선왕의 책에서 국가에 드러내 보이고 백성들에게 베풀어 시행하는 것이 바로 법(法)이다.[33] 선왕

31_ 반선(盤旋)은 의식을 거행할 때 일정한 방식으로 빙빙 돌며 나아갔다 물러났다 하는 행동이다. 읍양(揖讓)은 손님과 주인이 서로 만나는 예의로, 공수의 예를 행하고 겸양하는 태도이다. 모두 예법과 관련된 행동이다.

32_ 이 내용은 천하의 사군자들 가운데 운명이 존재한다고 생각하는 사람들에 대해 묵자가 자신의 주장을 펼친 것이다.

33_ 헌(憲)은 법(法)을 말한다. 필원에 의하면, 『이아(爾雅)』「석고(釋詁)」편에서 "憲, 法也."라고 했고, 『주례』「추관(秋官)」편에도 '布憲'이라는 말이 있다.

의 법에도 '복(福)은 요구할 수 없고, 화(禍)는 피할 수 없으니,[34] 공경하여도 이익이 없고, 난폭하여도 해로움이 없다'라고 말하지 않았던가? 그리고 재판을 해서 죄를 제정하는 것이 바로 형벌[刑]이다. 선왕의 형벌에도 '복은 요구할 수 없고, 화는 피할 수 없으니, 공경하여도 이익이 없고, 난폭하여도 해로움이 없다'라고 말하지 않았던가? 군대를 정비하여 주둔시키고, 군사들을 나아가고 물러나게 하는 것이 바로 군령[誓]이다. 선왕의 군령에도 '복은 요구할 수 없고, 화는 피할 수 없으니, 공경하여도 이익이 없고, 난폭하여도 해로움이 없다'라고 말하지 않았던가? 따라서 묵자는 다음과 같이 말한다. "내가 아직까지 모두 다〈원주: 이 염(鹽)자는 진(盡)자의 잘못이다.〉 세어 보지는 않았는데,[35] 세상의 좋은 책이 이루 다 헤아릴 수 없을 정도로 많지만, 대체로[36] [그 내용을] 따져보면 [이상의] 세 가지[37]에 속한다. 지금 운명이 있다고 주장하는 자의 말을 거기에서 찾아보아도 결코 찾을 수가 없으니,[38] 또한 폐기해야 되지 않겠는가?[39] 지금 운명이 있다고 주장하는 자의 말을 채용한다면, 그것은 천하의 의로움을 뒤집는 것이다. 천하의 의로움을 뒤집는 자들은 곧 운명을 내세우는 자들이다."(『묵자』「비명 상」)

然而今天下之士君子, 或以命爲有, 盍蓋[40]嘗尙觀于先王之書? 先王

34_ 휘(諱)는 손이양이 위(違)로 해석해야 한다고 했다.

35_ 손이양은 당(當)이 상(尙)의 잘못이라고 했고, 필원은 염(鹽)이 진(盡)의 잘못이라고 했다.

36_ 대방(大方)은 대체로, 또는 대강의 의미이다. 『묵자한고』에서는 대교(大較)와 같다고 했다.

37_ 오(五)는 필원이 삼(三)이 되어야 한다고 했다. 즉 앞에서 말한 선왕의 법, 형벌, 군령을 말한다.

38_ 『묵자한고』에서 수(雖)는 유(唯)와 통하고, 무(毋)는 어조사라고 했다.

39_ 『묵자한고』에서 조(錯)는 폐(廢)와 같은 의미라고 했다.

40_ 익개(盍蓋)는 『묵자한고』에 의하면, 익(盍)자만 있는 판본도 있고, 개(蓋)자만 있는 판본도 있는데, 후인들이 잘못하여 둘을 합쳐놓은 것이라고 한다. 여기에서는 개(蓋)자로 풀이했다.

之書, 所以出國家・布施百姓者, 憲也. 先王之憲, 亦嘗有曰, '福不可請, 禍不可諱, 敬無益, 暴無傷'者乎? 所以聽獄制罪者, 刑也. 先王之刑, 亦嘗有曰, '福不可請, 禍不可諱, 敬無益, 暴無傷'者乎? 所以整設師旅進退師徒者, 誓也. 先王之誓, 亦嘗有曰, '福不可請, 禍不可諱, 敬無益, 暴無傷'者乎? 故子墨子言曰, "吾當未鹽〈此盡字之訛.〉數, 天下之良書, 不可盡計數, 大方論數, 而五者是也. 今雖毋求執有命者之言, 不必得, 不亦可錯乎? 今用執有命者之言, 是覆天下之義. 覆天下之義者, 是立命者也."(『墨子』「非命 上」)

15-1-10[41]

지금 명이 있다[고 주장하는] 자들이 "[운명론은] 우리들이 후세에 만든 것이 아니라, 옛날 삼대에서부터 이와 같은 말이 있어서 전해져 내려온 것이다. 지금 선왕은 어찌하여 그것을 비난하는가?"라고 말한다. 대답했다. "운명이 있다고 주장하는 자들은 [운명론을 전한 것이] 옛날 삼대의 성스럽고 선한 사람인지, 아니면 옛날 삼대의 난폭하고 불초한 사람인지 알지 못한다. 어떻게 그것을 알 수 있겠는가?"(『묵자』「비명 중」)

今夫有命者言曰, "我非作之後世也, 自昔三代有若言以傳流矣. 今故先王對之?" 曰, "夫有命者, 不志昔也三代之聖善人與, 意亡昔三代之暴不肖人也. 何以知之?"(『墨子』「非命 中」)

康15-9

명(命)은 공자가 주장하는 하나의 대의이다. 『논어』에서 "죽음과 삶에는 명이 있다",[42] "자공은 명을 받아들이지 않았다",[43] "명을 알지 못하

41_ 이하에서 인용한 『묵자』「비명 중」편의 내용은 이 책의 제4권 제2절〈2-2-33〉에서 이미 인용했다. 자세한 주석은 앞의 내용을 참조 바람.

면 군자가 될 수 없다"[44]라고 했고, 육경에서 명에 대해 언급한 것은 더욱 많다. 따라서 묵자가 그것을 공격한 것이다. 이단의 교설에서 공격한 말을 빌어서 공자 문하의 대의를 증명할 수 있으니, 공자가 [명에 대해] 드물게 말했다는 것이 잘못되었다는 것을 더욱더 알 수 있다. 『논어』에서 '자한언리여(子罕言利與)'로 구두를 끊고, '명여인달(命與仁達)'로 구두를 끊는다. '항당(巷黨)'은 『예기』「증자문」에서 공자가 노담(老聃)과 "항당(巷黨)에서 장례식을 도왔다"라고 했듯이,[45] 본래는 지명이니, '달(達)'자는 앞 문장에 이어서 읽는 것이 지극히 명백하다.[46] 묵자가 본 『서경』에는 법도 있고 형벌도 있고 군령도 있으니, 공자가 명에 대해 말하면서 어찌 일찍이 화복을 말하지 않았겠는가? 그리고 "영원히 명에 부합됨이 스스로 많은 복을 구하는 것이네"[47]라고 했으니, 어찌 일찍이 명을 알면서도 "공경하여도 이익이 없다"라고 말하거나, "난폭하여도 해로움이 없다"라고 말했겠는가? 공격과 비난에 뜻을 두었기 때문에 전혀 따질 것이 못된다.

命爲孔子一大義. 『論語』"死生有命", "賜不受命", "不知命無以爲君子", 六經稱命尤多. 故墨子攻之. 藉異教之攻詞, 證孔門之大義, 益知罕言之非也. 『論語』"子罕言利與"爲句, 若"命與仁達"爲句. '巷黨', 則『禮記』「曾子問」孔子與老聃"助葬於巷黨", 本是地名, '達'字屬上讀至明. 墨子之『書經』, 蓋有憲·有刑·有誓矣, 孔子言命, 何嘗不言禍福? "永言配命, 自求多福", 何嘗知命而謂"敬無益", 謂"暴無傷"乎? 有

42_ 『논어』「안연」: 死生有命, 富貴在天.

43_ 『논어』「선진」: 賜, 不受命, 而貨殖焉, 億則屢中.

44_ 『논어』「요왈」: 子曰, 不知命, 無以爲君子也.

45_ 『예기』「증자문」: 孔子曰, "昔者, 吾從老聃助葬於巷黨, 及堩, 日有食之."

46_ 『논어』「자한」편에 보이는 이 내용은 "子罕言利與命與仁, 達巷黨人曰, 大哉! 孔子, 博學而無所成名."으로 구두를 끊는 것이 일반적인 독법이다. 캉유웨이의 주장에 따르면, "子罕言利與, 命與仁達, 巷黨人曰, 大哉!"와 같이 구두를 끊어야 한다.

47_ 『시』「대아·문왕(文王)」: 永言配命, 自求多福.

意攻難, 殆不足辨也.

15-1-11[48]

지금 성대한 장례식과 삼년상을 치르는 자로써 정치를 하게 하면, 임금이 죽으면 3년 동안 상례를 치르고, 부모가 죽으면 3년 동안 상례를 치르며, 처와 적장자가 죽으면 [3년 동안 상례를 치르니], 이 다섯 사람은 모두 3년 동안 상례를 치른다. 그런 이후에 백부와 숙부, 형제와 자식들에 대해서는 1년상〈원주: 기(其)는 기(期)와 같다.〉, 친족들에 대해서는 5개월상, 고모와 누이, 생질과 외삼촌에 대해서는 모두 수개월의 상례를 치른다. 몸을 훼손하고 수척하게 하는 것에도 반드시 정해진 제도가 있다. 얼굴 표정은 낙담한 표정을 짓게 하고, 얼굴빛은 검어지게 하며, 귀와 눈은 제대로 듣거나 보지 못하게 하고, 손과 발은 튼튼하지 못하게 하여, 사용할 수가 없게 된다. 또한 '훌륭한 선비가 상례를 거행할 때는 반드시 부축해야 일어설 수 있고, 지팡이를 짚어야 걸어 다닐 수 있으니, 이러한 행동을 모두 3년 동안 해야 한다'라고 말한다. 만약 이러한 말을 본받고 이러한 도리를 실행한다면, 진실로 그들이 굶주리고 곤궁한 것이 또한 이와 같을 것이다. 이 때문에 백성들이 겨울에는 추위를 견디지 못하고, 여름에는 더위를 견디지 못하여 병들어 죽는 자들이 이루 다 헤아릴 수 없을 정도로 많을 것이다. 이렇게 되면 남녀의 교제를 망치는 경우가 많아질 것이다. 이런 방법으로 인구가 많아지기를 바라는 것은 비유하면 사람들에게 칼 위에 눕도록 해놓고 그들이 장수하기를 바라는 것과 같으니, 인구가 많아진다는 주장은 성립될 수가 없다.(『묵자』「절장 하」)

今惟毋以厚葬久喪者爲政, 君死, 喪之三年, 父母死, 喪之三年, 妻與

48_ 이하에서 인용한 『묵자』「절장 하」편의 내용은 이 책의 제10권 제3절〈10-3-8〉에서 이미 인용했다. 자세한 주석은 앞의 내용을 참조 바람.

後子死者, 五皆喪之三年. 然後伯父·叔父·兄弟·孼子其〈同期.〉, 族人五月, 姑·姊·甥·舅皆有月數. 則毀瘠必有制矣. 使面目陷陬, 顔色黧黑, 耳目不聰明, 手足不勁强, 不可用也. 又曰, '上士操喪也, 必扶而能起, 杖而能行, 以此共三年.' 若法若言, 行若道, 苟其饑約又若此矣. 是故百姓冬不仞寒, 夏不仞暑, 作疾病死者不可勝計也. 此其爲敗男女之交多矣. 以此求衆, 譬猶使人負劍, 而求其壽也, 衆之說無可得焉.(『墨子』「節葬 下」)

康15-10

공자는 부자(父子) 관계에 근본하여 의리를 세웠기 때문에 삼년상을 제정했고, 사람들에게 돈독함과 후덕함을 가르쳤다. 따라서 오랜 기간의 상례가 가르침을 전하는 첫 번째 의리였다. 묵자는 차등 없는 사랑을 주장했기 때문에 부자 관계를 가볍게 여겼고, 삶을 중시하고 재용을 귀중하게 여겼다. 따라서 상례 기간을 단축했다. "남녀의 교제를 망친다"는 것으로 공자를 공격한 경우는 더욱 괴이하고 잘못되었으니, 당시 전국시대의 왕공(王公)이 자기 백성들의 인구를 많게 하려고 했기 때문에 묵자가 가장 먼저 공자를 공격한 것이 여기에 있었던 것이다.

孔子立義本父子, 故制三年喪, 敎人敦厚. 故久喪爲傳敎第一義. 墨子愛無差等, 故薄父子, 重生貴用. 故短喪. 至以"敗男女之交"攻孔子, 尤爲異謬, 則以時當戰國王公欲衆其民, 故墨子所首攻孔子者在此.

15-1-12[49]

정번(程繁)이 묵자에게 물었다. "선생님께서는 '성왕들은 음악을 연주

49_ 이하에서 인용한 『묵자』「삼변」편의 내용은 이 책의 제4권 제2절〈4-2-7〉에서 이미 인용했다. 자세한 주석은 앞의 내용을 참조 바람.

하지 않았다'라고 했는데, 옛날 제후들은 정치를 하다가 지치면 종과 북으로 연주하는 음악을 들으면서 쉬었습니다. 사대부들은 정치를 하다가 지치면 피리와 거문고로 연주하는 음악을 들으면서 쉬었습니다. 농부들은 봄에는 밭을 갈고 여름에는 김을 매며, 가을에는 거두어들이고 겨울에는 저장하는데, 옹기그릇과 질장구로 연주하는 음악을 들으면서 쉬었습니다. 지금 선생님께서 '성왕들은 음악을 연주하지 않았다'라고 했는데, 그것은 비유하자면 말에 멍에를 메워 놓은 채 풀지 않거나 활을 당긴 채 놓지 않는 것과 같으니, 혈기를 가진 사람이 이를 수 없는 상태가 아니겠습니까?" 묵자가 대답했다. "옛날 요임금과 순임금은 띠로 지붕을 인 집을 가지고 있었지만, 또한 그것으로 예법으로 삼고 즐거움으로 삼았다. 탕왕(湯王)은 걸왕(桀王)을 바다 밖의 땅으로 추방하고, 온 천하에서 자립하여 왕이 되었는데, 일이 완성되어 공적이 세워지고, 큰 후환이 없게 되자, 선왕들의 음악을 그대로 따라서 연주하고, 또 스스로 음악을 지어서 「호(護)」라고 명명하고, 또 「구소(九招)」의 음악을 손질했다. 무왕(武王)은 은(殷)나라를 이겨서 주왕(紂王)을 죽이고, 온 천하에서 자립하여 왕이 되었는데, 일이 완성되어 공적이 세워지고, 큰 후환이 없게 되자, 선왕들의 음악을 그대로 따라서 연주하고, 또 스스로 음악을 지어서 「상(象)」이라고 명명했다. 주(周)나라 성왕(成王)은 선왕들의 음악을 그대로 따라서 연주하고, [또 스스로 음악을 지어서] 「추우(騶虞)」라고 명명했다. 그런데 주나라 성왕이 천하를 다스린 것은 무왕보다 못했고, 무왕이 천하를 다스린 것은 탕왕보다 못했으며, 탕왕이 천하를 다스린 것은 요임금과 순임금보다 못했다. 따라서 그 음악이 번잡해질수록 그 정치[의 수준]은 더욱더 줄어들었다. 이로써 본다면 음악은 천하를 다스리는 방법이 아니다." 정번이 말했다. "선생님이 '성왕들은 음악이 없었다'라고 했는데, [선생님이 말한] 그것들도 음악입니다. 그런데도 어찌하여 '성왕들은 음악이 없었다'라고 말한 것입니까?" 묵자가 대답했다. "성왕들의 명령이라는 것은 많은 것을 적게 만드는 것이다. 음식의 이로움이라는 것은 굶주림에 대해 알고 나서 음식을 먹는 것이 지혜이기는 하지만, 그것은 진실로 지혜가 없는 것[과 마찬가지이다]. 지금 성왕들에게 음악이 있지만 [그 숫자가] 적으니, 이것도 또한 없는 것[과 마찬가지이다]."(『묵자』「삼변」)

程繁問于子墨子曰, "夫子曰, '聖王不爲樂.' 昔諸侯倦于聽治, 息于鐘鼓之樂. 士大夫倦于聽治, 息于竽瑟之樂. 農夫春耕·夏耘·秋斂·冬藏, 息于聆缶之樂. 今夫子曰, '聖王不爲樂.' 此譬之猶馬駕而不稅, 弓張而不弛, 無乃非有血氣者之所不能至邪?" 子墨子曰, "昔者堯·舜有茅茨者, 且以爲禮, 且以爲樂. 湯放桀于大水, 環天下自立以爲王, 事成功立, 無大後患, 因先王之樂, 又自作樂, 命曰「護」, 又修「九招」. 武王勝殷殺紂, 環天下自立以爲王, 事成功立, 無大後患, 因先王之樂, 又自作樂, 命曰「象」. 周成王因先王之樂, 命曰「騶虞」. 周成王之治天下也, 不若武王, 武王之治天下也, 不若成湯, 成湯之治天下也, 不若堯·舜. 故其樂逾繁者, 其治逾寡. 自此觀之, 樂非所以治天下也." 程繁曰, "子曰, '聖王無樂.' 此亦樂已. 若之何其謂'聖王無樂'也?" 子墨子曰, "聖王之命也, 多寡之. 食之利也, 以知饑而食之者智也, 固爲無智矣. 今聖王有樂而少, 此亦無也."(『墨子』「三辨」)

15-1-13

묵자가 말했다. "어진 사람이 하는 일[50]은 반드시 천하의 이익을 일으키고, 천하의 해악을 제거하는 것을 힘써 추구하여, 이로써 천하의 법도로 삼는다. 사람들에게 이익이 되면 곧바로 행하고, 사람들에게 이익이 되지 않으면 곧바로 그만둔다. 또한 어진 사람이 천하를 위하여 헤아릴 때에는 자기 눈에 아름다운 것과 귀에 즐거운 것, 그리고 입에

50_ 인지사(仁之事)는 손이양이 '인자지사(仁者之事)'가 되어야 한다고 했다.

단것과 신체에 편안한 것을 하지 않으니, 이것들은 백성들이 입고 먹는 재물을 축내거나 빼앗기 때문에 어진 사람은 하지 않는 것이다. 이 때문에 묵자가 음악을 비난한 까닭은 큰 종과 북, 거문고와 비파, 피리와 생황의 악기 소리를 즐겁지 않다고 여기기 때문이 아니며, 조각한 무늬의 색깔이 아름답지 않다고 여기기 때문이 아니다. 또한 소와 돼지 등의 가축 고기[51]를 볶거나 구운 맛이 달지 않다고 여기기 때문이 아니며, 높고 큰 누각이나 정자[52]와 깊숙하고 넓은 집[53]의 거주지가 편안하지 않다고 여기기 때문이 아니다. 비록 몸은 편안한 거주지를 알고 입은 단맛을 알며, 눈은 아름다운 색깔을 알고 귀는 즐거운 소리를 알지만, 위로 살펴보면 성왕들의 일과 들어맞지 않고, 아래로 헤아려 보면 백성들의 이익과 들어맞지 않는다." 이 때문에 묵자는 "음악을 연주하는 것은 잘못된 것이다"라고 말한다.

子墨子言曰, "仁之事者, 必務求興天下之利, 除天下之害, 將以爲法乎天下. 利人乎, 卽爲, 不利人乎, 卽止. 且夫仁者之爲天下度也, 非爲其目之所美, 耳之所樂, 口之所甘, 身體之所安, 以此虧奪民衣食之財, 仁者弗爲也. 是故子墨子之所以非樂者, 非以大鐘鳴鼓琴瑟竽笙之聲, 以爲不樂也, 非以刻鏤文章之色, 以爲不美也. 非以犓豢煎炙之味, 以爲不甘也, 非以高臺厚榭邃野之居, 以爲不安也. 雖身知其安也, 口知其甘也, 目知其美也, 耳知其樂也, 然上考之不中聖王之事, 下度之不中萬民之利." 是故子墨子曰"爲樂非也."

지금 왕공과 대인들은 오직[54] 악기를 제조하여 국가에서 음악 연주를

51_ 추환(犓豢)은 소, 양, 개, 돼지 등의 가축을 말한다. 추(犓)는 풀을 먹는 가축이고, 환(豢)은 곡식을 먹는 가축이다.

52_ 대사(臺榭)는 높고 큰 누각이나 정각(亭閣)을 말한다.

53_ 수야(邃野)는 왕인지가 수우(邃宇)와 같다고 했는데, 깊숙하고 넓은 집을 말한다.

54_ 수무(雖無)는 왕염손이 수(雖)는 유(唯)자와 같고, 무(無)는 어조사라고 했다.

일삼게 만들었으니, 그것은 단지 괴어 있는 물에서 건지거나 땅의 흙에서 주워서 얻을 수 있는 것이 아니다.[55] 반드시 백성들에게 많은 세금을 거두어들여서[56] 큰 종과 북, 거문고와 비파, 피리와 생황의 음악 소리를 만드는 것이다. 옛날에 성왕들도 백성들에게 많은 세금을 거두어들여서 배와 수레를 만들었는데, 이미 완성된 이후에 "나는 이것을 어디에[57] 사용할까?"라고 말하고, 또 "배를 물에서 사용하고, 수레를 육지에서 사용하면 군자들은 그 발을 쉬게 할 수 있고, 소인들은 그 어깨와 등을 쉬게 할 수 있을 것이다"라고 말했다. 따라서 백성들은 재산을 지출하여 그 비용으로 주면서도[58] 감히 유감스럽게 생각하지 않은 것은 무엇 때문인가? 그것이 도리어 백성들의 이익에 들어맞기 때문이다. 그렇다면 악기가 도리어 백성들의 이익에 들어맞는 것도 이와 같다면, 나는 감히 비난하지 않을 것이다. 그렇다면 악기를 당연히 사용하는 것이 비유하면 마치 성왕이 배와 수레를 만드는 것과 같다면, 곧 나는 감히 비난하지 않을 것이다.

今王公大人, 雖無造爲樂器, 以爲事乎國家, 非直掊潦水·折[59]壤坦[60]而爲之也. 將必厚措斂乎萬民, 以爲大鐘鳴鼓琴瑟竽笙之聲.[61] 古者

55_ 손이양이 "왕공과 대인이 악기를 제작하는 것은 물에서 건지거나 땅에서 주워서 얻을 수 있는 것이 아니다"라고 풀이했다.

56_ 조렴(措斂)은 왕염손이 적렴(籍斂)과 같다고 했다. 적렴은 세금을 거두어들이는 것이다.

57_ 오허(惡許)는 필원이 하허(何許)와 같다고 했다. '어디', '어느 곳'이라는 뜻이다.

58_ 재재(財齎)는 재물이나 재산을 말한다. 손이양이 "백성들이 재산을 지출하여 배와 수레를 만드는 비용으로 주었다"라고 풀이했다.

59_ 절(折)이 『공자개제고』에는 탁(拆)으로 되어 있는데, 『묵자』 원문에 따라 고쳤다.

60_ 탄(坦)이 『공자개제고』에는 원(垣)으로 되어 있는데, 『묵자한고』 필원의 교정에 따라 고쳤다.

61_ 이 문장 뒤에 『공자개제고』에는 '譬之若聖王之爲舟車也, 卽我弗敢非也.'의 16글자가 있는데, 『묵자』 원문에는 이 16글자가 이 문단의 끝에 있는 '當用樂器' 다음에 있다. 『묵자』 원문에 따라 위치를 옮겼다.

聖王亦嘗厚措斂乎萬民, 以爲舟車, 旣以成矣, 曰"吾將惡許用之?" 曰"舟用之水, 車用之陸, 君子息其足焉, 小人休其肩背焉." 故萬民出財齎而予之, 不敢以爲戚恨者, 何也? 以其反中民之利也. 然則樂器反中民之利亦若此, 卽我弗敢非也. 然則當用樂器, 譬之若聖王之爲舟車也, 卽我弗敢非也.

백성들에게는 세 가지의 우환이 있다. 굶주린 자가 음식을 먹을 수 없고, 헐벗은 자가 옷을 입지 못하며, 고생하는 자가 쉴 수 없으니, 이 세 가지가 백성들의 큰 우환이다. 그런데 시험삼아[62] 큰 종을 두드리고 북을 치며, 거문고와 비파를 타며, 피리와 생황을 불면서 방패와 도끼를 들고 춤을 추면 백성들의 입고 먹는 재용이 거기에서[63] 얻어지는가? 나는 결코 그렇게 되지 않을 것이라고 생각한다. 잠시 이 문제는 놓아두고 [다른 이야기를 해 보자.][64] 지금 큰 나라는 작은 나라를 공격하고, 큰 집안은 작은 집안을 침략하며, 힘이 강한 자가 약한 자를 겁박하고, 숫자가 많은 무리가 적은 무리를 억압하며, 사기꾼이 어리석은 자를 속이고, 귀한 자가 천한 자에게 오만하게 굴며, 역적과 도둑이 함께 일어나서 막을 수가 없다. 그런데 시험삼아 큰 종을 두드리고 북을 치며, 거문고와 비파를 타며, 피리와 생황을 불면서 방패와 도끼를 들고 춤을 추면 천하의 혼란이 이에 다스려질 수 있는가? 나는 결코 그렇게 되지 않을 것이라고 생각한다. 이 때문에 묵자는 말한다. "잠시 시험삼아 백성들에게 많은 세금을 거두어들여서 큰 종과 북, 거문고와 비파, 피리와 생황의 음악 소리를 만듦으로써 천하의 이익을 일으키고, 천하의 해악을 제거하는 것을 추구하더라도 아무런 도움이 되지

62_ 당(當)은 손이양이 상(嘗)자와 통하고, 상(嘗)은 시(試)의 뜻이라고 했다.

63_ 안(安)은 왕염손이 어시(於是)와 같다고 했다.

64_ 의(意)는 유월이 억(抑)과 같은 뜻이라고 하고, "잠시 이 문제는 놓아두고 논의하지 말고, 다시 다른 일을 논해 보자"라고 풀이했다.

않는다.” 이 때문에 묵자는 “음악을 연주하는 것은 잘못된 것이다”라고 말한다.

民有三患. 饑者不得食, 寒者不得衣, 勞者不得息, 三者民之巨患也. 然卽當爲之撞巨鐘·擊鳴鼓·彈琴瑟·吹竽笙而揚干戚, 民衣食之財將安得乎? 卽我以爲未必然也. 意舍此. 今有大國卽攻小國, 有大家卽伐小家, 强劫弱, 衆暴寡, 詐欺愚, 貴傲賤, 寇亂盜賊並興, 不可禁止也. 然卽當爲之撞巨鐘·擊鳴鼓·彈琴瑟·吹竽笙而揚干戚, 天下之亂也, 將安可得而治與? 卽我未必然也. 是故子墨子曰, “姑嘗厚措斂乎萬民, 以爲大鐘鳴鼓琴瑟竽笙之聲, 以求興天下之利, 除天下之害, 而無補也.” 是故子墨子曰“爲樂非也.”

지금 왕공과 대인들이 오직 높고 큰 누각이나 정자 위에 거처하면서 그 악기들을 바라만 본다면 종은 마치 엎어놓은 솥[65]과 같을 뿐이니, 북이나 종을 두드리거나 치지 않으면 장차 어떤 즐거움을 얻을 수 있겠는가? 그들은 반드시 북이나 종을 두드리거나 쳐야 한다고 주장한다. 오직[66] 북이나 종을 두드리거나 칠 때, 결코 노인이나 어린아이[67]를 시켜서는 안 된다. 노인과 어린아이는 귀와 눈이 잘 들리거나 잘 보이지 않고, 팔과 다리는 재빠르거나 강하지 않으며, 소리는 조화를 이루지 못하고, 눈동자[68]는 이리저리 돌리지 못한다. 반드시 장년을 시켜야 하니, 귀와 눈은 잘 들리고 잘 보이며, 팔과 다리는 재빠르고 강하며, 소리는 조화를 이루고, 눈동자는 이리저리 잘 돌리기 때문이다.

65_ 연정(延鼎)은 솥을 엎어 놓은 채 사용하지 않는다는 뜻이다.

66_ 물(勿)은 『묵자한고』에서 어조사라고 했다. 유물(惟勿)은 앞에 나온 유무(唯毋)와 같다.

67_ 지(遲)는 왕염손이 치(穉)로 해석해야 한다고 했다.

68_ 명(明)은 손이양이 목(目)의 의미라고 했고, 아래 문장에는 미(眉)자로 되어 있는데, 눈동자의 의미로 풀이했다. 박(朴)은 유월이 변(抃)이 되어야 하며, 변(變)을 가차한 글자라고 했다.

남자들에게 그 일을 시키면 남자들이 밭을 갈고 씨를 뿌리며 심고 가꾸는 때를 놓치게 만들며, 여자들에게 그 일을 시키면 여자들이 실을 뽑고 길쌈하여 옷감을 짜는 일을 못하게 만든다. 지금 왕공과 대인들은 오직 즐거움을 위하여 백성들이 입고 먹는 재물을 축내거나 빼앗아서 이와 같이 음악을 연주하는 것이 대부분이다. 이 때문에 묵자는 "음악을 연주하는 것은 잘못된 것이다"라고 한 것이다.

今王公大人, 惟毋處高臺厚榭之上而視之, 鐘猶是延鼎也, 弗撞擊, 將何樂得焉哉? 其說將必撞擊之. 惟勿撞擊, 將必不使老與遲者. 老與遲者, 耳目不聰明, 股肱不畢强, 聲不和調, 明不轉朴. 將必使當年, 因其耳目之聰明, 股肱之畢强, 聲之和調, 眉之轉樸. 使丈夫爲之, 廢丈夫耕稼樹藝之時, 使婦人爲之, 廢婦人紡績織紝之事. 今王公大人惟毋爲樂, 虧奪民衣食之財, 以拊樂如此多也. 是故子墨子曰"爲樂非也."

지금 큰 종과 북, 거문고와 비파, 피리와 생황의 음악 소리가 이미 갖추어져 있더라도, 대인들이 엄숙하게 연주하면서 홀로 그것을 듣는다면 장차 어떤 즐거움을 얻을 수 있겠는가? 그들은 반드시 천한 사람들과 함께 음악을 듣지 않으면 곧 군자와 함께 음악을 들어야 한다고 주장한다.[69] 그런데 군자와 함께 음악을 듣는다면 군자가 정치하는 것을 못하게 만들며, 천한 사람들과 함께 음악을 듣는다면 천한 사람들이 일을 못하게 만든다. 지금 왕공과 대인들은 오직 즐거움을 위하여 백성들이 입고 먹는 재물을 축내거나 빼앗아서 이와 같이 음악을 연주하는 것이 대부분이다. 이 때문에 묵자는 "음악을 연주하는 것은 잘못된 것이다"라고 한 것이다.

今大鐘鳴鼓琴瑟竽笙之聲, 旣已具矣, 大人鏽然奏而獨聽之, 將何樂

69_ 이 문장은 손이양이 "不與賤人必與君子."가 되어야 한다고 했다. 즉 "함께 음악을 듣는 자는 천한 사람이 아니면 곧 군자이다"라는 의미이다.

得焉哉? 其說將必與賤人不與君子. 與君子聽之, 廢君子聽治, 與賤人聽之, 廢賤人之從事. 今王公大人惟毋爲樂, 虧奪民之衣食之財, 以拊樂如此多也. 是故子墨子曰"爲樂非也."

옛날에 제(齊)나라 강공(康公)[70]이 음악과 춤[71]을 부흥시켰는데, 춤추는 사람들은 길이가 짧고 조잡한 옷[72]을 입어서는 안 되며, 거친 음식을 먹어서도 안 되었다. 그리고 "음식이 훌륭하지 않으면 얼굴의 안색이 볼품이 없게 되며, 의복이 아름답지 않으면 신체의 거동이 볼품이 없게 된다"라고 했다. 그러므로 음식은 반드시 기장밥과 고기를 먹었고, 옷은 반드시 무늬를 수놓은 옷을 입었다. 이들은 항상 입고 먹는 재물을 만드는 일에 종사하지 않고, 항상[73] 남에 의해 의식을 제공받는 자들이다. 따라서 묵자는 말했다. "지금 왕공과 대인들은 오직 즐거움을 위하여 백성들이 입고 먹는 재물을 축내거나 빼앗아서 이와 같이 음악을 연주하는 것이 대부분이다." 이 때문에 묵자는 "음악을 연주하는 것은 잘못된 것이다"라고 한 것이다.

昔者齊康公興樂萬, 萬人不可衣短褐, 不可食糠糟. 曰"食飮不美, 面目顏色不足視也, 衣服不美, 身體從容醜羸, 不足觀也." 是以食必粱肉, 衣必文繡. 此掌不從事乎衣食之財, 而掌食乎人者也. 是故子墨子曰, "今王公大人惟毋爲樂,[74] 虧奪民衣食之財, 以拊樂如此多也."

70_ 강공(康公)은 주나라 안공(安王) 때의 제나라 임금으로, 이름은 대(貸)이고, 선공(宣公)의 아들이다. 손이양은 당시 제나라 강공은 쇠약하여 전화(田和)에 의해 자리에서 쫓겨났으니, 아마 이와 같이 융성하게 음악을 부흥시킬 수 없었을 것이며, 그 인물은 경공(景公)일 것이라고 추측했다.

71_ 만(萬)은 소시학이 만무(萬舞)라고 했다. 즉 문무(文舞)와 무무(武舞)를 함께 추는 춤의 범칭이다.

72_ 단갈(短褐)은 『묵자한고』에서 수갈(短褐)의 가차자라고 했는데, 하인이나 가난한 사람들이 입는 옷으로, 길이가 짧고 조잡한 옷을 말한다.

73_ 장(掌)은 손이양이 상(常)과 같다고 했다. 아래의 장(掌)자도 마찬가지이다.

74_ 악(樂)이 『공자개제고』와 『묵자』의 옛날 판본에는 빠져 있는데, 『묵자한고』의 교

是故子墨子曰"爲樂非也".

지금 사람은 본래 고라니와 사슴, 나는 새와 곤충과는 다른 존재이다.[75] 지금의 금수, 고라니와 사슴, 나는 새와 곤충은 자신의 깃과 털로 옷을 삼고, 자신의 발굽과 발톱으로 바지와 신발을 삼으며,[76] 자신이 먹는 물과 풀로 음식을 삼는다. 따라서 수컷에게 밭을 갈고 씨를 뿌리며 심고 가꾸는 일을 시키지 않아도 되고, 암컷도 실을 뽑고 길쌈하여 옷감을 짜는 일을 하지 않아도 되니,[77] 입고 먹을 재물이 본래부터 이미 갖추어져 있기 때문이다. 지금 사람은 이와는 다른 존재이다. 그 힘에 의지하는 자는 살고, 그 힘에 의지하지 않는 자는 살지 못한다. 군자가 정치에 힘쓰지 않으면 곧 형정(刑政)이 혼란스러워지고, 천한 사람들이 일에 힘쓰지 않으면 곧 재용(財用)이 부족해진다. 지금 천하의 군자들이 내 말을 옳지 않다고 여긴다면, 잠시 시험삼아 분담되어 있는 천하의 일들을 따져서 음악의 해악을 살펴보도록 하겠다. 왕공과 대인들은 아침 일찍 조회에 나가서 저녁 늦게 퇴근하며, 재판을 처리하고 정사를 다스리는 일을 하니, 이것이 그들에게 분담되어 있는 일이다. 사군자들은 팔다리의 온 힘을 다하고, 자기가 생각할 수 있는 지혜를 다하여, 안으로는 관부를 다스리고 밖으로는 관문이나 시장, 산림이나 고기를 잡는 천택(川澤)에서 나는 이익에서 세금을 거두어들임

정에 따라 보충했다.

75_ 비조(蜚鳥)는 비조(飛鳥)와 같은 말이다. 정충(貞蟲)은 『묵자』「명귀 하(明鬼 下)」편의 '百獸貞蟲.'에 대해 손이양이 『회남자』「지형훈(墬形訓)」편의 "萬物貞蟲, 各有以生."과 「원도훈(原道訓)」편의 "蚑蹺貞蟲."에 대한 고유의 주에서 "정충(貞蟲)은 나나니벌[細腰蜂]의 등속이다"라고 한 것을 인용하고, 정(貞)은 정(征)의 가차자로, 동물의 통칭이라고 했다. 여기에서는 손이양의 주장에 따라 정충(貞蟲)을 곤충으로 풀이했다.

76_ 제조(蹄蚤)는 발굽과 발톱을 말한다. 조(蚤)는 필원이 조(爪)의 가차자라고 했다. 고구(絝屨)는 바지와 신발을 말한다.

77_ 방적직임(紡績織紝)은 실을 뽑고 길쌈하여 옷감을 짜는 것이다.

으로써 곡식 창고와 물건 창고[78]를 채우니, 이것이 그들에게 분담되어 있는 일이다. 농부들은 아침 일찍 나가서 저녁 늦게 들어오며, 밭을 갈고 씨를 뿌리고 심고 가꾸어서 곡식[79]을 많이 수확하니, 이것이 그들에게 분담되어 있는 일이다. 부인들은 아침 일찍 일어나고 밤늦게 자며, 실을 뽑고 길쌈하여 옷감을 짜고, 삼과 명주실, 칡과 모시를 많이 손질하여 천이나 비단을 짜니,[80] 이것이 그들에게 분담되어 있는 일이다. 지금 오직 왕공과 대인들이 음악을 좋아하여 듣고만 있는 상태라면 결코 아침 일찍 조회에 나가서 저녁 늦게 퇴근하며, 재판을 처리하고 정사를 다스리는 일을 할 수 없을 것이니, 이 때문에 국가는 혼란해지고 사직은 위태로워진다. 지금 사군자들이 음악을 좋아하여 듣고만 있는 상태라면 결코 팔다리의 온 힘을 다하고, 자기가 생각할 수 있는 지혜를 다하여, 안으로는 관부를 다스리고 밖으로는 관문이나 시장, 산림이나 고기를 잡는 택지에서 나는 이익에서 세금을 거두어들임으로써 곡식 창고와 물건 창고를 채우지 못할 것이니, 이 때문에 곡식 창고와 물건 창고는 채워지지 않게 된다. 지금 농부들이 음악을 좋아하여 듣고만 있는 상태라면 결코 아침 일찍 나가서 저녁 늦게 들어오며, 밭을 갈고 씨를 뿌리고 심고 가꾸어서 곡식을 많이 수확할 수 없을 것이니, 이 때문에 곡식이 부족하게 된다. 지금 부인들이 음악을 좋아하여 듣고만 있는 상태라면 결코 아침 일찍 일어나고 밤늦게 자며, 실을 뽑고 길쌈하여 옷감을 짜고, 삼과 명주실, 칡과 모시를 많이 손질하여 천이나 비단을 짜지 못할 것이니, 이 때문에 천이나 비단이 만들어지지 않게 된다. 묻기를, "무엇이 대인들이 정치하는 일을 망치고, 천인들이

78_ 창름(倉廩)은 곡식을 저장하는 창고이고, 부고(府庫)는 물건을 보관하는 창고이다.

79_ 숙(叔)은 숙(菽)과 같으며, 숙속(叔粟)은 콩과 조 등의 곡식을 말한다.

80_ 마사갈서(麻絲葛緖)는 삼과 명주실, 칡과 모시를 말한다. 삼(縿)은 왕염손이 조(繰)의 잘못이라고 했다. 포조(布繰)는 천이나 비단을 말한다.

일에 종사하는 것을 망치는 것인가?"[81] 대답하기를, "음악이다." 이 때문에 묵자는 "음악을 연주하는 것은 잘못된 것이다"라고 한 것이다.

今人固與禽獸·麋鹿·蜚鳥·貞蟲異者也. 今之禽獸·麋鹿·蜚鳥·貞蟲, 因其羽毛以爲衣裘, 因其蹄蚤以爲 絝屨, 因其水草以爲飮食. 故唯使雄不耕稼樹藝, 雌亦不紡績織紝, 衣食之財固已具矣. 今人與此異者也. 賴其力者生, 不賴其力者不生. 君子不强聽治, 卽刑政亂, 賤人不强從事, 卽財用不足. 今天下之士君子, 以吾言不然, 然卽姑嘗數天下分事, 而觀樂之害. 王公大人蚤朝晏退, 聽獄治政, 此其分事也. 士君子竭股肱之力, 亶其思慮之智, 內治官府, 外收斂關市·山林·澤梁之利, 以實倉廩府庫, 此其分事也. 農夫蚤出暮入, 耕稼樹藝, 多聚叔[82]粟, 此其分事也. 婦人夙興夜寐, 紡績織紝, 多治麻絲葛緖, 綑布縿, 此其分事也. 今惟毋在乎王公大人說樂而聽之, 卽必不能蚤朝暮退, 聽獄治政, 是故國家亂而社稷危矣. 今惟毋在乎士君子說樂而聽之, 卽必不能竭股肱之力, 亶其思慮之智, 內治官府, 外斂關市·山林·澤梁之利, 以實倉廩府庫, 是故倉廩府庫不實. 今惟毋在乎農夫說樂而聽之, 卽必不能蚤出暮入, 耕稼樹藝, 多聚叔粟, 是故叔粟[83]不足. 今惟毋在乎婦人說樂而聽之, 卽不必能夙興夜寐, 紡績織紝, 多治麻絲[84]葛緖, 綑布縿, 是故布縿不興. 曰"孰爲大人之聽治而廢國家之從事?" 曰"樂也." 是故子墨子曰"爲樂非也."

81_ 이 문장은 의미가 잘 통하지 않는데, 유월이 '孰爲而廢大人之聽治, 賤人之從事.'가 되어야 한다는 주장에 따라 해석했다.

82_ 숙(叔)이 『공자개제고』와 『묵자』의 옛 판본에는 승(升)으로 되어 있는데, 왕염손의 주장에 따라 고쳤다. 아래도 마찬가지이다.

83_ 시고숙속(是故叔粟)이 『공자개제고』와 『묵자』의 옛 판본에는 빠져 있는데, 왕염손의 주장에 따라 보충했다.

84_ 사(絲)가 『묵자』에는 류(絖)로 되어 있는데, 왕염손이 사(絲)자의 잘못이라고 했다.

무슨 근거로 그렇다는 것을 알 수 있는가? 대답했다. 선왕의 책 중에 탕(湯)임금의 『관형(官刑)』이라는 책이 있는데, 다음과 같은 내용이 있다. "궁중에서 항상 춤을 추면서 노래하는 것을 무당의 풍속이라고 한다. 그에 대한 형벌은 군자는 160올짜리 실뭉치 2개를 내게 했고, 소인은 형벌이 없었다." 그리고 「대서(大誓)」에서 다음과 같이 말했다. "오호라! 춤이 너울너울하고, 그 음악 소리가 크게 울려 퍼지는구나. 상제(上帝)가 가상하게 여기지 않아서 중국이 이 때문에 멸망했고, 상제가 편안하게 여기지 않아서 온갖 재앙을 내리니, 그 집이 반드시 무너질 수밖에 없었다." 중국이 망한 이유를 살펴보면 단지 음악을 지나치게 장식했기 때문이다. 『무관(武觀)』에서는 다음과 같이 말했다. "계(啓)는 방탕하게 즐기고 편안하게 놀았는데, 야외에서 술과 음식을 먹으면서 삐릭삐릭 딸랑딸랑 피리소리와 경쇠소리가 함께 어울려 울려 퍼지는 가운데 술독에 빠져 있었으며, 야외에서 구차하게 먹고 마시면서 온갖 춤들이 다 차례대로 공연되니, 하늘에까지 분명하게 들렸다. 하늘은 그것을 법도로 여기지 않았다." 따라서 [음악은] 위로는 하늘과 귀신이 법도로 여기지 않고, 아래로는 모든 백성들이 이익으로 여기지 않는다. 그러므로 묵자는 다음과 같이 말했다. "지금 천하의 선비와 군자들이 진실로 천하의 이익을 일으키고, 천하의 해를 제거하고자 한다면 마땅히 음악이라는 물건을 금지시키지 않으면 안 될 것이다."[85](『묵자』「비악 상」)

何以知其然也? 曰先王之書, 湯之『官刑』有之曰, "其恒舞于宮, 是謂巫風. 其刑君子出絲二衛, 小人否. 似二伯黃徑." 乃言曰, "嗚呼! 舞佯佯, 黃言孔章. 上帝弗常, 九有以亡, 上帝不順, 降之百殃, 其家必壞喪." 察九有之所以亡者, 徒從飾樂也. 于『武觀』曰, "啓乃淫溢康樂, 野于飮食, 將將銘, 莧磬以力, 湛濁于酒, 渝食于野, 萬舞翼翼, 章聞于

85_ 이상의 한 단락에서 인용한 『묵자』「비악 상」편의 내용은 이 책의 제3권 제1절 〈3-1-9〉에서 이미 인용했다. 자세한 주석은 앞의 내용을 참조 바람.

天. 天用弗式.” 故上者天鬼弗戒, 下者萬民弗利. 是故子墨子曰, “今天下士君子, 誠將欲求興天下之利, 除天下之害, 當在樂之爲物, 將不可不禁而止也.”(『墨子』「非樂 上」)

15-1-14

음악이라는 것은 성왕이 비난한 것인데, 유학자들이 그것을 연주하니, 잘못이다.[86](『묵자』「일문」)

樂者, 聖王之所非也, 而儒者爲之, 過也.(『墨子』「佚文」)

<이상 묵가 학파가 유교를 공격하다: 右墨學攻儒>

2. 노자 학파가 유교를 공격하다 [老學攻儒]

15-2-1

노자가 말했다.[87] “그대가 말하는 [성인은] 그 사람과 육신이 모두 이미 썩어서 없어져 버렸고, 오직 그 말만 남아 있을 뿐이다. 또한 군자는 때를 제대로 만나면 관직에 나아가 일을 하지만,[88] 때를 제대로 만나지 못

86_『순자』「악론(樂論)」편에도 “墨子曰, 樂者, 聖王之所非也, 而儒者爲之, 過也. 君子以爲不然.”이라는 기록이 보인다.

87_ 이 기록의 앞부분에 다음과 같은 내용이 보인다. “노자는 초(楚)나라 고현(苦縣) 여향(厲鄕) 곡인리(曲仁里) 사람이다. 성은 이씨(李氏)이고, 이름은 이(耳)이며, 자는 백양(伯陽)이고, 시호는 담(聃)이다. 주(周)나라의 장서실(藏書室)을 관리하는 사관이었다. 공자가 주(周)나라에 갔을 때, 노자에게 예(禮)에 대해서 물었다.”

88_ 가(駕)는 수레를 모는 것으로, 등용되어 관직에 진출하는 것을 말한다. 『사기색

하면 정처 없이 이리저리 떠돌아다니게 된다.[89] 내가 들으니, 뛰어난 장사꾼은 [보물을] 깊이 숨겨두고 마치 아무것도 없는 것처럼 하고, 군자는 덕이 훌륭하지만 형색은 마치 어리석은 것처럼 한다.[90] 그대의 교만한 기색과 탐욕스러움, 그리고 방자한 태도와 욕심이 지나친 의지를 버려야 하니,[91] 이것은 모두 그대의 신상에 전혀 도움이 되지 않는다. 내가 그대에게 말할 것은 단지 이와 같은 것뿐이다."(『사기』「노자한비열전」)

老子曰, "子所言者, 其人與骨皆已朽矣, 獨其言在耳. 且君子得其時則駕, 不得其時則蓬累而行. 吾聞之, 良賈深藏若虛, 君子盛德, 容貌若愚. 去子之驕氣與多欲, 態色與淫志, 是皆無益于子之身. 吾所以告子, 若是而已."(『史記』「老子韓非列傳」)

康15-11

노자에 가탁하여 유가를 공격했을 뿐이다. [『노자』라는] 책을 저술한 노자는 공자와 같은 시대가 아니기 때문에 서로 공격하고 변론했을 리가 없다.

託老子以攻儒耳. 著書之老子與孔子不同時, 無緣相攻辨.

은』에서는 "만약 현명한 군주를 만나면 수레를 타고 조복을 입고 면류관을 쓴다"라고 했다.

89_ 봉루(蓬累)는 쑥이 바람 부는 대로 굴러다니는 모습으로, 정처 없이 이리저리 떠돌아다니는 것을 말한다. 『사기정의』에서 "때를 만나지 못하면 마치 쑥처럼 이리저리 옮겨 다닌다"라고 했는데, 『사기색은』에서는 봉(蓬)을 가려 숨기다[蓋], 루(累)를 이리저리 제멋대로[隨]라는 뜻으로 보고, "스스로를 덮어 감추고 이리저리 떠나갈 뿐이다"라고 해석하기도 했다.

90_ 『사기색은』에서 "심장(深藏)은 보물을 감추어두는 것을 말하며, 사람들이 보지 못하도록 하기 때문에 아무것도 없는 것처럼 한다고 말했다. 그리고 군자라는 사람은 훌륭한 덕을 몸에 가지고 있지만, 그 용모는 겸손하여 마치 어리석은 사람과 같다"라고 했다.

91_ 『사기정의』에 의하면, 태색(態色)은 방자한 태도의 모습이고, 음지(淫志)는 지나치게 욕심을 가진 의지를 말한다.

15-2-2

큰 도는 작은 성취에 의해 가려지고, 참된 말은 화려한 말에 의해 가려진다.[92] 따라서 유가와 묵가의 시비 논쟁이 있는 것은 상대가 그르다고 여긴 것을 옳다고 여기고, 상대가 옳다고 여긴 것을 그르다고 여기기 때문이다.(『장자』「제물론」)

道隱于小成, 言隱于榮華. 故有儒墨之是非, 以是其所非而非其所是.(『莊子』「齊物論」)

15-2-3

공자가 초(楚)나라에 갔을 때, 초나라의 광인(狂人) 접여(接輿)[93]가 공자의 숙소 앞을 노닐면서 말했다. "봉황새여, 봉황새여! 어찌 덕이 그리도 쇠퇴했는가? 미래의 세상은 기다릴 수 없고, 과거의 세상은 쫓아갈 수 없네. 천하에 도가 있으면 성인이 그것을 완성시키고, 천하에 도가 없으면 성인은 자신의 생명을 보존할 뿐이며,[94] 지금과 같은 시기에는 단지 형벌을 벗어날 뿐이네. 행복은 깃털보다도 가벼운데도 그것을 들 줄 모르며,[95] 재앙은 땅보다 무거운데도 그것을 피할 줄 모르는구나.

92_ 소성(小成)은 왕선겸이 "각자가 자신이 이룬 것에 집착하여 도로 삼으니, 도의 큰 모습을 알지 못한다"라고 했다. 영화(榮華)는 성현영이 "화려하고 아름다운 말"이라고 했다.

93_ 접여(接輿)는 초나라의 현인으로, 거짓으로 미친 체하면서 은둔생활을 했다고 한다. 성이 접(接)이고 이름이 여(輿)라는 주장도 있고, 공자의 수레에 접촉했기 때문에 접여(接輿)라고 했다는 주장도 있다. 『논어』「미자(微子)」편에도 비슷한 내용이 보인다. "楚狂接輿歌而過孔子曰, '鳳兮, 鳳兮! 何德之衰? 往者不可諫, 來者猶可追, 已而, 已而! 今之從政者殆而.'"

94_ 임희일은 "성인은 자기의 생명을 온전히 할 뿐이다"라고 했고, 천구잉은 "생명을 보존한다"라고 풀이했다.

95_ 왕선겸이 "취하기 쉬운데 취하지 않는다"라고 풀이했다.

그만두게나, 그만두게나, 도덕으로 사람들에게 나아감이여![96] 위태롭구나, 위태롭구나, 한계를 그어서 달려감이여![97] 가시나무여, 가시나무여![98] 나의 갈 길을 방해하지 마라.[99] 내가 돌아서 피해 갈테니,[100] 나의 발을 다치게 하지 마라." 산의 나무는 스스로 벌목되고, 등잔의 기름은 스스로 연소되며,[101] 계피는 먹을 수 있기 때문에 사람들이 자르고, 옻나무는 사용할 수 있기 때문에 사람들이 자른다. 사람들은 모두 쓸모 있는 것의 쓸모만 알고, 쓸모 없는 것의 쓸모는 알지 못한다.(『장자』「인간세」)

孔子適楚, 楚狂接輿遊其門, 曰"鳳兮鳳兮! 何如德之衰也? 來世不可待, 往世不可追也. 天下有道, 聖人成焉, 天下無道, 聖人生焉, 方今之時, 僅免刑焉. 福輕乎羽, 莫之知載, 禍重乎地, 莫之知避. 已乎已乎, 臨人以德! 殆乎殆乎, 畫地而趨! 迷陽, 迷陽! 無傷吾行. 吾行郤曲,[102] 無傷吾足." 山木, 自寇也, 膏火, 自煎也, 桂可食, 故伐之, 漆可用, 故割之. 人皆知有用之用, 而莫知無用之用也.(『莊子』「人間世」)

96_ 천구잉이 "사람들 앞에서 도덕으로 자신을 드러내는 것이다"라고 했다.

97_ 선영이 "빨리 그쳐야 할 것은 사람들에게 덕의 일을 보여주는 것이고, 가장 위험한 것은 굳게 지키면서 스스로를 괴롭히는 사람이다"라고 풀이했다.

98_ 미양(迷陽)은 왕선겸이 가시나무[棘刺]라고 했다. 사마표는 미친 척하는 것[詐狂]이라고 풀이했다.

99_ 안병주는 문일다(聞一多)와 고형(高亨) 등의 주장을 인용하여, 행(行)을 행(胻)의 가차자로 보고, "내 다리를 찌르지 마라"라고 해석하기도 했다.

100_ 각곡(郤曲)은 천구잉이 "돌아서 가는 것", 임희일이 "우회하여 피해 가는 것"이라고 했다. 안병주는 "물러나기도 하고 돌아가기도 하는 것"이라고 했다.

101_ 성현영이 "구(寇)는 벌(伐)의 의미로, 산속의 나무는 목수들에게 재료로 쓰이기 때문에 벌목을 당하고, 기름은 불을 밝힐 수 있어서 등잔에 채워지니, 유용하기 때문에 연소된다. 어찌 유독 기름과 나무뿐이겠는가? 사람에 있어서도 또한 마찬가지이다"라고 했다. 한편 사마표는 "나무는 도끼의 자루가 되어 도리어 스스로를 벌목하고, 기름은 불을 일으켜서 도리어 스스로를 태운다"라고 풀이했다.

102_ 천구잉은 다른 판본에 따라 이 문장을 '郤曲郤曲'으로 고쳤다.

15-2-4

숙산무지(叔山無趾)가 노담(老聃)에게 말했다. "공구(孔丘)는 지인(至人)의 경지에는 아직 이르지 못한 것이 아닙니까? 저 사람은 무엇 때문에 자꾸만 선생님에게 배우려고 합니까? 저 사람은 또한 기이한 명성[이 세상에 전해지기]를 바라고 있는데, 지인은 그것을 자기를 속박하는 질곡(桎梏)으로 여긴다는 것을 모르는 것이 아니겠습니까?"[103] 노담이 말했다. "너는 어찌 곧바로 공구로 하여금 죽음과 삶이 하나의 이치이고, 옳음과 옳지 않음이 하나의 도리라고 여기도록 만들지 않았는가? 그 질곡을 푸는 것은 가능할 것이다."[104] 숙산무지가 말했다. "그에게 천연적으로 가해진 형벌인데, 어찌 풀 수 있겠습니까?"[105](『장자』「덕충부」)

無趾語老聃曰, "孔丘之于至人, 其未邪? 彼何賓賓以學子爲? 彼且蘄以諔詭幻怪之名聞, 不知至人之以是爲己桎梏邪?" 老聃曰, "胡不直使彼以死生爲一條, 以可不可爲一貫者? 解其桎梏, 其可乎." 無趾曰, "天刑之, 安可解?"(『莊子』「德充符」)

15-2-5[106]

인(仁)을 쓸데없이 주장하는 자는 타고난 본래의 덕성을 제거하고 자연

103_ 이상에서 인용한 『장자』「덕충부」편의 내용은 이 책의 제14권 제2절〈14-2-13〉에서 이미 인용했다. 자세한 주석은 앞의 내용을 참조 바람.

104_ 왕선겸이 "생사와 시비는 하나로 통할 수 있으니, 어찌 그로 하여금 생사와 시비가 하나의 이치로 여기도록 만들지 않았는가? 그 미혹을 푸는 것은 아마도 가능할 것이다"라고 풀이했다. 성현영도 "어찌 공구로 하여금 인의(仁義)를 잊고 생사를 동일하게 보고, 시비를 하나로 보도록 만들지 않았는가?"라고 했다.

105_ 성현영과 왕선겸이 모두 "천연적으로 가해진 형벌이기 때문에 풀 수 없다"라고 했다.

106_ 이하에서 인용한 『장자』「변무」편의 내용은 이 책의 제2권 제1절〈2-1-10〉에서 이미 인용했다. 자세한 주석은 앞의 내용을 참조 바람.

적인 본성을 막아 버림으로써 명성(名聲)을 얻으려고 하여, 천하 사람들에게 정신없이 떠들면서 [그들의 능력으로는] 미칠 수 없는 법도를 받들게 하니, [그렇지] 않는가? 증삼(曾參)과 사추(史鰌)가 바로 그런 사람이다.(『장자』「변무」)

枝于仁者, 擢德塞性, 以收名聲, 使天下簧鼓以奉不及之法, 非乎? 而曾·史是已.(『莊子』「騈拇」)

15-2-6

낮은 행실로는 걸왕(桀王)과 도척(盜跖)이 있고, 높은 행실로는 증삼(曾參)과 사추(史鰌)가 있는데,[107] 유가와 묵가가 모두 동시에 일어남으로써 각 이론을 좋아하고 싫어하는 사람들이 서로 의심하고, 어리석은 사람과 지혜로운 사람이 서로 속이며, 착한 사람과 착하지 않은 사람이 서로 비난하고, 거짓된 자와 신실한 자가 서로 비난하여[108] 천하가 쇠퇴하게 되었다.(『장자』「재유」)

下有桀·跖, 上有曾·史, 而儒·墨畢起, 於是乎喜怒相疑, 愚知相欺, 善否相非, 誕信相譏, 而天下衰矣.(『莊子』「在宥」)

15-2-7

공자가 노담에게 물었다. "어떤 사람은 도를 닦으면서 세상과 서로 위배되어 불가한 것을 괜찮다고 하고, 그렇지 않은 것을 그렇다고 합니다.[109] 변론가들은 '단단하고 흰 것[堅白]이라는 개념을 분석한 것이 처

107_ 성현영이 "걸왕과 도척이 소인의 행실을 행한 것이 낮은 행실[下]이 되고, 증삼과 사추가 군자의 행실을 행한 것이 높은 행실[上]이 된다"라고 했다.

108_ 천구잉이 이 내용들은 "스스로를 옳다고 여기고 남을 그르다고 여기는 여러 가지 심리와 행위를 형용하여 표현한 것이다"라고 했다.

109_ 방(放)은 우성오(于省吾)가 『맹자』「양혜왕 하」편의 "명령을 위배하고 백성을

마에 매달려 있는 물건을 보듯 그 논리가 매우 분명하다'라고 말합니다.[110] 이와 같다면 성인이라고 말할 수 있습니까?" 노담이 대답했다. "그런 사람은 하급 벼슬아치와 같이 일을 하면서 기술에 얽매여 몸을 수고롭게 하고 마음을 고생시키는 자이다.[111] 살쾡이를 잡는 사냥개는 사냥터로 내몰리고, 원숭이의 민첩함은 우리를 불러오게 된다.[112] 공구여! 내가 그대에게 그대가 들을 수 없는 것과 그대가 말할 수 없는 것을 고해주겠다."(『장자』「천지」)

학대한다[方命虐民.]"에서의 방(方)자를 조기가 역(逆)으로 풀이한 것에 근거하여 배역(背逆)의 의미로 보았다. 천구잉은 이 주장에 따라 "어떤 사람이 도를 닦으면서 오히려 세상과 서로 위배되어 불가한 것을 괜찮다고 말하고, 옳지 않은 것을 옳다고 말한다"라고 해석했다. 한편 곽상은 "어떤 사람이 도를 닦으면서 서로 본받도록 하여 억지로 불가한 것을 괜찮다고 하고, 그렇지 않은 것을 그렇다고 하여, 이에 그 성정을 바로잡으려고 했다"라고 풀이하기도 했다.

110_ 견백(堅白)은 전국시대 공손룡(公孫龍)이 주장한 변론이다. '단단하다'는 것은 손의 감촉이고, '희다'는 것은 눈의 감각이기 때문에 '단단하고 흰 돌[堅白石]'이라는 것은 동시에 성립할 수 없는 두 개의 개념이라는 주장이다. 『공손룡자(公孫龍子)』「견백론(堅白論)」편에서 자세하고 다루고 있다. 현우(縣寓)는 집의 처마에 매달려 있어서 쉽게 볼 수 있는 것처럼 그 논리가 매우 분명하다는 의미이다. 곽상은 "그것이 높이 드러나서 보기 쉽다"라고 했고, 사마표는 "변론의 분명함이 마치 집에 매달려 있어서 사람들 앞에 있는 것과 같다"라고 풀이했다. 한편 성현영은 "지금 변론하는 자들이 말했다. 나는 견백 논리를 분석할 수 있어서 그것을 변론으로 여기지 않으니, 큰 변론이 분명하여 마치 천하에 해와 달이 걸려 있는 것과 같다"라고 했다.

111_ 서(胥)는 하급 벼슬아치로, 천구잉은 "이러한 사람은 마치 하급 벼슬아치가 일을 하면서 기능에 얽매이는 것과 같다"라고 풀이했다. 한편 성현영은 서(胥)를 상(相)으로 보고, "시비를 가지고 서로 어기거나 빼앗고, 이러한 기예를 가지고 자기 몸을 구속함으로써 몸을 수고롭게 하고, 마음을 놀라고 두렵게 한다"라고 해석했다.

112_ 곽상이 "이것은 모두 일상적인 모습을 잃어버린 것을 말한다. 성사(成思)는 래전(來田)의 잘못이고, 자산림래(自山林來)는 래자(來藉)의 잘못이다"라고 했다. 「응제왕(應帝王)」편에도 "호랑이와 표범의 무늬는 사냥꾼을 불러들이고, 원숭이의 민첩함과 살쾡이를 잡는 사냥개는 우리를 불러온다[虎豹之文來田, 蝯狙之便執狸之狗來藉.]"라는 노담의 말이 보인다. 자신이 가진 능력이나 재주가 오히려 자신을 얽매어서 화를 불러들이게 된다는 의미이다. 여기에서의 래전(來田)은 사냥개가 사냥터로 내몰린다는 의미로 해석했다.

夫子問于老聃曰, "有人治道若相放, 可不可, 然不然. 辯者有言曰, '離堅白, 若縣寓.' 若是, 則可謂聖人乎?" 老聃曰, "是胥易技系, 勞形怵心者也. 執狸之狗成思, 猿狙之便自山林來. 丘! 予告若, 而所不能聞, 與而所不能言."(『莊子』「天地」)

15-2-8

자공(子貢)이 남쪽으로 초(楚)나라를 여행하다가 진(晉)나라로 돌아올 때, 한수(漢水)의 남쪽[113]을 지나다가 한 노인이 마침 채소밭을 가꾸고 있는 것을 보았다.[114] 땅굴의 길을 뚫어서 우물로 들어가 항아리를 껴안고 나와서 채소밭에 물을 대고 있었는데, 애를 쓰면서 힘을 아주 많이 들였지만 효과를 보는 것은 적었다.[115] 자공이 말했다. "여기에 기계가 있는데, 하루 동안 백 이랑에 물을 댈 수 있습니다. 힘을 아주 적게 들이면서 효과를 보는 것은 많으니, 어르신은 사용해보지 않겠습니까?" 밭일을 하던 노인이 고개를 들어 쳐다보면서 "어떻게 사용하는가?"라고 물었다. 자공이 대답했다. "나무를 뚫어서 기계를 만드는데, 뒤쪽을 무겁게 하고 앞쪽을 가볍게 하면 마치 뽑아내듯이 물을 끌어올려 마치 물이 끓어서 넘치듯이 빠르게 물을 대니,[116] 그 이름은 두레박

113_ 한음(漢陰)은 한수(漢水)의 남쪽을 말한다. 성현영이 "물의 남쪽을 음(陰)이라고 한다"라고 했다.

114_ 장인(丈人)은 노인을 말하는데, 성현영은 어른에 대한 호칭이라고 했다. 포휴(圃畦)는 채소밭을 가꾸는 것으로, 성현영이 채소를 파종하는 것을 포(圃)라고 하고, 밭두둑의 가운데를 휴(畦)라고 한다고 했다.

115_ 성현영이 수(隧)는 땅굴의 길[地道]이고, 골골연(搰搰然)은 힘쓰는 모양이라고 했다. 한편 천구잉은 이면(李勉)의 주장에 따라서 골골연(搰搰然)을 물을 대는 소리라고 풀이하기도 했다.

116_ 설수약추(挈水若抽)는 마치 뽑아내듯이 물을 끌어올리는 것이다. 삭(數)은 빠르다는 뜻이고, 일탕(泆湯)은 물이 끓어서 넘치듯이 빠르다는 의미이다. 성현영은 "그 물을 끌어올려서 뽑아내듯이 물을 대니, 빠르기로 말한다면 마치 물이 끓어서 넘치는 것처럼 빠르다"라고 했다.

이라고 합니다." 밭일을 하던 노인은 성난 듯이 표정을 지었다가 웃으며 말했다. "내가 나의 스승에게 들으니, 기계를 가지게 되면 반드시 기계와 관련된 일이 생기고, 기계와 관련된 일이 생기면 반드시 기계에 대한 마음이 생기며, 기계에 대한 마음이 가슴속에 있으면 순수하고 소박함이 갖추어지지 못하고, 순수하고 소박함이 갖추어지지 못하면 신묘한 본성[117]이 안정되지 않는다고 했다. 그리고 신묘한 본성이 안정되지 않은 자에게는 도가 그 마음속에 실리지 않는다고 했다. 내가 두레박을 모르는 것은 아니지만, 부끄럽게 여겨서 사용하지 않는 것이다." 자공이 얼굴을 붉히며[118] 부끄러워하면서 고개를 숙인 채 대답하지 못했다. 잠시 후에 밭일을 하던 노인이 말했다. "당신은 무슨 일을 하는 사람인가?" [자공이] 대답했다. "공자의 제자입니다." 밭일을 하던 사람이 말했다. "당신은 박학함으로 성인을 흉내내고, 과장하고 허풍을 떨어서 대중을 어지럽게 만들어 놓은 채,[119] 혼자서는 거문고를 타면서 슬프게 노래를 부르며 천하에 명성을 파는 자가 아닌가? 당신은 장차 당신의 정신의 기운을 잊어버리고, 당신의 육체를 내버려야만 거의 도에 가까워질 것이다![120] 당신의 몸을 다스릴 수 없는데, 어느 겨를에 천하를 다스리겠는가!"(『장자』「천지」)

子貢南游于楚, 反于晉, 過漢陰, 見一丈人, 方將爲圃畦. 鑿隧而入井, 抱甕而出灌, 搰搰然用力甚多而見功寡. 子貢曰 "有械於此, 一日浸百畦. 用力甚寡而見功多, 夫子不欲乎?" 爲圃者卬而視之曰 "奈何?" 曰,

---

117_ 생(生)은 오여륜이 성(性)으로 읽어야 한다고 했다.

118_ 문연(瞞然)은 부끄러워하는 모습이다.

119_ 어우(於于)는 뽐내면서 함부로 행동하는 모양이다. 사마표는 과장하고 허풍떠는 모습이라고 했고, 이면은 우우(于喁)와 같은 말로, 세속에 맞추어 영합하는 것이라고 했다. 여기에서는 사마표의 주장에 따랐다. 개(蓋)는 마서륜의 『장자의증(莊子義證)』에서는 고(蠱)자의 오자라고 했다. 고(蠱)는 마음을 어지럽게 하는 것이다.

120_ 기(幾)는 성현영이 도에 가깝다[近於道]는 의미로 풀이했다.

"鑿木爲機, 後重前輕, 挈水若抽, 數如泆湯, 其名爲槹." 爲圃者忿然作色而笑曰, "吾聞之吾師, 有機械者必有機事, 有機事者必有機心, 機心存於胸中, 則純白不備, 純白不備, 則神生不定. 神生不定者, 道之所不載也. 吾非不知, 羞而不爲也." 子貢瞞然慚, 俯而不對. 有間, 爲圃者曰, "子奚爲者邪?" 曰, "孔丘之徒也." 爲圃者曰, "子非夫博學以擬聖, 於于以蓋衆, 獨弦哀歌以賣名聲于天下者乎? 汝方將忘汝神氣, 墮[121]汝形骸, 而庶幾乎! 而身之不能治, 何暇治天下乎!"(『莊子』「天地」)

15-2-9[122]

공자가 서쪽으로 가서 주나라 왕실에 [자기의] 서적을 소장시키려고 하자, 자로(子路)가 다음과 같이 상의했다. "제가 들으니, 주나라의 서고 관리자 중에 노담(老聃)이라는 사람이 있는데, 사직하고 고향으로 돌아가 거처하고 있다고 합니다. 선생님께서 서적을 소장시키고자 한다면, 그에게 찾아가서 부탁해 보십시오." 공자가 "좋다"라고 말하고, 노담에게 가서 만나려고 했는데, 노담이 허락하지 않았다. 이에 공자는 가지고 간 12경(經)을 펼쳐놓고 설명했다. 노담이 중간에 공자의 말을 끊고 말했다. "너무 장황하니, 그 요점을 듣고 싶소." 공자가 "요점은 인의(仁義)에 있습니다"라고 하자, 노담이 "묻겠소. 인의는 사람의 본성이오?"라고 물었다. 공자가 말했다. "그렇습니다. 군자는 어질지 못하면 완성될 수 없고, 의롭지 못하면 생존할 수 없으니, 인의는 진정으로 사람의 본성입니다. 또한 [이것 이외에] 장차 무엇을 하겠습니까?" 노담이 "묻겠소. 무엇을 인의라고 하오?"라고 하자, 공자가 말했다. "마음속에서 기뻐하고 즐거워하며, 두루 사랑하면서 사심을 없애는 것, 이

121_ 타(墮)가 『공자개제고』에는 수(隨)로 되어 있는데, 『장자』 원문에 따라 고쳤다.

122_ 이하에서 인용한 『장자』 「천도」편의 내용은 이 책의 제14권 제2절 〈14-2-22〉에서 이미 인용했다. 자세한 주석은 앞의 내용을 참조 바람.

것이 바로 인의의 본래 상태입니다." 노담이 말했다. "아! 뒤에 한 말이 위태롭구나! 저 겸애라는 말은 또한 비현실적이지 않소? 사심을 없애는 것이 바로 사심이오. 선생은 천하의 사람들로 하여금 그 소박함을 잃어버리지 않도록 하고자 하오? [그렇다면 다음과 같은 사실을 알아야 하오.] 하늘과 땅은 본래부터 일정한 법칙이 있고, 해와 달은 본래부터 밝음이 있으며, 별들은 본래부터 질서 있게 나열되어 있고, 새와 짐승은 본래부터 무리를 지어서 살며, 나무들은 땅 위에 서 있소. 선생도 덕에 따라서 행동하고, 도에 따라서 나아가니, 이미 충분하오. 그런데 또 무엇 때문에 애써 인의를 내걸고, 마치 북을 두드리면서 잃어버린 자식을 찾는 것처럼 행동하오? 아! 선생은 사람의 본래 본성을 어지럽히고 있소."(『장자』「천도」)

孔子西藏書于周室, 子路謀曰, "由聞, 周之徵藏史有老聃者, 免而歸居. 夫子欲藏書, 則試往因焉." 孔子曰, "善." 往見老聃, 而老聃不許. 于是翻十二經以說. 老聃中其說曰, "大謾, 願聞其要." 孔子曰, "要在仁義." 老聃曰, "請問, 仁義人之性邪?" 孔子曰, "然. 君子不仁則不成, 不義則不生, 仁義, 眞人之性也. 又將奚爲矣?" 老聃曰, "請問, 何謂仁義?" 孔子曰, "中心物愷, 兼愛無私, 此仁義之情也." 老聃曰, "意! 幾乎後言! 夫兼愛, 不亦迂乎? 無私焉乃私也. 夫子若欲使天下無失其牧乎? 則天地固有常矣, 日月固有明矣, 星辰固有列矣, 禽獸固有群矣, 樹木固有立矣. 夫子亦放德而行, 循道而趨, 已至矣. 又何偈偈乎揭仁義, 若擊鼓而求亡子焉? 意! 夫子亂人之性也."(『莊子』「天道」)

15-2-10[123]

공자가 서쪽의 위(衛)나라로 유세를 떠날 때, 안연이 노나라의 태사(太

123_ 이하에서 인용한 『장자』「천운」편의 내용은 이 책의 제14권 제2절 〈14-2-27〉에서 이미 인용했다. 자세한 주석은 앞의 내용을 참조 바람.

師)인 금(金)에게 물었다. "선생님의 이번 행차를 어떻게 생각합니까?" 금이 말했다. "안타깝구나! 너의 선생은 곤궁에 처할 것이다." 안연이 "무엇 때문입니까?"라고 하자, 금이 말했다. "대체로 [제사 때의] 추구(芻狗)는 아직 진설되기 전에는 대나무 상자에 담아서 무늬를 수놓은 천으로 덮어 놓고, 시동(尸童)과 축관(祝官)이 목욕재계하고서 그것을 받든다. 그러나 진설을 마치고 난 뒤에는 길가는 사람들이 그 머리와 등을 밟고 지나가고, 풀 베는 사람이 가져다 불을 땔 뿐이다. 만약 다시 그것을 가져다가 대나무 상자에 담아서 무늬를 수놓은 천으로 덮어 놓고, 그 밑에서 앉아서 놀거나 누워서 잔다면, 그 사람은 악몽을 꾸지 않는다면 반드시 자주 가위눌리게 될 것이다. 지금 너의 선생도 옛날 선왕들이 이미 진설했던 추구를 가져다가 제자들을 모아놓고, 그 밑에서 앉아서 놀거나 누워서 자고 있다. 따라서 송(宋)나라에서는 [사마환퇴가] 나무를 베어서 죽이려 했고, [위(衛)나라에서는] 쫓겨서 도망쳤으며, 상(商)나라[의 후손국인 송(宋)나라]와 주(周)나라에서는 뜻을 얻지 못해 곤경에 빠졌으니, 이것이 바로 악몽이 아니겠는가? 또 진(陳)나라와 채(蔡)나라 사이에서 포위되었을 때는 7일 동안 밥을 지어 먹지 못해서 생사의 갈림길에 선 적도 있으니, 이것이 바로 가위눌리는 것이 아니겠는가?"(『장자』「천운」)

孔子西游于衛, 顏淵問師金曰, "以夫子之行爲奚如?" 師金曰, "惜乎! 而夫子其窮哉." 顏淵曰, "何也?" 師金曰, "夫芻狗之未陳也, 盛以篋衍, 巾以文綉, 尸祝齊戒以將之. 及其已陳也, 行者踐其首脊, 蘇者取而爨之而已. 將復取而盛以篋衍, 巾以文綉, 游居寢臥其下, 彼不得夢, 必且數眯焉. 今而夫子亦取先王已陳芻狗, 取弟子, 遊居寢臥其下. 故伐樹于宋, 削迹于衛, 窮于商・周, 是非其夢邪? 圍于陳・蔡之間, 七日不火食, 死生相與鄰, 是非其眯邪?"(『莊子』「天運」)

15-2-11

공자가 나이가 51세가 되었는데도 도에 대해 듣지 못하자, 남쪽으로 패(沛) 땅[124]에 가서 노담을 만났다. 노담이 말했다. "그대가 오셨군요? 내가 듣자하니, 그대는 북방의 현자라고 하는데, 그대도 도를 터득했습니까?" 공자가 말했다. "아직 터득하지 못했습니다." 노자가 말했다. "그대는 어디에서 도를 찾으려고 했습니까?" 공자가 말했다. "저는 예악(禮樂)의 제도[125]에서 도를 찾으려고 했는데, 5년이 되어도 터득하지 못했습니다." 노자가 말했다. "그대는 또 어디에서 도를 찾으려고 했습니까?" 공자가 말했다. "저는 음양(陰陽)[126]에서 도를 찾으려고 했는데, 12년이 되어도 터득하지 못했습니다." 노자가 말했다. "그렇습니다. 만약 도를 바칠 수 있다면 사람들 중에 그것을 자기 임금에게 바치지 않을 자가 없을 것이고, 만약 도를 받들어 올릴 수 있다면 사람들 중에 그것을 자기 부모에게 받들어 올리지 않을 자가 없을 것이며, 만약 도를 남에게 말해줄 수 있다면 사람들 중에 그것을 자기 형제에게 말해주지 않을 자가 없을 것이고, 만약 도를 남에게 줄 수 있다면 사람들 중에 그것을 자기 자손들에게 주지 않을 자가 없을 것입니다. 그런데도 그렇게 되지 않는 것은 다른 이유가 있는 것이 아닙니다. 마음속에 도를 받아들일 주체가 없으면 도는 머물러 있지 않고,[127] 외부에 도를

124_ 사마표가 "노자는 진국(陳國) 상(相) 땅 사람으로, 상(相)은 지금의 고현(苦縣)에 속하는데, 패(沛) 땅과는 서로 가깝다"라고 했다. 패(沛)는 지금의 강소성(江蘇省) 패현(沛縣)을 말한다.

125_ 도수(度數)는 일정하게 정해진 제도를 말한다. 임희일은 예악(禮樂)이라고 했는데, 여기에서는 예악의 제도로 풀이했다.

126_ 음양(陰陽)은 천구잉이 음양의 변화라고 했고, 안병주가 천지자연을 움직이는 음양의 이치라고 했다.

127_ 곽상은 "마음속에 도를 받아들일 자질이 없으면 비록 도에 대해 듣더라도 지나가 버린다"라고 했고, 천구잉은 "마음속으로 스스로 체득하지 않으면 도는 머물지 않는다"라고 했다. 한편 임희일은 "도를 배우는 자는 비록 외부에서 들은 것이 있

증명할 만한 증거가 없으면 도는 행해지지 않기 때문입니다.[128] 마음속에서 나오는 것이 밖에서 받아들여지지 않으면 성인은 그것을 표출하지 않으며, 밖에서 들어오는 것이 마음속에 그것을 받아들일 주체가 없으면 성인은 그것을 간직해 두지 않습니다. 명성이라는 것은 천하의 공동 소유이기 때문에 [한 사람이] 너무 많이 가져가서는 안 되며,[129] 인의(仁義)는 옛 선왕이 임시로 머물렀던 여관[130]이기 때문에 단지 하루 정도는 묵을 수 있지만, 오랫동안 거처해서는 안 되니, 오래 머물면 책망을 많이 받게 됩니다."(『장자』「천운」)

孔子行年五十有一, 而不聞道, 乃南之沛, 見老聃. 老聃曰, "子來乎? 吾聞子, 北方之賢者也, 子亦得道乎?" 孔子曰, "未得也." 老子曰, "子惡乎求之哉?" 曰, "吾求之於度數, 五年而未得也." 老子曰, "子又惡乎求之哉?" 曰, "吾求之於陰陽, 十有二年而未得." 老子曰, "然. 使道而可獻, 則人莫不獻之於其君, 使道而可進, 則人莫不進之於其親, 使道而可以告人, 則人莫不告其兄弟, 使道而可與人, 則人莫不與其子孫. 然而不可者, 無他也. 中無主而不止, 外無正而不行. 由中出者不受于外, 聖人不出, 由外入者無主于中, 聖人不隱. 名, 公器也, 不可多取, 仁義, 先王之蘧廬也, 止可以一宿, 而不可以久處, 覯而多責."(『莊子』「天運」)

더라도 자기 마음속에 주체가 없으면 스스로 체득한 것이 아니니, 비록 그것을 잡아두려고 하더라도 머물지 않는다"라고 했는데, 여기에서는 임희일의 해석에 따랐다.

128_ 정(正)은 도가 있다는 것을 증명할 만한 증거를 말한다. 천구잉은 '증거[證]'라고 한 왕어(王敔)의 주석에 따라 "외부에서 증명할 수 없으면 도는 통행되지 않는다"라고 풀이했고, 안병주는 "정(正)은 활의 표적이니, 화살을 받는 곳"이라고 한 마서륜의 주석에 따라 "바깥에 도가 향할 만한 정확한 표적이 없으면 도가 가지 않는다"라고 해석했다.

129_ 공기(公器)는 온 세상이 공통으로 사용하는 도구라는 것으로, 모든 사람의 공동 소유라는 의미이다. 따라서 한 사람이 혼자서 너무 많이 가져가서는 안 된다는 것이다. 임희일은 "유학자들이 명성을 좋아하는 것을 비웃은 것이다"라고 했다.

130_ 거려(蘧廬)는 임시로 머무는 여관이다. 임희일은 초가집이라고 했다.

15-2-12

공자가 노담을 만나서 인의(仁義)에 대해 이야기했다. 노담이 말했다. "겨를 키질하다가 눈에 티가 들어가면[131] 천지 사방이 뒤집혀 보이며, 모기나 등에가 물면 밤새도록 잠을 자지 못합니다.[132] 저 인의(仁義)라는 것은 잔혹하고 무자비하여 우리의 마음을 어지럽게 만드니,[133] 혼란이 이보다 더 큰 것이 없습니다. 당신이 만약 천하 사람들에게 자신들의 소박함을 잃지 않도록 하게 하려면 당신도 바람이 부는 대로 따라서 움직이고, 덕(德)을 붙잡고 서 있어야 합니다.[134] 그런데 어찌 마치 북을 짊어진 채 치면서 잃어버린 자식을 찾듯이 애를 쓰고 있습니까?"[135](『장자』「천운」)

孔子見老聃而語仁義. 老聃曰, "夫播糠眯目, 則天地四方易位矣, 蚊虻噆膚, 則通昔不寐矣. 夫仁義憯然, 乃憒[136]吾心, 亂莫大焉. 吾子使天下無失其樸, 吾子亦放風而動, 總德而立矣. 又奚傑然若負建鼓而求亡子者邪?"(『莊子』「天運」)

131_ 파강(播糠)은 겨를 키질하는 것으로, 마서륜이 파(播)는 키질한다는 의미의 파(簸)의 가차자라고 했다. 미목(眯目)은 눈에 티가 들어가는 것이다.

132_ 문맹(蚊虻)은 모기와 등에를 말하고, 참(噆)은 깨문다는 뜻이다. 통석(通昔)은 임희일과 천구잉 등이 통석(通夕)과 같은 말이라고 했다.

133_ 참연(憯然)은 잔혹하고 무자비한 모습으로, 임희일은 독한 모습이라고 했다. 궤(憒)는 어지럽히고 심란하게 만드는 것이다.

134_ 방풍(放風)은 바람이 부는 대로 따른다는 뜻이다. 임희일은 변화에 따라서 움직인다는 의미라고 했다. 총(總)은 붙잡는다는 뜻으로, 임희일은 집(執), 곽상은 병(秉)의 의미라고 했다.

135_ 걸연(傑然)은 성현영이 힘쓰는 모양[用力]이라고 했다. 건고(建鼓)는 마서륜과 선영 등이 큰 북[大鼓]이라고 했고, 성현영은 북을 친다[擊鼓]는 의미라고 했다. 부(負)는 등에 짊어지는 것인데, 천구잉은 격(擊)자와 같은 의미로 본 유사배의 주장에 따르고 있다. 여기에서는 성현영의 주장에 따라 해석했다.

136_ 궤(憒)는 『장자』 원문과 『공자개제고』에는 모두 분(憤)자로 되어 있는데, 왕염손과 곽경번 · 천구잉 등이 글자가 비슷해서 잘못 기록했다는 주장에 따라 고쳤다.

15-2-13

공자가 노담에게 말했다. "저는 『시』·『서』·『예』·『악』·『역』·『춘추』의 육경을 연구하여 오래되었다고 스스로 여기고 있으며, 그 전고(典故)를 잘 알고 있습니다.[137] 그것을 가지고 72명의 군주에게 나아가,[138] 선왕의 도를 논하고 주공(周公)과 소공(召公)의 자취를 밝혔는데, 한 명의 군주도 취하여 사용하는[139] 자가 없었습니다. 사람에게 유세하기 어렵고, 도를 밝히기 어려운 것이 너무 심합니다!" 노자가 말했다. "그대가 치세의 군주를 만나지 못한 것이 너무나 다행입니다! 대체로 육경이란 선왕이 남긴 지난날의 자취이니, 어찌 그 자취를 만든 근원 그 자체이겠습니까? 지금 그대가 하는 말은 자취와 같은 것이며, 자취라는 것은 신발이 만들어낸 흔적인데, 자취가 어찌 신발 그 자체일 수 있겠습니까!"(『장자』「천운」)

孔子謂老聃曰, "丘治『詩』·『書』·『禮』·『樂』·『易』·『春秋』六經, 自以爲久矣, 孰知其故矣. 以奸者七十二君, 論先王之道, 而明周·召之跡, 一君無所鉤用. 甚矣, 夫人之難說也, 道之難明邪!" 老子曰, "幸矣, 子之不遇治世之君也! 夫六經, 先王之陳跡也, 豈其所以跡哉? 今子之所言, 猶跡也, 夫跡, 履之所出, 而跡豈履哉!"(『莊子』「天運」)

15-2-14[140]

공자가 진(陳)나라와 채(蔡)나라 사이에서 포위되었을 때, 7일 동안 밥

137_ 숙(孰)은 천구잉이 숙(熟)과 같다고 했고, 임운명의 판본에도 숙(熟)으로 되어 있다. 고(故)는 임희일이 전고(典故)라고 했다.

138_ 간(奸)은 마서륜이 간(迁)의 가차자이며, 『설문』에서 간(迁)은 나아간다[進]는 뜻이라고 했다.

139_ 구용(鉤用)은 취하여 사용한다는 말로, 구(鉤)는 육덕명이 취(取)의 의미라고 했다.

140_ 이하에서 인용한 『장자』「산목」편의 내용은 이 책의 제14권 제2절 〈14-2-24〉 에서 이미 인용했다. 자세한 주석은 앞의 내용을 참조 바람.

을 지어서 먹지 못했다. 태공임(太公任)이 가서 위문하면서 "그대는 거의 죽을 것 같지요?"라고 하자, 공자가 "그렇습니다"라고 대답했다. 태공임이 "그대는 죽는 게 싫습니까?"라고 하자, 공자가 "그렇습니다"라고 대답했다. 태공임이 말했다. "내가 시험 삼아 불사(不死)의 도에 대해 말해보겠습니다. 동해(東海)에 어떤 새가 있는데, 그 이름을 의태(意怠)라고 합니다. 이 새라는 놈은 느릿느릿 나는 모습이 마치 제대로 날지 못하는 것 같습니다. 다른 새들의 도움을 받아서 함께 날고, 무리들 사이에 바짝 붙어서 휴식하며, 나아갈 때는 감히 앞서지 않고, 물러날 때에는 감히 뒤쳐지지 않습니다. 먹이를 먹을 때에도 감히 먼저 먹지 않고, 반드시 남은 찌꺼기를 먹습니다. 그 때문에 그 대열에서 따돌림을 받지 않고, 외부의 인간들도 결국 해를 입히지 못하기 때문에 환란을 모면할 수 있습니다. 곧은 나무는 먼저 벌목되고, 맛있는 우물은 먼저 고갈됩니다. 생각해 보건대, 당신은 지식을 꾸밈으로써 어리석은 자들을 놀라게 하고, 자기 자신을 수양함으로써 남의 더러운 행동을 드러나 보이게 하니, 마치 해와 달을 높이 들고 있듯이 너무 분명한 모습으로 돌아다니기 때문에 환란을 모면하지 못하는 것입니다."(『장자』「산목」)

孔子圍于陳·蔡之間, 七日不火食. 大公任往吊之曰, "子幾死乎?" 曰, "然." "子惡死乎?" 曰, "然." 任曰, "予嘗言不死之道. 東海有鳥焉, 名曰意怠. 其爲鳥也, 翂翂翐翐而似無能. 引援而飛, 迫脅而棲, 進不敢爲前, 退不敢爲後. 食不敢先嘗, 必取其緖. 是故其行列不斥, 而外人卒不得害, 是以免于患. 直木先伐, 甘井先竭. 子其意者飾知以驚愚, 修身以明汙, 昭昭乎如揭日月而行, 故不免也."(『莊子』「山木」)

15-2-15[141]

장자가 노나라 애공(哀公)을 만났는데, 애공이 말했다. "노나라에는 유학자가 많은데, 선생의 도술을 공부하는 자는 적습니다." 장자가 "노나라에는 유학자가 적습니다"라고 말하자, 애공이 "노나라 전체가 유학자의 복장을 입은 사람들인데, 어째서 적다고 말합니까?"라고 물었다. 장자가 대답했다. "제가 들으니, 유학자가 둥근 모양의 관을 쓰는 것은 [둥근] 하늘의 때를 안다는 의미이고, 네모난 신발을 신는 것은 [네모난] 땅의 형태를 안다는 의미이자 지형을 잘 아는 것을 상징하며, 패옥을 끈으로 매어 허리에 차는 것은 일이 생겼을 때 결단하는 것을 의미한다고 합니다. 군자가 그 도를 소유했다고 해서 반드시 그 복장을 입는 것은 아니며, 그 복장을 입은 자라고 해서 반드시 그 도를 아는 것은 아닙니다. 임금께서 진실로 그렇지 않다고 여기신다면 어찌 나라 안에 '이러한 유학자의 도를 소유하지 않으면서도 이러한 유학자의 복장을 입는 자는 그 죄가 사형에 해당된다'고 명령을 내려보지 않습니까?" 이에 애공이 명령을 내린 지 5일이 지나자, 노나라 안에 감히 유학자의 복장을 입은 자가 없었다.(『장자』「전자방」)

莊子見魯哀公, 哀公曰, "魯多儒士, 少爲先生方者." 莊子曰, "魯少儒." 哀公曰, "擧魯國而儒服, 何謂少乎?" 莊子曰, "周聞之, 儒者冠圓冠者, 知天時, 履句屨者, 知地形, 緩佩玦者, 事至而斷. 君子有其道者, 未必爲其服也, 爲其服者, 未必知其道也. 公固以爲不然, 何不號于國中曰, '無此道而爲此服者, 其罪死.'" 于是, 哀公號之五日, 而魯國無敢儒服者.(『莊子』「田子方」)

141_ 이하에서 인용한 『장자』「전자방」편의 내용은 이 책의 제7권 제5절〈7-5-7〉에서 이미 인용했다. 자세한 주석은 앞의 내용을 참조 바람.

15-2-16[142]

군자라는 사람은 유가와 묵가의 스승과 같은 사람도 본래 시비를 가지고 서로 공격하는데,[143] 하물며 지금의 일반 사람들은 어떠하겠는가?(『장자』「지북유」)

君子之人, 若儒·墨者師, 故以是非相韲也, 而況今之人乎?(『莊子』「知北遊」)

15-2-17[144]

도(道)에서 하나로 여기는 것이 덕(德)에서는 같을 수가 없고,[145] 지식으로 알 수 없는 것은 변론으로 다 거론할 수 없다.[146] 유가와 묵가처럼 학파의 명칭을 내거는 것은 좋지 않다.[147](『장자』「서무귀」)

142_ 이 내용은 공자가 안회의 물음에 대답한 말이다.

143_ 제(韲)는 곽상이 화(和)의 의미라고 했는데, 천구잉이 서로 공격한다는 뜻이라고 한 풀이를 따랐다.

144_ 이 내용은 공자가 초(楚)나라에 갔을 때 초나라 왕이 공자를 위해 베푼 잔치에서 한 말이다.

145_ 임희일은 "도에서 하나로 여기는 것은 자연(自然)이며, 덕은 자기의 입장에서 얻는 것이다. 조물자에게 있어서 하나라는 것은 인위와는 같지 않기 때문에 덕에서는 같을 수가 없다고 했다"라고 했고, 곽상은 "각각 스스로 얻을 뿐 서로 같지가 않지만, 도는 하나이다"라고 풀이했다. 천구잉은 여기에서의 덕(德)자는 득(得)과 같으며, 도를 얻는 것을 말한다고 했다. 즉 도는 하나이지만, 도를 얻는 것은 각각 다르다는 뜻이다.

146_ 안병주는 "인간의 지식으로는 알 수 없는 한계는 말로 표현할 수 없다"라고 풀이했다.

147_ 명(名)은 여러 가지 해석이 있다. 곽숭수는 유가와 묵가라는 명칭이라고 했고, 선영은 이름을 서로 내거는 것이라고 했다. 그리고 안병주는 말재주로 이름이 알려지는 것이라고 했다. 여기에서는 곽숭수와 선영 등의 주장에 따라 '명칭을 내거는 것'으로 해석했다. 즉 지식으로 알 수 없는 영역이 많기 때문에 유가와 묵가 등과 같이 학파의 명칭을 내걸면서 서로 비난하는 것은 잘못되었다는 의미로 이해했다.

道之所一者, 德不能同也. 知之所不能知者, 辯不能擧也. 名若儒·墨而凶矣.(『莊子』「徐無鬼」)

15-2-18[148]

유학자들은 『시』와 『예』를 [행위의] 근거로 삼아 무덤을 도굴했는데, 대유(大儒)가 아랫사람에게 말을 전해서 알렸다. "동쪽에서 해가 떠오르고 있는데, 작업이 어떻게 되고 있는가?" 소유(小儒)가 말했다. "아직 시신의 치마와 저고리를 다 벗기지 못했고, 입안에 옥이 있습니다. 『시』에도 본래 이런 시가 있습니다. '푸르고 푸른 보리가 무덤가에 자라고 있구나. 살아서 남에게 은혜를 베풀지 않았는데, 죽어서 어찌 구슬을 입에 물고 있는가?'" 그리고는 [한 유학자가] 시신의 귀밑털을 붙잡고 턱의 아랫수염을 손가락으로 누르고, 다른 유학자가 쇠망치로 시신의 턱을 때려서 부수고, 천천히 그 뺨을 벌려서 입속의 구슬을 손상시키지 않고 꺼냈다.(『장자』「외물」)

儒以『詩』·『禮』發冢, 大儒臚傳曰, "東方作矣, 事之若何?" 小儒曰, "未解裙襦, 口中有珠. 『詩』固有之曰, '青青之麥, 生于陵陂. 生不布施, 死何含珠爲?'" 接其鬢, 擪其顪, 儒以金椎控其頤, 徐別其頰, 無傷口中珠.(『莊子』「外物」)

15-2-19[149]

노래자(老萊子)의 제자가 땔나무를 하러 나갔다가 중니를 만나고서 돌

148_ 이하에서 인용한 『장자』「외물」편의 내용은 이 책의 제14권 제2절 〈14-2-26〉에서 이미 인용했다. 자세한 주석은 앞의 내용을 참조 바람.

149_ 이하에서 인용한 『장자』「외물」편의 내용은 이 책의 제14권 제2절 〈14-2-25〉에서 이미 인용했다. 자세한 주석은 앞의 내용을 참조 바람.

아와 노래자에게 다음과 같이 고했다. "어떤 사람이 그곳에 있었는데, 상체는 길고 하체는 짧으며, 어깨와 등이 굽었고 귀가 머리 뒤쪽에 가까이 있으며, 바라보는 것이 마치 세상을 경영하는 것과 같았습니다. 그가 누구의 자식인지 모르겠습니다." 노래자가 말했다. "그 사람은 공구이니, 불러서 데려오너라." 중니가 이르자 노래자가 말했다. "공구여! 너의 몸에 베인 긍지와 너의 얼굴에 드러나는 지적 표정을 버려야만 이에 군자가 될 수 있을 것이다."(『장자』「외물」)

老萊子之弟子出薪, 遇仲尼, 反以告曰, "有人于彼, 脩上而趨下, 末僂而後耳, 視若營四海. 不知其誰氏之子." 老萊子曰, "是丘也, 召而來." 仲尼至, 曰, "丘! 去汝躬矜與汝容知, 斯爲君子矣."(『莊子』「外物」)

15-2-20

[공자가 말했다.] "노나라 사람 공구는 장군의 높은 의리를 듣고, 삼가 알자에게 재배합니다." 알자가 들어가 알리니, 도척은 그 말을 듣고 크게 노하여, 눈은 마치 빛을 내는 별과 같았고, 머리카락은 관을 찌를 듯이 솟구치면서 말했다. "이 사람은 저 노나라의 교활한 위선자인 공구가 아닌가? 나를 대신해서 그에게 다음과 같이 고하라. '너는 말을 하거나 지어내어서 제멋대로 문왕(文王)이나 무왕(武王)을 칭송하며,[150] 화려하게 장식된 관을 쓰고,[151] 죽은 소의 가죽으로 만든 혁대를 차며,[152] 잘못된 주장을 많이 지껄이며, 농사를 짓지 않으면서 밥을 먹고, 직물을 짜지 않으면서 옷을 입는다. 입을 함부로 놀려서 제멋대로 옳고 그름을 만듦으로써 천하의 군주를 미혹시키며, 천하의 학사(學士)들

150_ 성현영이 문왕과 무왕을 헌장(憲章)이라고 풀이했다.

151_ 사마표가 "관에 화려한 장식이 많은 것이 마치 나무에 가지가 많은 것과 같다"라고 했다.

152_ 협(脅)은 성현영이 소의 가죽으로 만든 혁대라고 했다.

에게 근본으로 돌아가지 않고 제멋대로 효도와 공경의 도리를 만들어서 제후에 봉해지거나 부귀해지는 요행을 바라도록 만든 자이다.'"(『장자』「도척」)

"魯人孔丘, 聞將軍高義, 敬再拜謁者." 謁者入通, 盜蹠聞之, 大怒, 目如明星, 發上指冠, 曰, "此夫魯國之巧僞人孔丘非邪? 爲我告之. '爾作言造語, 妄稱文·武, 冠枝木之冠, 帶死牛之脅, 多辭繆說, 不耕而食, 不織而衣. 搖脣鼓舌, 擅生是非, 以迷天下之主, 使天下學士, 不反其本, 妄作孝弟, 而儌幸于封侯富貴者也.'"(『莊子』「盜蹠」)

15-2-21

옛날 제나라 환공(桓公) 소백(小白)은 형인 [공자 규(糾)]를 죽이고 형수를 아내로 삼았는데,[153] 관중(管仲)은 그의 신하가 되었다. 제나라의 성자(成子) 전상(田常)[154]은 자기 임금을 죽이고 나라를 훔쳤는데, 공자는 그에게 폐백을 받았다.[155] [관중과 공자는] 말로 논의할 때는 그들을 천시하지만, 행동으로 실행할 때는 낮추어 그들을 섬기니, 이것은 말과 행동의 실정이 마음속에서 서로 상반되어 다투는 것이니, 또한 이치에 어긋나는 것이 아닌가?(『장자』「도척」)

昔者桓公小白, 殺兄入嫂, 而管仲爲臣. 田成子常殺君竊國, 而孔子受幣. 論則賤之, 行則下之, 則是言行之情悖戰於胸中也, 不亦拂乎?(『莊

153_ 입수(入嫂)는 사마표가 "형수를 아내로 삼았다"라고 했다.

154_ 전상(田常)은 진항(陳恒)이라고도 하며, 성자(成子)는 시호이다. 제나라의 대신이었는데, B.C.481년에 간공(簡公)을 죽이고 평공(平公)을 옹립하여 제나라에서 전권을 행사했다.

155_ 성현영이 "전상이 제나라 간공(簡公)을 시해하자, 공자는 목욕을 하고 조정에 들어가서 그가 주는 폐백을 받았다"라고 했다. 한편『논어』「헌문」편에는 공자가 애공에게 임금을 시해한 전상을 토벌할 것을 요청한 기록이 보인다. "陳成子弑簡公, 孔子沐浴而朝, 告於哀公曰, 陳恒弑其君, 請討之."

子』「盜跖」)

15-2-22

유학자는 거짓된 말을 한다.(『장자』「도척」)

儒者僞辭.(『莊子』「盜跖」)

15-2-23[156]

노나라 애공(哀公)이 안합(顔闔)에게 말했다. "내가 중니를 나라의 핵심 인물로 삼으면 나라의 혼란을 구제할 수 있겠는가?" 안합이 말했다. "아마도 위태로워질 것입니다! 중니는 깃털로 장식을 한데다가 또 채색을 덧칠하며, 화려한 말을 늘어놓으면서 말단적인 것을 핵심으로 삼으며, 자연의 본성을 거짓으로 꾸며서 백성들에게 보여주면서도 스스로 본성의 신실함을 잃어버렸다는 것을 알지 못합니다. 그런데도 그것을 마음에서 받아들여서 정신을 주재하고 있으니, 어떻게 백성들을 위에서 이끌 수 있겠습니까? 그 사람이 임금님과 사이가 좋습니까? 그에게 백성들을 기르도록 하시겠습니까? 반드시 잘못된 상황에 이르게 될 것입니다. 지금 백성들에게 진실된 본성에서 벗어나서 거짓된 위선을 배우도록 하는 것은 백성들에게 제시할 수 있는 방법이 아닙니다. 후세를 위해 생각해보면 그를 등용하지 않는 것이 최선입니다. [그를 등용하면] 잘 다스려지기 어렵습니다. 다른 사람에게 베푸는 것에 마음을 두고 그것을 잊지 못하는 것은 자연의 베풂이 아니니, 상인들도 그와 나란히 서지 않을 것입니다."(『장자』「열어구」)

魯哀公問于顔闔曰, "吾以仲尼爲貞幹, 國其有瘳乎?" 曰, "殆哉圾乎!

156_ 이하에서 인용한 『장자』「열어구」편의 내용은 이 책의 제14권 제2절〈14-2-30〉에서 이미 인용했다. 자세한 주석은 앞의 내용을 참조 바람.

仲尼方且飾羽而畫, 從事華辭, 以支爲旨, 忍性以視民而不知不信. 受乎心, 宰乎神, 夫何足以上民? 彼宜汝與? 予頤與? 誤而可矣. 今使民離實學僞, 非所以視民也. 爲後世慮, 不若休之. 難治也. 施于人而不忘, 非天布也, 商賈不齒."(『莊子』「列禦寇」)

15-2-24

송(宋)나라 양리화자(陽里華子)가 중년의 나이에 건망증에 걸렸다. 아침에 손에 넣은 것은 저녁이면 잊어버렸고, 저녁에 남에게 준 것은 아침이면 잊어버렸으며, 길 위에서는 갈 곳을 잊어버리고, 방 안에서는 앉는 것도 잊어버렸다. 지금은 앞선 일을 기억하지 못하고, 나중에는 지금의 일을 기억하지 못했다.[157] 온 집안이 그것을 고통스럽게 여겨서 점쟁이를 찾아가 점을 쳐 보았지만 효험이 없었고,[158] 무당을 찾아가 빌어도 보았지만 병세가 그치지 않았으며, 의원을 찾아가 치료했지만 병세가 낫지 않았다. 노(魯)나라의 유생 중에 그 병을 고칠 수 있다고 스스로 나서는 자가 있자, 화자(華子)의 처자식들이 모아둔 재산[159]의 반을 가지고 그에게 처방을 요청했다. 그러자 유생이 말했다. "이 병은 본래 점괘[160]에 의해 효험을 볼 수 있는 것도 아니고, 기도에 의해 빌 수 있는 것도 아니며, 약물에 의해 치료할 수 있는 것도 아닙니다. 내가 그의 마음을 변화시키고, 그의 생각을 변화시키려고 시도해 본다면

157_ 『열자집석』에서 왕중민은 이 구절에 오류가 있다고 하고, 『태평어람』 권738에 "不識先後, 不識今古."로 인용된 문장이 옳다고 주장했다. 여기에서는 원문에 따라 번역했다.

158_ 사(史)는 본래 국가의 천문이나 제사, 복서(卜筮) 등을 기록하던 벼슬인데, 여기에서는 점을 치는 사람으로 풀이했다. 불점(弗占)은 오개생(吳闓生)이 불험(弗驗)의 의미라고 했다.

159_ 거(居)는 도홍경이 축(蓄)과 같다고 했다. 즉 평소에 모아둔 재산을 말한다.

160_ 괘조(卦兆)는 점괘에 나타난 길흉의 징조이다.

아마도 나을 수 있을 것입니다!" 이에 시험삼아 옷을 벗기자 옷을 찾았고, 굶기자 음식을 찾았으며, 가두어두자 밝은 곳을 찾았다. 유생이 기뻐하면서 그의 자식에게 말했다. "병은 나을 수 있습니다. 그런데 나의 처방은 세상에 비밀리에 전해진 것이기 때문에 다른 사람에게 알려줄 수 없습니다. 좌우의 사람들을 물러나게 하고, 홀로 병자와 함께 7일 동안 방 안에 거처하려고 합니다." 그 말을 따랐다. 그가 어떻게 치료했는지 알 수 없으나, 몇 년 동안의 병이 하루아침에 모두 사라져 버렸다. 그런데 화자는 정신이 들자마자 곧바로 크게 화를 내면서 부인을 내쫓고 자식들을 벌주었으며, 창을 들고 유생을 내쫓았다. 송나라 사람들이 그를 붙잡아서 그 이유를 물으니, 화자가 대답했다. "이전에 내가 건망증이 걸렸을 때는 훤하게 트여서 천지가 있는지 없는지조차 느끼지 못했다. 그런데 지금 갑자기 지나간 과거가 기억나니, 지난 수십 년 사이의 존망과 득실, 애락과 호오 등의 온갖 생각들이 어지럽게 일어났다. 나는 장래의 존망과 득실, 애락과 호오가 이처럼 내 마음을 혼란스럽게 할까 두려우니, 잠시라도 다시 잊어버리는 것이 가능하겠는가?"(『열자』「주목왕」)

宋陽里華子, 中年病忘, 朝取而夕忘, 夕與而朝忘, 在塗則忘行, 在室則忘坐. 今不識先, 後不識今. 闔室毒之. 謁史而蔔之, 弗占, 謁巫而禱之, 弗禁, 謁醫而攻之, 弗已. 魯有儒生, 自媒能治之. 華子之妻子, 以居産之半請其方. 儒生曰, "此固非卦[161]兆之所占, 非祈請之所禱, 非藥石之所攻. 吾試化其心, 變其慮, 庶幾其瘳乎!" 於是試露之而求衣, 饑之而求食, 幽之而求明. 儒生欣然告其子曰, "疾可已也. 然吾之方密傳世, 不以告人. 試屛左右, 獨與居室七日." 從之. 莫知其所施爲也, 而積年之疾, 一朝都除. 華子旣悟, 乃大怒, 黜妻罰子, 操戈逐儒生. 宋人執而問其以, 華子曰, "曩吾忘也, 蕩蕩然不覺天地之有無. 今

161_ 괘(卦)가 『공자개제고』에는 봉(封)으로 되어 있는데, 『열자』 원문에 따라 고쳤다.

頓識旣往, 數十年來存亡得失, 哀樂好惡, 擾擾萬緖起矣. 吾恐將來之存亡得失·哀樂好惡之亂吾心如此也, 須臾之忘, 可復得乎?"(『列子』「周穆王」)

15-2-25

진(秦)나라 사람인 봉씨(逢氏)에게 아들이 있었는데, 어려서는 똑똑했지만[162] 장성하자 정신착란의 병이 생겼다. 노래를 들으면 곡하는 소리로 여겼고, 흰색을 보면 검은색으로 여겼으며, 향기로운 냄새를 맡으면 썩은 냄새로 여겼고, 단맛을 보면 쓴맛으로 여겼으며, 잘못을 저지르고도 옳다고 여겼다. 그의 생각이 미치는 모든 대상, 즉 천지와 사방, 물과 불, 추위와 더위 등을 서로 착각해서 생각하지 않는 것이 없었다. 양씨(楊氏)라는 사람이 그의 아버지에게 "노나라의 군자들은 재주가 많아서 고칠 수 있을 것인데, 그대는 어찌 찾아가지 않는가?"라고 했다. 그의 아버지가 노나라로 가면서 진(陳)나라를 지나다가 노담(老聃)을 만났는데, 그 기회에 자기 자식의 증세를 말하니, 노담이 말했다. "당신은 당신 아들이 정신이 혼미하다는 것을 어떻게 압니까? 지금 천하 사람들이 모두 옳고 그름이 혼동되고, 이해관계에도 어둡습니다. 같은 병에 걸린 사람이 많기 때문에 혼미하다는 것을 깨닫는 자가 없었습니다. 또한 한 사람의 혼미함이 한 집안을 기울게 할 수는 없고, 한 집안의 혼미함이 한 마을을 기울게 할 수는 없으며, 한 마을의 혼미함이 한 나라를 기울게 할 수는 없고, 한 나라의 혼미함이 천하를 기울게 할 수는 없습니다. 천하가 모두 혼미하다면 누가 그것을 바로잡을 수 있겠습니까?[163] 가령 천하 사람들에게 그 마음을 모두 당신의 아들

162_ 혜(惠)는 양보쥔이 『태평어람』 권490에는 혜(慧)로 되어 있다고 했다.

163_ 경(傾)은 왕중민이 정(正)자의 잘못이라고 했다. 즉 뒷 문장의 '孰能正之.'가 이 문장을 이은 것이고, 또 『태평어람』 권490에서 이 문장을 인용하면서 정(正)자로

과 같게 만든다면 당신이 오히려 혼미한 사람이 됩니다. 애락(哀樂)과 성색(聲色), 냄새와 맛, 옳음과 그름을 누가 바로잡을 수 있겠습니까? 또한 나의 이 말도 결코 혼미하지 않다고 할 수는 없는데, 하물며 혼미함이 더욱 심한[164] 노나라의 군자가 어찌 다른 사람의 혼미함을 풀어줄 수 있겠습니까?"(『열자』「주목왕」)

秦人逢氏有子, 少而惠, 及壯而有迷罔之疾. 聞歌以爲哭, 視白以爲黑, 饗香以爲朽, 嘗甘以爲苦, 行非以爲是. 意之所之, 天地四方, 水火寒暑, 無不倒錯者焉. 楊氏告其父曰 "魯之君子多術藝, 將能已乎, 汝奚不訪焉?" 其父之魯, 過陳, 遇老聃, 因告其子之證, 老聃曰 "汝庸知汝子之迷乎? 今天下之人, 皆惑於是非, 昏於利害. 同疾者多, 固莫有覺者. 且一身之迷, 不足傾一家, 一家之迷, 不足傾一鄕, 一鄕之迷, 不足傾一國, 一國之迷. 不足傾天下. 天下盡迷, 孰傾之哉? 向使天下之人, 其心盡知汝子, 汝則反迷矣. 哀樂・聲色・臭味・是非, 孰能正之? 且吾之言未必非迷, 而況魯之君子迷之郵者, 焉能解人之迷哉?"(『列子』「周穆王」)

15-2-26[165]

지난번에 내가 『시(詩)』와 『서(書)』를 손질하고, 『예(禮)』와 『악(樂)』을 바로잡아서 장차 그것으로 천하를 다스리고, 후세에 남겨주려고 했다. 그것은 단지 내 한 몸만을 수양하고, 노나라만을 다스리려는 것이 아니었다. 그런데 노나라의 임금과 신하들이 날마다 질서를 잃어 인의

기록한 것을 증거로 삼았다.

164_ 우(郵)는 왕중민이 우(尤)와 통한다고 했고, 『태평어람』 권490의 인용에도 우(尤)자로 되어 있다.

165_ 이 내용은 "하늘의 이치를 즐거워하고 하늘의 운명을 아는 것에 의해 근심이 없다"라는 안연의 말에 공자가 "하늘의 이치를 즐거워하고 하늘의 운명을 아는 것에 큰 근심이 있다"라고 설명한 말이다.

(仁義)가 더욱 쇠퇴하고, 성정(性情)이 더욱 각박해졌다. 이 도가 하나의 나라와 당세에도 시행되지 않는데, 그것이 천하와 후세에는 어떻게 시행되겠는가? 나는 비로소 『시』와 『서』, 『예』와 『악』이 정치의 혼란을 구제할 수 없다는 것을 알았지만, 그것을 개혁할 방법을 아직 모르겠다.(『열자』「중니」)

曩吾修『詩』·『書』, 正『禮』·『樂』, 將以治天下, 遺來世. 非但修一身, 治魯國而已. 而魯之君臣日失其序, 仁義益衰, 性情益薄. 此道不行一國與當年, 其如天下與來世矣? 吾始知『詩』·『書』·『禮』·『樂』無救于治亂, 而未知所以革之之方.(『列子』「仲尼」)

15-2-27[166]

예전에 형제 세 사람이 있었는데, 제(齊)나라와 노(魯)나라 지역에 유학을 가서 한 스승 밑에서 공부를 했고, 인의(仁義)의 도를 깨우치고 고향으로 되돌아왔다고 합니다. 그러자 그들의 부친은 "인의의 도는 어떠한 것이냐?"라고 물었는데, 첫째 아들은 "인의는 나로 하여금 자기 자신을 아끼고 명예를 뒤로 하게 하는 것입니다"라고 대답했다고 합니다. 그리고 둘째 아들은 "인의는 나로 하여금 자신을 희생하여 명예를 이루게 하는 것입니다"라고 대답했다고 합니다. 마지막으로 셋째 아들은 "인의는 나로 하여금 내 자신과 명예를 함께 보존하게 하는 것입니다"라고 대답했다고 합니다. 그런데 저 세 사람이 말한 학문이 서로 상반되는데, 모두 유가에서 나온 것입니다. 그렇다면 누가 옳고 누가 잘못된 것입니까?"(『열자』「설부」)

166_ 이하에서 인용한 『열자』「설부」편의 내용은 이 책의 제14권 제2절〈14-2-35〉에서 이미 인용했다. 자세한 주석은 앞의 내용을 참조 바람. 양주(楊朱)의 이웃 사람이 양을 잃어버렸는데, 갈림길이 많아서 결국 찾지 못했다. 그 말을 듣고 양주가 슬픈 낯빛으로 말을 하지 않자, 제자인 심도자(心都子)가 양주에게 질문한 내용이다.

昔有昆弟三人, 游齊·魯之間, 同師而學, 進仁義之道而歸. 其父曰, "仁義之道若何?" 伯曰, "仁義使我愛身而後名." 仲曰, "仁義使我殺身以成名." 叔曰, "仁義使我身名幷全." 彼三術相反, 而同出于儒. 孰是孰非邪?(『列子』「說符」)

15-2-28[167]

양주(楊朱)가 말했다. "원헌(原憲)은 노(魯)나라에서 가난하게 생활했고, 자공(子貢)은 위(衛)나라에서 재산을 증식했다. 원헌의 가난은 그의 삶을 손상시켰고, 자공의 재산 증식은 그의 몸에 누를 끼쳤다." [질문자가 물었다.] "그렇다면 가난도 안 되고, 재산 증식도 안 되니, 해도 되는 것은 어디에 있는가?" [양주가 말했다.] "해도 되는 것은 삶을 즐기는 데 있으며, 해도 되는 것은 몸을 편안히 하는 데 있다. 따라서 삶을 즐기기를 잘하는 사람은 가난하지 않고, 몸을 편안히 하기를 잘하는 사람은 재산을 증식하지 않는다."(『열자』「양주」)

楊朱曰, "原憲窶于魯, 子貢殖于衛. 原憲之窶損生, 子貢之殖累身." "然則窶亦不可, 殖亦不可, 其可者焉在?" 曰, "可在樂生, 可在逸身. 故善樂生者不窶, 善逸身者不殖."(『列子』「楊朱」)

15-2-29

공자는 제왕의 도를 밝히고, 당시 군주들의 초빙에 응했는데, 송(宋)나라에서는 [사마환퇴가] 나무를 베어서 죽이려 했고, [위(衛)나라에서는] 쫓겨서 도망쳤으며, 상(商)나라[의 후손국인 송(宋)나라]와 주나라에서는 뜻을 이루지 못해 곤경에 빠졌고, 진(陳)나라와 채(蔡)나라 사이에서

167_ 이하에서 인용한『열자』「양주」편의 내용은 이 책의 제14권 제2절〈14-2-34〉에서 이미 인용했다. 자세한 주석은 앞의 내용을 참조 바람.

는 포위를 당했으며, 계씨(季氏)에게 굴욕을 받고, 양호(陽虎)에게 욕을 보았으며, 근심하고 걱정하면서 죽음에 이르렀다. 이 사람은 천하의 백성들 중에서 가장 다급하고 분주한 사람이었다.[168] 이상 네 명의 성인들[169]은 살아서는 하루도 기쁜 날이 없었지만, 죽어서는 만세토록 이어진 명성이 있었다. 명성이란 본래 실제의 사실에서 취한 것이 아니다. 비록 그들을 칭송하더라도 자신들은 알지 못하고, 비록 그들에게 상을 주더라도 자신들은 알지 못하니, 그루터기나 흙덩이와 다를 것이 없다.(『열자』「양주」)

孔子明帝王之道, 應時君之聘, 伐樹于宋, 削迹于衛, 窮于商·周, 圍于陳·蔡, 受屈于季氏, 見辱于陽虎, 戚戚然以至于死. 此天民之遑遽者也. 凡彼四聖者, 生無一日之歡, 死有萬世之名. 名者, 固非實之所取也, 雖稱之弗知, 雖賞之弗知, 與株塊無以異矣.(『列子』「楊朱」)

15-2-30

세상의 학자들이 군주에게 유세할 때, "위엄이 있는 권세를 이용함으로써[170] 간사한[171] 신하들을 곤란하게 만들어야 한다"라고 말하지 않고, 모두가 "인의(仁義), 은혜와 사랑이 있을 뿐이다"라고 말한다. 세상의 군주는 인의라는 명분을 아름답게 여겨서, 그 실상을 살펴보지 않는다. 이 때문에 크게는 나라가 망하고 군주 자신은 죽으며, 작게는 영토가 깎이고 군주의 권위가 낮아진다.(『한비자』「간겁시신」)

168_ 이상에서 인용한 『열자』「양주」편의 내용은 이 책의 제14권 제2절〈14-2-33〉에서 이미 인용했다. 자세한 주석은 앞의 내용을 참조 바람.

169_ 이 내용의 앞에서 공자와 함께 순임금과 우임금, 주공을 천하에서 아름다운 사람으로 거론했다.

170_ 이운구는 군주의 권력을 이용해서 객관적인 강제력을 행사한다는 뜻으로, "권력의 위세를 몰다"라고 해석했다.

171_ 간사(姦衺)는 간사(姦邪)와 같은 말이다.

世之學術[172]者說人主,[173] 不曰"乘威嚴之勢, 以困姦衺邪之臣", 而皆曰"仁義惠愛而已矣." 世主美仁義之名, 而不察其實. 是以大者國亡身死, 小者地削主卑.(『韓非子』「姦劫弑臣」)

15-2-31

어떤 사람이 유학자에게 "마침 그 당시에 요임금은 어디에 있었는가?"라고 묻자, 그 사람이 "요임금은 천자였다"라고 대답했다. "그렇다면 공자가 요임금을 성인으로 여긴 것은 어찌된 일인가?[174] 성인이 윗자리에서 밝게 살피는 것은 장차 천하에 간악한 사람이 없도록 만들려는 것이다. 지금 농사를 짓고 고기를 잡으면서 다투지 않고, 질그릇이 비뚤게 만들어지지 않는다면[175] 순임금이 또한 무슨 덕을 베풀어서 교화하겠는가? 순임금이 폐단을 구제한 것은 요임금에게 실정이 있었기 때문이다. 순임금을 현인으로 여긴다면 요임금이 밝게 살핀 사실이 없어야 하고, 요임금을 성인으로 여긴다면 순임금의 덕을 통한 교화는 없어야 하니, 두 가지를 모두 얻을 수는 없다.(『한비자』「난 일」)

或問儒者曰, "方此時也, 堯安在?" 其人曰, "堯爲天子." "然則仲尼之聖堯奈何?" 聖人明察在上位, 將使天下無姦也. 今耕漁不爭, 陶器不窳, 舜又何德而化? 舜之救敗也, 則是堯有失也. 賢舜則去堯之明察,

---

172_ 술(術)은 도홍경이 연문이라고 했다.

173_ 인주(人主)가 『공자개제고』에는 주인(主人)으로 되어 있는데, 『한비자』 원문에 따라 고쳤다.

174_ 『한비자신교주』에서 인용한 구주(舊注)에 의하면, 요임금이 윗자리에 있을 때 세 부류의 사람들이 악한 짓을 했는데, 공자가 요임금을 성인이라고 말한 것이 이해가 되지 않는다는 의미이다. 이 내용의 앞부분에 요임금이 천자로 있을 때, 농민들이 밭의 경계를 다투고, 어부가 어장을 다투고, 도공이 그릇을 제대로 굽지 못했는데, 순임금이 나가서 모두 해결했다는 내용이 보인다. 구주에서는 이 세 부류의 사람들을 악한 사람이라고 했다.

175_ 유(窳)는 그릇이 제대로 만들어지지 않고 비뚤어지는 것을 말한다.

聖堯則去舜之德化, 不可兩得也.(『韓非子』「難 一」)

15-2-32

조(趙)나라 양자(襄子)가 진양(晉陽) 땅의 성안에 포위되었다가,[176] 포위에서 풀려나자 공적이 있는 5명에게 상을 주었는데, 고혁(高赫)이 첫 번째로 상을 받았다. 장맹담(張孟談)이 "진양의 전쟁에서 고혁은 큰 공적이 없는데, 지금 첫 번째로 상을 받는 것은 무엇 때문입니까?"라고 물었다. 양자가 대답했다. "진양의 전쟁은 과인의 국가가 위험하고, 사직이 위태로운 상황이었다. 나의 여러 신하들 중에 나에게 교만하게 굴면서 업신여기는 생각을 가지지 않는 자가 없었는데, 오직 고혁만이 군신의 예법을 잃지 않았기 때문에 그에게 상을 먼저 준 것이다." 공자가 그 이야기를 듣고 말했다. "상을 준 방법이 좋구나, 양자여! 한 사람에게 상을 주어서 천하의 신하된 자들이 감히 예법을 어기지 못하도록 했다." 어떤 사람이 말했다. "공자는 상을 잘 시행하는 방법을 알지 못한다. 대체로 상벌을 잘 시행하면 모든 관리들은 감히 다른 직책을 침범하지 못하고, 많은 신하들은 감히 예법을 어기지 못한다. 윗사람이 그러한 법을 설치하면 아랫사람은 간사하게 속이는 마음을 가지지 않는다. 이와 같으면 상벌을 잘 시행한다고 말할 수 있다. 만약 양자가 진양에 있을 때, 명령을 내려도 행해지지 않고, 금지를 시켜도 그치지

176_ 『한비자』「십과(十過)」편에 이와 관련된 내용이 자세하게 보인다. 춘추시대 진(晉)나라 지백(知伯)이 한(韓)나라와 위(魏)나라와 연합하여 조(趙)나라를 침략하려고 하자, 조나라의 양자(襄子)는 장맹담(張孟談)의 조언에 따라 진양(晉陽) 땅을 근거지로 대적하려고 했다. 삼국 연합군이 진양을 공격했지만 3개월이 지나도 함락시키지 못했다. 진양의 성을 포위한 채 3년이 지나자, 양자가 항복을 하려고 했다. 이때 장맹담이 성을 빠져나가 한나라와 위나라 군주를 만나서 조나라가 망하면, 다음 차례는 두 나라가 될 것이라고 설득하여 함께 지백을 치기로 약속했다. 결국 세 나라가 모의하여 지백의 군대를 물리치고 지백은 자살했다.

않았다면 이것은 양자에게 나라가 없는 것이고, 진양에는 군주가 없는 것이니, 오히려 누구와 함께 지키겠는가? 당시 양자가 진양에 있을 때, 지백(知伯)이 성안으로 물을 대어 공격하여, 절구통이나 부엌에 개구리가 살 정도였는데도[177] 백성들은 배반할 마음을 가지지 않은 것은 군신 사이가 친밀했기 때문이다. 양자는 군신 사이를 친밀하게 하는 은택이 있었고, 명령하면 시행되고 금지시키면 그치는 법을 장악하고 있었는데, 그런데도 오히려 교만하게 굴면서 업신여기는 신하가 있었다면 그것은 양자가 형벌을 잘못 시행한 것이다. 남의 신하가 된 자는 일을 맡아서 시행하면서 공적이 있으면 상을 받는다. 지금 고혁이 단지 군주에게 교만하게 굴면서 업신여기지 않았을 뿐인데 양자가 그에게 상을 주었으니, 이것은 상을 잘못 시행한 것이다. 현명한 군주는 공적이 없는 자에게 상을 주지 않고, 죄가 없는 자에게 벌을 주지 않는다. 지금 양자는 교만하게 굴면서 업신여기는 신하를 처벌하지 않고, 공적이 없는 고혁에게 상을 주었으니, 어떤 점에서 양자가 상을 잘 시행한 것인가? 따라서 '공자는 상을 잘 시행하는 방법을 알지 못한다'라고 말한 것이다."(『한비자』「난 일」)

襄子圍于晉陽中, 出圍, 賞有功者五人, 高赫爲賞首. 張孟談曰, "晉陽之事, 赫無大功, 今爲賞首, 何也?" 襄子曰, "晉陽之事, 寡人國家[178]危, 社稷殆矣. 吾群臣無有不驕侮之意者, 惟赫子不失君臣之禮, 是以先之." 仲尼聞之曰, "善賞哉, 襄子! 賞一人而天下爲人臣者, 莫敢失禮矣." 或曰, "仲尼不知善賞矣. 夫善賞罰者, 百官不敢侵職, 群臣不敢失禮. 上設其法而下無奸詐之心. 如此, 則可謂善賞罰矣. 使襄子

177_ 『한비자』「십과」편의 기록에 의하면, 지백의 연합군이 진양의 성을 공격하여 3개월이 지나도 함락되지 않자, 군대를 펼쳐서 포위한 채 진양의 하천을 터서 진양성 안으로 물이 흘러들어가도록 하는 수공(水攻) 작전을 펼쳤다. 그러자 성안에서는 거처를 새둥지와 같이 높게 만들어 살고, 솥을 공중에 매달아서 취사를 했으며, 재물과 식량이 다 떨어지고 사병들도 지치고 병이 들었다고 한다.

178_ 국가(國家)가 『공자개제고』에는 빠져 있는데, 『한비자』 원문에 따라 보충했다.

于晉陽也, 令不行, 禁不止, 是襄子無國, 晉陽無君也, 尙誰與守哉? 今襄子于晉陽也, 知氏灌之, 臼[179]竈生鼃, 而民無反心, 是君臣親也. 襄子有君臣親之澤, 操令行禁止之法, 而猶有驕侮之臣, 是襄子失罰也. 爲人臣者, 乘事而有功則賞. 今赫僅不驕侮, 而襄子賞之, 是失賞也. 明主賞不加於無功, 罰不加於無罪. 今襄子不誅驕侮之臣, 而賞無功之赫, 安在襄子之善賞也? 故曰, '仲尼不知善賞.'"(『韓非子』「難 一」)

15-2-33[180]

군주라는 자는 말을 잘하고 내용이 깊은 말을 좋아하며, 현명하고 고상한 행동을 존중한다. 따라서 저 법률과 정치술을 시행하는 사람이 취사선택의 행동 기준을 세우고, 논쟁의 논리를 구별하더라도 군주[의 잘못]을 바로잡을 수가 없다. 이 때문에 유학자의 복장을 한 학자와 칼을 찬 검객은 많지만, 농사를 짓고 전쟁에 참여하는 병사는 적다.(『한비자』「문변」)

人主者, 說辯察之言, 尊賢抗之行. 故夫作法術之人, 立取捨之行, 別辭爭之論, 而莫爲之正. 是以儒服帶劍者衆, 而耕戰之士寡.(『韓非子』「問辯」)

15-2-34

지금 학자들은 모두 책에 기록된 선왕의 아름다운 말만 이야기하고, 당대의 실제 일은 살피지도 않으면서, "윗사람이 백성들을 사랑하지 않고, 세금을 항상 무겁게 부과하니, 재용이 부족하여 아랫사람들이

179_ 구(臼)가 『공자개제고』와 『한비자』 원문에는 왈(曰)로 되어 있는데, 『한비자신교주』의 교정에 따라 고쳤다.

180_ 이하에서 인용한 『한비자』「문변」편의 내용은 이 책의 제14권 제3절〈14-3-16〉에서 이미 인용했다. 자세한 주석은 앞의 내용을 참조 바람.

윗사람을 원망하기 때문에[181] 천하가 크게 혼란스러워졌다"라고 말한다. 이것은 재용을 풍족하게 하여 거기에 사랑을 더하면 비록 형벌을 가볍게 시행하더라도 잘 다스릴 수 있다고 생각하는 것이다. 이 말은 그렇지가 않다.(『한비자』「육반」)

今學者皆道書筴策之頌語,[182] 不察當世之實事, 曰"上不愛民, 賦斂常重, 則用不足而下恐上, 故天下大亂." 此以爲足其財用以加愛焉, 雖輕刑罰可以治也. 此言不然矣.(『韓非子』「六反」)

15-2-35[183]

유학자들은 문장으로 법을 어지럽히고, 협객들은 무력으로 금령(禁令)을 위반하지만, 군주가 그들을 함께 예우하니, 이것이 혼란의 원인이다.(『한비자』「오두」)

儒以文亂法, 俠以武犯禁, 而人主兼禮之, 此所以亂也.(『韓非子』「五蠹」)

15-2-36

이 때문에 혼란한 나라의 풍속은 다음과 같다. 학자들은 선왕의 도를 거론함으로써 인의(仁義)를 빙자하며, 얼굴과 옷차림을 성대하게 차리고 변설을 꾸밈으로써 당대의 법을 의심스럽게 만들고, 군주의 마음을 혼란스럽게 만든다. 담론하는 자는 거짓말을 만들고,[184] 외부의 힘을

181_ 공(恐)은 노문초가 원(怨)이 되어야 한다고 했다. 백성들이 재용이 부족하여 윗사람을 원망한다고 해야 논리가 자연스럽다.

182_ 서책(書筴)은 서책(書策)과 같은 뜻으로, 책에 기록된 선왕의 말이고, 송어(頌語)는 아름다운 말이다. 진기유는 "선왕이 말한 인의(仁義)의 아름다운 말"이라고 했다.

183_ 이하에서 인용한 『한비자』「오두」편의 내용은 이 책의 제14권 제3절 〈14-3-23〉에서 이미 인용했다. 자세한 주석은 앞의 내용을 참조 바람.

빌림으로써 자기의 사욕을 이루고, 국가의 이로움을 내팽개쳐 버린다.(『한비자』「오두」)

是故亂國之俗, 其學者則稱先王之道, 以籍仁義, 盛容服而飾辯說, 以疑當世之法, 而貳人主之心. 其言古者, 爲設詐稱, 借于外力, 以成其私, 而遺社稷之利.(『韓非子』「五蠹」)

15-2-37[185]

지금 세상의 유학자들은 군주에게 유세할 때, 오늘날의 다스리는 방법을 좋다고 말하지 않고, [옛날에] 이미 다스려진 공적만을 말하며, 관법(官法)에 관한 일이나 간사한 실정을 살피지 않고, 모두가 상고시대의 전해들은 이야기만 말하면서 선왕이 이루어놓은 공적을 칭송한다. 유학자들은 허풍을 떨면서, "내 말을 들으면 패왕이 될 수 있다"라고 말한다. 이것은 유세하는 자들 중에서 무당과 같은 자이니, 법도가 있는 군주는 받아들이지 않는다.(『한비자』「현학」)

今世儒者之說人主, 不善今之所以爲治, 而語已治之功, 不審官法之事, 不察奸邪之情, 而皆道上古之傳, 譽先王之成功. 儒者飾辭曰, "聽吾言, 則可以霸王." 此說者之巫祝, 有度之主不受也.(『韓非子』「顯學」)

15-2-38

신은 "공자가 효제(孝悌)와 충순(忠順)의 도리를 알지 못했다"라고 말할 것이다.[186](『한비자』「충효」)

184_ 고(古)는 고광기가 이 글의 앞 문장에 "言談者爲勢於外."라는 말이 있는 것에 근거하여, 담(談)이 되어야 한다고 했다. 그리고 진기유가 언담자(言談者)는 곧 종횡(縱橫)의 이론을 말하는 자이며, 사칭(詐稱)은 위(僞), 즉 거짓말이라고 했다.

185_ 이하에서 인용한 『한비자』「현학」편의 내용은 이 책의 제14권 제3절〈14-3-9〉에서 이미 인용했다. 자세한 주석은 앞의 내용을 참조 바람.

臣曰, "孔子本未知孝悌忠順之道也."(『韓非子』「忠孝」)

15-2-39[187]

한비(韓非)는 한(韓)나라의 여러 공자(公子) 중의 한 사람이었다. 형명(刑名)과 법술(法術)의 학문을 좋아했는데, 그것의 귀결처는 황로학에 근본을 둔다. 한비는 사람됨이 말을 더듬어서 이야기는 잘 못했지만, 저술에는 뛰어났다. 이사(李斯)와 함께 순경(荀卿)을 스승으로 섬겼는데, 이사는 자신이 한비보다 못하다는 것를 스스로 인정했다. 한비는 한나라의 쇠퇴함을 보고서 여러 차례 글을 올려 한왕(韓王)에게 간언했지만, 한왕은 그의 의견을 채용하지 않았다. 이에 한비는 한왕이 국가를 다스리면서 법제를 정비하여 밝히고, 권력을 장악하여 신하들을 통제하며, 국가를 부유하게 하고 군대를 강성하게 함으로써 인재를 구하고 현명한 자를 임용하는 것에는 힘쓰지 않고, 도리어 경박하고 실속 없는 좀벌레 같은 인간들을 등용하여 공업의 실적이 있는 사람들 위에 두는 것을 근심했다. 그리고 유학자들은 문장으로 법을 어지럽히고, 협객들은 무력으로 금령(禁令)을 위반하고 있다고 생각했다. 그런데 [지금 군주는] 평상시에는 명성이 있는 사람을 총애하고, 위급할 때는 갑옷과 투구로 무장한 선비를 등용하니, 지금 군주가 양성하는 자는 [위급할 때] 쓸모가 없고, 쓸모가 있는 자는 [평상시에] 양성되지 않는다고 생각했다.(『사기』「노자한비열전」)

韓非者, 韓之諸公子也. 喜刑名法術之學, 而其歸本于黃老. 非爲人

186_ 이 문장의 앞부분에서 한비자는 "천하 사람들은 모두 효도와 공경, 충성과 순종의 도를 옳다고 여기지만, 효도와 공경, 충성과 순종의 도를 잘 살펴서 그것을 실행할 줄은 모르니, 이 때문에 천하가 혼란해졌다"라고 말하고, 공자는 그러한 도리를 잘 알지 못했다고 주장했다.

187_ 이하에서 인용한 『사기』「노자한비열전」편의 내용은 이 책의 제2권 제14절 〈2-14-7〉에서 이미 인용했다. 자세한 주석은 앞의 내용을 참조 바람.

口吃, 不能道說, 而善著書. 與李斯俱事荀卿, 斯自以爲不如非. 非見韓之削弱, 數以書諫韓王, 韓王不能用. 于是, 韓非疾治國不務修明其法制, 執勢以御其臣下, 富國强兵而以求人任賢, 反擧浮淫之蠹, 而加之于功實之上. 以爲儒者用文亂法, 而俠者以武犯禁. 寬則寵名譽之人, 急則用介冑之士, 今者所養非所用, 所用非所養.(『史記』「老子韓非列傳」)

康15-12

한비(韓非)[의 학문]은 유학에서 나왔고, 묵자의 학문과 법술을 함께 겸했는데, 실제로는 노자의 학문과 같다. 따라서 유학을 공격한 것이 가장 심하다. 즉 『시』·『서』·『예』·『악』을 기생충으로 여기고, 유가를 좀벌레로 여긴 것은 한비보다 더 심한 경우는 없었다.[188]

韓非者, 出儒學, 兼墨學·法術, 而實同於老學. 故攻儒最甚. 卽以『詩』·『書』·『禮』·『樂』爲蝨, 儒家之蠹, 未有甚於韓非者.

15-2-40[189]

도가는 사람에게 정신을 하나로 집중하고, 행동을 무형(無形)[의 도]와

188_ 슬(蝨)은 다른 생물에 기생하여 피를 빨아서 먹고 사는 이를 말하는데, 기생충을 의미한다. 『상군서(商君書)』「근령(靳令)」편에 '여섯 가지 기생충[六蝨]'이 있다고 하면서, "『예』와 『악』, 『시』와 『서』, 수양과 선함, 효도와 공경, 성실과 신의, 정절과 청렴, 어짊과 의리, 군대를 반대하는 것, 전쟁을 부끄러워하는 것이다[六蝨. 曰『禮』·『樂』, 曰『詩』·『書』, 曰修·善, 曰孝·弟, 曰誠·信, 曰貞·廉, 曰仁·義, 曰非兵, 曰羞戰.]"라고 했다. 두(蠹)는 나무의 속을 파먹는 좀벌레로, 나라나 백성을 해치는 기생충과 같은 사람을 비유한 것이다. 『한비자』의 편명 중에서 「다섯 가지 좀벌레[五蠹]」라는 편이 있다. 오두(五蠹)는 유가와 종횡가, 유협, 측근에 있는 자, 상공업에 종사하는 자를 말한다.

189_ 이하에서 인용한 『사기』「태사공자서」편의 내용은 이 책의 제2권 제1절〈2-1-3〉에서 이미 인용했다. 자세한 주석은 앞의 내용을 참조 바람.

합치되게 하여 만물에 대해 편안하게 만족하도록 만든다. 그들의 학술은 음양가가 사계절의 큰 순환 법칙[을 차례대로 정해놓은 것]을 그대로 따르고, 유가와 묵가의 좋은 점을 발췌하며, 명가와 법가의 요점을 가려내어 때와 함께 옮겨가고, 사물에 호응하여 변화하며, 풍속을 확립하여 일에 시행하니, 적절하지 않은 것이 없다. 가리키는 핵심이 간단하면서 실행하기가 쉬우니, 일은 적지만 성과는 많다. 그러나 유가는 그렇지 않다. 군주는 천하의 모범이기 때문에 군주가 외치면 신하는 화답하고, 군주가 앞서서 가면 신하는 뒤에서 따라야 한다고 생각한다. 이와 같다면 군주는 수고롭지만 신하는 편안하다. 심지어 큰 도의 요점은 힘과 탐욕을 버리고, 총명함을 배척하는 것인데, [유가는] 이것을 버려두고 술수를 부린다. 대체로 정신은 너무 사용하면 고갈되고, 육체는 너무 수고롭게 부리면 쇠약해진다. 정신과 육체가 [안정되지 않고] 요동치면서 천지와 함께 오래 살기를 바라는 것은 들어본 적이 없다.(『사기』「태사공자서」)

道家使人精神專一, 動合無形, 贍足萬物. 其爲術也, 因陰陽之大順, 采儒墨之善, 撮名法之要, 與時遷移, 應物變化, 立俗施事, 無所不宜. 指約而易操, 事少而功多. 儒者則不然. 以爲人主天下之儀表也, 主倡而臣和, 主先而臣隨. 如此則主勞而臣逸. 至於大道之要, 去健羨, 絀聰明, 釋此而任術. 夫神大用則竭, 形大勞則敝. 形神騷動, 欲與天地長久, 非所聞也.(『史記』「太史公自序」)

康15-13

태사(太史) 사마담(司馬談)은 황로학자였기 때문에 도가를 높이고 유가를 낮추었다.

太史談是黃老學, 故尊道而抑儒.

15-2-41[190]

유가는 육예(六藝)를 법도로 삼는다. 육예에 대한 경전(經傳)이 수없이 많기 때문에 몇 세대에 걸쳐도 그 학문을 다 통달할 수 없고, 한 시대 동안 그 예법을 다 연구할 수도 없다. 따라서 "폭넓기는 하지만 요점이 적고, 힘써 노력하지만 성과가 적다"라고 했다.(『사기』「태사공자서」)

夫儒者以六藝爲法. 六藝經傳以千萬數, 累世不能通其學, 當年不能究其禮. 故曰"博而寡要, 勞而少功."(『史記』「太史公自序」)

康15-14

태사 사마담이 비록 양하(楊何)에게 『역(易)』을 전수받았지만,[191] 본래는 황로학자였기 때문에 성격이 간단하고 평이한 것을 좋아했고, 경전의 내용이 번잡한 것을 꺼려했다. 따라서 [유가는] 너무 폭넓고 지나치게 노력한다고 여긴 것이다.

太史談雖受『易』於楊何, 然本爲黃老學, 性好簡易, 畏經傳之繁. 故以爲太博而過勞也.

15-2-42[192]

급암(汲黯, ?~B.C.112?)은 항상 유학을 비난했는데, 공손홍(公孫弘) 등의 무

190_ 이하에서 인용한 『사기』「태사공자서」편의 내용은 이 책의 제2권 제1절〈2-1-3〉에서 이미 인용했다. 자세한 주석은 앞의 내용을 참조 바람.

191_ 『사기』「태사공자서」에 "태사공(太史公)은 당도(唐都)에게 천관(天官)을 배웠고, 양하(楊何)에게 『역(易)』을 전수받았으며, 황자(黃子)에게 도가의 이론을 익혔다[太史公學天官于唐都, 受『易』于楊何, 習道論于黃子.]"라는 기록이 보인다. 양하(楊何)는 『사기집해』에서 서광이 치천(菑川) 사람이라고 했다.

192_ 이하에서 인용한 『사기』「급정열전」의 내용은 이 책의 제14권 제4절〈14-4-46〉에서 이미 인용했다. 자세한 주석은 앞의 내용을 참조 바람.

리들이 단지 거짓된 마음을 품고 꿍꿍이를 꾸며서 군주의 환심을 사려 한다고 대놓고 들이받았다.(『사기』「급정열전」)

黯常毁儒, 面觸弘等徒懷詐飾智, 以阿人主取容.(『史記』「汲鄭列傳」)

康15-15

급암이 황로학자였기 때문에 또한 유가를 공격한 것이다.

汲黯是黃老學者, 亦攻儒.

15-2-43

세상에서 노자의 학문을 배우는 사람들은 유학을 배척하고, 유학을 배우는 사람들도 노자를 배척한다. 도가 같지 않으면 서로 일을 도모하지 않는다고 하는데,[193] 어찌 이러한 상황을 두고 하는 말이겠는가?(『사기』「노자한비열전」)

世之學老子者則絀儒學, 儒學亦絀老子. 道不同不相爲謀, 豈謂是邪?(『史記』「老子韓非列傳」)

康15-16

한나라 문제(文帝, B.C.203~B.C.157)와 경제(景帝, B.C.188~B.C.141)의 시대에는 황로학을 숭상했기 때문에 노자의 학문이 크게 성행했다. 그 당시에 묵자의 학문은 이미 쇠퇴했기 때문에 유교와 교리를 다툰 것은 오직 노자의 학문뿐이었다. 따라서 무제(武帝, B.C.156~B.C.87) 때 박사제자(博士弟子)[194]가 학관에 세워지기 이전의 100년 동안은 유교와 노자의 학파가

193_ 『논어』「위령공(衛靈公)」편에 보인다.

194_ 박사제자(博士弟子)는 한나라 무제 때 군국(郡國)에서 선발하여 중앙으로 천거

서로 다투던 시대였다.

文 · 景之世, 尙黃老, 故老學大盛. 于時墨學已衰, 故與儒爭敎者, 惟有老學也. 故在武帝博士弟子未立以前百年, 爲儒 · 老互爭之世.

<이상 노자 학파가 유교를 공격하다: 右老學攻儒>

하여, 박사의 신분으로 수학했던 사람들을 말한다.

제16권 | 유가와 묵가가 교설을 다투면서 서로 공격하다

儒·墨爭教交攻考

An Annotated Translation of "Confucius as a Reformer"

제16권 머리글

창려(昌黎) 한유(韓愈, 768~824)는 공자는 반드시 묵자의 이론을 채용했고, 묵자는 반드시 공자의 이론을 채용했으니, 두 학파가 서로 공격한 것은 [그 후학들이 그런 것이지] 두 스승의 도가 본래 그러한 것이 아니라고 말했는데,[1] 거짓된 말이다! 공자가 교설을 연 것이 시기상 앞서고, 그 도는 포괄하지 않은 것이 없었다. 묵자는 본래 공자의 후학인데, 스스로 새로운 교설을 만들어 공자의 자리를 재빠르게 빼앗아서 자립했기 때문에 공격하고 비난하는 것이 이르지 않은 것이 없었다. 이는 좀벌레가 나무에서 생겨났으면서 스스로 그 나무를 갉아먹는 것이 아니겠는가? 끈질기고 악착같은 의지와 죽기를 각오한 협객과 같은 기질을 가지고, 맹렬하고 거침없이 뻗어나가[2] 10년이 되지 않아서 마침내 유가와 천하를 나누어 차지하니, 진실로 유가의 강력한 적이었다. 유교를 공격하는 자 중에서 또한 묵자보다 더 심한 경우는 없었다. 왕숙(王肅)이 정현(鄭玄)을 공격하고, 왕양명(王陽明)이 주자를 공격한 것은 모두 시기상 뒤에 일어나서 이기려고 다투는 습속이라 할 수 있는데, 묵자가 진실로 그러한 부류에 속한다. 맹자와 순자가 전력으로 막았지만, 어찌 그치게 할 수 있었겠는가, 어찌 그치게 할 수 있었겠는가! 한유는 정말로 거짓말을 한 것이다. 이제 [유가와 묵가가] 서로 공격한 말을 별도로 기록했으니, 또한 마치 한나라의 역사서에 초나라와

1_ 송나라 위중거(魏仲擧)가 편찬한 『오백가주창려문집(五百家注昌黎文集)』 권11의 「독묵자(讀墨子)」에 "孔子必用墨子, 墨子必用孔子, 不相用, 不足爲孔墨."이라는 내용이 보인다. 그 주석에서 "공자의 학문을 하는 자는 반드시 묵자의 이론을 채용하여 그중에서 공자와 합치되는 것을 취할 뿐이다. 묵자의 학문을 하는 자는 반드시 공자의 이론을 채용하여 성인의 말에서 절충시켜야만 그 학문이 가능하다[爲孔子之學者, 必用墨子, 取其與孔子合者而已. 爲墨子之學者, 必用孔子, 折衷于聖人之言, 其可也.]"라고 풀이했다.

2_ 횡려(橫厲)는 누구도 막을 상대가 없이 그 기세가 맹렬하고 왕성한 것을 말한다.

한나라 사이의 큰 사건을 기록해둔 것과 같을 뿐이다.

昌黎謂孔子必用墨子, 墨子必用孔子, 二家相攻, 非二師之道本然, 譽言哉! 孔子開敎在先, 道無不包. 墨子本其後學, 乃自創新敎, 銳奪孔席以自立, 所以攻難者無不至. 所謂蠹生於木, 而自喙其木耶? 挾堅苦之志, 俠死之氣, 橫厲無前, 不數十年, 遂與儒分領天下, 眞儒之勁敵也. 攻儒者亦未有過墨者矣. 王肅之攻康成, 陽明之攻朱子, 皆後起爭勝之習, 墨子眞其類也. 孟·荀之力辟, 豈能已哉, 豈能已哉! 昌黎眞幹言也. 今別著交攻之言, 亦猶漢史存楚·漢大案云耳.

1. 유가와 묵가가 서로 공격하다 [儒·墨互攻]

16-1-1[3]

공맹자(公孟子)가 묵자에게 "그대는 삼년상이 잘못된 것이라고 하는데, 그대가 주장하는 3일상〈원주: 삼일(三日)은 삼월(三月)이 되어야 한다.〉도 잘못된 것이다"라고 했다. 묵자가 대답했다. "그대가 삼년상을 가지고 3일상을 비판한 것은 마치 벌거벗은 사람〈원주: 라(果)는 라(裸)가 되어야 한다.〉이 옷을 걷어 올린 사람에게 공손하지 못하다고 말하는 것과 같다."(『묵자』「공맹」)

公孟子謂子墨子曰, "子以三年之喪爲非, 子之三日之喪, 亦非也."〈三日當爲三月.〉 子墨子曰, "子以三年之喪非三日之喪, 是猶果〈當爲裸.〉謂撅者不恭也."(『墨子』「公孟」)

3_ 이하에서 인용한 『묵자』「공맹」편의 내용은 이 책의 제9권 제4절〈9-4-3〉에서 이미 인용했다. 자세한 주석은 앞의 내용을 참조 바람.

康16-1

상대방의 창으로 상대방의 방패를 공격한 것이다. 공맹자는 본래 공격을 잘 했는데, 묵자는 단지 공격을 잘했을 뿐만 아니라 수비도 또한 잘했다.

以子之矛, 攻子之盾. 公孟子固善於攻, 而墨子乃不特善攻而且善守也.

16-1-2

두세 명의 제자들이 묵자에게 아뢰었다. "고자(告子)가 '묵자는 의리를 말하면서 행동은 매우 악하다'라고 말하니,[4] 그를 내쫓기를 청합니다." 묵자가 말했다. "안 된다. 나의 말을 칭찬하면서 나의 행동을 비난하는 것은 아무 말도 하지 않는 것보다는 낫다. 어떤 사람이 여기에서 '묵적은 매우 어질지 않지만, 하늘을 높이고 귀신을 섬기며 사람을 사랑한다'라고 말한다면, 매우 어질지 않다고 말하더라도 그래도 아무 말도 하지 않는 것보다는 낫다. 지금 고자는 말이 매우 교묘하고, 인의(仁義)를 말하면서 나를 비난하는데, 고자가 비난하는 것이 그래도 아무 말도 하지 않는 것보다는 낫다." 두세 명의 제자들이 묵자에게 아뢰었다. "고자는 인(仁)을 잘 실천할 수 있는 사람입니다."[5] 묵자가 말했다. "반

4_ 『묵자한고』에 의하면, 왈(曰)자를 일(日)자나 구(口)의 잘못이라는 주장도 있는데, 손이양은 왈(曰)자를 옳은 것으로 보고, 왈(曰)자 뒤에 '묵자(墨子)'라는 두 글자가 빠져 있다고 했다. 고자(告子)는 소시학이 시대상으로 맹자와 문답을 나눈 고자와는 별개의 인물이라고 했다.

5_ 필원이 『문선』의 주에서 인용한 이 문장에는 위(爲)자가 없다고 했다. 승인(勝仁)은 소시학이 "자기의 책임을 감당할 수 있을 정도로 인(仁)하다"라고 했는데, 인을 충분히 실천할 수 있다는 의미로 풀이할 수 있다. 한편 승(勝)을 고자의 이름으로 보는 주석도 있다.

드시 그렇지는 않다. 고자가 인을 실천하는 것은 비유하면 마치 발꿈치를 들어서 키를 크게 만들거나, 몸을 위로 펴서 가슴을 넓게 만드는 것과 같아서[6] 오래 지속할 수가 없다." 고자가 묵자에게 말했다. "저는 나라를 다스려서 정치를 할 수 있습니다." 묵자가 말했다. "정치라는 것은 입으로 말했으면 몸으로 반드시 실천해야 한다. 지금 너는 입으로는 말하면서 몸으로는 실천하지 않으니, 이것은 바로 너의 몸이 혼란스러운 것이다. 너는 너의 몸도 다스리지 못하면서 어찌 나라를 다스려서 정치를 할 수 있겠는가? 너는 우선 너의 몸을 혼란스럽게 하지 말라."(『묵자』「공맹」)

二三子復於子墨子曰, "告子曰, '言義而行甚惡', 請棄之." 子墨子曰, "不可. 稱我言以毀我行, 愈於亡. 有人于此, '翟甚不仁, 尊天事鬼愛人', 甚不仁, 猶愈於亡也. 今告子言談甚辯, 言仁義而不[7]吾毀, 告子毀, 猶愈亡也." 二三子復於子墨子曰, "告子勝爲仁." 子墨子曰, "未必然也. 告子爲仁, 譬猶跂以爲長, 隱以爲廣, 不可久也." 告子謂子墨子曰, "我治國爲政." 子墨子曰, "政者, 口言之, 身必行之. 今子口言之, 而身不行, 是子之身亂也. 子不能治子之身, 惡能治國政? 子姑亡[8]子之身亂之矣."(『墨子』「公孟」)

康16-2

고자의 말은 이교도와 같은 부류가 아니며, 당연히 공자 문하의 후학이다. 비록 맹자와는 [주장이] 다르지만, 묵자와 변론했으니, 또한 순

6_ 기(跂)는 기(企)와 같은 말로, 발꿈치를 들어서 키가 크게 보이려고 만드는 것이다. 은(隱)은 필원에 의하면, 『문선』의 주에서는 언(偃)으로 되어 있고, 앙(仰)과 같은 의미이다. 몸을 위로 펴서 가슴이 넓게 보이려고 만드는 것이다.

7_ 불(不)은 『묵자한고』에서 문맥상 연문이라고 했다.

8_ 필원에 의하면, 고무(姑亡)가 고방(姑防)으로 되어 있는 판본도 있다.

자의 부류와 같을 뿐이다. 고자는 맹자와 시대가 같은데, 또한 도리어 묵자와 변론했으니, 묵자는 맹자와의 시간적 거리가 멀지 않고, 공자와는 결코 같은 시대가 아니다. 그런데도 그 교설이 이미 이와 같이 크게 유행했으니, 또한 매우 강력한 힘을 가졌다고 말할 수 있다.

告子言不類異教, 當是孔門後學. 雖與孟子殊, 而與墨子辯, 亦如荀子之類耳. 惟告子與孟子同時, 而又反與墨子辯, 則墨子去孟子時不遠, 必非與孔子同時者. 然其教已大行如此, 亦可謂非常巨力矣.

16-1-3[9]

공맹자가 말했다. "귀신은 없다." 또 말했다. "군자는 반드시 제사지내는 예법을 배워야 한다." 묵자가 말했다. "귀신이 없다고 주장하면서 제사지내는 예법을 배워야 한다고 하니, 이것은 마치 손님이 없는데 손님을 대접하는 예법을 배우는 것과 같으며, 이것은 마치 물고기가 없는데 물고기 그물을 만드는 것과 같다."(『묵자』「공맹」)

公孟子曰, "無鬼神." 又曰, "君子必學祭祀." 子墨子曰, "執無鬼而學祭禮, 是猶無客而學客禮也, 是猶無魚而爲魚罟也."(『墨子』「公孟」)

16-1-4

공맹자가 말했다. "가난과 부유함, 장수와 요절은 엄연히 하늘에 달려 있기 때문에 덜어내거나 더할 수가 없다." 또 말했다. "군자는 반드시 배워야 한다." 묵자가 말했다. "사람들에게 배우도록 시키면서 운명이 있다고 주장하는 것은 마치 사람들에게 머리카락을 감싸서 묶으라고 명령해 놓고 그 관을 버리는 것과 같다."[10](『묵자』「공맹」)

9_ 이하에서 인용한『묵자』「공맹」편의 내용은 이 책의 제9권 제4절〈9-4-3〉에서 이미 인용했다. 자세한 주석은 앞의 내용을 참조 바람.

公孟子曰, "貧富壽夭, 齰然在天, 不可損益." 又曰, "君子必學." 子墨子曰, "敎人學而執有命, 是猶命人葆而去亓冠也."(『墨子』「公孟」)

康16-3

묵자는 귀신을 존중하고 운명을 부정하는데, 양자(楊子)가 이미 그것을 공격했으니,[11] 어찌 유독 공맹자뿐이겠는가? 그런데 묵자는 입술을 삐죽거리면서 따지고 들고,[12] 억지 논리로 이치를 어지럽히니, 유가와 묵가가 서로 공격할 때 여력을 남기지 않는다는 것을 알 수 있다.

墨子右鬼非命, 楊子已攻之, 豈獨公孟子? 而墨氏反唇相稽, 强辭奪理, 知儒·墨交攻, 不遺餘力矣.

16-1-5

따라서 유가와 묵가의 시비 논쟁이 있는 것은 상대가 그르다고 여긴 것을 옳다고 여기고, 상대가 옳다고 여긴 것을 그르다고 여기기 때문이다.(『장자』「제물론」)

故有儒墨之是非, 以是其所非, 而非其所是.(『莊子』「齊物論」)

10_ 보(葆)는 필원이 머리카락을 감싸는 것이라고 했다. 즉 관을 쓰기 위해서 머리카락을 감싸서 묶는 것이다. 기(亓)는 기(其)자의 옛 글자이다. 왕인지는 기(其)자의 옛 글자는 기(亓)로 쓴다고 했고, 『묵자한고』에서는 이 주장에 따라 기(亓)자로 고쳤다. 여기에서는 의미상 같기 때문에 그대로 두었다.

11_ 『회남자』「범론훈(氾論訓)」편에 "두루 사람을 사랑하고, 현명한 이를 숭상하며, 귀신을 존중하고, 운명을 부정하는 것은 묵자가 세운 주장인데, 양자가 그것을 비난했다[兼愛, 尙賢, 右鬼, 非命, 墨子之所立也, 而楊子非之.]"라는 기록이 보인다. 여기에서 말한 것은 모두 『묵자』의 편명인데, 이 중에서 우귀(右鬼)는 귀신을 존중한다는 뜻으로, 귀신의 존재를 밝힌 「명귀(明鬼)」편을 말하다. 『한서』「예문지」에도 "墨家者流, … 宗祀嚴父, 是以右鬼."라는 말이 보인다.

12_ 번순(反唇)은 입술을 삐죽거리는 것으로, 마음속에 불만이 있음을 나타내는 말이다. 어떤 의견이나 주장에 반대하거나 대립한다는 의미로도 쓰인다.

康16-4

제자백가 중에서 유가와 묵가가 가장 성행했기 때문에 서로 공격한 시비도 가장 많았다.

諸子中, 儒・墨最盛, 故相攻之是非最多.

16-1-6

정(鄭)나라 사람인 완(緩)이 구씨(裘氏)라는 땅에서 학문을 연구했는데, 3년이 지난 뒤에 완은 유학자가 되었다. 황하의 물이 주변 9리의 땅을 적셔 주듯이, 그 학문의 은택이 전체 친족에게까지 미쳤고,[13] 자신의 동생에게는 묵가가 되도록 했다. 그런데 유가와 묵가의 도리로 서로 논쟁할 때, 그 아버지는 동생인 적(翟)의 편을 드니, 10년이 지난 후에 완은 자살을 했다. 그의 아버지가 완의 꿈을 꾸었는데, 완이 말했다. "당신의 아들을 묵가가 되도록 만든 것은 접니다. 그런데 어찌 일찍이 저의 무덤을 보러 오지 않습니까? 저는 이미 무덤 위의 측백나무로 변하여 열매가 생겨났습니다."[14](『장자』「열어구」)

鄭人緩也, 呻吟裘氏之地, 祇三年而緩爲儒.[15] 河潤九里, 澤及三族,

13_ 삼족(三族)은 성현영이 부모와 처족이라고 했는데, 전체 친족을 말한다. 선영은 "학문이 이미 완성되어 반드시 다른 사람에게 영향을 미치는 것을 비유한 것이다"라고 했다.

14_ 성현영은 다음과 같이 풀이했다. "당신의 아들을 묵가로 만든 것은 저의 공력입니다. 어찌 제가 뛰어난 스승이라는 것을 보지 못하고 동생의 편을 듭니까? 저의 원한이 너무 심하여 측백나무의 열매로 변하여 무덤 위에 생겼습니다." 한편 『경전석문』에 의하면, 양(良)이 양(埌)으로 된 판본도 있는데, 무덤[冢]의 의미이다. 성현영은 다음과 같은 해석도 가능하다고 했다. "당신은 어찌 저의 무덤을 보러 오지 않습니까? 저는 이미 측백나무로 변하여 열매가 생겨났습니다." 유월은 양(良)을 양인(良人), 즉 완(緩)으로 풀이하면 뒷문장의 뜻과 이어지지 않기 때문에 무덤으로 풀이하는 것이 더 이치에 맞다고 했다.

15_ 완(緩)은 사마표가 인명이라고 했고, 구씨(裘氏)는 『경전석문』과 성현영 등이 지

使其弟墨. 儒·墨相與辯, 其父助翟, 十年而緩自殺. 其父夢之曰, "使而子爲墨者, 予也. 闔胡嘗視其良? 旣爲秋柏之實矣."(『莊子』「列禦寇」)

康16-5

완(緩)은 유학자가 되어서 부귀를 얻었다고 여겼기 때문에 자기 동생에게 묵가가 되도록 했는데, [동생이] 도를 믿는 것이 독실하지 않자 다시 논쟁하니, 죽어도 지키려는 도가 있었던 것이다. 그런데 당시에는 두 교파가 크게 성행하여 다른 사람의 말을 듣고서 따를 교파를 선택하는데, 한 집안의 부자와 형제가 교단을 달리하는 경우도 있었으니, 또한 큰 도는 여러 번의 논쟁을 거친 이후에 하나로 통일된다는 것을 알 수 있다.

緩以爲儒而得富貴, 乃使其弟爲墨, 信道不篤, 乃復辯之, 有死之道焉. 然當時兩教大盛, 聽人擇所從, 有一家父子兄弟而異教者, 亦可見大道經幾許辯爭, 而後一統矣.

16-1-7

삼왕(三王)의 시대에 이르자 천하 사람들이 크게 놀라서 안정되지 못했다.[16] 낮은 행실로는 걸왕(桀王)과 도척(盜跖)이 있고, 높은 행실로는 증

명이라고 했다. 신음(呻吟)은 『경전석문』에서는 학문을 읊는 소리라고 했고, 성현영은 읊고 읽는 것이라고 했다. 여기에서는 학문을 연구했다는 의미로 해석했다. 그리고 지(祗)는 곽상과 성현영 등이 적(適)의 뜻이라고 했다. 3년이 경과했다는 의미이다.

16_ 이 글의 앞에 나온 내용과 연결해서 해석하면, 황제에서 요순시대까지 인의(仁義)로 사람들의 마음을 흔들어서 안정시키지 못했는데, 삼왕의 시대에 이르러 그것이 더욱 심해졌다는 의미이다. 선영은 "그 본성을 안정시키지 못했다"라고 풀이했다. 이 문장 이하에서 인용한 『장자』「재유」편의 내용은 이 책의 제15권 제2절 〈15-2-6〉에서 이미 인용했다. 자세한 주석은 앞의 내용을 참조 바람.

삼(曾參)과 사추(史鰌)가 있는데, 유가와 묵가가 모두 동시에 일어남으로써 각 이론을 좋아하고 싫어하는 사람들이 서로 의심하고, 어리석은 사람과 지혜로운 사람이 서로 속이며, 착한 사람과 착하지 않은 사람이 서로 비난하고, 거짓된 자와 신실한 자가 서로 비난하여 천하가 쇠퇴하게 되었다.(『장자』「재유」)

夫施及三王, 而天下大駭矣. 下有桀・跖, 上有曾・史, 而儒・墨畢起, 於是乎喜怒相疑, 愚知相欺, 善否相非, 誕信相譏, 而天下衰矣.(『莊子』「在宥」)

康16-6

장자는 유가와 묵가의 밖에서 두 교단의 싸움을 좌시했다. 예를 들어 묵자는 "자로가 남의 옷을 빼앗아 술을 사다주자, 공자는 구차하게 살려고 하여 술의 출처를 묻지 않았다"라고 말하니,[17] 진실로 [유가와 묵가] 두 교단은 서로 의심하고 서로 비난하는 자들이라고 할 수 있다.

莊子在儒・墨之外, 坐觀兩教之爭. 如墨子謂"子路褫人衣而酤酒, 孔子苟生, 不問所由", 眞所謂相疑相譏者矣.

17_『묵자』「비유 하」편에 다음과 같은 내용이 보인다. "자로(子路)가 돼지고기를 구하여 삶아주자, 공자는 고기의 출처를 묻지 않고 먹었으며, 남의 옷을 빼앗아 술을 사다주자, 공자는 술의 출처를 묻지 않고 마셨다. 애공(哀公)이 공자를 맞이했는데, 자리가 바르지 않으면 앉지 않았고, 고기가 바르게 썰어져 있지 않으면 먹지 않았다. 자로가 나아가서, "어찌하여 진나라와 채나라에 있었을 때와 그리도 상반됩니까?"라고 묻자, 공자가 대답했다. "이리 오너라. 내가 너에게 말해주겠다. 지난번에는 너와 함께 살기를 구하기에 급박했지만, 지금은 너와 함께 의리를 구하기에 급박하기 때문이다[子路爲享豚, 孔某不問肉之所由來而食. 褫人衣以酤酒, 孔某不問酒之所由來而飮酒. 哀公迎孔某, 席不端弗坐, 割不正弗食. 子路進請曰, "何其與陳・蔡反也?" 孔某曰, "來. 吾與女. 曩與女爲苟生, 今與女爲苟義."]"

16-1-8[18]

군자라는 사람은 유가와 묵가의 스승과 같은 사람도 본래 시비를 가지고 서로 공격하는데, 하물며 지금의 일반 사람들은 어떠하겠는가?(『장자』「지북유」)

君子之人, 若儒・墨者師, 故以是非相䪠也, 而況今之人乎?(『莊子』「知北遊」)

康16-7

유가와 묵가의 논쟁은 장자 시대의 일이니, 매일 이러한 논쟁을 하는 사람들이 있었고, 이러한 사안이 있었기 때문에 빈번하게 거론한 것이다.

儒・墨辯爭是莊子時事, 日日有此人, 有此案, 故頻擧之.

16-1-9

묵가의 의론에서는 사람의 죽음에는 운명이 없다고 생각하고, 유가의 의론에서는 사람의 죽음에는 운명이 있다고 생각한다.(『논형』「명의」)

墨家之論, 以爲人死無命, 儒家之議, 以爲人死有命.(『論衡』「命義」)

16-1-10

유가의 무리인 동무심(董無心)과 묵가의 무리인 전자(纏子)가 서로 만나서 도에 대해 강론했는데, 전자는 묵가가 귀신을 숭상한다고 말했다.[19](『논형』「복허」)

18_ 이하에서 인용한 『장자』「지북유」편의 내용은 이 책의 제15권 제2절〈15-2-16〉에서 이미 인용했다. 자세한 주석은 앞의 내용을 참조 바람.

儒家之徒董無心，墨家之役纏子，相見講道，纏子稱墨家佑鬼神.(『論衡』「福虛」)

康16-8

두 교단의 사람들이 모여서 교리를 다투는 풍조를 상상할 수 있다.

想見兩教人聚會爭教之風.

16-1-11

유가의 종주(宗主)는 공자이고, 묵가의 비조(鼻祖)는 묵적(墨翟)이다. 또한[20] 살펴보건대, 유가의 도가 전해지고 묵가의 법이 사라진 것은 유가의 도리는 실천할 만하지만, 묵가의 법도는 따르기 어려웠기 때문이다. 무엇으로 그것을 증명할 수 있는가? 묵가는 장례를 간소하게 치르고 귀신을 숭상하며, 도리가 괴리되고 서로 상반되어 실제 현실과는 위배되니,[21] 따르기 어려운 것이 당연하다. 어떻게 괴리되고 위배된다는 것인가? 가령 귀신이 죽은 사람의 정령이 아니라면, 그것을 숭상하더라도 그것은 알지 못할 것이다. 지금 묵가는 귀신이 확실히 죽은 사

19_ 동무심(董無心)은 전국시대 사람으로, 유가의 입장에서 묵자(墨子)를 비난했다고 한다. 저서로는 『동자(董子)』 1편이 있는데, 지금은 전하지 않는다. 「복허」편의 기록에 의하면, 유가인 동무심(董無心)과 묵가인 전자(纏子)가 도에 대해서 논했는데, 전자가 진나라 목공이 밝은 덕을 지녀서 상제가 19년을 더 살게 해준 일을 예로 들어 묵가의 귀신 숭상을 칭찬했다. 이에 대해 동무심은 요임금과 순임금의 수명이 연장되지 않았고, 걸왕과 주왕이 일찍 죽지 않은 사실을 가지고 반박했다고 한다.

20_ 『논형교석』에 의하면, 차(且)자는 원나라 때의 판본에는 유(儒)자로 되어 있다. 이 문장에 차(且)자가 있는 것은 마땅하지 않고, 아마도 유(儒)라는 글자가 쓸데없이 덧붙여진 것이라고 했다.

21_ 『논형교석』에서는 이 문장에 오류가 있으며, 『일초(日抄)』에는 '自相乖反'으로 인용되어 있다고 했는데, 여기에서는 글자 그대로 해석했다.

람의 정령이라고 말하고,[22] 그 정령을 후하게 대하고 그 시체를 박하게 대하니, 이것은 그 사람의 정신에 대해서는 후하게 대하고 그 육체에 대해서는 박하게 대하는 것이다. 박하고 후함이 서로 걸맞지 않고, 형식과 실질이 서로 부합하지 않으면 귀신은 노하여 화를 내릴 것이다. 비록 귀신을 숭상하더라도[23] 결국은 시체를 박하게 대했다는 이유로 한을 품을 것이다. 사람의 감정으로는 후하게 대하는 것을 원하고 박하게 대하는 것을 싫어하니, 귀신의 마음도 그와 마찬가지이다. 묵자의 방법으로 귀신을 모시고 복을 구한다면, 복은 드물게 이르고 재앙이 항상 닥쳐올 것이다. 이러한 하나의 사례로 각종 상황을 추론해보면 묵가가 법으로 삼는 것은 모두 이와 같은 종류일 것이다.(『논형』「안서」)

儒家之宗, 孔子也, 墨家之祖, 墨翟也. 且案儒道傳而墨法廢者, 儒之道義可爲, 而墨之法議難從也. 何以驗之? 墨家薄葬右鬼, 道乖相反, 違其實, 宜以難從也. 乖違如何? 使鬼非死人之精也, 右之未可知. 今墨家謂鬼, 審人之精也, 厚其精而薄其尸, 此於其神厚而于其體薄也. 薄厚不相勝, 華實不相副, 則怒而降禍. 雖有其鬼, 終以死恨. 人情欲厚惡薄, 神心猶然. 用墨子之法, 事鬼求福, 福罕至而禍常來也. 以一況百, 而墨家爲法, 皆若此類也.(『論衡』「案書」)

康16-9

왕충은 유가에서 공자를 종주로 삼고, 묵가에서 묵자를 종주로 삼는다는 것을 알았고, 또한 공자의 도가 전수되고 묵가의 법이 폐기된 이유도 알았다. 제자백가가 제도 개혁에 선왕을 가탁하는 일에 대해서도 여전히 잘 알고 있었으니, 후한시대의 사람들이 모두 그것을 잘 알고

22_『논형교석』에서 앞 문장에 '使鬼非死人之精也'라는 글이 있는 것에 근거하여, 심(審)자 다음에 사(死)자가 빠져 있다고 했다.

23_『논형교석』에서 유(有)는 우(右)가 되어야 한다고 했다.

있었고, 또한 본래 그러한 의미라고 여겼다는 것을 상상할 수 있다.

仲任能知儒宗孔, 墨宗墨, 又知孔道所以傳, 墨法所以廢. 于諸子改制託先王之事, 蓋猶能知之也, 想東漢人皆能明之, 亦視爲固然之義矣.

16-1-12

성현(聖賢)의 사업은 모두 간소한 장례와 재용의 절약을 임무로 삼는다. 그런데 세상에서 성대한 장례를 숭상하고, 사치와 낭비를 일삼는 잘못이 있는 것은 유가의 논의가 명확하지 않고, 묵가의 의론이 그르기 때문이다. 묵가의 의론에서는 귀신을 숭상하여 사람이 죽으면 곧 귀신이 되어서 지각이 있으며, 사람의 형상을 하고서 사람을 해칠 수 있다고 여긴다. 따라서 두백(杜伯)의 사례를 인용하여 증거로 삼는다.[24] 유가는 그러한 주장을 따르지 않고, 죽은 사람은 지각이 없고, 귀신이 될 수 없다고 여긴다. 그런데도 제사에 부의를 보내거나 각종 제물을 준비하는 것은 죽은 사람을 저버리지 않음으로써 산 사람을 권면하는 것을 보여주는 것이다.[25] 육가(陸賈, B.C.240~B.C.170)는 유가[의 이론]에 의거하여 주장을 이야기했기 때문에 말을 전개할 때 명확하게 변론하여 확정하려고 하지 않았다.[26] 유향(劉向, B.C.79?~?)은 장례를 간소화해야

24_ 『묵자』「명귀(明鬼)」편에서 두백에 관한 역사 기록을 근거로 귀신의 존재에 대해 증명했다. 『사기』「봉선서」에서 두백은 주나라 때의 우장군(右將軍)이라고 했으며, 수(隋)나라 안지추(顔之推)의 『환원지(還冤志)』에서 『주춘추(周春秋)』를 인용하여, 두백의 이름은 항(恒)이고, 선왕(宣王) 때의 대부라고 했다. 『묵자』와 『논형』「사위(死僞)」편에 의하면, 두백은 선왕에게 무고하게 살해되었는데, 3년 후에 선왕이 사냥을 할 때 두백이 흰말이 끄는 흰 수레 위에 붉은 옷과 관을 쓰고, 붉은 활과 화살을 들고 나타나 선왕을 쏘아서 죽였다고 한다.

25_ 부(負)는 『논형교석』에서 저버린다[背]는 뜻이라고 했고, 관(觀)은 『논형전역』에서 권(勸)과 같은 의미라고 했다.

26_ 현재까지 남아 있는 육가의 저술인 『신어(新語)』에는 박장(薄葬)과 관련된 기록이 보이지 않는다. 처(處)는 『논형교석』에서 변론하여 확정한다[辯定]는 의미라고 했다.

한다는 상주문을 올릴 때 제물을 아끼고자 하는 데 역점을 두었고, [귀신에 대해서는] 철저하게 논의하지는 못했다.[27] 따라서 세속의 사람들은 마음속으로는 여우처럼 의심하는 생각을 가지고 있으면서, 밖으로는 두백의 사례에 대해서 듣거나, 병이 들거나 임종하려는 자가 무덤 속의 죽은 사람이 와서 그와 서로 만나본 일을 목격했기 때문에 마침내 귀신이 있다는 주장을 믿고서 죽은 사람이 산 사람과 마찬가지라고 말한다. 죽은 사람이 홀로 매장되면 영혼이 외롭게 동반자가 없고, 묘가 폐쇄되면 음식이 부족할 것을 걱정했기 때문에 인형을 만들어 시신을 넣은 관을 모시게 했고, 묘 속에 음식물을 많이 넣어서 영혼을 대접했다. 이러한 폐단이 점점 심해져, 어떤 사람은 가산을 탕진하여 죽은 사람의 관을 마련하고, 사람을 죽여서 순장함으로써 산 사람의 뜻을 만족시켰다. 마음속으로는 그것이 무익하다는 것을 모르는 것은 아니지만,[28] 사치하는 마음을 외면상 서로 추구하기 때문이었다. 죽은 사람이 지각이 있어서 산 사람과 차이가 없다고 여기는 것을 공자는 비난했지만, 또한 그 실정을 단정할 방법이 없었다. 그래서 육가의 논의에서는 양쪽의 입장에 대해 변론하여 확정한 것이 없었고, 유흠의 상주문에서도 유가에서 지각이 없다고 한 주장의 증거와 묵가에서 지각이 있다고 한 주장의 이유를 밝힐 수가 없었다.[29] 일은 효험이 있는 것보다 더 분명한 것이 없고, 논의는 증거가 있는 것보다 더 확정적인 것이 없다. 공허한 말은 비록 근본적인 이치를 얻었다고 하더라도[30] 사

27_ 한나라 성제(成帝) 때 유향이 사치스러운 능묘의 건설을 중지하고, 장례의 간소화를 요청하는 상주문을 올린 적이 있다. 자세한 내용은 『한서』 「초원왕전(楚元王傳)」에 보인다.

28_ 『논형교석』에서 비(非)는 비불(非不)이 되어야 한다고 했다. 그리고 내(內)는 『논형전역』에서 납(納)과 통한다고 보고, "순장품을 관 속에 넣어두는 것이다"라고 해석하기도 했다.

29_ 『논형교석』에서는 이 문장을 "亦不能明. 儒家無知之驗, 墨家有知之故."로 구두를 끊고, 뒤의 문장은 "儒家無無知之驗, 墨家有有知之效."로 해석했다.

30_ 수(雖)는 『논형교석』에서는 난(難)으로 된 판본을 따르는 것이 의미상 더 낫다고

람들은 여전히 믿지 않는다. 따라서 세속에서 경박하고 우둔하여 화복을 믿는 자들은 귀신[31]을 두려워하지 의리를 두려워하지 않으며, 죽음을 중하게 여기지 삶을 돌아보지 않기 때문에 모든 재산을 소비하여 귀신을 섬기고, 가산을 탕진하여 죽은 이를 보낸다. 변론가나 문인들이 [죽은 사람은 지각이 없다는] 증거를 가지고 있다면, 마치 묵가가 두백을 예로 들어 [죽은 사람은 지각이 있다는] 근거로 삼는 것과 마찬가지로, 죽은 사람은 지각이 없다는 실정을 밝힐 수 있고, 장례를 간소화하고 재용을 절약하는 교설을 세울 수 있을 것이다. 지금 묵가는 유가를 비난하고, 유가는 묵가를 비난하는데, 각각 주장하는 것이 있기 때문에 괴리되어 일치하지 않고, [장례 등의] 일처리가 같아지기 어렵기 때문에 두 학파가 쟁론한다.(『논형』「박장」)

聖賢之業, 皆以薄葬省用爲務. 然而世尙厚葬, 有奢泰之失者, 儒家論不明, 墨家議之非故也. 墨家之議右鬼, 以爲人死輒爲神鬼而有知, 能形而害人. 故引杜伯之類以爲效驗. 儒家不從, 以爲死人無知, 不能爲鬼. 然而賻祭備物者, 示不負死以觀生也. 陸賈依儒家而說, 故其立語, 不肯明處. 劉子政擧薄葬之奏, 務欲省用, 不能極論. 是以世俗內持狐疑之議, 外聞杜伯之類, 又見病且終者, 墓中死人來與相見, 故遂信是, 謂死如生. 閔死獨葬, 魂孤無副, 丘墓閉藏, 穀物乏匱, 故作偶人以侍屍柩, 多藏食物以歆精魂. 積浸流至, 或破家盡業, 以充死棺, 殺人以殉葬, 以快生意. 非知其內無益, 而奢侈之心外相慕也. 以爲死人有知, 與生人無以異, 孔子非之, 而亦無以定實. 然而陸賈之論, 兩無所處, 劉子政奏, 亦不能明儒家無知之驗, 墨家有知之故. 事莫明於有效, 論莫定於有證. 空言虛語, 雖得道心, 人猶不信. 是以世

했다. 여기에서는 글자 그대로 해석했다. 그리고 도심(道心)은 『논형전역』에서 정미하고 근본적인 이치라고 풀이했다.

31_ 사(死)는 『논형교석』에서 귀(鬼)자의 오자라고 했다. 뒷 문장에 '중사불고생(重死不顧生)'이라는 말이 있어서 사(死)자로 잘못 기록한 것이라고 했다.

俗輕愚信禍福者，畏死不懼義，重死不顧生，竭財以事神，空家以送終. 辯士文人有效驗，若墨家之以杜伯爲據，則死無知之實可明，薄葬省財之教可立也. 今墨家非儒，儒家非墨，各有所持，故乖不合，業難齊同，故二家爭論.(『論衡』「薄葬」)

康16-10

왕충은 후한시대에 살았는데도 여전히 유가와 묵가가 각각 제도 개혁의 이론을 창설하여 제도가 같지 않았기 때문에 서로 공격하고 비난했다는 것을 알고 있었다. 그렇다면 제자백가가 제도를 개혁한 뜻을 후한시대 사람들도 여전히 알고 있었던 것이다. 위고문(僞古文) 학자들의 변란을 겪은 후에, 육경을 모두 선왕과 주공[의 작품으로] 귀속시켜 버렸기 때문에 [왕충의] 이러한 주장이 다만 밝혀지지 않았을 뿐이다.

王充在東漢時，猶知儒・墨各自創說改制，以制不同，各相攻難. 然則諸子改制之義，至東漢時，人人猶知之. 經僞古文家變亂後，盡以六經歸之先王・周公，於是此說乃始不明耳.

<이상 유가와 묵가가 서로 공격하다: 右儒墨互攻>

2. 유가가 묵가를 공격하다 [儒攻墨]

16-2-1

묵가 학파의 이지(夷之)[32]가 서벽(徐辟)[33]을 통해서 맹자(孟子)를 만나보기를 요구하자, 맹자가 말했다. "내가 진실로 만나보기를 원하지만, 지금은 내가 아직 병중에 있다. 병이 나으면 내가 또한 가서 만나볼 것이니, 이자(夷子)는 올 필요가 없다."[34] 다른 날에 또 맹자를 만나보기를 요구하자, 맹자가 말했다. "내가 지금은 만나볼 수 있지만, 솔직하게 말하지 않으면 도리가 드러나지 않으니, 내가 또한 솔직하게 말하겠다. 내가 들으니, 이자는 묵자(墨者)라고 하는데, 묵자가 상례를 치르는 것은 간소함을 그 도리로 삼는다. 이자는 그 도리로 천하[의 상례 풍속]을 바꾸려고 생각하니, 어찌 그것이 옳은 것이 아니라고 해서 귀하게 여기지 않을 수 있겠는가? 그런데도 이자는 자기 부모의 장례를 성대하게 치렀으니, 이는 천하게 여기는 방법으로 부모를 섬긴 것이다." 서자가 이 말을 이자에게 고하자, 이자가 말했다. "유학자의 도에 '옛날 사람이 [백성을] 마치 갓난아이를 보호하듯이 한다'[35]라고 했는데, 이 말은 무슨 말인가? 나는 사랑에는 차등이 없지만, 베풂은 부모로부터 시작됨을 말한 것이라고 생각한다." 서자가 이 말을 맹자에게 고하자, 맹자가 말했다. "저 이자는 진실로 사람이 자기 형의 아들을 친하게 대하는 것이 자기 이웃의 갓난아이를 친하게 대하는 것과 같다고 여기는 것인가? 이자는 『서』에서 이러한 점을 취했을 뿐이다.[36] 갓난아이가 기어서 우물로 들어가려고 하는 것은 갓난아이의 잘못이 아니다.[37] 또

32_ 이지(夷之)는 묵자의 제자로 알려져 있지만, 자세한 사적은 보이지 않는다. 『맹자주소(孟子注疏)』의 조기(趙岐) 주에서는 이지가 묵가 학문을 연마한 사람이라고 했고, 손석(孫奭)의 소(疏)에서는 성은 이(夷)이고, 이름은 지(之)라고 했다.

33_ 서벽(徐闢)은 『맹자주소』와 『맹자집주』에서 모두 맹자의 제자라고 했는데, 자세한 사적은 보이지 않는다.

34_ 『맹자주소』에서 조기는 '이자불래(夷子不來)'라는 문장을 맹자의 말로 보지 않고, 사실에 대한 기록으로 파악하여, "그 당시 이자는 맹자가 병중에 있다는 말을 들었기 때문에 오지 않았다"라고 풀이하기도 했다.

35_ 『서』「강고(康誥)」편에 "마치 갓난아이를 보호하듯이 하면 백성들이 편안하게 다스려질 것이다[若保赤子, 惟民其康乂.]"라는 말이 보인다.

36_ 『맹자집주』에서는 이 문장을 "『서』에서 비유를 취한 것은 본래 백성들이 무지하여 법을 범하는 것이 갓난아이가 무지하여 우물에 들어가는 것과 같기 때문이다"라고 풀이했다.

한 하늘이 사물을 만들 때 그에게 하나의 근본을 가지도록 했는데, 이자는 두 개의 근본을 가지고 있기 때문에 [그러한 주장을 하는 것이다.][38] 상고시대에 자기 부모를 장례지내지 않은 자가 있었는데, 자기 부모가 죽자 옮겨다가 구덩이에 버렸다. 다른 날 그곳을 지날 때, 여우와 삵괭이가 시신을 뜯어먹고, 파리와 등에가 모여서 파먹으니,[39] 그 이마에 땀이 홍건하게 나서[40] 곁눈질하면서 똑바로 보지 못했다. 땀이 홍건하게 난 것은 다른 사람이 보기 때문에 땀이 홍건하게 난 것이 아니라, 마음속[의 후회]가 얼굴을 통해서 드러난 것이다. 집으로 돌아와서 삼태기[41]에 흙을 뒤집어 부어서 시신을 가렸으니, 시신을 가린 것이 진실로 옳은 일이라면 효자와 인자한 사람이 자기 부모를 가리는 것은 또한 반드시 도리가 있을 것이다." 서자가 이 말을 이자에게 고하니, 이자는 잠시 동안 멍하니 있다가 "나를 가르쳐 주었다"라고 말했다.[42]

37_ 양보쥔의 『맹자역주(孟子譯注)』에서 다음과 같이 풀이했다. "이때 누구의 아이이든, 누가 그것을 보고 있든 상관없이 모두가 구하러 갈 것이니, 이자는 바로 이것이 사랑에는 차등이 없는 이유라고 여겼다. 그런데 사실 이것은 사람의 측은지심이다." 즉 측은지심에 의해서 아이를 구해주는 것이지, 사랑에 차등이 없기 때문에 그러한 행동을 한 것이 아니라는 의미이다.

38_ 『맹자집주』에서 다음과 같이 풀이했다. "사람이 태어날 때 반드시 부모에 근본하여 둘이 없다. 그 사랑이 이로부터 확립되어 미루어나가 남에게 미쳐서 자연스럽게 차등이 있게 되는 것이다. 그런데 지금 이자의 말과 같다면 이것은 자기 부모 보기를 본래 길거리의 사람과 다름이 없이 하고, 단지 베푸는 순서가 우선 자기 부모로부터 비롯되었을 뿐이니, 두 개의 근본이 아니고 무엇이겠는가?" 그리고 『맹자역주』에서도 "사람을 놓고 말한다면 단지 자기의 부모가 있을 뿐이기 때문에 유가에서는 '내 노인을 잘 섬겨서 남의 노인에게까지 미쳐간다'라고 주장했다. 그런데 이자는 두 개의 근본을 가지고 있기 때문에 나의 부모와 남의 부모는 분별이 없다고 여겨서 사랑에는 차등이 없다고 주장한다"라고 했다.

39_ 승예(蠅蚋)는 파리와 등에를 말하고, 최(嘬)는 『맹자집주』와 『맹자주소』에서 모두 "모여서 함께 파먹다"는 의미라고 했다.

40_ 자(泚)는 땀이 나는 모양으로, 『맹자주소』에서는 "땀이 홍건하게 나오는 것이다"라고 했다.

41_ 류리(虆梩)는 흙을 담아서 나르는 삼태기를 말한다.

42_ 명(命)은 『맹자집주』에서 "교(敎)와 같으니, 맹자가 이미 나를 가르쳤다"라는 의

(『맹자』「등문공 상」)

墨者夷之因徐辟, 而求見孟子, 孟子曰, "吾固願見, 今吾尙病. 病癒, 我且往見, 夷子不來." 他日又求見孟子, 孟子曰, "吾今則可以見矣, 不直則道不見, 我且直之. 吾聞夷子, 墨者, 墨之治喪也, 以薄爲其道也. 夷子思以易天下, 豈以爲非是而不貴也? 然而夷子葬其親厚, 則是以所賤事親也." 徐子以告夷子, 夷子曰, "儒者之道, '古之人, 若保赤子', 此言何謂也? 之則以爲愛無差等, 施由親始." 徐子以告孟子, 孟子曰, "夫夷子信以爲人之親其兄之子爲若親其鄰之赤子乎? 彼有取爾也. 赤子匍匐將入井, 非赤子之罪也. 且天之生物也, 使之一本, 而夷子二本故也. 蓋上世嘗有不葬其親者, 其親死, 則擧而委之於壑. 他日過之, 狐狸食之, 蠅蚋姑嘬之, 其顙有泚, 睨而不視. 夫泚也, 非爲人泚, 中心達於面目. 蓋歸反虆梩而掩之, 掩之誠是也, 則孝子仁人之掩其親, 亦必有道矣." 徐子以告夷子, 夷子憮然爲間, 曰, "命之矣."(『孟子』「滕文公 上」)

康16-11

이자는 천하[의 상례 풍속]을 바꾸려고 생각했으니, 또한 묵가의 거자(鉅子)로서,[43] 고획(苦獲)이나 등릉(鄧陵)[44]과 견줄 만하다. 공자는 죽은 이에 대한 장례를 신중하게 여기고, 묵자는 장례를 간소하게 치르는데, 각각 자기의 도리를 천하에 전수했다. 그런데 이지는 베풂은 부모로

미라고 했다.

43_ 거자(鉅子)는 묵가 집단의 우두머리로, 거자(巨子)라고도 한다. 대표적인 거자로는 맹승(孟勝) · 전양자(田襄子) · 복돈(腹䵍) 등이 있다.

44_ 고획(苦獲)과 등릉(鄧陵)은 모두 묵가의 거자인데, 『장자』「천하(天下)」편에 "남방의 묵가인 고획(苦獲)과 기치(已齒)와 등릉자(鄧陵子)의 부류들이 모두 묵가의 경전을 익혔지만, 그 이론이 어긋나고 갈라져서 같지 않고, 서로를 정통이 아닌 별개의 묵자라고 비판했다"라는 기록이 보인다.

부터 시작된다고 여기니, 이미 사랑에 차등을 두는 것이다. 맹자는 공자의 도리를 전수했기 때문에 이지가 두 개의 근본을 가지고 있는 것을 공격했다.

夷子思易天下, 則亦墨之鉅子, 如苦獲·鄧陵之比也. 孔子愼終, 墨子薄葬, 各以其道傳之天下. 然夷之以爲施由親始, 則已愛有差等矣. 孟子傳孔子之道, 故攻其二本也.

16-2-2

묵적은 겸애(兼愛)했으니, 이마를 갈아 없애서 발꿈치에 이를[45] [정도로 노동을 하더라도] 천하에 이로우면 그것을 실천했다.(『맹자』「진심 상」)

墨子兼愛, 摩頂放踵, 利天下, 爲之.(『孟子』「盡心 上」)

16-2-3

양주(楊朱)와 묵적(墨翟)의 도가 사라지지 않으면 공자의 도가 드러나지 못할 것이니, 이것은 사악한 학설이 백성을 속이고 인의(仁義)를 꽉 막아 버리는 것이다. 인의가 꽉 막혀 버리면 짐승을 몰아서 사람을 잡아먹게 하고, 사람들이 장차 서로 잡아먹게 될 것이다. 나는 이러한 이유로 두려워하여 앞선 성인의 도를 보호하고,[46] 양주와 묵적을 막으며, 부정한 말을 물리쳐서 사악한 이론을 말하는 자가 일어날 수 없도록 한 것이다.(『맹자』「등문공 하」)

楊·墨之道不息, 孔子之道不著, 是邪說誣民, 充塞仁義也. 仁義充塞, 則率獸食人, 人將相食. 吾爲此懼, 閑先聖之道, 距楊·墨, 放淫

45_ 방(放)은 『맹자집주』에서 지(至)와 같은 의미라고 했다.

46_ 한(閑)은 『맹자집주』와 『맹자역주』에서 보호한다[衛]는 의미로 해석했다. 한편 『맹자주소』에서 조기는 습(習)으로 풀이하기도 했다.

辭, 邪說者不得作.(『孟子』「滕文公 下」)

16-2-4

따라서 유가의 학술이 진실로 행해진다면 천하가 넉넉하면서[47] 부유해지고, 백성을 부리면[48] 공적이 있으며, 종을 치고 북을 두드리면서 화합하게 될 것이다. 『시』에서 "종소리와 북소리가 쿵쾅쿵쾅 조화를 이루며, 피리소리와 경쇠소리가 잘 어울리니, 복을 내림이 많고 많도다. 복을 내림이 크고 큰데, 위엄스러운 거동이 조심스럽고 신중하니, 이미 취하고 이미 배가 불러, 복록이 거듭 겹쳐서 오도다"라고 했으니,[49] 이것을 가리켜 한 말이다. 따라서 묵가의 학술이 진실로 행해진다면, 천하는 검소함을 숭상하면서도 더욱 가난해지고, 싸움을 비난하면서도 매일 다투게 되며, 고되고 지치면서도[50] 더 이상 공적이 없고, 핼쑥하게 걱정하면서 음악을 비난하면서도 매일 화락하지 못하게 될 것이다.(『순자』「부국」)

故儒術誠行, 則天下大而富, 使而[51]功, 撞鐘擊鼓而和. 『詩』曰, "鐘鼓喤喤, 管磬瑲瑲, 降福穰穰. 降福簡簡, 威儀反反, 旣醉旣飽, 福祿來反." 此之謂也. 故墨術誠行, 則天下尙儉而彌貧, 非鬪而日爭, 勞苦頓

47_ 대(大)는 『순자집해』에서 양경이 태(泰)자로 읽어서 '넉넉하다[優泰]'는 의미라고 했다.

48_ 사(使)는 『순자집해』에서 인용한 유태공(劉台拱)과 이운구가 모두 '즐기다[佚]'는 뜻으로 풀이했는데, 여기에서는 왕선겸의 주장에 따라 글자 그대로 해석했다.

49_ 『시』는 「주송(周頌)·집경(執競)」편의 일부분이다. 『시경집전』에 의하면, 황황(喤喤)은 조화로운 모습[和]이고, 장장(將將)은 어울리는 모습[集]이라고 했다. 그리고 양양(穰穰)은 많은 모습[多], 간간(簡簡)은 큰 모습[大]이라고 했다. 반반(反反)은 조심스럽고 신중한 모습[謹重]이고, 반(反)은 반복된다[覆]의 의미라고 했다.

50_ 돈췌(頓萃)는 곤궁하고 지친 모습이다.

51_ 이(而)가 『공자개제고』와 원나라 때의 『순자』 판각본에는 유(有)로 되어 있는데, 왕선겸의 교열에 따라 고쳤다.

萃而愈無功, 愀然憂戚非樂而日不和.(『荀子』「富國」)

16-2-5

따라서 유학자는 장차 사람에게 두 가지를 모두 얻도록 하는 자이며, 묵자는 장차 사람에게 두 가지를 모두 잃도록 하는 자이다.[52] 이것이 바로 유가와 묵가의 구분이다.[53](『순자』「예론」)

故儒者將使人兩得之者也, 墨者將使人兩喪之者也. 是儒墨之分也.(『荀子』「禮論」)

16-2-6

형벌을 받아서 불구가 된[54] 죄인의 상사(喪事)에는 종족의 친척들을 모을 수 없고, 오직 처자식만이 장례에 참여한다. 내관과 외관의 두께는 세 치로 하고, 수의와 이불은 세 벌이며, 관을 장식할 수 없고, 낮에 관을 내갈 수도 없다. 밤에 시신을 매장하고,[55] 일상적인 옷차림으로 가서 매장하며,[56] 돌아와서는 곡하면서 우는 절차도 없고, 상복을 입지도 않으며, 친소에 따라 상복을 입는 달 수의 차등도 없다. 각자 평소대로

52_ 여기에서 말하는 두 가지는 예의(禮義)와 성정(性情)을 말한다. 이 글의 앞 문장에서 "따라서 사람이 예의(禮義)에 전일하게 되면 예의와 성정 두 가지를 모두 얻게 되며, 성정(性情)에 전일하게 되면 두 가지를 모두 잃게 된다[故人一之于禮義, 則兩得之矣, 一之于情性, 則兩喪之矣.]"라고 했다.

53_ 이 문장은『사기』「예서(禮書)」에도 보인다.

54_ 형여(刑餘)는 육형(肉刑)을 받아서 몸이 불구가 된 사람을 말한다.

55_ 양경에 의하면, 근(殣)은 길가에서 죽은 사람이며, 혼근(昏殣)은 마치 길가에서 죽은 사람을 덮어서 가리듯이 대충 매장하는 것으로, 심하게 미워하는 것이라고 했다.

56_ 범연(凡緣)은 양경이 범(凡)은 상(常), 연(緣)은 인(因)과 같다고 했다. 즉 처자식들이 일상적인 옷차림을 한 채 시신을 매장하고, 상복을 입지 않는다는 의미이다.

돌아가고, 각자 상례가 없던 때로 복귀한다. 장례와 매장을 마치고 나면 마치 상례가 없었던 자처럼 그만둔다. 대체로 이것을 지극히 큰 치욕이라고 말한다.(『순자』「예론」)

刑餘罪人之喪, 不得合族黨, 獨屬妻子. 棺槨三寸, 衣衾三領, 不得飾棺, 不得晝行. 以昏殣, 凡緣而往埋之, 反無哭泣之節, 無衰麻之服, 無親疏月數之等. 名反其平, 各復其始. 已葬埋, 若無喪者而止. 夫是之謂至辱.(『荀子』「禮論」)

16-2-7

죽은 자의 것을 덜어내어 산 자에게 보태는 것[57]을 박절함[墨][58]이라고 하고, 산 자의 것을 덜어내어 죽은 자에게 보태는 것을 미혹됨[惑]이라고 하며, 산 자를 죽여서 죽은 자를 장례지내는 것[59]을 해침[賊]이라고 한다. 그가 살아 있을 때를 크게 본떠서 죽었을 때 장례를 지내고, 죽음과 삶, 끝과 시작이 적절함에 걸맞아서 좋게 잘 처리되지 않음이 없도록 하니, 이것이 바로 예의의 법식이며, 유학자가 바로 이들이다.(『순자』「예론」)

刻死而附生, 謂之墨, 刻生而附死, 謂之惑, 殺生而送死, 謂之賊. 大象其生以送其死, 使死生・終始莫不稱宜而好善, 是禮義之法式也, 儒者是矣.(『荀子』「禮論」)

57_ 양경이 각(刻)은 덜어내는 것이고, 부(附)는 더하여 보태는 것이라고 했다.

58_ 묵(墨)은 양경이 묵자의 법이라고 했는데, 왕염손은 「악론(樂論)」편의 묵자를 의미하는 것이 아니라, "其送死瘠墨."에서의 척묵(瘠墨)과 같다고 했다. 척묵(瘠墨)은 줄여서 검소하게 하는 것으로, 박절하다는 뜻이다. 여기에서는 왕염손의 주장을 따랐다.

59_ 양경이 순장하여 사람을 죽이는 것이라고 했다.

康16-12

유가와 묵가가 현격하게 서로 상반되는 것 중에 상례와 장례의 일만한 것이 없다. 따라서 피차가 공격하고 변론한 것이 가장 많다. 『순자』「예론」편에서는 유학자의 상복을 드러내 밝혔을 뿐만 아니라, 또한 철저하게 묵자를 배척했다.

儒·墨之殊絶而相反, 莫如喪葬一事. 故彼此攻辨最多. 『荀子』「禮論」旣發明儒者之喪服, 而亦專以辟墨焉.

16-2-8

나는 묵자의 비악(非樂)은 천하를 혼란하게 만들고, 묵자의 절용(節用)은 천하를 빈곤하게 만든다고 생각한다.(『순자』「부국」)

我以墨子之非樂也, 則使天下亂, 墨子之節用也, 則使天下貧.(『荀子』「富國」)

16-2-9

군주는 남에게 벼슬을 내리는 것으로 능력을 삼는 자이며, 필부는 스스로 일을 잘하는 것으로 능력을 삼는 자이다. 군주는 남을 시켜서 일을 하도록 할 수 있지만, 필부는 일을 남에게 넘길 수 없다. 백 이랑을 한 명의 필부가 관리하는데,[60] 농사일이 힘들더라도 그 일을 남에게 넘길 수가 없다. 지금 한 사람[의 군주]로서 천하의 큰 일을 모두 다스리는 것은 여유가 있지만, 다스리기에 부족한 작은 일은 남을 시켜서 그

60_ 양경에 의하면, 백무(百畝)는 한 명의 필부가 관리하는 밭이며, 사업(事業)은 농사일을 말한다. 이운구는 일(一)을 전일(專一)로 보고, "백무의 땅을 오로지 지키다"라고 해석했다.

일을 하도록 한다. 크게는 천하를 소유하고 있고, 작게는 한 나라를 소유하고 있으면서 반드시 스스로 그 [작은] 일을 한 이후에야 괜찮다면, 고생하고 지치는 것[61]이 이보다 더 심한 경우는 없을 것이다. 이와 같다면 비록 노비[62]라고 하더라도 천자와 그 지위나 일[63]을 바꾸려고 하지 않을 것이다. 이 때문에 천하를 공평하게 다스리고[64] 온 세상을 하나로 통일할 때, 무엇 때문에 반드시 스스로 작은 일들을 하려고 하겠는가? 그 일들을 하는 것은 일꾼의 길이며, 묵자의 주장이다. 덕이 있는 자를 조사하고 능력이 있는 자를 부려서 그들에게 벼슬을 주고 등용하는 것[65]은 성왕의 길이며, 유학자가 삼가 지키는 것이다.(『순자』「왕패」)

人主者, 以官人爲能者也, 匹夫者, 以自能爲能者也. 人主得使人爲之, 匹夫則無所移之. 百畝一守, 事業窮, 無所移之也. 今以一人兼聽天下, 日有餘而治不足者, 使人爲之也. 大有天下, 小有一國, 必自爲之然後可, 則勞苦耗顇[66]莫甚焉. 如是, 則雖臧獲不肯與天子易埶[67]業. 以是縣天下, 一四海, 何故必自爲之? 爲之者, 役夫之道也, 墨子之說也. 論德使能而官施之者, 聖王之道也, 儒者之所謹守也.(『荀子』「王霸」)

康16-13

순자가 묵가를 공격한 것이 가장 많은데, 맹자보다도 훨씬 더 심하니,

61_ 모췌(耗顇)는 지치고 초췌해진다는 뜻이다.

62_ 장획(臧獲)은 노비로, 장(臧)은 사내종, 획(獲)은 계집종을 말한다.

63_ 세(埶)는 세(勢)와 같은 글자인데, 왕염손이 위(位)의 의미라고 했다. 세업(埶業)은 천자의 지위와 일을 말한다.

64_ 현(縣)은 왕선겸이 '공평하게 다스린다[縣衡]'는 의미라고 했다.

65_ 시(施)는 왕선겸이 용(用)의 의미로 보고, 관시지(官施之)를 "벼슬을 주고 등용하는 것"이라고 했다. 한편 양경은 "백관을 세우고 직책을 베푸는 것"이라고 했다.

66_ 췌(顇)가 『공자개제고』에는 췌(悴)로 되어 있는데, 『순자』 원문에 따라 고쳤다.

67_ 세(埶)가 『공자개제고』에는 세(勢)로 되어 있는데, 『순자』 원문에 따라 고쳤다.

맹자는 단지 세 조목뿐이다. 그렇다면 묵가를 물리친 공적은 순자를 가장 크게 여겨야 할 것이다.

荀子攻墨最多, 過於孟子遠甚, 孟子僅三條耳. 然則攘墨之功, 以荀子爲大也.

16-2-10

천하를 모두 충족시키는 방법은 본분[68]을 분명하게 하는 데 달려 있다. 땅을 관리하고 밭이랑을 높이 세우며,[69] 잡초를 뽑고 곡식을 심으며,[70] 거름을 많이 주어 밭을 기름지게 하니, 이것은 농부와 일반 백성들의 일이다. 제때의 농사철을 지켜서 백성들을 힘쓰도록 만들고,[71] 그들의 일을 진작시켜 공적을 신장시켜 주며, 백성들을 조화시켜 균등하게 만들며, 사람들을 게으르지 않도록 만드니, 이것은 지방 장관[72]의 일이다. 높은 지역에 가뭄이 들지 않고, 낮은 지역에 홍수가 나지 않으며, 추위와 더위가 절기에 잘 맞아서 오곡이 제때에 잘 영그니, 이것은 하늘의 일이다.[73] 모두 함께 감싸주고, 모두 함께 사랑해주며, 모두 함

68_ 분(分)은 각자가 맡은 직분이나 본분을 말한다. 이운구는 "경제활동에 있어 그 분업 상태"라고 했다. 「부국」편의 앞부분에 "救患除禍, 則莫若明分使羣矣."라는 말이 보인다.

69_ 엄지(掩地)는 양경이 밭을 경작하는 것[耕田]이라고 했다. 한편 왕인지는 엄(掩)이 료(撩)자의 오자이며, 료(撩)는 리(理)의 의미라고 했는데, 여기에서는 이 주장에 따라 해석했다. 표(表)는 양경이 명(明)으로 보고, 밭의 경계를 분명하게 한다는 의미로 풀이했다. 한편 이운구는 고(高)로 보고, 밭이랑을 높게 돋우어 토질을 배양한다는 의미로 풀이했는데, 여기에서는 이 해석에 따랐다.

70_ 초(屮)는 초(草)의 옛글자로, 잡초를 말하며, 자(刺)는 베어서 없앤다는 뜻이다.

71_ 양경에 의하면, 수시(守時)는 『상서』 「요전」편의 "공경스럽게 백성들의 농사철을 준다[敬授人時]"라는 뜻이다. 역민(力民)은 백성들에게 힘을 쓰도록 하는 것이다.

72_ 장솔(將率)은 거느리고 통솔한다는 의미로, 백성들을 직접 다스리는 지방의 장관을 말한다. 유월은 주장(州長)이나 당정(黨正) 등의 부류라고 했다.

께 단속해주어, 한 해가 비록 흉년이 들거나 홍수나 가뭄이 들더라도 백성들이 얼어 죽거나 굶어 죽는 우환이 없도록 만드니, 이것은 성스러운 군주와 현명한 재상의 일이다. 묵자의 말은 천하를 위하여 [자신의 노력이] 부족할까 좀스럽게[74] 걱정하는데, [묵자가 말하는] 부족함은 천하 사람들이 공통으로 느끼는 근심이 아니라, 단지 묵자만의 개인적인 걱정이자 지나친 생각일 뿐이다.(『순자』「부국」)

兼足天下之道在明分. 掩地表畝, 刺中殖穀, 多糞肥田, 是農夫衆庶之事也. 守時力民, 進事長功, 和齊百姓, 使人不偸, 是將率之事也. 高者不旱, 下者不水, 寒暑和節, 而五穀以時孰,[75] 是天下之事也. 若夫兼而覆之, 兼而愛之, 兼而制之, 歲雖凶敗水旱, 使百姓無凍餒之患, 則是聖君賢相之事也. 墨子之言, 昭昭然爲天下憂不足, 夫不足, 非天下之公患也, 特墨子之私憂過計也.(『荀子』「富國」)

16-2-11

따라서 유학자는 장차 사람에게 두 가지를 모두 얻도록 하는 자이며, 묵자는 장차 사람에게 두 가지를 모두 잃도록 하는 자이다. 이것이 바로 유가와 묵가의 구분이다.[76] [예의(禮義)는] 나라를 다스리고 이치를 변별하는 최고의 법칙이다.[77](『사기』「예서」)

73_ 천하지사(天下之事)는 왕염손이 '천지사(天之事)'가 되어야 한다고 했다.

74_ 소소연(昭昭然)은 왕염손이 소(小)자의 의미로, 소견이 좁다는 뜻이라고 했다.

75_ 숙(孰)이 『공자개제고』에는 숙(熟)으로 되어 있는데, 『순자』 원문에 따라 고쳤다.

76_ 이상에서 인용한 『사기』「예서」의 내용은 이 책의 제16권 제2절〈16-2-5〉에서 인용한 『순자』「예론」편의 내용과 동일하다. 자세한 주석은 앞의 내용을 참조 바람.

77_ 『사기색은』에서는 이 내용이 유가와 묵가 중에서 유가 쪽의 공효를 말한 것이라고 했는데, 그것은 곧 예의(禮義)에 대해 설명한 말이다. 『사기』에서는 이 문장의 앞에 구두가 끊어지고, 이 문장은 뒤로 이어지는데, 캉유웨이가 잘못하여 앞으로 붙여서 구두를 끊은 것 같다. 여기에서는 그대로 두고 해석했다.

故儒者將使人兩得之者也, 墨者將使人兩喪之者也. 是儒墨之分. 治辨之極也.(『史記』「禮書」)

康16-14

이것은 『순자』「예론」편의 문장인데, 사마천이 서술한 것이다.

此『荀子』「禮論」文, 史公述也.

16-2-12

묵가는 검약(儉約)[을 지나치게 숭상하여] 그대로 따르기가 어렵기 때문에 묵가의 일을 두루 실천할 수가 없다.(『사기』「태사공자서」)

墨者儉而難遵, 是以其事不可遍循.(『史記』「太史公自序」)

康16-15

묵가의 도가 행해지지 않은 것은 그것이 [따르기가] 너무 힘들기 때문이다. 장자가 본래부터 [묵자는] 천하 사람들의 마음으로부터 이반되어 있으니, 천하 사람들이 감당하지 못할 것이라고 말했다.[78]

墨道不行, 以其太苦. 莊生固謂離天下之心, 天下不堪.

78_ 『장자』「천하(天下)」편에서 묵자에 대해 평가하면서 다음과 같이 말했다. "살아 있을 때는 힘들게 노동하고, 죽었을 때는 간략하게 장례지내니, 그 도가 너무 각박하다. 사람들을 우울하게 하고 사람들을 슬프게 하니, 그 도의 실천은 실행되기 어려울 것이며, 아마도 성인의 도가 될 수 없을 것이다. 그리고 천하의 인심과 위배되니, 천하의 사람들이 감당하지 못할 것이다. 묵자가 비록 혼자서는 감당할 수 있다고 하더라도 천하 사람들을 [강제로 실천하도록] 할 수 있겠는가? 천하 사람들로부터 이반되어 있으니, 왕도와는 거리가 멀다[其生也勤, 其死也薄, 其道大觳. 使人憂, 使人悲, 其行難爲也, 恐其不可以爲聖人之道. 反天下之心, 天下不堪. 墨子雖獨能任, 奈天下何? 離於天下, 其去王也遠矣.]"

16-2-13

지(軹)[79] 땅에 어떤 유생(儒生)이 있었는데, [곽해(郭解)[80]를 체포하러 온] 사신을 모시고 앉아 있었다. 손님이 곽해를 칭찬하자, 유생이 말했다. "곽해는 오직 간악한 짓으로 국법을 어긴 자일 뿐인데, 어찌 어질다고 말하는가?" 곽해의 손님이 그 말을 듣고, 이 유생을 살해하고, 그의 혀를 잘라버렸다. 관리가 이 일로 곽해를 문책했지만, 곽해는 사실 살인자를 알지 못했으며, 살인자도 끝내 찾을 수 없었기 때문에 아무도 그가 누구인지 알지 못했다. 관리는 곽해가 무죄라고 상주했는데, 어사대부인 공손홍(公孫弘, B.C.200~B.C.121)이 죄를 심의하여 말했다. "곽해는 일반 백성인데, 임협이 되어 권력을 행사했고, 사소한 원한[81]으로 사람을 죽였다. 곽해는 비록 모르고 있었더라도 이 죄는 곽해가 직접 살인한 것보다 훨씬 심하니, 대역무도에 해당하는 죄이다." 마침내 곽해의 일족 전체를 처벌했다.[82](『사기』「유협열전」)

軹有儒生, 侍使者坐. 客譽郭解, 生曰, "郭解專以奸犯公法, 何謂賢?" 解客聞, 殺此生, 斷其舌. 吏以此責解, 解實不知殺者, 殺者亦竟絶, 莫知爲誰. 吏奏解無罪, 御史大夫公孫弘議曰, "解布衣, 爲任俠行權, 以睚眥殺人. 解雖弗知, 此罪甚于解殺之, 當大逆無道." 遂族郭解翁伯.(『史記』「遊俠列傳」)

79_ 지(軹)는 『사기색은』에 의하면, 하내(河內)에 소속된 지현(軹縣)이다.

80_ 곽해(郭解)는 한나라의 지(軹) 땅 사람으로, 자(字)는 옹백(翁伯)이고, 관상을 잘 보았던 허부(許負)의 외손자이다. 곽해의 부친은 임협이라는 이유로 효문제(孝文帝) 시기에 주살을 당했다. 곽해는 한나라 때 가장 명성을 떨쳤던 협객 중의 한 사람이다.

81_ 애자(睚眥)는 눈을 부라리고 흘겨보는 것으로, 사소한 원한을 뜻한다.

82_ 족(族)은 죄인의 부모와 형제, 처자까지 처벌하는 형벌로, 족주(族誅) 또는 족멸(族滅)이라고도 한다. 옹백(翁伯)은 곽해의 자인데, 그의 키가 매우 작은 데에서 유래한 말이다.

康16-16

사마천이 "유가는 문(文)으로 법을 농단하고, 협객은 무(武)로 금령을 위반한다"라고 말했다.[83] 유가와 협객을 대등하게 거론했으니, 아마 협객도 묵가에서 나온 듯하다. 한 명의 거자(巨子)를 초치하면서 140명을 죽이니, 묵가의 도는 본래 죽음으로써 의리를 삼는 것이다. 한나라 무제 때, 유교를 숭상하고 협객의 학문을 억제하고 금지했는데, 그 이후에 묵가의 도가 폐기되어 버렸다. 대체로 겸애의 남은 유풍이 자연스럽게 협객의 기질로 유전된 것이다.

史遷謂"儒以文弄法, 俠以武犯禁." 儒·俠對擧, 疑俠亦出於墨. 致一巨子而殺百四十人, 墨道固以死爲義者. 漢武時, 崇儒, 抑禁俠學, 而後墨道廢耳. 蓋兼愛之餘, 自流爲俠也.

16-2-14[84]

묵가도 요(堯)·순(舜)의 도를 숭상하여 그들의 덕행에 대해서 다음과 같이 말한다. "집 마루의 높이는 3척(尺)이고, 흙으로 만든 계단은 3개뿐이며, 따로 인 지붕의 끝을 다듬지도 않았고, 서까래의 통나무를 깎아서 손질하지도 않았다. 흙으로 만든 밥그릇에 밥을 담아 먹고, 흙으로 만든 국그릇에 국을 담아 마셨는데, 현미나 기장으로 만든 거친 밥과 명아주잎과 콩잎으로 만든 보잘것없는 국이었다. 여름에는 갈포로 만든 거친 옷을 입고, 겨울에는 사슴 가죽으로 만든 옷을 입었다." 그들은 죽은 사람을 장례지낼 때, 오동나무 내관을 세 치의 두께로만 만

83_ 『사기』「유협열전」에서 사마천이 한비자의 말을 인용하여 한 말이다. 『한비자』「오두(五蠹)」편에 "儒以文亂法, 而俠以武犯禁."이라는 말이 보인다.

84_ 이하에서 인용한 『사기』「태사공자서」편의 내용은 이 책의 제2권 제1절〈2-1-3〉에서 이미 인용했다. 자세한 주석은 앞의 내용을 참조 바람.

들면서 [외관이 없었고], 곡소리를 내면서 자신의 슬픔을 다 표출하지는 않았다. 상례에 대해 가르치면서 반드시 이러한 형식을 모든 백성들의 표준으로 삼았다. 만약 천하 사람들이 이와 같은 것을 본받는다면 존비는 차별이 없어질 것이다. 대체로 시대가 변하여 바뀌면 사람의 일도 반드시 다 같을 수는 없기 때문에 "검약(儉約)[을 지나치게 숭상하여] 그대로 따르기가 어렵다"라고 말했다.(『사기』「태사공자서」)

墨者亦尙堯·舜道, 言其德行曰, "堂高三尺, 土階三等, 茅茨不翦, 采椽不刮. 食土簋, 啜土刑, 糲粱之食, 藜藿之羹. 夏日葛衣, 冬日鹿裘." 其送死, 桐棺三寸, 擧音不盡其哀. 教喪禮, 必以此爲萬民之率. 使天下法若此, 則尊卑無別也. 夫世異時移, 事業不必同, 故曰"儉而難遵."(『史記』「太史公自序」)

康16-17

장자는 묵자의 도가 [따르기가] 너무 힘들어 사람들을 우울하게 하고 사람들을 슬프게 하며, 왕도와는 거리가 멀다고 여겼으니, 가장 정확한 평가이다.

莊子以爲其道太苦, 使民憂悲, 去王遠矣, 最確.

16-2-15

양주와 묵자의 학문이 유교[85]의 의리를 혼란스럽게 하지 않았다면 맹자의 유교 전수는 이루어지지 않았을 것이다.[86](『논형』「대작」)

85_ 전(傳)은 『논형교석』에서 유(儒)의 오자라고 했다.

86_ 『맹자』「등문공 하」편에서 맹자가 유교를 전수한 이유에 대해 다음과 같이 기록되어 있다. "양주와 묵적의 도가 사라지지 않으면 공자의 도가 드러나지 못할 것이니, 이것은 사악한 학설이 백성을 속이고 인의(仁義)를 꽉 막아 버리는 것이다. 인의가 꽉 막혀 버리면 짐승을 몰아서 사람을 잡아먹게 하고, 사람들이 장차 서로

楊·墨之學不亂傳義, 則孟子之傳不造.(『論衡』「對作」)

康16-18

묵자의 「비유(非儒)」편을 읽지 않으면 또한 맹자의 양주와 묵적에 대한 변론이 어쩔 수 없는 상황이었다는 것을 알 수 없을 것이다.

不讀墨子之「非儒」, 亦不知孟子之辨楊·墨爲不得已也.

16-2-16

왕자의 집 마루에 대해, 묵자는 요임금과 순임금의 [집 마루의] 높이가 3척(尺)이라고 했는데,[87] 유가는 너무 낮다고 생각했다.(『논형』「시응」)

王者之堂, 墨子稱堯·舜高三尺, 儒家以爲卑下.(『論衡』「是應」)

康16-19

유가와 묵가는 똑같이 요·순·우·탕·문·무를 말하지만, 집 마루의 제도 하나도 같지 않다. 따라서 둘 모두 제도를 개혁한 것이지 결코 선왕의 옛 제도가 아님을 알 수 있다.

儒·墨同稱堯·舜·禹·湯·文·武, 而一堂之制不同. 故知並是改制, 非復先王之舊制也.

잡아먹게 될 것이다. 나는 이러한 이유로 두려워하여 앞선 성인의 도를 보호하고, 양주와 묵적을 막으며, 부정한 말을 물리쳐서 사악한 이론을 말하는 자가 일어날 수 없도록 한 것이다."

87_ 『논형교석』에서는 『예문류취』·『태평어람』·『초학기』, 그리고 『사기』에서 인용한 『묵자』 등에 모두 '堂高三尺'이라고 되어 있으므로 이 문장에서도 당(堂)자가 있어야 한다고 했다. 『묵자한고』에는 당(堂)자가 들어가 있다.

16-2-17

묵자의 [귀신이 존재한다는] 의론[88]은 마음[의 작용]으로 하지 않고 사물[의 현상]에만 근원하며, 단지 듣거나 본 것만을 믿으니, 비록 증거가 매우 분명하더라도 여전히 진실을 잃은 것이다. 진실을 잃은 의론은 남을 가르치기 어렵고, 비록 우둔한 백성들의 욕망에는 들어맞더라도 지혜로운 자의 마음에는 부합되지 않으니, 비록 [장례에] 기물이나 재산을 모두 탕진하지는 않더라도[89] 세상에는 도움이 되지 않는다. 이것이 대체로 묵가의 학술이 전해지지 않은 까닭이다.(『논형』「박장」)

墨議不以心而原物, 苟信聞見, 則雖效驗章明, 猶爲失實. 失實之議難以教, 雖得愚民之欲, 不合知者之心, 喪物索用, 無益於世. 此蓋墨術所以不傳也.(『論衡』「薄葬」)

康16-20

왕충은 묵가의 학문이 소멸에 이른 이유를 확실하게 추론하여 탐구했으니, 한나라 사람 중에 또한 이처럼 높은 식견을 가진 사람은 많지 않을 것이다.

王仲任實實推求墨學所以致敗之由, 漢人亦寡此高識.

16-2-18

묵가의 의론은 그 학술과는 저절로 모순된다. 장례를 간소하게 치르

88_ 이 내용의 앞부분에서 귀신이 존재한다는 묵자의 주장을 다루었다.

89_ 상물삭용(喪物索用)은 기물이나 재산 등을 모두 없애고 탕진한다는 말로, 「박장」 편의 다른 곳에서 "모든 재산을 소비하여 귀신을 섬기고, 가산을 탕진하여 죽은 이를 보낸다[竭財以事神, 空家以送終.]"라고 한 것과 같은 말로, 유가에 대해 비판한 말이다. 따라서 『논형교석』에서는 상(喪)자 앞에 '수불(雖不)'이라는 두 글자가 빠져 있을 것이라고 했다. 여기에서도 두 글자를 넣어서 해석했다.

면서 또 귀신을 숭상하는데, 귀신의 숭상을 증명하면서 두백(杜伯)을 증거로 삼았다.[90] 두백은 죽은 사람인데, 만약 두백을 귀신이라고 말한다면 죽은 사람은 확실히 지각이 있는 것이다. 만약 지각이 있는데도 그의 장례를 간소하게 치른다면 이는 죽은 사람을 화나게 하는 것이다. [인간의][91] 감정은 성대한 것을 원하고 간소한 것을 싫어하니, 간소한 장례 때문에 죽은 사람의 책망을 받게 된다면 비록 귀신을 숭상하더라도 무슨 도움이 되겠는가? 만약 귀신이 죽은 사람이 아니라면 두백[이 죽은 후에 귀신이 되었다고] 믿는 것은 잘못되었다. 만약 귀신이 죽은 사람이라면 장례를 간소하게 치르는 것은 잘못되었다. 학술과 현실 적용이 서로 괴리되고, 앞뒤가 서로 어긋나기 때문에 [묵자의 논의는] 잘못되었다고 여기는 것이다. 그릇된 것과 옳은 것이 분명하지 않기 때문에 모두 행해질 수 없는 것이다.(『논형』「박장」)

墨家之議, 自違其術. 其薄葬而又右鬼, 右鬼引效以杜伯爲驗. 杜伯死人, 如謂杜伯爲鬼, 則夫死者審有知. 如有知而薄葬之, 是怒死人也. 情欲厚而惡薄, 以薄受死者之責, 雖右鬼, 其何益哉? 如以鬼非死人, 則其信杜伯非也. 如以鬼是死人, 則其薄葬非也. 術用乖錯, 首尾相違, 故以爲非. 非與是不明, 皆不可行.(『論衡』「薄葬」)

16-2-19

옛날에 양주와 묵적이 여러 유학자들의 길을 막았기 때문에 수레는 앞으로 나아가지 못했고, 사람은 걸어갈 수가 없었다. 맹자가 그것을 물리치자 따를 곳을 알게 되었다.(『모자』)

90_ 『묵자』「명귀(明鬼)」편에서 두백에 관한 역사 기록을 근거로 귀신의 존재를 증명했는데, 이에 대해서는 앞의 〈16-1-12〉를 참조 바람.

91_ 『논형교석』에서 「안서(案書)」편에 '人情欲厚惡薄'이라는 문장이 있는 것에 근거하여, 정(情)자 앞에 인(人)자가 빠져 있다고 했다.

昔楊·墨塞群儒之路, 車不得前, 人不得步. 孟軻辟之, 乃知所從.(『牟子』)

16-2-20

묵자가 말했다.[92] [제(齊)나라] 경공(景公)이 안자(晏子)에게 공자에 대해서 물었는데 대답하지 않자, 또 세 번이나 물었는데도 모두 대답하지 않았다. 경공이 말했다. "공자에 대해 과인에게 말하는 자들이 많은데, 그들은 모두 공자를 현명한 사람이라고 여긴다. 지금 그대에게 물었는데 대답하지 않으니, 무엇 때문인가?" 안자가 대답했다. "제가 듣기에, 공자가 형(荊), 즉 초나라에 갔을 때, 백공(白公)[93]의 음모를 알고서 그에게 석걸(石乞)을 바쳐서 돕게 함으로써 아랫사람이 윗사람을 혼란스럽게 하도록 권면하고, 신하에게 군주를 시해하도록 했으니, 성현의 행위가 아닙니다." 이 내용에 대해 힐문하면 다음과 같다. 초(楚)나라 소왕(昭王)의 시대에 공자는 초대에 응하여 형나라에 갔는데, 등용되지 않자 돌아와서 진(陳)·송(宋)·제(齊)·위(衛)나라를 두루 돌아다녔다. 초나라 소왕이 죽고 혜왕(惠王)이 즉위했는데, 10년 후에 영윤(令尹) 자서(子西)[94]가 왕손(王孫)인 승(勝)을 불러들여 백공(白公)으로 삼았으니, 이때는 노나라 애공(哀公) 15년(B.C.479)이며, 공자가 위나라로부터 노나라로 돌아와서 거처한 지 5년이 되었을 때이다. 백공이 즉위한 지 1년이 지난 이후에야 난리를 일으키려고 도모했으니, 난리는 애공 16년(B.C.478) 가을에 있었고, 공자는 이미 죽은 지 100일이 지났다. 묵자가

92_ 이하 『공총자』에서 인용한 묵자의 말 전체는 『묵자』 「비유 하」편에 유사한 내용이 보인다. 자세한 내용은 이 책의 제7권 제4절〈7-4-1〉 참조 바람.

93_ 백공(白公)은 초나라 평왕(平王)의 손자로 이름이 승(勝)이다. 그가 석걸(石乞)과 난을 일으킨 일은 『좌씨전』 「애공」 10년에 보인다.

94_ 자서(子西)는 초나라의 공자(公子)로 이름은 신(申)이다.

비록 성인을 비방하고자 거짓된 말을 허황되게 날조하지만, 그 연도가 서로 들어맞지 않는 것은 어찌된 일인가?[95](『공총자』「힐묵」)

墨子稱景公問晏子以孔子而不對, 又問三皆不對. 公曰 "以孔子語寡人者衆矣, 俱以爲賢人. 今問子而不對, 何也?" 晏子曰, "嬰聞孔子之荊, 知白公謀而奉之以石乞, 勸下亂上, 敎臣弑君, 非聖賢之行也." 詰之曰, "楚昭王之世, 夫子應聘如荊, 不用而反, 周旋乎陳·宋·齊·衛. 楚昭王卒, 惠王立, 十年, 令尹子西乃召王孫勝以爲白公, 是時魯哀公十五年也, 夫子自衛反魯, 居五年矣. 白公立一年, 然後乃謀作亂, 亂在哀公十六年秋也, 夫子已卒十旬矣. 墨子雖欲謗毁聖人, 虛造妄言, 奈此年世不相値何?(『孔叢子』「詰墨」)

16-2-21

묵자가 말했다. 공자가 제(齊)나라에 가서 경공(景公)을 만났는데, 경공이 기뻐하여 그에게 니계(尼溪) 땅을 봉해주고자 했다. 안자(晏子)가 말했다. "안 됩니다. 대체로 유학자들은 거만하게 굴면서 자기 하고 싶은 대로 행동하며,[96] 운명론을 세워서 일을 게을리하며, 상례를 성대하게 치르고 슬픔을 그치지 않으며,[97] 번잡한 예법을 성대하게 사용하니, 그들의 도는 세상을 다스릴 수 없고, 그들의 학문은 집안을 교도할 수 없습니다." 경공이 "좋다"라고 말했다. 이 내용에 대해 힐문하면 다음과 같다. 이와 같은 말에 입각해서 본다면, 안자는 유학을 비난하고 예법

95_ 『묵자한고』에서 필원도 『공총자(孔叢子)』「힐묵(詰墨)」편의 이 내용을 인용하고 있다. 소시학은 경공과 안자도 이 난이 있기 전에 이미 죽었기 때문에 이 기록은 거짓된 말이라고 했다.

96_ 자순(自順)은 자기가 하고 싶은 대로 행동하는 것이다. 『사기』「공자세가(孔子世家)」에도 "倨傲自順, 不可以爲下."라는 표현이 보인다.

97_ 숭상(崇喪)은 상례를 성대하게 치르는 것이고, 수애(遂哀)는 슬픔을 그치지 않는 것이다.

을 싫어하며, 상례를 성대하게 치르고 슬픔을 그치지 않는 것을 원하지 않는 사람이다. 그런데 전기를 살펴보면, 안자의 행위는 유학자와 다를 것이 없다. 또한 경공이 정치를 하는 방법을 물었을 때, 안자는 예법과 관련된 내용으로 대답했다. 경공이 "예법으로 나라를 다스릴 수 있는가?"라고 묻자, 안자는 "예법은 정치에 있어서는 천지(天地)와 마찬가지입니다"라고 대답했으니, 이것은 예법을 싫어한 적이 없었다는 것이다. 그리고 안환자(晏桓子)가 죽었을 때, 안영은 상복을 입고 짚으로 만든 베개를 베었으며, 삼을 꼬아 만든 수질(首絰)을 쓰고 요대(腰帶)를 차고 대나무 지팡이를 짚었으며, 짚신을 신고 죽을 먹었으며, 여막에 거처하면서 3년 동안 슬픔을 그치지 않았으니,[98] 이것도 유학자와 다를 것이 없었다. 입으로는 그것을 비난하면서 행동으로는 그것을 행하는 짓을 안자는 하지 않았을 것이다.(『공총자』「힐묵」)

墨子曰, 孔子至齊, 見景公, 公悅之, 封之以尼溪. 晏子曰, "不可. 夫儒倨法而自順, 立命而怠事, 崇喪遂哀, 盛用繁禮, 其道不可以治國, 其學不可以導家." 公曰, "善." 詰之曰, 卽如此言, 晏子爲非儒惡禮, 不欲崇喪遂哀也. 察傳記, 晏子之所行, 未有以異於儒焉. 又景公問所以爲政, 晏子答以禮云. 景公曰, "禮其可以治乎?" 晏子曰, "禮於政, 與天地並." 此則未有以惡於禮也. 晏桓子卒, 晏嬰斬衰枕草, 苴絰帶杖, 菅菲食粥, 居於倚廬, 遂哀三年. 此又未以異於儒也. 若能以口非之而躬行之, 晏子所弗爲.(『孔叢子』「詰墨」)

98_ 안환자(晏桓子)는 제나라의 상대부로, 안영의 부친인 안약(晏弱)이다. 저질(苴絰)은 씨가 있는 거친 삼으로 만든 수질(首絰)이고, 대주(帶柱)는 요대(腰帶)를 차고 대나무로 만든 지팡이를 짚는 것이다. 간비(菅菲)는 짚으로 만든 신발로, 상주가 초상 때 신는 신발이다. 의려(倚廬)는 부모의 상중에 상주가 거처하는 여막으로, 동쪽 담에 붙여서 여막을 세우기 때문에 이렇게 불렀다. 『좌씨전』「양공」17년에 "齊晏桓子卒, 晏嬰麤縗斬, 苴絰帶杖, 菅屨, 食鬻, 居倚廬, 寢苫枕草."라는 기록이 보인다.

16-2-22

묵자가 말했다. 공자는 경공이 자기에게 땅을 봉해주지 않는 것을 노여워하여, 이에 치이자피(鴟夷子皮)[99]를 전상(田常)[100]의 집에 머물게 했다.[101] 이 내용에 대해 힐문하면 다음과 같다. 대체로 사람을 머물게 하는 것은 믿기 때문이다. 전하는 기록에 의하면,[102] 공자가 제나라에 갔을 때, 진상(陳常)을 미워하여 끝내 만나보지 않았다.〈원주: [진상(陳常)은] 바로 전상(田常)이다.〉 진상은 그것을 괴로워하면서 또한 공자를 미워했다. 서로 미워하면서도 일을 맡기는 것은 그럴 수도 있다. 또한 전하는 기록에 의하면,[103] 진상이 자기 임금을 시해하자, 공자는 목욕재계하고 조회하여 그를 토벌할 것을 요청했다. 공자가 끝내 치이자피를 [진상의 집에] 머물게 하지 않은 것이 분명함을 볼 수 있다.(『공총자』「힐묵」)

墨子曰, 孔子怒景公之不封己, 乃樹鴟夷子皮于田常之門. 詰之曰, 夫樹人, 爲信已也. 記曰, 孔子適齊, 惡陳常而終不見.〈卽田常.〉 常病之, 亦惡孔子. 交相惡而又任事, 其然矣. 記又曰, 陳常弑其君, 孔子齋戒沐浴而朝, 請討之. 觀其終不樹子皮審矣.(『孔叢子』「詰墨」)

99_ 치이자피(鴟夷子皮)는 범려(范蠡)로, 조나라 대부이다. 월왕 구천(句踐)을 도와 오나라를 멸망시킨 후에 제나라에 이르러 이름을 바꾸어 치이자피(鴟夷子皮)라고 했다.

100_ 전상(田常)은 진항(陳恒)으로, 제나라의 대신(大臣)이었다. B.C.481년에 제나라 간공(簡公)을 죽이고 제나라 평공(平公)을 옹립하여 제나라에서 전권(專權)을 행사했다.

101_ 역사적 사실에 근거하면, 범려가 구천을 도와 오나라를 멸망시켰을 때 공자가 죽은 지 이미 6년이 되었고, 안영과 제나라 경공도 이미 죽은 후이기 때문에 묵자의 이 글은 역사적 사실에 부합하지 않는다.

102_ 이와 관련된 기록이 보이는 전적은 없다.

103_ 『논어』「헌문」편에 "陳成子弑簡公, 孔子沐浴而朝, 告於哀公曰, 陳恒弑其君, 請討之."라는 기록과 『좌씨전』「애공」 14년에 "甲午, 齊陳恒弑其君壬于舒州. 孔丘三日齊, 而請伐齊三."이라는 기록이 보인다.

16-2-23

묵자가 말했다. 공자가 노나라의 사구(司寇)[104]가 되었는데, 노나라의 공실(公室)을 버려두고 계손씨(季孫氏)를 받들었다. 이 내용에 대해 힐문하면 다음과 같다. 만약 계손씨를 재상으로 여겼다면, 사구는 재상에게 통솔되니, 그를 받든 것은 자연스럽게 법도에 맞다. 만약 계손씨에게 빌붙을 의도가 있었다면, 계손이 [제나라의] 여자 무희들을 받아들이자 공자는 그를 떠났고,[105] 계손씨가 공자를 죽이고 수감하려고 하자 공자는 그를 버렸으니, 결코 구차하게 [계손씨를] 따른 것이 아님을 알 수 있다.(『공총자』「힐묵」)

墨子曰, 孔子爲魯司寇, 舍公家而奉季孫. 詰之曰, 若以季孫爲相, 司寇統焉, 奉之自法也. 若附意季孫, 季孫旣受女樂, 則孔子去之, 季孫欲殺囚, 則孔子赦之, 非苟順之謂也.(『孔叢子』「詰墨」)

16-2-24

묵자가 말했다. 공자가 채(蔡)나라와 진(陳)나라 사이에서 궁지에 빠졌을 때, 자로(子路)가 돼지고기를 구하여 삶아주자, 공자는 고기의 출처를 묻지 않고 먹었으며, 남의 옷을 빼앗아 술을 사다주자, 공자는 술의 출처를 묻지 않고 마셨다. 이 내용에 대해 힐문하면 다음과 같다. 이른바 궁지에 빠졌다는 것은 술을 사올 만한 곳이 없고, 쌀 한 톨 들어가지 않은[106] 명아주국을 7일 동안 먹은 상태이다.[107] 만약 돼지고기를 삶

104_ 사구(司寇)는 형벌의 집행을 맡은 관리이다.

105_『논어』「미자」편에 "齊人歸女樂, 季桓子受之, 三日不朝, 孔子行."이라는 기록이 보인다. 『사기』「공자세가」에도 보인다.

106_ 립(粒)은 국에 쌀을 넣은 것으로, 『묵자』에는 '藜羹不糝, 十日.'로 되어 있다. 『장자』「양왕(讓王)」편에도 "七日不火食, 藜羹不糝."이라는 기록이 보인다.

107_『사기』「공자세가」에도 이와 관련된 이야기가 보인다. 「공자세가」의 기록에 의

고 술을 마셨다면, 어찌 궁지에 빠졌다고 말할 수 있겠는가? 이것은 그렇지 않다. 또한 자로의 사람됨이 의리를 드러내는 데 용감하기 때문에 설령 돼지고기와 술이 있다고 하더라도, 의리로써 하지 않았다면 취하지 않는다는 것을 알 수 있는데, 또한 어찌 [그 출처를] 묻겠는가?(『공총자』「힐묵」)

墨子曰, 孔子厄于陳・蔡之間, 子路烹豚, 孔子不問肉之所由來而食之, 剝人之衣以沽酒, 孔子不問酒之所由來而飮之. 詰之曰, 所謂厄者, 沽買無處, 藜羹不粒之食七日. 若烹豚飮酒, 則何言乎厄? 斯不然矣. 且子路爲人, 勇於見義, 縱有豚酒, 不以義不取之可知也, 又何問焉?(『孔叢子』「詰墨」)

16-2-25

묵자가 말했다. 공자의 여러 제자들 중에 자공(子貢)과 계로(季路)는 공리(孔悝)[108]를 도와서 위(衛)나라에서 난을 일으켰고, 양호(陽虎)는 노(魯)나라에서 난을 일으켰으며,[109] 필힐(佛肹)[110]은 중모(中牟) 땅을 근거지로

하면, 공자가 진(陳)나라와 채(蔡)나라 사이에 살고 있을 때, 초나라가 공자를 초빙했다. 이때 진나라와 채나라의 대부들이 초나라로 가는 공자 일행을 포위하여 보내주지 않았다. 공자 일행은 포위를 당한 채 식량이 떨어지고, 제자들 중에 병이 들어서 일어나지도 못하는 자도 있었다고 한다. 그 후 초나라에서 군대를 보내와서 공자를 맞이해 감으로써 비로소 진나라와 채나라 사이에서의 곤란에서 벗어날 수 있었다.

108_ 공리(孔悝)는 위(衛)나라의 정경(正卿)이었다. 『좌씨전』「애공」 15년의 기록에 따르면, 공리는 위나라의 정권을 좌지우지하여 위나라 출공(出公)을 폐위시키고, 출공의 아버지 괴외(蒯聵)를 위나라 장공(莊公)으로 세웠다. 당시 자로는 위나라에서 벼슬을 하고 있었는데, 군주를 구하지 못하고 정변에 대항하다가 죽임을 당했으며, 자고(子皐)는 도망을 쳤다고 한다. 여기의 자공(子貢)은 자고(子皐)를 잘못 기록한 것이다.

109_ 양호(陽虎)는 양화(陽貨)라고도 하는데, 당시에 공자와는 정적(政敵)으로서 계손씨의 가신이다. 공자의 제자로 보는 것은 다소 무리가 있다. 『묵자』「비유 하」

삼아 반란을 일으켰고, 칠조개(漆雕開)는 사형을 당했다.[111] 이 내용에 대해 힐문하면 다음과 같다. 이 말과 같다면 위나라의 난은 자공과 계로가 일으킨 것인가? 이것은 말할 필요도 없이 분명하다. 양호가 공자를 만나려고 했으나, 공자가 만나지 않았는데,[112] 어찌 제자라고 할 수 있겠는가? 필힐이 중모 땅을 근거지로 삼아 반란을 일으키고 공자를 부른 일은 있지만,[113] 공자의 제자였다는 것은 들어본 적이 없다. 또한 칠조개가 사형을 당한 것은 공자의 처신에 의해 초래된 것이 아닌데, 공자의 덕(德)에 무슨 손상을 끼칠 수 있겠는가?(『공총자』「힐묵」)

墨子曰, 孔子諸弟子, 子貢·季路輔孔悝以亂衛, 陽虎亂魯, 佛以中牟畔, 漆雕開形殘. 詰之曰, 如此言, 衛之亂, 子貢·季路爲之耶? 斯不待言而了矣. 陽虎欲見孔子, 孔子不見, 何弟子之有? 佛以中牟叛, 召孔子則有之矣, 爲孔子弟子, 未之聞也. 且漆雕開形殘, 非行己之致, 何傷於德哉?(『孔叢子』「詰墨」)

16-2-26

묵자가 말했다.[114] 공자가 노나라의 재상이 되자, 제나라 경공이 근심하여 안자에게 말했다. "이웃 나라에 성인이 있는 것은 우리나라의 우

편에는 "陽貨亂乎齊."라고 기록되어 있다.

110_ 필힐(佛肹)은 진(晉)나라 중모(中牟) 지방의 장관(長官)이었다. 필힐 또한 공자의 제자가 아니다.

111_ 형잔(形殘)은 형벌을 받고 죽임을 당한 것이다. 형(形)은 형(刑)과 같은 의미인데, 『묵자』「비유 하」편에는 형잔(刑殘)으로 되어 있다.

112_ 『논어』「양화」편에 "陽貨欲見孔子, 孔子不見, 歸孔子豚, 孔子時其亡也而往拜之, 遇諸塗."라는 기록이 보인다.

113_ 『논어』「양화」편에 "佛肹, 召, 子欲往. 子路曰, 昔者, 由也聞諸夫子, 曰, 親於其身, 爲不善者, 君子不入也. 佛肹, 以中牟畔, 子之往也, 如之何?"라는 기록이 보인다.

114_ 이 내용은 『안자춘추』「외편(外篇)」에 보인다. 자세한 내용은 이 책의 제14권 제1절〈14-1-13〉 참조 바람.

환이다. 지금 공자가 노나라의 재상이 되었으니, 어찌하는 것이 좋겠는가?" 안자가 대답했다. "임금께서는 근심하지 마십시오. 저 노나라의 임금은 나약한 군주이고, 공자는 성스러운 재상입니다. 최상의 방법은 다음과 같습니다. 임금께서 공자를 남몰래 중시하여 제나라의 재상을 삼고자 하면 공자는 노나라 임금에게 반드시 강력하게 간언을 할 것입니다. 노나라 임금이 들어주지 않으면 장차 제나라로 오려고 할 것이니, 임금께서는 받아들이지 않는다면 공자는 곤란한 처지에 빠지게 될 것입니다." 이 내용에 대해 힐문하면 다음과 같다. 이와 같은 말에 근거한다면, 경공과 안자는 공자의 성스러움을 두려워하는 것인데, 앞에서는 성현의 행위가 아니라고 말했다.[115] 앞뒤가 서로 상반되니, 안자가 잘못되었을 가능성은 있지만, 그렇지 않다면 [이 기록은] 사실과는 같지 않다.(『공총자』「힐묵」)

墨子曰, 孔子相魯, 齊景公患之, 謂晏子曰, "鄰國有聖人, 國之憂也. 今孔子相魯, 爲之若何?" 晏子對曰, "君其勿憂. 彼魯君, 弱主也, 孔子, 聖相也. 不如陰重孔子, 欲以相齊, 則必强諫魯君. 魯君不聽, 將適齊, 君勿受, 則孔子困矣." 詰之曰, 按如此辭, 則景公・晏子畏孔子之聖也, 上乃云非聖賢之行. 上下相反, 若晏子悖可也, 否則不然矣. (『孔叢子』「詰墨」)

16-2-27

묵자가 말했다.[116] 공자가 [제나라] 경공을 만났는데, 경공이 말했다.

115_ 앞에 나온 『공총자』「힐묵」편에 다음과 같은 안자의 말이 보인다. "제가 듣기에, 공자가 형(荊), 즉 초나라에 갔을 때, 백공(白公)의 음모를 알고서 그에게 석걸(石乞)을 바쳐서 돕게 함으로써 아랫사람이 윗사람을 혼란스럽게 하도록 권면하고, 신하에게 군주를 시해하도록 했으니, 성현의 행위가 아닙니다."

116_ 이 내용은 『묵자』「일문(佚文)」편과 『안자춘추』「외편」에 보인다. 『묵자』「일문」편의 내용은 이 책의 제14권 제2절〈14-2-4〉 참조 바람.

"선생은 평소에 안자를 만나지 않습니까?"[117] [공자가] 대답했다. "안자는 세 임금을 섬기면서도 순조롭게 일을 수행했습니다. 이것은 세 가지 마음을 가진 것이기 때문에 만나지 않는 것입니다." 경공이 안자에게 고해주자, 안자가 말했다. "세 명의 임금이 모두 자기 나라를 안정시키고자 하니, 이 때문에 저는 순조롭게 일을 수행할 수 있었습니다. 듣자하니, 군자는 홀로 서 있을 때 자기 그림자에게도 부끄럽지 않아야 한다고 했는데, 지금 공자는 [송나라의 사마환퇴(司馬桓魋)가] 나무를 뽑아서 그를 죽이려 했고,[118] [위(衛)나라에서는] 정착하지 못하고 쫓겨났는데도,[119] 스스로 욕되게 여기지 않았습니다. 그리고 진(陳)나라와 채(蔡)나라 사이에서 곤궁에 처했는데도, 스스로 가난하고 고생스럽다

117_『안자춘추』「외편」에는 이 말을 한 사람이 자공(子貢)으로 되어 있다.

118_『사기』「공자세가」에 다음과 같이 기록되어 있다. "공자가 조나라를 떠나 송나라로 가서 제자들과 함께 큰 나무 밑에서 예에 대해서 강론했다. 그런데 송나라의 사마 환퇴(桓魋)가 공자를 죽이려고 하여 그 나무를 뽑아 버렸고, 공자는 송나라를 떠났다. 제자들이 '빨리 떠나는 것이 좋겠습니다'라고 하자, 공자는 '하늘이 나에게 덕을 부여했는데, 환퇴가 나를 어찌 하겠는가?'라고 했다.[孔子去曹適宋, 與弟子習禮大樹下. 宋司馬桓魋欲殺孔子, 拔其樹, 孔子去. 弟子曰, '可以速矣.' 孔子曰, '天生德於予, 桓魋其如予何?']" 이때가 B.C.492년, 공자 나이 52세 때이다. 이 내용은 『논어』「술이(述而)」편에도 보이며, 『맹자』「만장 상(萬章 上)」편에도 "孔子不悅於魯衛, 遭宋桓司馬將要而殺之, 微服而過宋."이라는 기록이 보인다.

119_ 공자가 위나라에 잠시 머물렀는데, 참소에 의해 위(衛) 영공(靈公)의 의심을 받아서 열 달 만에 떠난 것을 말한다. 『사기』「공자세가」에 의하면, 위나라에서 진(陳)나라로 가면서 위나라의 광(匡)이라는 땅에서 양호(陽虎)라는 사람으로 오인을 받아 5일 동안 포위를 당했다. 이때 제자들은 모두 두려워했지만, 공자는 "문왕이 이미 죽었으니, [주나라의] 문화 제도가 여기 나에게 있지 않겠는가? 하늘이 장차 이 문화 제도를 없애버리려고 했다면 [문왕보다] 뒤에 죽는 내가 이 문화 제도에 동참할 수 없었겠지만, 하늘이 이 문화 제도를 아직 없애지 않았으니, 광 땅 사람들이 나를 어떻게 하겠는가?"라고 말했다고 한다. 『논어』「자한(子罕)」편에도 "子畏於匡, 曰, '文王旣沒, 文不在玆乎? 天之將喪斯文也, 後死者不得與於斯文也, 天之未喪斯文也, 匡人其如予何?'"라는 기록이 보인다. 그 이후에도 여러 번 위나라에 가서 영공(靈公) 밑에서 벼슬할 기회가 있었지만, 결국은 정착하지 못하고 떠났다.

고 여기지 않았습니다. 처음에 나는 유가를 바라보고서 그들을 귀중하게 여겼는데, 지금은 그들을 의심합니다."[120] 이 내용에 대해 힐문하면 다음과 같다. 이와 같다면 공자와 안자가 서로 비방한 것인데, 소인이라면 그런 일이 있겠지만, 군자라면 그렇지 않다. 공자가 말했다. "영공(靈公)은 추잡한데 안자는 그를 깨끗함으로 섬겼고, 장공(莊公)은 비겁한데 안자는 그를 용감함으로 섬겼으며, 경공(景公)은 사치스러운데 안자는 그를 검소함으로 섬겼으니, 안자는 군자이다." 양구거(梁丘據)가 안자에게 물었다. "세 명의 임금을 섬기면서 [그들에 대한] 마음이 같지 않은데도 모두 순조롭게 일을 수행했으니, 인자한 사람은 본래 여러 가지 마음을 가지고 있습니까?" 안자가 대답했다. "한 가지 마음으로 백 명의 임금을 섬길 수 있지만, 백 가지 마음으로 한 명의 임금을 섬길 수는 없다. 따라서 세 명의 임금의 마음은 한 가지가 아니고, 나의 마음은 세 가지가 아니다." 공자가 그것을 듣고 말했다. "학생들은 기억하라. 안자는 한 가지 마음으로 세 명의 임금을 섬겼으니, 군자이다."[121] 이와 같으니, 공자는 안자를 영예롭게 생각한 것이지, 이른바 비방하면서 만나보지 않은 것이 아니다. 경공이 안자에게 "이와 같은 무리들 속에서 공자를 찾을 수 있겠는가?"라고 묻자, 안자가 "공자는 군자 중에서도 행실에 절도가 있는 자입니다"라고 대답했다.[122] 안자는 또 말했다. "영성광(盈成匡)은 부모에게는 효성스러운 자식이고, 형에게는 공손한 아우였다. 그 부모는 일찍이 공자의 문인이었고, 문

120_ 『안자춘추』「외편」에 의하면, 안자는 공자가 그러한 사건들을 겪었으면서도 스스로 반성할 줄 모를 뿐만 아니라, 오히려 다른 사람을 비방하고, 그 원인의 소재를 파악하지 못한다고 비판했다.

121_ 이상의 내용은 다른 책에는 보이지 않는다.

122_ 이 내용은 『안자춘추』「외편」에 보인다. 경공이 사냥을 나갔다가 많은 무리들이 모인 것을 보고, 공자가 특출하여 그 무리 속에 있더라도 금방 알아보고 찾을 수 있는지를 물은 것이다. 그리고 안자가 공자의 행실을 칭찬한 이 내용과는 달리, 『안자춘추』에서는 안자가 "공자는 한 가지의 절도만을 행할 수 있는 자이다[孔子, 行一節者也.]"라고 하여, 순임금과 비교하여 공자를 비판했다.

인들도 그를 귀하게 여겼으니, 그 스승인 공자도 천대하지 않았다." 이것은 안자도 공자를 영예롭게 여겼다는 것을 알 수 있다. 대체로 덕이 닦이지 않는 것은 자기 자신의 죄이며, 불행하게도 다른 사람에게 굴복하는 것은 자기 자신의 운명이다. [송나라의 사마환퇴가] 나무를 뽑아서 그를 죽이려 했고, [위나라에서는] 정착하지 못하고 쫓겨났으며, 7일 동안 식량이 끊어졌는데도 어찌 가난하고 고생스럽다고 여기겠는가? 만약 안자가 이것으로 유가를 의심한다면 안자도 현명하기에는 충분하지 않다.(『공총자』「힐묵」)

墨子曰, 孔子見景公, 公曰, "先生素不見晏子乎?" 對曰, "晏子事三君而得順焉. 是有三心, 所以不見也." 公告晏子, 晏子曰, "三君皆欲其國安, 是以嬰得順也. 聞君子獨立不慚於影, 今孔子伐樹削跡, 不自以爲辱. 身窮陳·蔡, 不自以爲約. 始吾望儒貴之, 今則疑之." 詰之曰, 若是乎, 孔子·晏子交相毁也, 小人有之, 君子則否. 孔子曰, "靈公汙而晏子事之以潔, 莊公怯而晏子事之以勇, 景公侈而晏子事之以儉, 晏子, 君子也." 梁丘據問晏子曰, "事三君而不同心, 而俱順焉, 仁人固多心乎?" 晏子曰, "一心可以事百君, 百心不可以事一君. 故三君之心非一也, 而嬰之心非三也." 孔子聞之曰, "小子記之. 晏子以一心事三君, 君子也." 如此, 則孔子譽晏子, 非所謂毁而不見也. 景公問晏子曰, "若人之衆則有孔子乎?" 對曰, "孔子者, 君子行有節者也." 晏[123]子又曰, "盈成匡, 父之孝子, 兄之弟弟也. 其父尙爲孔子門人, 門人且以爲貴, 則其師亦不賤矣." 是則晏子亦譽孔子可知也. 夫德之不修, 己之罪也, 不幸而屈於人, 己之命也. 伐樹削跡, 絶糧七日, 何約乎哉? 若晏子以此而疑儒, 則晏子亦不足賢矣.(『孔叢子』「詰墨」)

123_ 안(晏)이 『공자개제고』에는 경(景)으로 되어 있는데, 『공총자』 원문에 따라 고쳤다.

16-2-28

묵자가 말했다.[124] 경공이 노침(路寢)에서 제사를 지내고 있었는데, 곡소리가 들려 양구거(梁丘據)에게 물었다. [양구거가] 대답했다. "노나라 공자의 무리입니다. 그 어머니가 죽어서 삼년상을 치르고 있기 때문에 곡하면서 우는 것이 매우 슬픈 것입니다." 경공이 "[삼년상이] 어찌 옳지 않겠는가?"라고 말하자, 안자가 대답했다. "옛날에 성인이 [삼년상을] 할 수 없는 것이 아닌데도 하지 않은 것은 그것이 죽은 자에게는 보탬이 없고, 산 사람의 일에 깊이 해를 끼친다는 것을 알았기 때문입니다." 이 내용에 대해 힐문하면 다음과 같다. 묵자는 부모가 죽었을 때 복상을 하지 않으려고 하고, 삼일 동안 곡을 하다가 자기 마음대로 그만두어 버리는 자로, 결국은 스스로 그것을 실행했는데, 안자를 공연히 인용하여 자기와 동일시함으로써 마침 자신의 잘못을 증명했을 뿐이다. 또한 안자는 부모에 대한 장례의 예법을 치른 적이 있으니, 아무런 연고 없이 예법의 실행을 비난하는 자가 아니다.(『공총자』「힐묵」)

墨子曰, 景公祭路寢, 聞哭聲, 問梁丘據. 對曰, "魯孔子之徒也. 其母死, 服喪三年, 哭泣甚哀." 公曰, "豈不可哉?" 晏子曰, "古者聖人, 非不能也, 而不爲者, 知其無補于死者, 而深害生事故也." 詰之曰, 墨子欲以親死不服, 三日哭而已于意安者, 卒自行之, 空用晏子爲引而同於己, 適證其非耳. 且晏子服父禮, 則無緣非行禮者也.(『孔叢子』「詰墨」)

康16-21

『공총자』는 왕숙(王肅, 195~256)이 날조한 책으로,[125] 근거로 삼기에는 부

124_ 이 내용은 『묵자』「일문(佚文)」편과 『안자춘추』「외편」에도 보인다.

125_ 『공총자』는 옛 판본에는 한나라 때의 공부(孔鮒)가 지은 것이라고 되어 있는데, 공부는 자가 자어(子魚)이고 공자의 8세손이다. 그러나 『공자가어』와 마찬가지로

족하다. 그러나 공자에 대한 묵자의 비방과 무고가 이르지 않는 바가 없었기 때문에 시류를 선동하여 미혹시켰고, 상호 공격도 심했다. 『공총자』가 그것을 변론하여 바로잡았기 때문에 또한 가려서 취했다.

『孔叢子』爲王肅僞書, 雖不足據. 然墨子之毁誣孔子, 無所不至, 以鼓惑時流, 相攻亦甚矣. 『孔叢子』能辨正之, 故亦節取焉.

<이상 유가가 묵가를 공격하다: 右儒攻墨>

3. 묵가가 유가를 공격하다 [墨攻儒]

16-3-1[126]

악기를 타면서 노래를 부르거나 북을 치면서 춤을 추는 것으로써 음악을 삼고, 규칙에 따라 나아가고 물러나거나 읍을 하고 겸양하는 것으로써 예법을 닦고, 장례를 성대하게 치르고 상례를 오랫동안 치르는 것으로써 죽은 자를 보내는 것은 공자가 세운 주장인데, 묵자는 그것을 비난했다.(『회남자』「범론훈」)

夫弦歌鼓舞以爲樂, 盤旋揖讓以修禮, 厚葬久喪以送死, 孔子之所立也, 而墨子非之.(『淮南子』「氾論訓」)

왕숙이 날조한 책이라는 주장도 있다. 왕숙(王肅)은 삼국시대 위(魏)나라 동해(東海) 사람이며, 자는 자옹(子雍)이다. 그의 학설은 위나라의 관학으로 공인을 받았으며, 사적은 『삼국지』의 본전에 수록되어 있다. 많은 책에 주석을 달았는데, 대표적인 것이 『공자가어(孔子家語)』와 『고문상서』이다.

126_ 이하에서 인용한 『회남자』「범론훈」편의 내용은 이 책의 제9권 제4절〈9-4-6〉에서 이미 인용했다. 자세한 주석은 앞의 내용을 참조 바람.

16-3-2[127]

대체로 도술과 학업을 하나로 통일하는 것은 인의(仁義)이다. 모두 크게는 이로써 사람을 다스리고, 작게는 이로써 관직을 맡으며, 멀게는 두루 베풀고, 가깝게는 이로써 자신을 수양한다. 의롭지 않으면 처신하지 않고, 도리가 아니면 실천하지 않으며, 힘써 천하의 이로움을 일으키고, 모든 행동거지에서 이롭지 않으면 그만두니, 이것이 군자의 도이다. 그런데 내가 들은 공자의 행동은 근본적으로 이것과는 서로 어긋난다.(『묵자』「비유 하」)

夫一道術學業, 仁義也.[128] 昔[129]大以治人, 小以任官, 遠施用[130]遍, 近以循[131]身. 不義不處, 非理不行, 務興天下之利, 曲折周旋, 利則止, 此君子之道也. 以所聞孔某之行, 則本與此相反謬也..(『墨子』「非儒 下」)

16-3-3[132]

유학자가 말했다. "친한 이를 친하게 대하는 것에도 강등이 있고, 현명한 이를 높이는 것에도 차등이 있다." 이것은 친함과 소원함, 존귀함과 비천함의 차이를 말한 것이다. 그 예법에서 말했다. "부모의 거상 기간은 3년, 부인과 맏아들도 3년, 백부와 숙부, 동생과 형, 서자(庶子)는 1

127_ 이하에서 인용한 『묵자』「비유 하」편의 내용은 이 책의 제7권 제4절〈7-4-1〉에서 이미 인용했다. 자세한 주석은 앞의 내용을 참조 바람.

128_ 야(也)는 자(者)로 되어 있는 판본도 있는데, 필원의 판각본에 의거하여 야(也)로 풀이했다. 자(者)로 볼 경우, 김학주의 『묵자』 번역처럼 "도술과 학업과 어짊과 의로움을 통일한 사람"이라는 풀이도 가능하다

129_ 석(昔)이 『묵자한고』에는 개(皆)로 되어 있다.

130_ 용(用)이 『묵자한고』에는 주(周)로 되어 있다.

131_ 순(循)이 『묵자한고』에는 수(脩)로 되어 있다.

132_ 이하에서 인용한 『묵자』「비유 하」편의 내용은 이 책의 제7권 제4절〈7-4-1〉에서 이미 인용했다. 자세한 주석은 앞의 내용을 참조 바람.

년,〈원주: 기(其)는 기(期)와 같다.〉 친척과 족인(族人)은 다섯 달이다." 그런데 만약 친소(親疎)를 기준으로 상례의 기간을 정한다면, 가까운 자는 기간을 많이 하고 소원한 자는 기간을 적게 하니, 이것은 아내와 적장자를 부모와 동등하게 대우하는 것이다. 또 만약 존비(尊卑)를 기준으로 상례의 기간을 정한다면, 이것은 그 처자(妻子)를 높여서 부모와 동등하게 대우하고, 큰아버지와 종형(宗兄)을 서자와 동일시하는 것이니, 무엇이 이보다 더 이치에 어긋날 수 있겠는가? 유학자들은 부모가 죽으면 시신을 그대로 펼쳐놓고 염(殮)을 하지 않으며,〈원주: 불(弗)은 불(祓)과 같다.〉 지붕 위로 올라가고 우물을 들여다보며, 쥐구멍을 뒤져서 찾고 씻을 기물들을 살펴보면서 죽은 이를 찾는다. 그런데 실제로 살아 있다고 생각하는 것이라면 어리석음이 매우 심한 것이며, 만약 이미 돌아가신 것을 알면서도 기어코 그를 찾으려고 하는 것이라면 허위가 또한 큰 것이다. 유학자들은 장가를 들 때 [신랑이] 직접 신부를 맞이하는데, 검은색의 예복을 입고 마부가 된다. 말고삐를 잡고서 수레의 손잡이 끈을 [신부에게] 주니, 마치 부모를 태우는 것과 같다. 그리고 혼례의 엄격한 의식은 마치 제사를 받드는 것과 같으니, 위아래의 지위를 뒤집어서 부모를 거역하는 것이다. 부모[의 상례]는 낮추어 처자식과 같게 하고, 처자식은 올려서 부모를 업신여기게 하니, 부모를 섬기는 것이 이와 같다면 효도라고 말할 수 있겠는가? 유학자가 부인을 직접 맞이하러 가는 것은 부인이 제사를 받들고, [그녀의] 자식이 장차 종묘를 지키기 때문이다. 따라서 그 [예법을] 중시한다. 이 말에 응수하여 다음과 같이 말한다. "이것은 거짓된 말이다. 그의 종형(宗兄)들은 선조들의 종묘를 수십 년이나 지켰는데도, 그가 죽으면 1년 복상을 하고,〈원주: 기(其)는 기(期)와 같다.〉 형제의 아내들은 선조들의 종묘를 받들지만, [그녀들이 죽으면] 상복을 입지 않는다. 그렇다면 처자식을 위해 3년 동안 복상하는 것은 결코 그들이 종묘를 지키고 제사를 받들기 때문이 아니다. 처자식을 아끼는 것이 이미 큰 잘못인데도, 또 '[그들이]

부모를 소중히 여기기 때문이다'라고 말한다. 이것은 지극히 사사로운 대상을 후하게 대우하고, 지극히 소중한 대상을 가볍게 대우하는 것이니, 어찌 크게 간사한 짓이 아니겠는가?"

儒者曰, "親親有術, 尊賢有等." 言親・疏尊卑之異也. 其禮曰, "喪父母三年, 其妻・後子三年, 伯父・叔父・弟兄・庶子其〈與期同.〉, 戚族人五月." 若以親疏爲歲月數, 則親者多而疏者少矣, 是妻・後子與父同也. 若以尊卑爲歲月數, 則是尊其妻子與父母同, 而親・伯父・宗兄而卑子也, 逆孰大焉? 其親死, 列尸弗〈與祓同.〉, 登屋窺井, 挑鼠穴, 探滌器, 而求其人焉. 以爲實在, 則贛愚甚矣, 如其亡也, 必求焉, 僞亦大矣. 取妻身迎, 祗褍爲僕. 秉轡授綏, 如仰嚴親. 昏禮威儀, 如承祭祀, 顚覆上下, 悖逆父母. 下則妻子, 妻子上侵, 事親若此, 可謂孝乎? 儒者迎妻, 妻之奉祭祀, 子將守宗廟. 故重之. 應之曰, "此誣言也. 其宗兄守其先宗廟, 數十年, 死, 喪之其〈同期.〉, 兄弟之妻, 奉其先之祭祀, 弗散. 則喪妻子三年, 必非以守奉祭祀也. 夫憂妻子以大負累, 有曰'所以重親也'. 爲欲厚所至私, 輕所至重, 豈非大奸也哉?"

16-3-4

옛날에 걸왕이 명이 있다고 주장하여 실행했기 때문에 탕왕이 「중훼지고」를 지어 그것을 비난한 것이다. 「태서」의 말 중에, 「태자발(太子發)」〈원주: 알 수 없다.〉에서 다음과 같이 말했다. "아! 군자여, 하늘은 드러난 덕이 있어서 그 행하는 일이 매우 크게 드러나니, [주나라가] 거울삼는 것은 멀리 있지 않고, 저 은나라 왕에게 있다. [주왕이] 자기가 천명을 소유했다고 말하고, 공경을 실행할 필요가 없다고 말하며, 제사는 무익하다고 말하고, 포악한 행동이 해로울 것이 없다고 말했다. 상제가 가상하게 여기지 않아서 중국이 이 때문에 멸망했고, 상제가 편안하게 여기지 않아서 단연코 이러한 멸망을 내렸다. 오직 우리 주나라는 큰 상(商)나라[의 명을 하늘로부터] 받았다." 옛날에 주왕이 명이 있다고 주장하여 실행했기 때문에 무왕이 「태서」와 「태자발」을 지어 그것을 비난한 것이다. [묵자가] 말했다. "그대는 어찌 위로 상(商)·주(周)·우(虞)·하(夏)의 기록에서 그것을 살펴보지 않는가? 10편 이상의 책에서 모두 명이 없다고 여기니, 장차 어떻게 [대답하겠는가]?[133]

昔者桀執有命而行, 湯爲「仲虺之告」以非之. 「太誓」之言也, 于「去發」〈未詳.〉曰, "惡乎! 君子, 天有顯德, 其行甚章, 爲鑒不遠, 在彼殷王. 謂人有命, 謂敬不可行, 謂祭無益, 謂暴無傷. 上帝不常, 九有以亡, 上帝不順, 祝降其喪. 惟我有周, 受之大帝." 昔紂執有命而行, 武王爲「太誓」·「去發」以非之. 曰, "子胡不尙考之乎商·周·虞·夏之記? 從十簡之篇以尙皆無之, 將何若者也?

따라서 묵자가 말했다. "지금 천하의 군자들 중에 학문을 하여 담론을 내는 자들은 장차 자신의 목구멍과 혀를 힘들게 하고, 자신의 입술을 날카롭게 하려는 것이 아니라,[134] 진실로 장차 자신의 국가와 고을의 백성들에게 형정(刑政)을 시행하고자 하려는 것이다.[135] 지금 왕공과 대인들이 아침 일찍 조회에 나가서 저녁 늦게 퇴근하며, 재판을 처리하고 정사를 다스리는 일을 하니, 새벽부터 온종일 직분을 고르게 수행하면서[136] 감히 태만하지 못하는 것은 무엇 때문인가? 그 이유는 다음과 같다. 저들은 힘써 노력하면 반드시 다스려지고, 힘써 노력하지 않

133_ 이상에서 인용한 『묵자』 「비명 하」편의 내용은 이 책의 제4권 제2절〈4-2-35〉에서 이미 인용했다. 자세한 주석은 앞의 내용을 참조 바람.

134_ 후설(喉舌)은 목구멍과 혀를 말한다. 『묵자』 원문에는 유설(惟舌)로 되어 있는데, 왕염손이 후설(喉舌)이 되어야 한다고 했다. 여기에서는 『묵자』 원문에 따라 고치지 않고, 왕염손의 주장에 따라 그대로 두었다. 순문(脣呡)은 입술을 말한다.

135_ 『묵자한고』에 의하면, 이 문장에는 빠진 글자가 있다고 한다. 욕(欲)자 다음에 위(爲)자가 있는 판본도 있다고 하는데, 여기에서는 그 판본에 따라 해석했다.

136_ 종조(終朝)는 새벽부터 조반 때까지 시간을 말하는데, 여기에서는 새벽부터 온종일 동안 직분을 수행한다는 의미로 이해된다.

으면 반드시 혼란스러워지며, 힘써 노력하면 반드시 편안해지고, 힘써 노력하지 않으면 반드시 위태로워진다고 생각하기 때문에 감히 태만하지 못하는 것이다. 지금 경대부들이 팔다리의 온 힘을 다하고, 자기가 생각할 수 있는 지혜를 다하여, 안으로는 관부를 다스리고 밖으로는 관문이나 시장, 산림이나 고기를 잡는 천택(川澤)에서 나는 이익에서 세금을 거두어들임으로써 관부를 채우면서 감히 태만하지 못하는 것은 무엇 때문인가? 그 이유는 다음과 같다. 저들은 힘써 노력하면 존귀해지고, 힘써 노력하지 않으면 비천해지며, 힘써 노력하면 영화로워지고, 힘써 노력하지 않으면 치욕스럽게 된다고 생각하기 때문에 감히 태만하지 못하는 것이다. 지금 농부들이 아침 일찍 나가서 저녁 늦게 들어오며, 밭을 갈고 씨를 뿌리고 심고 가꾸어서, 곡식[137]을 많이 수확하려고 힘써 노력하면서 감히 태만하지 못하는 것은 무엇 때문인가? 다음과 같다. 그 이유는 저들은 힘써 노력하면 반드시 부유해지고, 힘써 노력하지 않으면 반드시 가난해지며, 힘써 노력하면 반드시 배부르게 되고, 힘써 노력하지 않으면 반드시 굶주리게 된다고 생각하기 때문에 감히 태만하지 못하는 것이다. 지금 부인들이 아침 일찍 일어나고 밤늦게 자며, 실을 뽑고 길쌈하여 옷감을 짜고, 삼과 명주실, 칡과 모시를 많이 손질하여 천이나 비단을 짜려고[138] 힘써 노력하면서 감히 태만하지 못하는 것은 무엇 때문인가? 그 이유는 다음과 같다. 저들은 힘써 노력하면 반드시 부유해지고, 힘써 노력하지 않으면 반드시 가난해지며, 힘써 노력하면 반드시 따뜻해지고, 힘써 노력하지 않으면 반드시 추워진다고 생각하기 때문에 감히 태만하지 못하는 것이다.

是故子墨子曰, 今天下之君子之爲文學出言談也, 非將勤勞其喉舌, 而利其脣[139]呡也, 中實將欲其國家邑裡萬民刑政者也. 今也王公大人

137_ 숙(叔)은 숙(菽)과 같으며, 숙속(叔粟)은 콩과 조 등의 곡식을 말한다.

138_ 마사갈서(麻絲葛緖)는 삼과 명주실, 칡과 모시를 말한다. 삼(縿)은 왕염손이 조(繰)의 잘못이라고 했다. 포조(布繰)는 천이나 비단을 말한다.

之所以早朝晏退, 聽獄治政, 終朝均分, 而不敢息怠倦者, 何也? 曰, 彼以爲强必治, 不强必亂, 强必寧, 不强必危, 故不敢怠倦. 今也卿大夫之所以竭股肱之力, 殫其思慮之知, 內治官府, 外斂關市山林澤梁之利, 以實官府而不敢怠倦者, 何也? 曰, 彼以爲强必貴, 不强必賤, 强必榮, 不强必辱, 故不敢怠倦. 今也農夫之所以蚤出暮入, 强乎耕稼樹藝, 多聚叔[140]粟, 而不敢怠倦者, 何也? 曰, 彼以爲强必富, 不强必貧, 强必飽, 不强必饑, 故不敢怠倦. 今也婦人之所以夙興夜寐, 强乎紡績織紝, 多治麻絲[141]葛緖, 捆布縿, 而不敢怠倦者, 何也? 曰, 彼以爲强必富, 不强必貧, 强必暖, 不强必寒, 故不敢怠倦.

지금[142] 왕공과 대인의 지위에 있는 사람이 만약[143] 운명이 있다고 믿고서 거기에 맡겨 행동한다면 재판을 처리하고 정사를 다스리는 일을 반드시 태만하게 할 것이며, 경대부들은 관부를 다스리는 일을 반드시 태만하게 할 것이다. 그리고 농부들은 밭을 갈고 씨를 뿌리고 심고 가꾸는 일을 반드시 태만하게 할 것이며, 부인들은 실을 뽑고 길쌈하여 옷감을 짜는 일을 반드시 태만하게 할 것이다. 왕공과 대인들이 재판을 처리하고 정사를 다스리는 일을 태만하게 하고, 경대부들이 관부를 다스리는 일을 태만하게 하면, 나는 천하가 반드시 혼란스럽게 될 것이라고 생각한다. 농부들이 밭을 갈고 씨를 뿌리고 심고 가꾸는 일을 태만하게 하고, 부인들이 실을 뽑고 길쌈하여 옷감을 짜는 일을 태만

139_ 순(脣)이 『공자개제고』에는 진(唇)으로 되어 있는데, 『묵자』 원문에 따라 고쳤다.

140_ 숙(叔)이 『공자개제고』와 『묵자』의 옛 판본에는 승(升)으로 되어 있는데, 왕염손의 주장에 따라 고쳤다. 아래도 마찬가지이다.

141_ 사(絲)가 『공자개제고』에는 통(統)으로 되어 있고 『묵자』에는 류(統)로 되어 있는데, 왕염손의 주장에 따라 고쳤다.

142_ 수무(雖毋)는 유무(惟毋)와 마찬가지로, 모두 어조사이다.

143_ 괴(蕢)는 유월이 자(藉)의 잘못이며, 자약(藉若)은 가여(假如)와 같은 의미라고 했다. 한편 필원은 괴(蕢)자를 앞 문장에 붙여서 구두를 끊기도 했다.

하게 하면, 나는 천하의 입고 먹을 재물이 장차 반드시 부족해질 것이라고 생각한다. 만약 이로써 천하에서 정치를 한다면, 위로 하늘과 귀신을 섬기더라도 하늘과 귀신이 불편해할 것이며,〈원주: 사(使)는 당연히 편(便)자가 되어야 한다.〉[144] 아래로 백성들을 보호하고 기르더라도[145] 백성들은 이롭게 여기지 않아서 반드시 뿔뿔이 흩어져 이용할 수가 없게 될 것이다. 이 때문에 안으로 들어와서 지키더라도 견고하지 못하고, 밖으로 나아가 토벌하더라도 승리하지 못한다. 따라서 옛날 삼대의 폭군인 걸왕(桀王)·주왕(紂王)·유왕(幽王)·여왕(厲王)이 자신의 국가를 잃어버리고,[146] 자신의 사직을 전복시킨 까닭은 바로 이것 때문이다.

今雖毋在乎王公大人, 蕢若信有命而致行之, 則必怠乎聽獄治政矣, 卿大夫必怠乎治官府矣. 農夫必怠乎耕稼樹藝矣, 婦人必怠乎紡績織紝矣. 王公大人怠乎聽獄治政, 卿大夫怠乎治官府, 則我以爲天下必亂矣. 農夫怠乎耕稼樹藝, 婦人怠乎紡績織紝, 則我以爲天下衣食之財, 將必不足矣. 若以爲政乎天下, 上以事天鬼, 天鬼不使〈當爲便字.〉, 下以待養百姓, 百姓不利, 必離散不可得用也. 是以入守則不固, 出誅則不勝. 故雖昔者三代暴王桀·紂·幽·厲之所以共抎其國家, 傾覆其社稷, 此也.

따라서 묵자가 말했다. "지금 천하의 사군자들이 진실로 장차 천하의 이익을 일으키고 천하의 폐해를 없애려고 추구한다면, 마땅히 운명이

144_ 사(使)를 편(便)자로 보아야 한다는 것은 필원의 주장이다. 한편 왕염손은 『이아』를 인용하여 사(使)가 종(從)자의 의미라고 했는데, 이것이 더 적절한 듯하다. 여기에서는 캉유웨이의 주장에 따라 편(便)으로 해석했다.

145_ 대양(待養)은 왕염손이 의미가 통하지 않기 때문에 지양(持養)이 되어야 한다고 했다. 지양(持養)은 『순자』「권학(勸學)」편의 양경의 주에 의하면, 보양(保養)의 의미이다.

146_ 공(共)은 왕염손이 실(失)의 잘못이라고 했다. 운(抎)도 실(失)과 같은 의미이다.

있다고 주장하는 자들의 말과 같은 것은 힘써 비판하지 않으면 안 된다." 또 말했다. "운명론은 폭군이 만들어낸 것이고, 궁색한 사람이 진술한 것이지,[147] 인자(仁者)의 말이 아니다. 지금의 인의(仁義)를 실천하는 자가 장차 잘 살펴서 힘써 비난하지 않으면 안 되는 것은 바로 이 때문이다."(『묵자』「비명 하」)

是故子墨子言曰, "今天下之士君子, 中實將欲求興天下之利, 除天下之害, 當若有命者之言, 不可不强非也."[148] 曰, "命者, 暴王所作, 窮人所術, 非仁[149]者之言也. 今之爲仁義者, 將不可不察而强非者, 此也."(『墨子』「非命 下」)

16-3-5

지금 성대한 장례식과 삼년상을 주장하는 자의 말을 본받아서 국가에서 일을 하는 경우를 생각해보자. 이러한 경우가 왕공과 대인 중에서 상사(喪事)가 있는 자에게 생긴다면, 다음과 같이 되어야 한다고 주장할 것이다. 내관과 외관은 반드시 중복해서 만들고, 매장은 반드시 깊이 파며, 수의와 홑이불은 반드시 많이 만들고,[150] 관에 무늬로 수놓은 장식을 화려하게 하며,[151] 무덤의 봉분은 반드시 크게 만든다.[152] 이러한 경우가 필부나 천인에게 있다면 집안의 재산을 탕진할 것이며, 제후 중에 죽은 자에게 있다면 창고를 다 비우고, 그런 이후에 금과 옥,

147_ 술(術)은 손이양이 술(述)과 같다고 했다.

148_ 이 문장은 『공자개제고』와 『묵자』 원문에는 '當若有命者言'으로만 되어 있는데, 왕염손의 교정에 따라 보충했다.

149_ 인(仁)이 『공자개제고』와 『묵자』의 옛 판본에는 인(人)으로 되어 있는데, 손이양의 교정에 따라 고쳤다.

150_ 의금(衣衾)은 죽은 사람의 수의와 홑이불을 말한다.

151_ 문수(文繡)는 화려한 무늬로 수놓은 관의 장식을 말한다.

152_ 구롱(丘隴)은 봉분의 형태로 만든 무덤을 말한다.

진주와 보석을 몸에 두르며,[153] 풀솜으로 시체를 싸고 다시 명주로 묶고,[154] 수레와 말을 무덤에 함께 묻을 것이다. 또한 장막,[155] 솥과 북, 안석과 돗자리,[156] 병과 그릇,[157] 창과 칼, 꿩 깃과 들소 꼬리,[158] 상아와 무소 가죽[159]을 반드시 많이 준비하여 [다른 부장품과 함께] 끼워서[160] 매장해야만 만족할 것이다. 죽은 사람을 보내는 것이 마치 이사를 가는 것과 같다.[161] 그리고 천자는 순장을 위해 죽이는 자가 많게는 수백 명, 적게는 수십 명이며, 장군과 대부는 순장을 위해 죽이는 자가 많게는 수십 명, 적게는 수 명이 되어야 한다고 말할 것이다.

今雖毋法執厚葬久喪者言, 以爲事乎國家. 此存乎王公大人有喪者, 曰, 棺椁必重, 葬埋必厚, 衣衾必多, 文繡必繁, 丘[162]隴必巨. 存乎匹[163]夫賤人死者, 殆竭家室, 乎[164]諸侯死者, 虛車[165]府, 然後金玉珠

153_ 주기(珠璣)는 진주와 보석류의 구슬을 말한다. 비(比)는 유월이 『한서』「왕존전(王尊傳)」의 안사고의 주를 인용하여, 몸에 두른다[周]는 의미라고 했다.

154_ 윤조절약(綸組節約)은 풀솜으로 시체를 싸고 다시 명주로 묶는 것을 말한다. 『회남자』「제속훈(齊俗訓)」편에는 윤조절속(綸組節束)이라는 말이 보인다.

155_ 옥(屋)은 손이양이 악(幄)의 속자라고 했는데, 악막(幄幕)은 군영이나 행사 때 사용하는 장막을 말한다.

156_ 궤연(几梴)은 궤연(几筵)과 같은 말로, 안석과 돗자리를 말한다.

157_ 호람(壺濫)은 노문초가 그릇의 이름이고, 람(濫)은 감(鑑)과 같은 글자라고 했다. 호(壺)는 배가 불룩한 병이고, 감(鑑)은 물이나 얼음을 담는 금속으로 만든 그릇이다.

158_ 우모(羽旄)는 꿩의 깃과 들소의 꼬리를 말한다.

159_ 치혁(齒革)은 상아와 무소의 가죽을 말한다.

160_ 침(寢)은 손이양이 왕인지의 교정에 근거하여, 협(挾)자의 잘못인 것 같다고 했다. 협(挾)은 다른 부장품과 함께 끼워서 넣는다는 의미이다.

161_ 이 문장은 손이양이 『묵자』「공맹(公孟)」편의 '송사약사(送死若徙)'와 같은 문장이었는데, 오자와 탈자가 생겨서 뜻이 통하지 않게 되었다고 했다.

162_ 구(丘)가 『공자개제고』에 구(邱)로 되어 있는데, 『묵자』 원문에 따라 고쳤다.

163_ 필(匹)이 『공자개제고』와 『묵자』의 옛 판본에는 정(正)으로 되어 있는데, 왕염손의 교정에 따라 고쳤다.

164_ 호(乎)는 필원이 존호(存乎)가 되어야 한다고 했다.

165_ 거(車)는 유월이 고(庫)의 잘못이라고 했다.

璣比乎身, 綸組節約, 車馬藏乎壙. 又必多爲屋幕, 鼎鼓·几梴·壺濫, 戈劍·羽旄·齒革, 寢而埋之, 滿意. 若送從. 曰, 天子[166]殺殉, 衆者數百, 寡者數十, 將軍大夫殺殉, 衆者數十, 寡者數人.

상례를 치르는 방법은 어떻게 해야 하는가? 다음과 같다. 곡을 하고 울면서 평상시와는 다른 곡소리에 목이 메며,[167] 거친 삼베로 만든 상복을 입고 눈물을 흘리며,[168] 여막에 거처하면서[169] 거적자리 위에 누워서 흙덩이를 베고 잔다.[170] 또한 서로를 이끌어서 억지로 음식을 먹지 않고 굶주리며,[171] 얇은 옷을 입어서 추위에 떨며, 얼굴 표정은 낙담한 표정을 짓고,[172] 얼굴빛은 검게 하며, 귀와 눈은 제대로 듣거나 보지 못하고, 손과 발은 연약해져서 사용할 수가 없을 정도에까지 이르게 된다. 또한 "훌륭한 선비가 상례를 거행할 때는 반드시 부축해야만 일어설 수 있고, 지팡이를 짚어야만 걸어 다닐 수 있어야 하니, 이러한 행동을 모두 3년 동안 해야 한다"[173]라고 말한다.(『묵자』「절장 하」)

處喪之法, 將奈何哉? 曰, 哭泣不秩聲翁, 縗絰垂涕, 處倚廬, 寢苫枕凷. 又相率强不食而爲饑, 薄衣而爲寒, 使面目陷陬, 顔色黧黑, 耳目

166_ 손이양이 천자(天子) 아래에 제후(諸侯)라는 두 글자가 더 있어야 한다고 했다.

167_ 질(秩)은 『묵자한고』에서 인용한 『이아』「석고(釋詁)」편에서 일상이나 평상시[常]라고 했다. 성옹(聲翁)은 홍이훤이 성익(聲嗌)의 잘못이라고 했다. 성익(聲嗌)은 곡소리에 목이 메는 것을 말한다.

168_ 최질(縗絰)은 거친 삼베로 만든 상복을 말한다.

169_ 의려(倚廬)는 나무에 기대어 만든 여막으로, 무덤 옆에 만들어 상주가 거처하는 곳이다.

170_ 점(苫)은 상례에 바닥에 까는 거적자리이고, 괴(凷)는 흙덩이를 말한다.

171_ 『예기』「간전(間傳)」편에 "斬衰三日不食, 齊衰二日不食, 大功三不食, 小功緦麻再不食, 士與斂焉則壹不食."이라는 기록이 보인다.

172_ 함추(陷陬)는 필원이 얼굴이 마르고 초췌한 모습이라고 했는데, 손이양은 낙담한 모습을 형용한 것이라고 했다.

173_ 공(共)은 김학주가 공(恭)자와 같은 의미로 해석했는데, 여기에서는 글자 그대로 해석했다.

不聰明, 手足不勁强, 不可用也. 又曰, "上士之操喪也, 必扶而能起, 杖而能行, 以此共三年."(『墨子』「節葬 下」)

16-3-6

자하(子夏)의 제자가 묵자에게 물었다. "군자도 다툼이 있습니까?" 묵자가 대답했다. "군자는 다툼이 없다." 자하의 제자가 물었다. "개나 돼지도 오히려 다툼이 있는데, 어찌 선비에게 다툼이 없을 수가 있습니까?" 묵자가 대답했다. "마음이 아프구나! 말은 탕왕과 무왕을 이야기하면서 행동은 개나 돼지에 비견되니, 마음이 아프구나!"(『묵자』「경주」)

子夏之徒問於子墨子曰, "君子有鬥乎?" 子墨子曰, "君子無鬥." 子夏之徒曰, "狗豨猶有鬥, 惡有士而無鬥矣?" 子墨子曰, "傷矣哉! 言則稱于湯·文, 行則譬於狗豨, 傷矣哉!"(『墨子』「耕柱」)

康16-22

자하의 제자가 과연 이러한 질문을 했는지의 여부는 알 수 없지만, 질문을 했다면 또한 자하의 문하에서 재주가 없는 사람일 것이다. 생각하건대, 유가의 은미한 말과는 같지 않으니, 또한 묵가가 의도를 가지고 유가를 공격했을 뿐이다.

子夏之徒未知果有此問否, 卽有, 亦子夏門中不才. 按以儒家微言, 不類, 亦墨家有意攻儒而已.

16-3-7[174]

묵자가 공맹자(公孟子)에게 말했다. "상례(喪禮)에서 임금과 부모, 부인과

174_ 이하에서 인용한 『묵자』「공맹」편의 내용은 이 책의 제9권 제8절 〈9-8-3〉에서 이미 인용했다. 자세한 주석은 앞의 내용을 참조 바람.

맏아들이 죽으면 3년의 상복을 입고, 백부와 숙부, 형제는 1년, 족인(族人)은 다섯 달, 고모와 누이, 외삼촌과 생질은 모두 몇 개월의 상복을 입는다. 혹 상복을 입지 않는 기간을 이용하여 『시(詩)』 3백편을 외우고, 『시』 3백편을 연주하며, 『시』 3백편을 노래하고, 『시』 3백편을 춤춘다. 만일 그대의 말대로라면 군자는 어느 겨를에 정치를 하며, 일반 백성들은 어느 겨를에 일을 하겠는가?"(『묵자』「공맹」)

子墨子謂公孟子曰, "喪禮, 君與父母·妻·後子死; 三年喪服, 伯父·叔父·兄弟期, 族人五月, 姑·姊·舅·甥皆有數月之喪. 或以不喪之間, 誦『詩』三百, 弦『詩』三百, 歌『詩』三百, 舞『詩』三百. 若用子之言, 則君子何日以聽治, 庶人何日以從事?"(『墨子』「公孟」)

16-3-8[175]

공맹자가 말했다. "삼년상은 우리 어린 자식들이 부모에 대한 사모를 배우는 것이다." 묵자가 말했다. "대체로 어린아이들이 아는 것은 오직 부모를 사모하는 것뿐이다. 부모를 볼 수가 없으면 울면서 그치지 않으니, 이것은 무슨 까닭인가? 바로 너무나 어리석기 때문이다. 그렇다면 유학자들의 지식이 어찌 어린아이들보다 나은 것이 있겠는가?"(『묵자』「공맹」)

公孟子曰, "三年之喪, 學吾之慕父母." 子墨子曰, "夫嬰兒子之知, 獨慕父母而已. 父母不可得 也, 然號而不止, 此其故何也? 卽愚之至也. 然則儒者之知, 豈有以賢于嬰兒子哉?"(『墨子』「公孟」)

16-3-9

묵자가 정자(程子)와 함께 논변하다가 공자의 말을 인용하니,[176] 정자가

175_ 이하에서 인용한 『묵자』「공맹」편의 내용은 이 책의 제9권 제4절〈9-4-3〉에서 이미 인용했다. 자세한 주석은 앞의 내용을 참조 바람.

말했다. "유가를 비난하면서 무엇 때문에 공자의 말을 인용합니까?" 묵자가 말했다. "그것은 그의 말[177]이 합당하여 바꿀 수 없는 이치이기 때문입니다. 지금 새들은 더위와 한발의 우환을 감지하면 하늘로 높이 올라가고, 물고기들은 더위와 한발의 우환을 감지하면 물 아래로 들어갑니다. 이러한 상황에서는 비록 우임금과 탕임금이 대책을 세우더라도 결코 [그 이치를] 바꿀 수 없을 것입니다. 새와 물고기는 어리석다고 말할 수 있지만, 우임금과 탕임금은 그래도 간혹[178] 그것을 따랐으니, 지금 저도 공자를 인용하지 않겠습니까?"(『묵자』「공맹」)

子墨子與程子辯, 稱于孔子, 程子曰, "非儒, 何故稱于孔子也." 子墨子曰, "是亦當而不可易者也. 今鳥聞熱旱之憂則高, 魚聞熱旱之憂則下. 當此, 雖禹·湯爲之謀, 必不能易矣. 鳥魚可謂愚矣, 禹·湯猶云因焉, 今翟曾無稱於孔子乎?"(『墨子』「公孟」)

16-3-10

공맹자가 묵자에게 말했다. "옛날 성왕의 서열에서 최고의 성인은 천자의 자리에 오르고, 그 다음은 경대부의 자리에 오릅니다. 지금 공자는 『시(詩)』와 『서(書)』에 박학하고, 예악(禮樂)에 밝으며, 만물에 대해 상세하게 압니다. 만약 공자가 성왕에 해당한다면 어찌 공자를 천자로 삼지 않겠습니까?" 묵자가 말했다.[179] "대체로 지혜로운 자는 반드시 하늘을 존경하고 귀신을 섬기며, 사람을 사랑하고 재용을 절약하니,

---

176_ 칭(稱)은 필원이 말하면서 인용하는 것이라고 했다.

177_ 역(亦)은 유월이 기(其)의 옛 글자인 기(亓)자가 되어야 하며, 기(其)는 '내가 인용한 공자의 말'이라고 했다.

178_ 운(云)은 왕염손이 혹(或)자와 같다고 했다. 옛날에는 두 글자가 같은 의미로 사용되었다고 한다.

179_ 이하에서 인용한 『묵자』「공맹」편의 내용은 이 책의 제15권 제1절〈15-1-4〉에서 이미 인용했다. 자세한 주석은 앞의 내용을 참조 바람.

여기에 합치되는 것이 지혜로운 것이다. 지금 당신은 '공자가 『시』와 『서』에 박학하고, 예악에 밝으며, 만물에 대해 상세하게 안다'라고 말하면서, '공자는 천자가 될 수 있다'라고 말한다. 그런데 이것은 남의 재산 목록을 계산하면서 자기가 부자가 되었다고 여기는 것과 같다."(『묵자』「공맹」)

公孟子謂子墨子曰, "昔者聖王之列也, 上聖立爲天子, 其次立爲卿大夫. 今孔子博於『詩』·『書』, 察於禮樂, 詳於萬物. 若使孔子當聖王, 則豈不以孔子爲天子哉?" 子墨子曰, "夫知者, 必尊天事鬼, 愛人節用, 合焉爲知矣. 今子曰, '孔子博於詩書, 察於禮樂, 詳於萬物', 而曰'可以爲天子.' 是數人之齒, 而以爲富."(『墨子』「公孟」)

16-3-11[180]

묵자가 정자(程子)에게 말했다. "유가의 도(道)는 천하를 상실할 만한 것인데, 그것은 네 가지 정치적 이유가 있다. 유가는 하늘은 밝지 않다고 여기고, 귀신은 신묘하지 않다고 여겨서, 하늘과 귀신에 대해 이야기하지 않으니, 이것이 곧 천하를 상실할 만한 이유이다. 또한 성대한 장례식과 삼년상을 치르는데, 내관과 외관을 중복해서 만들고, 수의와 홑이불을 많이 만드니, 죽은 사람을 보내는 것이 마치 이사를 가는 것과 같다. 그리고 3년 동안 곡을 하면서 우는데, 부축을 받은 이후에야 일어설 수 있고, 지팡이를 짚은 이후에야 걸어 다닐 수 있으며, 귀는 잘 듣지 못하고, 눈은 잘 보지 못하니, 이것이 곧 천하를 상실할 만한 이유이다. 또한 현악기를 타면서 노래를 부르고 북을 치면서 춤을 추며, 음악 연주가 습관이 되어 있으니, 이것이 곧 천하를 상실할 만한 이유이다. 그리고 또 운명이 있다고 생각하여 빈부와 수명, 치란과 안

180_ 이하에서 인용한 『묵자』「공맹」편의 내용은 이 책의 제9권 제4절 〈9-4-3〉에서 이미 인용했다. 자세한 주석은 앞의 내용을 참조 바람.

위에 법칙이 있어서 덜어내거나 더할 수가 없다고 여긴다. 위에 있는 사람이 운명론을 실천하면 반드시 정치를 하지 않을 것이며, 아래에 있는 사람이 운명론을 실천하면 반드시 일을 하지 않을 것이니, 이것이 곧 천하를 상실할 만한 이유이다." 정자가 말했다. "선생이 유가를 헐뜯는 것이 심하군요!" 묵자가 말했다. "유가에게 본래부터 이와 같은 네 가지 정치가 없는데 내가 그것을 말했다면 그것은 헐뜯는 것이 된다. 그러나 지금 유가에는 본래부터 이러한 네 가지 정치가 있어서 내가 그것을 말했으니, 헐뜯는 것이 아니며, 들었던 내용을 말해준 것이다."(『묵자』「공맹」)

子墨子謂程子曰, "儒之道足以喪天下者, 四政焉. 儒以天爲不明, 以鬼爲不神, 天鬼不說, 此足以喪天下. 又厚葬久喪, 重爲棺槨, 多爲衣衾, 送死若徙. 三年哭泣, 扶後起, 杖後行, 耳無聞, 目無見, 此足以喪天下. 又弦歌鼓舞, 習爲聲樂, 此足以喪天下. 又以命爲有, 貧富・壽夭・治亂・安危有極矣, 不可損益也. 爲上者行之, 不必聽治矣, 爲下者行之, 不必從事矣, 此足以喪天下." 程子曰, "甚矣! 先生之毁儒也." 子墨子曰, "儒固無此各四政者, 而我言之, 則是毁也. 今儒固有此四政者, 而我言之, 則非毁也, 告聞也."(『墨子』「公孟」)

16-3-12[181]

또한 운명이 있다고 강하게 고집하면서 다음과 같이 의론을 펼친다. "장수와 요절, 가난과 부유함, 안정과 위태로움, 다스림과 혼란함은 본래부터 천명이 있어서 덜어내거나 보탤 수가 없다. 궁핍과 영달, 상을 받는 것과 벌을 받는 것, 행운과 불행은 모두 정해진 법칙이 있어서 사람의 지혜와 힘으로는 어찌할 수 없다." 그런데 많은 관리들이 이 말을

181_ 이하에서 인용한 『묵자』「비유 하」편의 내용은 이 책의 제7권 제4절〈7-4-1〉에서 이미 인용했다. 자세한 주석은 앞의 내용을 참조 바람.

믿으면 자신의 직분에 태만해질 것이며, 일반 백성들이 이 말은 믿으면 자신이 종사하는 일에 태만해질 것이다. 관리들이 제대로 다스리지 않으면 혼란해지고, 일반 백성들이 농사일을 게을리하면 가난해질 것이다. 가난하면서 혼란스러운 것은 정치의 근본에 위배되는데, 유학자들은 그것을 인도하여 교화하는 방법이라고 여기니, 이것은 천하의 사람들을 해치는 것이다.[182](『묵자』「비유 하」)

有强執有命以說議曰, "壽夭·貧富·安危·治亂, 固有天命, 不可損益. 窮達·賞罰·幸否, 有極, 人之知力, 不能爲焉." 群吏信之, 則怠于分職, 庶人信之, 則怠于從事. 不[183]治則亂, 農事緩則貧. 貧且亂, 政之本, 而儒者以爲道敎, 是賤天下之人者也.(『墨子』「非儒 下」)

16-3-13[184]

공자가 채(蔡)나라와 진(陳)나라 사이에서 궁지에 빠져 쌀 한 톨 들어가지 않은 명아주 국을 마시면서 10일을 보냈다. 자로(子路)가 돼지고기를 구하여 삶아주자, 공자는 고기의 출처를 묻지 않고 먹었으며, 남의 옷을 빼앗아 술을 사다주자, 공자는 술의 출처를 묻지 않고 마셨다. 애공(哀公)이 공자를 맞이했는데, 자리가 바르지 않으면 앉지 않았고, 고기가 바르게 썰어져 있지 않으면 먹지 않았다. 자로가 나아가서, "어찌하여 진나라와 채나라에 있었을 때와 그리도 상반됩니까?"라고 묻자, 공자가 대답했다. "이리 오너라. 내가 너에게 말해주겠다. 지난번에는 너와 함께 살기를 구하기에 급박했지만, 지금은 너와 함께 의리를 구

182_ 천(賤)은 『묵자한고』에서 왕염손 등의 교정에 따라 적(賊)로 고쳤는데, 여기에서도 『묵자한고』에 따라 해석했다.

183_ 왕염손은 앞 문장에 근거하여 불(不)자 앞에 리(吏)자를 보충했다.

184_ 이하에서 인용한 『묵자』「비유 하」편의 내용은 이 책의 제7권 제4절〈7-4-1〉에서 이미 인용했다. 자세한 주석은 앞의 내용을 참조 바람.

하기에 급박하기 때문이다." 대체로 굶주리고 곤궁할 때는 사양하지 않고 마음껏 가져다가 자신을 살리려고 하고, 풍족하고 배가 부를 때는 거짓되게 행동하여 스스로를 꾸미니, 무엇이 이보다 더 더럽고 거짓될 수 있겠는가?(『묵자』「비유 하」)

孔某窮于蔡·陳之間, 藜羹不糝, 十日. 子路爲享豚, 孔某不問肉之所由來而食, 褫人衣以酤酒, 孔某不問酒之所由來而飮酒. 哀公迎孔某, 席不端弗坐, 割不正弗食. 子路進請曰, "何其與陳·蔡反也?" 孔某曰, "來. 吾與女. 曩與女爲苟生, 今與女爲苟義." 夫饑約則不辭妄取以活身, 贏飽僞行以自飾, 汚邪詐僞, 孰大于此.(『墨子』「非儒 下」)

康16-23

이교도들의 상호 공격은 귀담아 들어서는 안 된다.

異教相攻, 不可聽聞.

16-3-14[185]

제(齊)나라 경공(景公)이 안자(晏子)에게 "공자의 사람됨은 어떠한가?"라고 물었는데, 안자가 대답하지 않았다. 경공이 또다시 물었는데도, 대답하지 않았다. 경공이 말했다. "공자에 대해 과인에게 말하는 자들이 많은데, 그들은 모두 공자를 현명한 사람이라고 여긴다. 지금 과인이 물었는데도 그대는 대답하지 않으니, 무엇 때문인가?" 안자가 대답했다. "저는 어리석어서 현명한 사람을 알아볼 수가 없습니다. 비록 그렇지만, 제가 듣기에 현명한 사람이란 남의 나라에 들어가면 반드시 그 나라의 군신 관계가 친밀해지도록 힘써서 그들 상하간의 원한을 없애

185_ 이하에서 인용한 『묵자』「비유 하」편의 내용은 이 책의 제7권 제4절〈7-4-1〉에서 이미 인용했다. 자세한 주석은 앞의 내용을 참조 바람.

야 한다고 합니다. 그런데 공자가 형(荊), 즉 초나라에 갔을 때, 백공(白公)의 음모를 알고서 그에게 석걸(石乞)을 바쳐서 돕게 함으로써 초나라 임금은 거의 죽을 뻔했고, 백공은 죽임을 당했습니다. 제가 듣기에 현명한 사람이란 위로는 왕에게 신임을 얻되 실속이 없지 않고, 아래로는 백성의 신임을 얻되 그들을 위태롭게 하지 않으며, 그의 말이 임금에게 받아들여지면 반드시 사람을 이롭게 하고, 그의 가르침이 아래에서 시행되면 반드시 윗사람을 이롭게 한다고 했습니다. 이 때문에 말이 분명하여 알기 쉽고, 행동이 분명하여 따르기 쉬우니, 의리를 시행하면 백성들에게 분명하게 이해시킬 수 있고, 계책을 내놓으면 임금과 신하들에게 통하게 할 수 있습니다. 그런데 지금 공자는 깊이 사려하고 주도면밀하게 도모함으로써 반역자를 떠받들고, 수고롭게 생각하고 지혜를 다함으로써 사악한 일을 실행하여 아랫사람에게 윗사람을 어지럽히도록 권면하고, 신하에게 왕을 죽이도록 하니, 이것은 현명한 사람의 행동이 아닙니다. 또한 남의 나라에 들어가서 그 나라의 반역자와 함께 동참했으니, 이것은 의로운 사람의 부류가 아니며, 남의 충성스럽지 못함을 알면서도 그를 부추겨 난을 일으키도록 했으니, 이것은 인의의 행동이 아닙니다.〈원주: 빠진 글자가 있다.〉 사람들로부터 도망쳐서 뒤에서 계략을 꾸미고, 사람을 피해서 뒤에서 말을 하니, 의리를 시행해도 백성들에게 분명하게 이해시킬 수 없고, 계책을 내놓아도 임금과 신하들에게 통하게 할 수 없습니다. 저는 공자와 백공(白公)의 차이점을 모르겠습니다."(『묵자』「비유 하」)

齊景公問晏子曰, "孔子爲人何如?", 晏子不對. 公又復問, 不對. 景公曰, "以孔某語寡人者, 衆矣, 俱以賢人也. 今寡人問之而子不對, 何也?" 晏子對曰, "嬰不肖, 不足以知賢人. 雖然, 嬰聞所謂賢人者, 入人之國必務合其君臣之親, 而弭其上下之怨. 孔某之荊, 知白公之謀而奉之以石乞, 君身幾滅而白公僇. 嬰聞賢人得上不虛, 得下不危, 言聽于君必利人, 敎行下必于上. 是以言明而易知也, 行易而從也, 行義可明乎民, 謀慮可通乎君臣. 今孔某深慮同謀以奉賊, 勞思盡知以行邪, 勸下亂上, 教臣殺君, 非賢人之行也. 入人之國而與人之賊, 非義之類也, 知人不忠, 趣之爲亂, 非仁義之也.〈脫字.〉 逃人而後謀, 避人而後言, 行義不可明于民, 謀慮不可通于君臣. 嬰不知孔某之有異于白公也."(『墨子』「非儒 下」)

16-3-15[186]

공자가 제(齊)나라에 가서 경공(景公)을 만났는데, 경공이 기뻐하여 그에게 니계(尼溪) 땅을 봉해주고자 안자(晏子)에게 고했다. 안자가 대답했다. "안 됩니다. 대체로 유학자들은 거만하게 굴면서 자기 하고 싶은 대로 행동하니, 아랫사람을 가르칠 수가 없습니다. 음악을 좋아하여 사람들의 마음을 어지럽히니, 직접 다스리게 할 수가 없습니다. 운명론을 세워서 일을 게을리하니, 직책을 맡길 수가 없습니다. 상례를 성대하게 치르고 슬픔을 그치지 않으니, 백성들에게 자애롭게 대하도록 할 수가 없습니다. 높은 관을 쓰고 고개를 숙이고 있으니, 대중을 이끌도록 할 수가 없습니다. 공자는 용모를 성대하게 가꾸고 겉모습을 꾸며서 세상을 미혹시키고, 노래를 부르고 춤을 추어서 무리들을 모으며, 계단을 오르내리는 예법을 성대하게 만들어 모범을 보여주고, 걸음걸이의 절도에 힘써서 대중에게 보여줍니다. 유학은 세상의 모범이 되지 못하고, 수고롭게 고민해도 백성들을 돕지 못합니다. 수명을 두 배로 늘린다고 해도 그 가르침을 다 배울 수가 없고, 성년이 되어도 그 예법을 다 실행할 수가 없으며, 재물을 쌓아도 그 음악을 충족할 수가

186_ 이 내용은 공자가 제(齊)나라 경공(景公)을 만났을 때의 이야기이다. 경공이 공자에게 이계(尼谿)의 땅을 봉해주려고 하여, 안자(晏子)에게 상의했는데, 안자가 그것을 반대하면서 한 말이다. 이하에서 인용한 『묵자』「비유 하」편의 내용은 이 책의 제7권 제4절〈7-4-1〉에서 이미 인용했다. 자세한 주석은 앞의 내용을 참조 바람.

없습니다. 사악한 술수를 번잡하게 꾸며서 세상의 임금들을 현혹시키고, 음악을 성대하게 연주하여 그 백성들을 타락시키고 우매하게 만듭니다. 그들의 도는 세상을 가르칠 수 없고, 그들의 학문은 백성을 교도할 수 없습니다. 지금 임금이 그에게 땅을 봉해주어 제나라의 풍속을 이롭게 하고자 한다면, 그것은 국가를 이끌고 백성을 선도하는 방법이 아닙니다." 경공이 "좋다"라고 말했다. 이에 그 예를 후하게 대접하되 그 봉지는 보류시키고, 자주 만났는데도 그 도를 물어보지 않았다. 공자는 이에 원한을 품고서 경공과 안자에게 화를 내고는 이에 치이자피(鴟夷子皮)를 전상(田常)의 집에 머물게 하여, 남곽혜자(南郭惠子)에게 자신이 하고자 하는 일을 알린 다음 노나라로 돌아갔다.(『묵자』「비유 하」)

孔某之齊見景公, 景公說, 欲封之以尼溪, 以告晏子. 晏子曰, "不可. 夫儒浩居而自順者也, 不可以教下. 好樂而淫人, 不可使親治. 立命而怠事, 不可使守職. 宗喪循哀, 不可使慈民. 機服勉容, 不可使導衆. 孔某盛容修飾以蠱世, 弦歌鼓舞以聚, 徒繁登降之禮以示儀, 務趨翔之節以勸衆. 儒學不可使議世, 勞思不可以補民. 累壽不能盡其學, 當年不能行其禮, 積財不能贍其樂. 繁飾邪術以營世君, 盛爲聲樂以淫遇民. 其道不可以期世, 其學不可以導衆. 今君封之以利齊俗, 非所以導國先衆." 公曰, "善." 于是厚其禮, 留其封, 敬見而不問其道. 孔乃恚, 怒于景公與晏子, 乃樹鴟夷子皮于田常之門, 告南郭惠子以所欲爲, 歸于魯.(『墨子』「非儒 下」)

康16-24

묵가가 유가를 공격한 것은 대부분 무고한 말인데, 여기에서 비록 공자를 힘써 공격했지만 공자가 예악을 좋아한 진면목 또한 대략적으로 알 수 있다.

墨攻儒多誣言, 此雖力攻孔子, 而孔子好禮樂之眞面目, 亦略見矣.

16-3-16[187]

유학자들은 "군자는 반드시 옛날의 옷과 옛날의 말을 사용한 이후에야 인(仁)하다"라고 말하니, 이 말에 응수하여 다음과 같이 말한다. "옛날의 말과 옷이라는 것은 모두 [처음에는] 새로운 것이었다. 그런데 옛날 사람들이 그것을 말하고 그것을 입었다면 그들은 군자가 아니다. 그렇다면 반드시 군자의 옷이 아닌 것을 입고, 군자의 말이 아닌 것을 말한 이후에야 인(仁)하다는 말인가?" 또한 "군자는 옛것을 따르기만 할 뿐, 새롭게 만들어내지 않는다"라고 말하니, 이 말에 응수하여 다음과 같이 말한다. "옛날에 예(羿)는 활을 만들었고, 여(伃)는 갑옷을 만들었으며, 해중(奚仲)은 수레를 만들었고, 교수(巧垂)는 배를 만들었다. 그렇다면 지금의 가죽을 만드는 사람·갑옷을 만드는 사람·수레를 만드는 사람·배를 만드는 사람은 모두 군자이고, 예(羿)·여(伃)·해중(奚仲)·교수(巧垂)는 모두 소인이란 말인가? 게다가 지금의 그들이 따르는 것은 다른 사람이 반드시 만든 것이니, 그렇다면 지금의 그들이 따르는 것은 모두 소인의 도(道)란 말인가?"

儒者曰, "君子必服古言, 然後仁", 應之曰, "所謂古之者, 皆嘗新矣. 而古人服之, 則君子也. 然則必法非君子之服, 言非君子之言, 而後仁乎?" 又曰, "君子循而不作", 應之曰, "古者羿作弓, 伃作甲, 奚仲作車, 巧垂作舟. 然則今之鮑·函·車·匠, 皆君子也, 而羿·伃·奚仲·巧垂, 皆小人邪? 且其所循, 人必或作之, 然則其所循, 皆小人道也?"

또한 "군자는 전쟁에서 승리하면 도망가는 적을 추격하지 않고, 함정에 빠진 병사에게 활을 쏘지 않으며, 적군이 패하여 도망칠 때에는 그들을 도와 무거운 수레를 끌어준다"라고 말하니, 이 말에 응수하여 다

187_ 이하에서 인용한 『묵자』「비유 하」편의 내용은 이 책의 제7권 제4절〈7-4-1〉에서 이미 인용했다. 자세한 주석은 앞의 내용을 참조 바람.

음과 같이 말한다. "모두가 어진 사람이라면 떠들면서 서로 대적할 필요가 없다. 어진 사람들은 취사(取舍)와 시비(是非)의 이치를 서로 알려주고, [주장의] 이유가 없는 자는 이유가 있는 자를 따르며, [상황을] 모르는 자는 잘 아는 자를 따르고, 변명할 말이 없으면 반드시 복종하며, 옳은 것을 보면 반드시 의지하여 따르니, 무슨 이유로 서로 싸우겠는가? 만약 양쪽이 모두 난폭한 자들로 서로 싸운다면 승리한 자가 도망가는 적을 추격하지 않고, 함정에 빠진 병사에게 활을 쏘지 않으며, 적군이 패하여 도망칠 때 그들을 도와 무거운 수레를 끌어주지 않으려고 할 것이니, 비록 할 수 있는 다른 노력을 다하더라도 그들은 군자가 될 수 없을 것이다. 생각건대 포악하고 잔인한 나라에 대해, 성인은 장차 세상을 위해 해로움을 제거하기 위해서 군대를 일으켜 그 나라를 토벌하는데, 승리한 상태에서 장차 유학자의 전술을 사용하여 군사들에게 '도망가는 적을 추격하지 말고, 함정에 빠진 병사에게 활을 쏘지 말며, 적군이 패하여 도망칠 때 그들을 도와 무거운 수레를 끌어주어라'라고 말한다면, 난폭한 사람들은 살 수 있게 되고, 천하의 해로움은 제거되지 않을 것이다. 이것은 부모에게 크게 잔인한 짓을 하는 것이고, 세상에 심하게 해를 끼치는 것이니, 이보다 더 큰 불의(不義)는 없을 것이다."

又曰, "君子勝不逐奔, 揜函弗射, 施則助之胥車", 應之曰, "皆仁人也, 則無說而相與. 仁人以其取捨是非之理相告, 無故從有故也, 弗知從有知也, 無辭必服, 見善必遷, 何故相? 若兩暴相爭, 其勝者欲不逐奔, 揜函弗射, 施則助之胥車, 雖盡能, 猶且不得爲君子也. 意暴殘之國也, 聖將爲世除害, 興師誅罰, 勝將因用傳術令士卒曰, '毋逐奔, 揜函勿射, 施則助之胥車', 暴亂之人也得活, 天下害不除. 是爲群殘父母而深賤世也, 不義莫大焉."

又 "군자는 종(鍾)과 같으니, 그것을 치면 울리고 치지 않으면 울리지 않는다"라고 말하니, 이 말에 응수하여 다음과 같이 말한다. "대체로 어진

사람은 윗사람을 섬길 때는 충성을 다하고, 부모를 섬길 때는 효도에 힘쓰며, 착한 일이 있으면 칭찬하고, 잘못된 일이 있으면 간언하니, 이것이 신하의 도리이다. 지금 그것을 치면 울리고 치지 않으면 울리지 않는다고 하는 것은 지혜를 감추고 능력을 내버려둔 채, 조용히 있다가 질문을 기다린 이후에야 대답하는 것이니, 임금과 부모에게 크게 이로운 것이 있더라도 묻지 않으면 말하지 않는 것이다. 만약 큰 난리가 있거나 도적이 발생하려는 것이 마치 사냥도구의 격발장치가 당장이라도 발사가 될 듯한 상황인데, 다른 사람은 알지 못하고 자기 혼자만 그것을 안다면, 비록 임금과 부모가 모두 옆에 있더라도, 묻지 않으면 말하지 않을 것이니, 이것은 큰 난리를 일으키는 도적이다. 이 때문에 신하로서는 충성스럽지 못하고, 자식으로서는 효성스럽지 못하며, 형을 섬기면서 공경스럽지 못하고, 다른 사람과 교제하면서 올바르지 못하게 된다. 대체로 조정의 일에 대해서는 뒤로 물러나서 먼저 말하지 않다가, 이익을 보고 자기에게 이로우면 오직 남들보다 말을 늦게 할까 두려워한다. 임금이 만약 말을 하더라도 이익이 되지 않으면, 고고하게 팔짱을 끼고 아래로 내려다보면서 마치 음식물이 목구멍에 깊이 막힌 듯이 말을 하지 않다가, '저는 그것을 배운 적이 없습니다'라고만 말한다. 일의 실행이 비록 급박하더라도 멀리 피해서 떠나버린다."(『묵자』「비유 하」)

又曰, "君子若鍾, 擊之則鳴, 弗擊不鳴", 應之曰, "夫仁人事上竭忠, 事親得孝, 務善則美, 有過則諫, 此爲人臣之道也. 今擊之則鳴, 弗擊不鳴, 隱知豫力, 恬漠待問而後對, 雖有君親之大利, 弗問不言. 若將有大寇亂, 盜賊將作, 若機闢將發也, 他人不知, 己獨知之, 雖其君親, 皆在不問不言, 是夫大亂之賊也. 以是爲人臣不忠, 爲子不孝, 事兄不弟, 交遇人不貞良. 夫執後不言之朝物, 見利使己, 雖恐後言. 君若言而未有利焉, 則高拱下視, 會噎爲深, 曰, '惟其未之學也'. 用誰急, 遺行遠矣."(『墨子』「非儒 下」)

<이상 묵가가 유가를 공격하다: 右墨攻儒>

찾아보기

孔子改制考

공 자 개 제 고
Confucius as a Reformer